大転換の日本史

10人の英傑が「この国」を変えた

出口治明

HARUAKI DEGUCHI

PHP

10人の英傑が「この国」を変えた

大転換の日本史

はじめに

歴史の流れを振り返ると、多くの国に大転換が訪れる歴史の曲がり角がありました。そしてその曲がり角に立っていた人物が、どの国にも存在しました。日本におけるそのような人物として次の十名を選びました。

蘇我馬子、持統天皇、藤原良房、白河法皇、平清盛、足利義満、織田信長、阿部正弘、大久保利通、吉田茂。（豊臣秀吉を入れるかどうか、ずいぶん悩みました）。

日本史の世界は近年になって、多くの新資料の発見や新たな発掘調査もあって、歴史的な事件や登場人物について、その評価が変化しています。そのような研究結果も検証しつつ選択した十名です。さらに、次の諸点も考慮に入れながらの人選でした。①世界に対して広い視野を持っていたか、

②経済を重視する姿勢を持っていたか、③その上でリーダーとしての手腕はどうであったか。以上の三点です。

なお、天皇という称号は淡海三船（七二二―七八五）が創始したものですが、仁明天皇（在位八三三―八五〇）以来使われなくなりました。天皇の称号が再び使われるようになったのは、江戸時代後期の光格天皇（在位一七八〇―一八一七）以後のことです。

この本では、天皇号が使われなくなったことを十分踏まえた上で、あえて天皇号を使っています。また『日本書紀』は『日本紀』が正統だという説が最近になって出てきているため、『日本（書）紀』としました。

この本をつくるにあたって、すばらしい文章にまとめてくださった小野田隆雄さん、またＰＨＰエディターズ・グループの皆さんほか多くの方に、厚く御礼を申し上げたいと思います。

お読みいただいて、現代の世界のリーダーたちや、日本の政治家たちを見つめなおしていただく、機会になれば幸いです。皆さんのご意見、ご感想をお待ちしています。

［ご意見・ご感想の宛先］　hal.deguchi.d@gmail.com

二〇二五年三月　出口治明

10人の英傑が「この国」を変えた　大転換の日本史　目次

第一章　蘇我馬子

第二章

持統天皇

第三章

藤原良房

第四章 白河法皇

第五章

平清盛

第六章

足利義満

第七章

織田信長

第八章

阿部正弘

第九章

大久保利通

ブックデザイン：Sparrow Design（尾形忍）
地図制作：（有）藤井社会科デザイン事務所
帯写真提供：立命館アジア太平洋大学

第十章

吉田茂

第一章

蘇我馬子

第一節　鉄を売る人々とオリオンの三つ星

蘇我馬子《そがのうまこ》（？―六二六）は父の稲目《いなめ》を後継し、六世紀から七世紀にかけての倭国《わこく》（日本）の歴史に大きな足跡を残した、蘇我氏の代表的な人物です。馬子の話に入る前提として、倭国のヤマト政権の成立過程について、お話しします。

道路が発達する以前の太古の時代、交通や交易の中心となるのは、大河に面する集落や海岸線に近い集落でした。森や山があり見通しが利かず、動物や盗賊に襲われる危険も多い陸路は敬遠されました。水路は見晴らしもよく、丸木船で岸辺に近い水上を移動しても、陸路よりも危険は少なかったのです。

日本で最初に開かれた交易ルートは、北九州と朝鮮半島の南部を結ぶ海の道でした。朝鮮半島の南部では鉄が採取され、それを製鉄し農機具や武器をつくる技術も発達していたからです。北九州の人々は苦労して朝鮮への水路を開き、半島側からも交易を求める人々が日本へ渡来するようになっていきます。

鉄の農機具を使用することで、木材や石器で土地を耕していた時代よりも、北九州の農業の生産性は向上し、富裕層も登場するようになります。こうして日本で最初の文明が、北九州で開花しました。

ところが北九州で鉄の農機具を始めとする交易が常態化してくると、いまでいえば、博多の商人たちも賢くなってきて、いろいろと考えます。いままでお米一〇キロと鉄一キロを換えていたけど、お米五キロぐらいまで買いたたけるんじゃないか、などと考え始めます。すると朝鮮半島からやってきた人も、もっと儲かる場所はないかと、考え始める。九州の南へ行ってみようかと、阿蘇の火山帯を越えた集団もいたことでしょう。

関門海峡を抜けて瀬戸内海に入り、大阪湾に至った集団もありました。

朝鮮半島から北九州に向かって船を出すと、対馬海峡に至ります。この海峡は注意しないと鹿島方面へ流されます。そこで北九州を目指す船は、目印とする星座を必要としていました。ある集団はオリオン座の三つ星を目印として、北九州を目指したのです。

この集団は無事に北九州に到着します。そして三つ星への感謝を込めて、現在の博多の地に神社を建てました。この人たちは数十年後、さらに交易の場を求めて関門海峡を抜けて、山口県の防府《ほうふ》に至りました。港湾都市の防府は古くから栄え、奈良時代には国府の所在地でした。この集団の人々は防府にも三つ星にお礼を込めて、神社を建立しています。

防府を居住地としてから数十年経過すると、彼らはさらに瀬戸内海を東進し、ついに大阪湾に到着しました。大阪湾に着いた彼らは、大和《やまと》川の河口に近い場所にも、三つ星に感謝する神社を建立したのです。

大和川は初瀬《はせ》川など奈良盆地を流れる諸河川を源流とし、大阪の河内地方から堺市の北側で、大阪湾に流入しています。古代において瀬戸内海につながる河川として、最初に発達した水路と考えられています。三つ星を祀《まつ》る神社を建立した集団は、大和川をさかのぼり交易を求め、やがてその地に定住すると鉄の農機具と武器で地元の部族を支配して、自分たちの王国をつくりました。彼らは大和盆地を支配し、さらに大和川下流から河口に至る河内地方も支配するようになります。

この王国がヤマト政権の祖先だと考えられています。有力な根拠となるのは、住吉大社という神社の誕生を語る伝承（縁起）にあります。

住吉大社（旧称は住吉神社）は、底筒男命《そこつつのおのみこと》・中筒男命《なかつつのおのみこと》・表筒男命《うわつつのおのみこと》の三神と息長足姫命《おきながたらしひめのみこと》を祀っています。底筒男命以下の三神はオリオン座の三つ星だと、考えられています。全国に存在する住吉神社と住吉大社の建立時期を調べてみると、最古が博多、次いで防府、続いて大阪となっています。そして大阪の住吉大社は住吉大社全体の本社です。所在地は大阪府住吉区で、大和川に近い場所にあります。

ところで住吉大社は息長足姫命も祀っているのですが、ここには次のような伝承があります。応神《おうじん》天皇の母といわれる神功皇后《じんぐうこうごう》（息長足姫）が、住吉神社の三神の助けによって新羅《しらぎ》征伐をしたという話です。応神天皇は『日本（書）紀』に登場します。『日本（書）紀』は七二〇年に完成していますから、ずいぶん後世に語られ始めた伝承です。ヤマト政権と住吉大社の関係を、想起させる物語ですが、百済《くだら》救援のために斉明《さいめい》天皇（女帝）が、九州に遠征した七世紀の史実が関係しているようです。

さらに付言しますと、ヤマト政権という表記ですが、大和朝廷と表記されていた時代もありました。しかし大和という漢字表記の登場は、もっと後世になります。それだけではなく、朝廷と表現すると、官僚組織が整備された立派な政府があるような錯覚も生じさせます。けれども実際には、強力な部族が自分たちの政権をつくった程度、それが初期の実態でした。そのような理由で、ヤマト政権と表記するようになりました。

第二節　前方後円墳はヤマト政権の大王の墳墓だった

お隣の中国の正史である『漢書』（八二年に成立）の「地理志」に、日本を指す「倭」という国名が登場してきます。また五世紀には、『宋書』の「倭国伝」に「倭の五王」が登場します。五人の一人、武が雄略《ゆうりやく》天皇ではないかという学説もありましたが、定説とはなっていません。奈良盆地と大阪の河内地方を支配していたヤマト政権について、当時の日本には文字がなかったので、記録には残されていないのです。

大和川水系の上流から大阪湾に至る地域を支配していたヤマト政権の、権力者たちの存在を物語ってくれる遺跡が、前方後円墳に代表される巨大な古墳です。その象徴的な存在が大阪府堺市に存在する、百舌鳥《もず》古墳群《こふんぐん》です。

この古墳群は二〇一九年、世界遺産になりました。全長四八六メートルの大山《だいせん》古墳（伝・仁徳《にんとく》天皇陵）もあります。当時、この古墳群の位置は、現在よりもずっと大阪湾近くに存在しました。大和川の河口はもっと上流にあったと、考えられているからです。古墳上に立てば、海が見えたことでしょう。

大和川水系を支配していたヤマト政権の古墳群は、百舌鳥古墳群のほかに次の三カ所があります。

現在は住宅が周囲に広がる百舌鳥古墳群。右奥が大山古墳（伝・仁徳天皇陵）、手前はミサンザイ古墳（伝・履中天皇陵）。写真：時事

いずれも大和川水系から離れていません。

- **纒向《まきむく》古墳群**　奈良県桜井市、三輪山の西側の地域にあります。最初期の前方後円墳といわれる箸墓《はしはか》古墳も存在し、これを卑弥呼の墓と想定する説もあります。
- **佐紀《さき》盾列《たてなみ》古墳群（佐紀古墳群）**　奈良市の平城宮跡の北側の地域にあります。一〇〇～二〇〇メートル級の前方後円墳が密集し、初期のヤマト政権の大王墓があったと推定されています。
- **古市《ふるいち》古墳群**　大阪府の羽曳野市と藤井寺市の一帯です。百舌鳥古墳群と同時期の、五世紀のヤマト政権の大王墓古墳群と推定されています。

前方後円墳を海上から遠望したのは誰か

ところでスケールだけで比較すれば、百舌鳥古墳群の大山古墳に代表されるような前方後円墳は秦の始皇帝などの山陵にも劣りません。しかし始皇帝の山陵には、その地下に大規模な宮殿がつくられ、皇帝の棺《ひつぎ》が置かれていたのです。始皇帝が死後も生前と同様に、始皇帝として生活できるように、豪華な調度品や宝石類も埋葬され、兵馬俑《へいばよう》が兵士として副葬されていました。

一方で前方後円墳の墓室は、丘陵に横穴を掘ってつくられ、さほど大きくない石槨《せっかく》（石の棺）に納められ、副葬品も少なかったようです。古墳そのものは大きかったが、質素だったヤマト政権の大王たちの墓室。なぜそうなったのか。「見せるため」だったと考える説が有力です。外面《そとづら》重視というか、見栄を張るための巨大墳墓だった。ヤマト政権が制圧してきた地方豪族に、権威を見せつけることで服従させることが、大きな目的だったのです。

死去した大王を祀る費用を節約し、乏しい資産を有効に利用したとも考えられます。しかし巨大墳墓をつくった理由として、次のような説も考えられています。

オリオン座を目印にして渡来してきた人々のように、ヤマト政権が支配する大和川水系につながる大阪湾には、朝鮮半島を経由して交易を求めて来訪する人々が、少なくありませんでした。朝鮮半島は先進地域でしたから、ビジネスのペースは彼らに左右されがちになります。そこでヤマト政権の人々は、対等なビジネスをするために、先制攻撃を考えたのではないか。

瀬戸内海を経て、大阪湾にやってきた半島の人々に、陸上に築いた大きな前方後円墳を見せつけるのです。前方後円墳の丘陵には石が敷きつめられ、人間や動物の形をした埴輪《はにわ》が飾られたと、伝承されています。この異形に見える小山を見た異国の人々は、それがヤマト政権の王墓であると知ったとき、伝え聞く中国の皇帝たちの巨大な墳墓と、地下の豪華な宮殿を連想したかもしれません。

「倭の国王は意外に強力な支配者なのかもしれない。あまりボロ儲けはできないぞ。上陸して攻めるなんて無理かな」

海岸沿いの前方後円墳に、こういう役割を計算していたとすれば、僕たちの遠い祖先は賢い人たちだったのでしょう。

第三節　ヤマト政権の王朝交代論

第二次世界大戦に敗れるまで、日本の憲法は大日本帝国憲法でした。その第一条は「大日本帝国ハ万世一系ノ天皇之ヲ統治ス」です。

日本は初代の神武《じんむ》天皇から途絶えることなく続いてきた、と定めていたのです。それはヤマト政権の大王の時代から、天皇家は連綿と続いてきたと主張することと、同義です。

この神話を史実と認めさせる憲法が廃絶されたことを契機として、王朝交代論が登場してきました。そして現在では、それが通説となっています。

ちょっと余談ですが、日本で天皇・皇后という称号を成立させたのは、持統《じとう》天皇（在位六九〇—六九七）でした。中国で唯一人の女帝となった武則天《ぶそくてん》（在位六九〇—七〇五）が、「皇帝・皇后」という称号を、「天皇・天后」と変えたことに学び、「天皇・皇后」の称号を採用したといわれています。天皇・皇后が採用される以前のヤマト政権の大王たちは、「オオキミ」または「スメラミコト」と呼ばれ、漢字が渡来してからは表記文字は「大王」となりました。

さらに余談ですが、継体《けいたい》天皇前後までに登場してくるスメラミコト（大王）の天皇名は、淡海三船《おうみのみふね》という文章博士《もんじょうはかせ》が、伝えられていた大王たちの和名を参考にしつつ、創作したものでした。したがってスメラミコトの和名しかない大王たちを、天皇名で表記するのは史実ではないのですが、本書では日本史の著述の慣習にならって、使用しています。

イリ系王朝・ワケ系王朝・ヲホド王の王朝

ヤマト政権が確立したのは四世紀半ばと推定されますが、それから次のような過程を経て、三つの王朝が登場したと考えられています。

四世紀の崇神《すじん》天皇の和風諡号《しごう》（没後に名づけられた名前）や、一族の名前には「イリ」という言葉が入っています。次いで五世紀の応神天皇からは「ワケ」という言葉が、入ってくるのです。崇神天皇を「御間城入彦五十瓊殖天皇」（ミマキイリヒコイニエノスメラミコト）と呼び、応神天皇は「誉田別命」（ホンダワケノミコト）と呼んでいます。続いて継体天皇（四五〇？―五三一）の時代になると、イリやワケのような一族を特徴づける名前はありません。その代わりに継体天皇は男大迹王（ヲホド王）と呼ばれました。

三王朝については次のような学説が議論されてきました。

イリ系王朝は奈良県の三輪山の山麓を基盤とし、ワケ系王朝は大阪の河内を基盤としていました。いずれも大和川水系の地域であり、イリ系が上流域、ワケ系が下流域に属しています。ところがヲホド王（継体天皇）の古墳は淀川流域の高槻にあるとする学説が有力です。淀川は琵琶湖を水源としていることから、次のような王朝交代論が有力になりました。

大和川水系の上流出身のイリ系王朝がヤマト政権を支配していたが、後継者が絶えるか勢力が衰えるかして、下流域の豪族が政権を掌握しワケ系王朝となった。しかしワケ系王朝にもイリ系王朝の一族にも後継者が絶えてしまって、ヲホド王の一族に政権を託した。このように王朝交代論は主張するのですが、次のような「王朝輪番制論」も登場しました。

ヤマト政権は豪族たちの連合体であって、大王は絶対的な権力者ではなかったと考えれば、イリ系王朝からワケ系王朝に交代したというよりも、両王朝から輪番で大王になっていたと考えられます。ところが、輪番制を維持してきたイリ系王朝もワケ系王朝も、衰微したか、両王朝とも滅亡してしまって、ヲホド王の一族が大王になってしまった、そのように考えるのが「王朝輪番制論」です。

いずれにせよ、天皇家の系図が現在の皇室とつながるのは、六世紀のヲホド王（継体天皇）からと考えるのが、今日では通説となっています。

それではヲホド王はどこから来たのか

皆さん、父と母の名前は知っています。祖父母の名前も多くの方が記憶しているでしょう。しかしその両親である曾祖父母の名前は、ほとんどの方が記憶していないと思います。

大日本帝国憲法で天皇家は万世一系であると定められていた時代には、ヲホド王（継体天皇）は「応神《おうじん》五世孫」といわれてきました。応神天皇から数えて五代の孫になる、というのです。しかし文字もないから記録もつくれなかった時代に、いかにして応神天皇の末裔《まつえい》と定めたのか。系図は残されていません。しかしそれは後世の創作が可能です。このような理由から、ヲホド王（継体天皇）の応神末裔説は否定され、現在の天皇家の始祖はヲホド王であると考えるのが、日本史の学説でも

一般的になっています。

ところでヲホド王は、近江（滋賀県）の琵琶湖の北、越前（福井県）の三国地方で成長したという伝承があります。この地方は九頭竜川の流域で、古来、穀倉地帯として知られていました。港湾都市としても、朝鮮半島との交易が盛んでした。三国から陸路を取れば栃ノ木《とちのき》峠を越えると琵琶湖に近く、海路を取れば敦賀湾や若狭湾を経て、琵琶湖へは至近距離です。ヲホド王の一族は、三国で勢力を拡大し、琵琶湖―宇治川―淀川と結ぶ淀川水系に支配が及ぶ王国を、築いていったのでしょう。大和川水系のヤマト政権とも、接触はあったと推察できます。

次のような事実もあります。ヲホド王の墓と推定されている前方後円墳は、大和川水系の大和地方や河内地方ではなく、淀川水系の大阪府高槻市にあることです。

この今城塚《いましろづか》古墳が発掘や調査によって大王墓であったと考えられ、イリ系王朝でもワケ系王朝でもない、ヲホド王の墳墓であると推測されています。

第四節　継体王朝の確立と蘇我一族の登場

　ヤマト政権で大王の後継者が途絶えたとき、ヲホド王を迎え入れようと決定したのは、大和川水系の豪族である大伴《おおとも》氏や物部《もののべ》氏そして巨勢《こせ》氏でした。中でも大伴金村《おおとものかなむら》は当時の最高の実力者で、かなり強引にヲホド王に決定したと、伝えられています。

　しかし琵琶湖という湖の存在は知っていても、それよりも遠い越前を本拠地とする一族を、次代の大王にすることには、大和川水系の多くの豪族が反対だったのでしょう。大伴金村が強引に決定したので、彼らはヘソを曲げてしまったようです。ヲホド王が大和の地に入ることを拒否したのです。

『日本(書)紀』によれば、武烈《ぶれつ》天皇（オハツセノワカサザキノミコト）が五〇六年に死去したあと、ヲホド王が五〇六年に河内国で即位し、武烈天皇の姉、手白香皇女《たしらかのひめみこ》を皇后としました。さらに即位から足掛二〇年後の五二六年に、大和の地に都を定めたと記録されています。

　それにしてもヤマト政権の大王になったヲホド王が、二〇年も大和に入れなかったというのは、尋常ではありません。それでも大王の座を維持したのは、淀川水系（近江と越前）の豪族たちが支えていたのでしょう。

　またヲホド王が大和に都を定めるに際し、武烈天皇の姉、手白香皇女を皇后としたのは、「よそ者」である自分が王家と血縁関係を結ぶことで、それまでの王位の系統も後継していることを、主張するためでした。王家が別の家系から婿養子を取ることで、王家を維持していく慣習に、ヲホド王が従ったとも考えられます。

継体王朝を確立させた「磐井の乱」の平定

ヲホド王が大和の地に都を定めた翌年（五二七年）、北九州で筑紫の磐井《いわい》一族を中心とする豪族たちが、動乱を起こしました。

朝鮮半島に出兵しようとしたヤマト政権軍を、磐井軍が攻撃したことで起きた事件でした。当時の朝鮮半島では、高句麗《こうくり》、百済、新羅の三国が、争っていました。ただ半島の南端地域は諸小国が群立しており、そこにはヤマト政権の交易拠点で傭兵派遣の基地でもある地域が、存在していたのです。またヤマト政権は伝統的に、百済と深い関係にあり、その百済は新羅と厳しい対立関係にありました。

その新羅がヤマト政権の前線基地を侵略したという情報が入り、ヤマト政権はこれを奪還するため、北九州から朝鮮へ出兵しようとしたのです。ところが磐井は新羅と手を結び、北九州に独自の政権をつくろうとしていたため、ヤマト政権軍を攻撃したと伝えられています。ただし、この事件は百済の領地に新羅軍が侵入し、百済が援軍を求めたのでヤマト政権も派兵に動いた、という朝鮮側で執筆された歴史書の学説もあります。「磐井の乱」は、朝鮮半島の覇権争いに、ヤマト政権も加わっていた史実を、物語っているのかもしれません。

しかし継体王朝にとって、この動乱軍に勝利した重要な意味は、北九州に勢力圏を確立していた磐井を中心とする豪族たちを滅ぼしたことです。このことによってヤマト政権は、九州を直接に支配するようになったのでした。そして継体王朝の権力や権威が、確立される時代に入っていきます。

継体天皇がパートナーに選んだ蘇我氏とは？

ヲホド王をヤマト政権の大王とすることに、もっとも積極的だったのは大伴金村でした。彼は「磐井の乱」の勝利にも貢献しましたが、この動乱以前に起こした収賄事件が露見し、失脚してしまいます。彼は倭国が朝鮮半島の土地に持っていた利権を百済に譲渡し、賄賂を得ていたのです。

そのような状況下でヲホド王は、みずからの政権を確立するために片腕ともなり腹心ともなってくれる人材を求めていました。すでに大伴氏を始めとする、大和や河内系の豪族たちの中にも、ヲホド王を支援する一族は存在しました。しかしヲホド王は、忠実なだけの家臣にとどまらず、ともに我が政権を確立させるパートナーとなる人材を求めていました。

「磐井の乱」を経験したことで、継体王朝を支えていくには、大陸や朝鮮半島の事情にも精通している人材が必要であると、痛感していた側面もあったでしょう。

さらにヲホド王は自分の王朝を防衛する手段として、パートナーの一族を役立てることも考慮に入れていたと思われます。

ヲホド王が「磐井の乱」を平定し、九州の王権を奪取したので、よそ者の継体王朝に否定的だった大和や河内の豪族たちも、仕方なく継体王朝を認めました。そして次に豪族たちが計算することは、継体王朝に取り入ることです。自分の娘を継体王朝の皇子たちに嫁がせる。男児を出産したら、外戚（母方の親戚）となって政権に介入する機会を狙い、あわよくば政権を乗っ取ろうと計画するのです。

豪族たちの野望を排除するには、どうすればよいか。王子のお妃《きさき》を出す一族を決めてしまうことです。一夫一婦制の時代でありませんから、皇子には複数の豪族の娘が嫁いでくるかもしれない。それに対して、天皇の母となる資格のある女性を、特定の豪族の出身者のみに差別化してしまうことが、いちばん確実な方法です。

その豪族としてヲホド王が指名したのが、蘇我氏でした。

継体王朝は次のような特徴を持つ政権だった、と言えると思います。ヲホド王の一族が父系の遺伝子であるY遺伝子と祭祀を受け持ち、母系のX遺伝子と政治は蘇我氏が受け持つ合同政権であったと。

ところで蘇我氏とはどのような一族だったのでしょうか。二〇一五年、まったく偶然に蘇我氏を研究した二冊の本が発売されて、話題になりました。『蘇我氏　古代豪族の興亡』（倉本一宏、中公新書）『蘇我氏の古代』（吉村武彦、岩波新書）です。詳細はこの二冊をご参照いただきたいと思いますが、簡略に出自をいえば、次のようです。

大和地方の南西部、葛城《かつらぎ》地方を基盤とする複数の部族が存在し、彼らの集団が葛城氏と呼ばれていました。記紀《きき》（『古事記』と『日本（書）紀』）には、五世紀の仁徳天皇の皇后を始めとして、数多くの大王家の外戚を輩出している葛城族が登場しています。この古代豪族の中で、葛城地方を流れる曽我《そが》川流域を支配するグループが台頭し、蘇我氏の出身母体になった、と考える説が有力です。

天皇家・蘇我氏系図

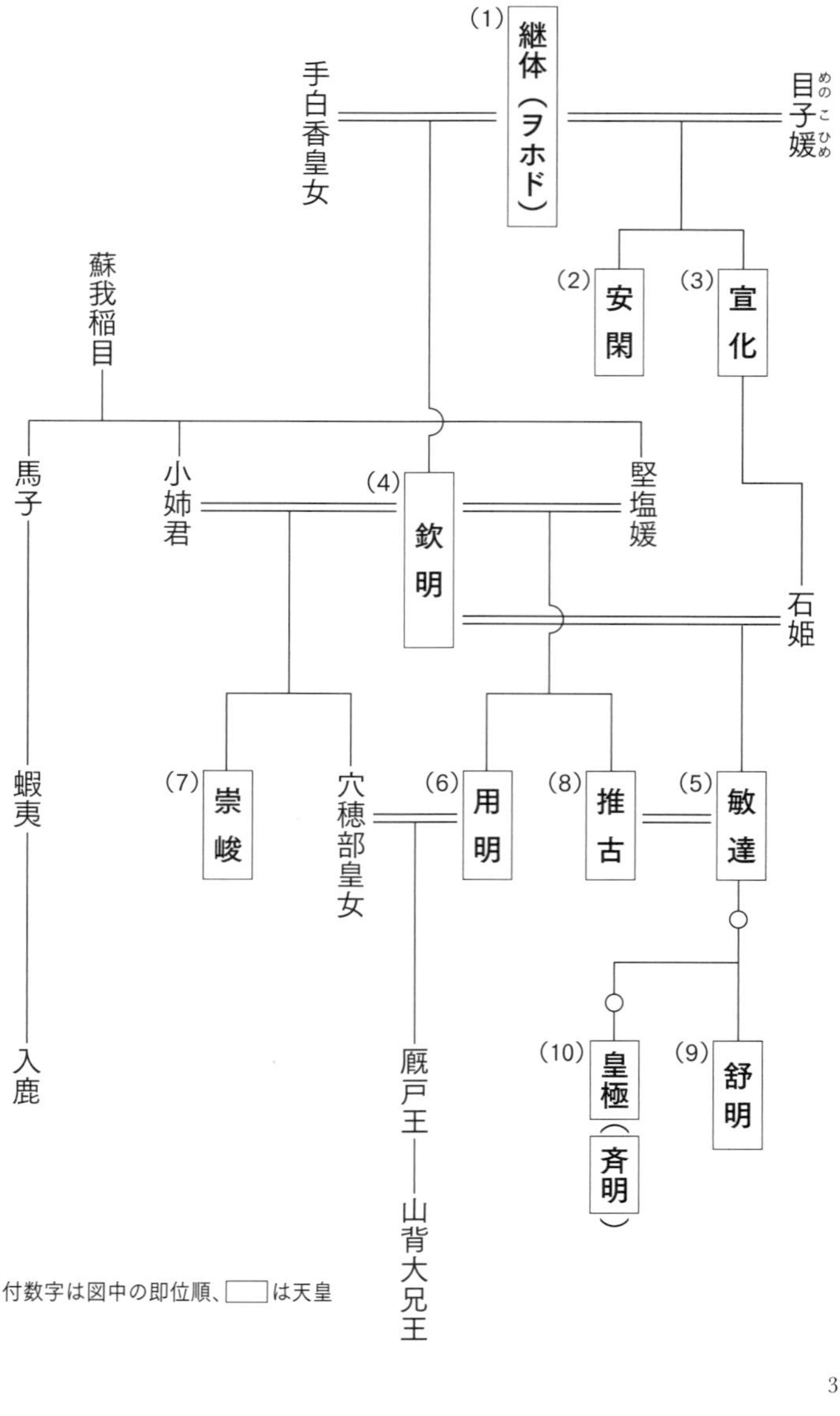

( )付数字は図中の即位順、□は天皇

彼らは勢力を拡大し、大和の飛鳥地方や河内の石川地方にも進出すると、渡来人が居住する地域も支配しました。

こうして葛城集団の中枢部分や、渡来人の集団（東漢氏《やまとのあやうじ》）を統率する蘇我氏が形成された、と考えられています。

継体天皇を後継した欽明天皇は蘇我稲目・馬子父子と密接な関係を有する

伝えられているヲホド王の生没は四五〇？―五三一年、その皇子だった欽明《きんめい》天皇の生没は五一〇？―五七〇年。蘇我稲目の生没は？―五七〇年、その嫡男だった蘇我馬子の生没は？―六二六年と推定されます。

このことから類推すれば、ヲホド王がパートナーとして指名した蘇我氏の頭領は、稲目の父であったかもしれません。しかし歴史上に具体的な名前が登場する蘇我氏は蘇我稲目からです。

そして欽明天皇は蘇我稲目の二人の娘、堅塩媛《きたしひめ》と小姉君《おあねのきみ》を妃とし、堅塩媛は用明《ようめい》、推古《すいこ》の両天皇の、小姉君は崇峻《すしゅん》天皇の、それぞれ母となっています。このときから藤原氏出身の光明皇后が、八世紀初頭に皇后になるまで、天皇の母になった女性はヲホド王の皇女たちか、蘇我氏一門の女性以外には存在しませんでした。そのような史実もあって、推古天皇の時代に定められたヤマト政権内の位階制度、冠位十二階の中に蘇我氏は含まれていません。蘇我氏は天皇と近い地位にあり、別格と考えられていたのです。

第五節　「仏教伝来」は蘇我馬子の跳躍台になった

仏教伝来と廃仏論争が意味すること

ヤマト政権の時代、氏族たちには「姓《かばね》」という、政治的な地位を示す称号が与えられていました。その中でも有力な豪族たちに与えた「姓」が「臣《おみ》」と「連《むらじ》」でした。

「臣」はヤマト政権を古くから支えてきた豪族たちに与えられ、「連」はヤマト政権の役職に関係して与えられました。「臣」の代表的な存在が蘇我氏です。蘇我稲目は「大臣」、「おおおみ」または「おおまえつきみ」と呼ばれ、別格の存在となっています。「連」の代表的な存在は大伴氏や物部氏で、「大連《おおむらじ》」と呼ばれていました。大伴氏も物部氏も軍事・刑罰を支配する役職を担っていました。

なお地元を離れて都で大王を支えている豪族は、「大夫《まえつきみ》」と呼ばれました。群臣会議に出席し、大王に意見を申し述べられる地位を指しています。蘇我氏は「大夫」の頭領でもありました。

さて欽明天皇の時代、五三八年に百済の聖王《せいおう》（聖明王とも）が、仏像や経典などを献上したとの記録が残っています。僕たちの時代には、この年を「ほっとけゴミ屋さん」などと、日本史の授業で暗記させられました。「日本に仏像が伝来した年である」と。

ところで「仏教伝来」とは、ただ単に仏教の経典や仏像が伝来したことを、意味するだけではありません。仏教信仰が広まるためには、文字が読めない人もいますから、経典だけでは不足です。

仏教を視覚化し、感じてもらう技術体系が必要です。寺院建立に不可欠な土木や建築の技術、仏像や法具に至るまでのさまざまな工芸技術、さらに法衣の制作など。そして僧侶それ自体の育成があります。そのための師に、来日してもらうことも必要です。

したがって「仏教伝来」とは、百済が自国にとっても貴重な、最新の文化や学術的な技術体系を、倭に譲ってくれたことを意味します。

仏教伝来の前に、百済は五経博士という百済の官僚を、五一三年から順次、倭に派遣しています。彼らは儒教の五経に詳しい、漢字を自由に読み書きするインテリでした。それだけにとどまらず、暦《れき》博士、医博士、易《えき》博士なども、百済は倭に遣わしています。

このように「仏教伝来」という出来事は、最新の思想と技術が百済から倭に伝来したことを物語っていたのでした。

しかしなにゆえに、ここまで百済は倭に最新の文化や知識を教えてくれたのでしょうか。

百済は倭に傭兵を求めていた

五三八年、仏教が伝来したといわれる年、百済は新羅に攻撃されて都を移しています。当時の朝鮮半島は、高句麗・百済・新羅が三国鼎立《ていりつ》状態で、覇権を争っていました。こんなときに、いずれの国でも求めていたのは、軍事的な援助です。武器の殺傷力が低かった時代、兵士の存在は武器そのものでしたから、諸国がもっとも求めていたのは傭兵です。

朝鮮半島から少し離れて、半島よりも文化的には後進国でしたが、ヤマト政権の兵力は強力でした。その軍事力をもっとも頼りにしていたのは百済です。五三八年、仏典と仏像をヤマト政権に贈呈した百済の聖王は、救国のために必死だったのでしょう。

シェークスピアの『リチャード三世』で、戦いに敗れて馬を失ったリチャード三世が、「馬をくれ！国をくれてやる！」と叫ぶ場面があります。追いつめられた人間の捨て鉢なセリフですが、聖王も国を失う切羽詰まった状況から逃れるため、援軍要請の切札として、仏教という「技術体系」を、倭に譲ったと考えられます。

廃仏論争とは何だったのか

ヤマト政権の大臣であった蘇我氏は、仏教を受け入れて政治に利用することを重視します。東漢氏のような渡来系の氏族も支配していた蘇我氏は、朝鮮半島や中国大陸の情報にも強かったので、仏教を積極的に受け入れ、政権の隆盛に役立てようと考える、開明派でした。

一方で大連であった物部氏は、軍事担当の重臣ですから、体制を守ることや外敵の侵入を防御することを優先します。保守的な立場であり現状維持派です。仏教の受容など不要と考えます。さらに物部氏は欽明天皇が蘇我氏を重用することに、不満を抱いていたでしょう。その点からも廃仏論を支持しました。

廃仏論争が蘇我氏と物部氏のあいだで激しくなるのが、欽明天皇の死後（五七一年）、敏達《びだつ》天皇の時代です。大連の物部守屋《もりや》は敏達天皇に積極的に近づき、蘇我氏の大臣となっていた稲目の後継者、馬子の政治を批判し、敏達天皇もこれを支持しました。物部守屋は蘇我馬子が信仰している寺院を焼き、仏像を破壊します。この事件が五八五年のことでしたが、奇しくも同年中に、敏達天皇が急死。用明天皇が後継し、即位しました。五八七年、蘇我馬子は物部守屋と戦って勝利し、守屋は殺害されました。

廃仏論争を原因とする蘇我・物部の抗争は、以上のような内容でした。宗教をめぐる抗争というより、それを口実とした豪族間の覇権闘争というべき事件、と考えるのが適切かと思われます。そして蘇我馬子の勝利は、多くの氏族が支持したからだと、考えられています。

その点に関して、朝鮮半島の高句麗・新羅・百済そして中国東北部の渤海《ぼっかい》に、中国から仏教が伝わったとき、注目すべき事態が起きていました。いずれの国でも崇仏派が、廃仏派に圧勝しているのです。

蘇我氏に味方し崇仏派になると、どうなるか。お寺をつくってくれ、仏教や仏具をつくってくれ、僧侶になる人や経文を読み書きできる人も集めてくれ、などなど。多くの仕事が、豪族たちに発注されます。物部氏についたらどうなるか。「なんもつくらんでええ。壊すだけや」ということですから、物部氏に味方しても、何も仕事は発生しないのです。

何十年か前には総選挙に立候補するとき、ゼネコン（総合建設業者）が後援者にいれば、選挙に勝てるといわれた時期もありました。昔も今も、仕事をつくってくれる支配者と見返りがない支配者とで、支持が多いのはどちらか、という問題でした。素朴な多神教のみが信じられていた、誰も宗教など知らなかったのが、当時の日本でした。具体的に利益があることに支持が集まった、それが崇仏か廃仏かをめぐる争いの、実相だったと思います。

ライバルの物部氏に勝利し、蘇我馬子の権勢は増大します。そして敏達天皇（在位五七二―五八五）の亡きあと、用明天皇（在位五八五―五八七）が即位後早くに亡くなると、崇峻天皇（在位五八七―五九二）が即位します。しかし崇峻天皇は蘇我馬子と衝突することが多く、蘇我一門ではなく大伴氏の娘を后に迎えるなど、アンチ蘇我の言動が激しくなり、ついに馬子の腹心の部下により暗殺されたと、伝えられています。

崇峻天皇の死後、蘇我馬子は女帝の推古天皇（在位五九二―六二八）を擁立《ようりつ》しました。推古天皇の母は蘇我稲目の娘、堅塩媛です。そして推古は亡き敏達天皇の后でもありました。日本初の女帝であった推古天皇を擁して、蘇我馬子はヤマト政権の実力者になっていくのです。ところがこの時代に、東アジアの政治情勢は大きく変化していきました。その影響は朝鮮半島にもヤマト政権にも、及んできます。

第六節　隋の中国統一が極東アジアに及ぼした波紋

馬子が父の稲目を後継し、「大臣」となったのは五七一年と考えられていますが、そして約二〇年後、中国では隋が全土を統一しました。五八九年に起きたこの事件に、朝鮮半島で覇権闘争を繰り返していた三国、高句麗・百済・新羅は、強い緊張感を覚えました。

ちょっと時代をさかのぼり、漢が中国全土を統一した頃から、隋の統一までの朝鮮半島の事情をお話し致します。

漢の武帝は朝鮮を制圧すると、ＢＣ一〇八年に四つの郡を置いて支配しました。その中で本国の漢が二二〇年に没落したあとも朝鮮半島では、楽浪郡《らくろうぐん》のみ存在し続け、三一三年にようやく高句麗に滅ぼされました。この楽浪郡の存在は、朝鮮半島の国々にとって、いかなる存在だったでしょうか。それは現代風にいえば、中国大陸にある漢の出張所が、突然に出現したようなものでした。半島の国々の支配者も住民も、楽浪郡の権力におびえながら、生活するようになります。

楽浪郡は三一三年、中国東北部から北朝鮮に進出してきた国、高句麗に倒されました。当時の中国大陸では、漢の後継者をめぐって、魏《ぎ》・蜀《しょく》・呉《ご》が争う三国時代に入り、その後司馬炎が晋を建てるも、すぐに力を失います。また、その頃から地球は寒冷化の時代を迎え、激化する寒さの中で、北方の遊牧民たちが南へ向かって大移動を開始しました。

五胡十六国と呼ばれた多様な遊牧民の南下によって、黄河の中・下流域である華北の地を制圧されて、漢民族の多数が南へ逃れました。こうして中国は支配者が並立する南北朝時代に入ります。北は遊牧民である鮮卑《せんぴ》の拓跋部《たくばつぶ》が建国した北魏《ほくぎ》が、南は漢民族の宋（南朝）が、それぞれ支配するようになりました。

さて漢が滅びてから楽浪郡も倒れて、隋が新しく天下統一するまでの三一三年から五八九年の期間に、朝鮮半島ではようやく国々が登場しました。半島の国々は自分たちの国づくりに、専心できるようになり、そして百済や新羅が記録上に登場するのは、この時代からです。

楽浪郡が倒されたとき、そこに特殊な才能を持つエリートとして、漢字を読み書きできる中国人たちが働いていました。ＢＣ一世紀の漢の時代に朝鮮にやってきた人々の子孫です。いまさら中国には帰れません。すでに漢は滅びています。かといって朝鮮半島で兵士になるのも、農民になるのも嫌です。自分たちが持っている、漢字を読み書きするという最先端の技術を、百済や新羅そして海を越えて倭に売り込みました。

そして楽浪郡出身のお雇い外国人のような中国人たちが、百済や新羅そして倭のヤマト政権に、文字を根づかせる大きな源泉になります。それだけでなく彼らは、先進国である中国人の知恵として、国づくりのことや外交のことなども、極東の国々に根づかせたのでした。

中国が南北朝に分かれて対立していた時期に、朝鮮半島の三国は北の北魏にも南の宋（南朝）にも、朝貢の使者を送り、侵略されないように儀礼を尽くしています。倭からは宋（南朝）に五人の王が朝貢した記録が、『宋書』に掲載されています。その中の一人、倭王武から南朝の皇帝へ献上された上奏文は、みごとに完成された漢文で書かれていました。このことから、ひと昔まえの日本の識者の中には、「日本はこんな古い時代から、立派な漢文が書けた。優秀な民族であるのだ」と自慢する人もいました。しかし今日では、あれは楽浪郡からのお雇いの中国人が代筆したものだと考える説が、有力になっています。

第七節　六〇〇年に蘇我馬子が遣隋使を派遣した

漢王朝以来、再び中国を統一した隋は、北朝を支配していた北魏と同じく、遊牧民である鮮卑の拓跋部の王朝です。隋が統一に成功した大きな理由は、この頃から北半球を襲っていた寒冷化の波が退潮し、温暖化の時代に入ったことでした。気候の温暖化が進めば農作物の収穫は豊かになり、人口も増加します。余剰食糧も増加します。大部隊の兵士を維持する兵糧の確保も可能になりますから、大軍の動員が容易になります。隋の中国統一は気候も味方して、可能になったのでした。

ところで朝鮮半島では、高句麗も百済も新羅も、隋が中国を統一した時代には、すでに文字は権力者層には普及していました。ですから漢が中国を統一した時代に、その出先機関である楽浪郡が長期間にわたって君臨し（ＢＣ一〇八－ＡＤ三一三）、半島の人々を制圧し苦しめていたことを学んでいましたので、隋の登場にはガッカリしたことでしょう。しかし弱小の近隣国である哀しさで、素早く隋の大興城（長安・現在の西安）へ朝貢の使者を派遣すると、表敬の態度を示しています。

倭でも大臣の職にあった蘇我馬子は、隋が中国を統一したという情報を、百済あたりから入手していたと思われます。しかし当時の馬子は、仏教伝来をめぐる論争を始めとする物部氏との抗争に足を取られて、海外の問題に専心できませんでした。ようやく物部守屋に勝利し（五八七年）、推古天皇が即位し（五九二年）、馬子が政務に専心できる体制となりました。

もともと開明派だった蘇我氏ですから、馬子は隋という新王朝に、関心があったでしょう。それに大陸に強国が誕生したのですから、無視するわけにもいかず、挨拶ぐらいしておくことが必要です。

「倭は挨拶にも来ないのか。生意気やな」

などと睨まれたら困ります。

六〇〇年に蘇我馬子は、ご機嫌伺いも兼ねて使者を隋に派遣しました。これが事実上の最初の遣隋使です。しかし『日本(書)紀』を始めとして、日本の古代史の記録にはこの六〇〇年の遣隋使の記録が記載されていません。しかし隋の国史『隋書』には記載されているのです。

従来から古代史を語る多くの人々は、『日本(書)紀』や『古事記』を基本文献として、中国の史書の記録はあくまで参考に利用してきました。しかし『隋書』は隋の正史として、七世紀半ばに完成しています。『日本(書)紀』は八世紀の前半(七二〇年)に完成しています。しかも『日本(書)紀』については、その著述内容に関して、持統天皇と藤原不比等《ふじわらのふひと》による史実の歪曲《わいきょく》が意図された部分もあると、指摘されています。

歴史の資料については、同時代の史料を重視すべきは当然のことです。そうであるならば日本の古代史は、歴代の正史が残っている中国の記録と古墳を中心とする考古学の資料を重視すべきで、『日本(書)紀』や伝承が中心である『古事記』は、参考程度に見るべきだと考えるのが、普通の学問的な方法論だと思うのです。しかしそのような社会科学的な方法論が採られなかったのです。「日本の歴史は日本の文献をベースにすべきだ」と。

このように根拠なく思い込む事大主義で、古代史が歪《ゆが》んだ時代もありました。中国の『隋書』を始めとする史書が、嘘を書いている危険もあるとの指摘も存在しました。

中国の国史は、新しく王朝をつくった皇帝が、自分が覇権を奪取したことの正当性を主張することも、制作目的のひとつでした。そのために前王朝の皇帝を、愚かな悪人に仕立て上げ、著述した例もあります。しかし脚色する必要のないことに嘘は書きません。他国からの朝貢や天変地異など、事実のみを記録しているのが、中国の正史です。それはすでに漢の時代から連綿と続いてきたのです。このことから中国の正史は世界の歴史的資料として、高い信頼性を持っています。周辺の諸小国が表敬訪問したなかの一国だった倭国を、意図的に記録しない理由は、隋には存在しなかったでしょう。

そのようなわけで、『日本(書)紀』が六〇〇年の遣隋使について記述しなかったのは、日本側に原因があったと考え、本書では六〇〇年を最初の遣隋使派遣の年と位置付けました。

「冠位十二階」と「憲法十七条」の制作は倭国防衛の手段でもあった

六〇〇年に倭国の遣隋使が、隋の皇帝に拝謁し、倭の政治や風俗について問われ、回答しました。しかしその回答に「義理なし」(正しき筋道がないという意味)と、隋の皇帝が語ったと、『隋書』の「東夷伝倭国条」に記録されています。

それはさておき、六〇〇年の遣隋使は、倭の五王以来、一二〇年ぶりに中国を訪れた日本からの使者でした。たとえていえば何も知らずに三重県の美杉村(僕の故里です)から、突然にニューヨークの摩天楼へ連れてこられて仰天した、それほどに驚いたと思うのです。大興城(長安)の都の繁栄と文化、隋王朝の権勢と朝廷の役人たちの高い能力などに、倭の使者たちは圧倒されて帰国したのです。倭の使者たちの報告を聞いた馬子は「これはいかん」と思ったことでしょう。

官僚制度が未発達な小国は、大国の中国からみれば、容易に属国化できる未開発国だと思われがちです。権力機構が整備されてない小国は侵略すれば潰しやすいと、狙われてしまいます。

馬子は、そのことを恐れたと思います。「突然、中国に、大親分が登場した」、仁義の切り方を問違えたら一大事です。もう一回、隋に挨拶に行く前に、格好をつける必要があります。「私たちの国は立派な制度が整っております」と、隋に認識させること、前方後円墳で海上の渡来人たちを圧倒したように、隋に対して、効果的な防衛手段として、国家制度の存在を証明できる法案を制作することなどでした。

馬子は蘇我氏が支配している渡来系の氏族の東漢氏や、百済から来朝している知識人を駆使して、必死に法案を考えました。そしてつくり上げた法律が、「冠位十二階」と「憲法十七条」です。「冠位十二階」は役人の序列と等級を明文化したものです。「我が国の朝廷はきちんとした制度で動いています」と、主張するために必要でした。「憲法十七条」は役人の守るべき秩序と道徳を明文化した法律です。それも中国の法律を学んだり、当時の倭国で慣習法的に守られていた約束ごとを、応用したものです。どちらも隋に挨拶に行くために、苦労して制作したものでした。当時の倭国には、成文化された法律なぞなかったからです。

第八節　中国との外交関係を築いた馬子の業績

六〇七年に小野妹子《おののいもこ》が第二次の遣隋使として、派遣されました。このとき倭から隋への国書に次のような文言がありました。

「日《ひ》出づる処の天子、書を日没する処の天子に致す。つつがなきや」

この国書について隋の皇帝の煬帝《ようだい》が「天子」という言葉に対し、「天子とは俺一人である」と激怒したとのエピソードも伝えられています。しかし弱小国である倭からの拝謁の使者が献上した挨拶文に、隋の皇帝がまともに怒るとも思えません。

「おまえなあ、天子とは中国の皇帝一人なのだよ。田舎者で手紙の書き方も知らんのかな？」

などと、苦笑したかもしれませんが。というのも六〇八年、小野妹子が帰国するとき隋の皇帝は、返礼の使者として裴世清《はいせいせい》という官僚を同行させたからです。本当に煬帝が激怒していたのなら、あり得ないことでした。ただし返礼の使者という形を取りつつ、隋が朝鮮半島でもっとも警戒していた高句麗と、倭が接触しているか否か、確認する目的があったとも、考えられています。

さて小野妹子に伴われて倭を来訪した裴世清は、大和に至り推古天皇に隋の国書を伝えます。そのとき彼は年老いた男性の有力者に会ったと、『隋書』には記録されています。この人物は恐らく馬子だったでしょう。推古天皇は祭祀を司る身なので、おそらく会わなかったと推定されるからです。

六〇九年に裴世清は帰国します。小野妹子が送迎使として同行しますが、このとき馬子は、高《たか》向玄理《むこのくろまろ》、僧・旻《みん》、南淵請安《みなぶちのしょうあん》など八名を第三次の遣隋使として、同伴させます。巨大な先進国である隋に優秀な部下を派遣して、勉強させようと馬子は意図したのです。

いずれにしても馬子は継体王朝になって初めて、日本の門戸を中国に開き、外交を始めた指導者でした。隋に朝貢の形式を取りつつも、政治や文化について学び、倭を強国にしようと考えて、「冠位十二階」や「憲法十七条」の制作も意図しました。彼が日本史に残した大きな業績は、そのようなことだったと考えます。

ところで以上のような見解は新しいものであり、以前には主流ではありませんでした。「東アジアで最初の女帝とされる推古天皇は、甥に当たる厩戸王《うまやどのおう》（聖徳太子《しょうとくたいし》）を摂政として即位した。そして政治については、厩戸王と厩戸王の大叔父に当たる蘇我馬子に任せた」

僕たちの時代の日本史では、このように教えられました。そして法隆寺の建立も「冠位十二階」や「憲法十七条」の制定、さらには遣隋使の派遣や、隋の煬帝に送った「日出づる処の天子」に始まる文章も、すべて厩戸王の業績として、教科書に載っていました。

第九節　蘇我馬子を遠ざけ「聖徳太子伝説」を創作したのは誰か？

聖徳太子は天皇家の系図には用明天皇の嫡男として、幼名を厩戸王として登場してきます。用明天皇は推古天皇と同じく欽明天皇の子どもですから、厩戸王は推古天皇の甥となります。蘇我馬子と推古天皇の母である堅塩媛の父親は蘇我稲目ですから、推古天皇にとって、馬子は叔父となります。このことは史実です。また推古天皇にとって、当時の天皇家の中で、もっとも将来を託していたのは竹田皇子《たけだのおうじ》だったでしょう。この皇子は推古天皇が若き額田部皇女《ぬかたべのひめみこ》だった頃、亡き敏達天皇とのあいだに得た皇子でした。しかしすでに死亡していました。そこで自分が天皇に選ばれたとき、兄の用明天皇の皇子であった厩戸王を、自分の側近に加えるということはあり得ました。蘇我馬子も同意していたかもしれません。

したがって厩戸王は実在の人物でした。しかし彼の業績として史実と認め得ることは、法隆寺を建立し、仏教を大切にしていたことぐらいです。いかほど政治に参画していたかは、ほとんど不明とされています。

厩戸王が聖徳太子となり推古天皇の摂政も兼務した、ということについて、次のような疑義が存在しました。皇太子という地位や摂政という職位が、その時代に存在したのかという疑問です。たとえば、六世紀から七世紀初めの頃、当時は大王《おおきみ》と呼ばれていた天皇たちの位は、すべて終身であり、後継の天皇となるべき太子は立てておらず、そのために死後、後継者争いが絶えませんでした。推古天皇（在位五九二―六二八）も、死去するまで在位していました。また摂政という職位が日本史の史実として登場する最初は、清和《せいわ》天皇（在位八五八―八七六）時の藤原良房《ふじわらのよしふさ》（在任八六六―八七二）です。

以上の疑義も含めて、いわゆる「聖徳太子伝説」について深く検証し、新たな視点から聖徳太子の実像に迫り、その虚像を創作した人物を追究した代表的な史学者が、大山誠一さんでした。次の三冊が大きな話題となりました。

『〈聖徳太子〉の誕生』（吉川弘文館）、『日本書紀の謎と聖徳太子』（平凡社）、『天孫降臨の夢　藤原不比等のプロジェクト』（NHK出版）です。

厩戸王が皇太子となり、摂政の職位に就いた。そして聖徳太子となった。この語り継がれてきた学説は、大山誠一さんを始めとする史学者の研究によって、ほぼ崩壊していることは、次のようなエピソードによっても明らかになっていると考えます。

文科省が厩戸王の表記について、「厩戸王（聖徳太子）」と変更しようとして、国会で問題となりました。このとき自民党の国会議員が、「アホ言うな」と笑い飛ばし、この表記は取り止めとなったことがあったのです。「聖徳太子」はそれだけで充分であり、わざわざ幼名など付記する必要はないと。

しかし既定の表記や学説の変更には消極的な文科省が、「厩戸王（聖徳太子）」という表記を提案したということは、次のような歴史観を認めざるを得ないと、理解したからだったと考えます。

「推古天皇の時代に厩戸王という皇族の臣下は存在したが、摂政でもあり天皇を継承する皇太子でもある聖徳太子の存在は、はなはだ学問的に怪しい」

それでは聖徳太子という人物像は、どうしてつくられたのか。誰がそれを必要としたのでしょうか。

藤原不比等の登場

ヲホド王（継体天皇）は、継体王朝によるヤマト政権の支配を維持するために、蘇我一族をパートナーに近い腹心の部下にしただけでなく、天皇を産む資格のある女性（お妃）も、蘇我一族の女子だけに限定してしまいました。こうすることで、皇子のお嫁さんになった娘の一族が外戚となって権勢をふるい、政権を混乱させる危険を、排除したのでしたね。

ヲホド王と後継者の欽明天皇が着想し推し進めた、政権を安定させる婚姻戦略は功を奏しました。

そして天皇の母となった女性は、蘇我一族と天皇家の出身のみになります。

そうなると天皇に仕える豪族の中でも、蘇我氏はまったく別格の存在となっていきます。天皇家につながる皇子たちは、争って蘇我氏の血を引く女性たちを、妃にしてしまいます。

蘇我氏は馬子の没後、蝦夷《えみし》から入鹿《いるか》へと、大臣の地位を引き継いでいきます。ところが、六四五年の「乙巳《いっし》の変」（大化の改新）で、中大兄皇子（後の天智《てんじ》天皇）や中臣鎌足《なかとみのかまたり》（後の藤原鎌足）たちに敗北します。そして入鹿は殺害され、蝦夷は自殺しました。しかし蘇我家が滅びたわけではなく、蝦夷の弟である倉麻呂の長男、蘇我石川麻呂《いしかわのまろ》（蘇我倉山田石川麻呂《くらやまだのいしかわのまろ》とも）の一族が蘇我氏を受け継いでいきました。

乙巳の変で勝利した中大兄皇子は、石川麻呂の娘二人を自分の妃にしてしまう。すると弟の大《おお》海人《あまの》皇子（後の天武天皇）は、中大兄皇子と石川麻呂の娘とのあいだに生まれた娘たちを、みんな自分の妃にしてしまいました。貴種である蘇我氏の系列の娘たちを独占することで、自分たちの子どもの地位を脅かす血筋の子どもが、登場する心配はなくなるからです。

こうして蘇我石川麻呂の一族が、貴種の地位を継承したのですが、ここに藤原不比等《ふひと》が登場してきます。彼は中臣鎌足の次男でした。鎌足が「乙巳の変」の功により、天智天皇から藤原朝臣の姓を賜り、このときから鎌足の一族は、藤原家を名乗るようになったと、記録されています。

藤原不比等は藤原氏の繁栄の基盤を築いたのですが、彼は蘇我石川麻呂の弟、連子《むらじこ》の娘と結婚しています。藤原氏を語るとき、彼の子どもたちが興した藤原四氏の存在は欠かせません。北家・式家・南家・京家です。やがて摂関政治の時代を支配するのは北家なのですが、朝廷支配をめぐっ

天皇家・蘇我氏・藤原氏系図

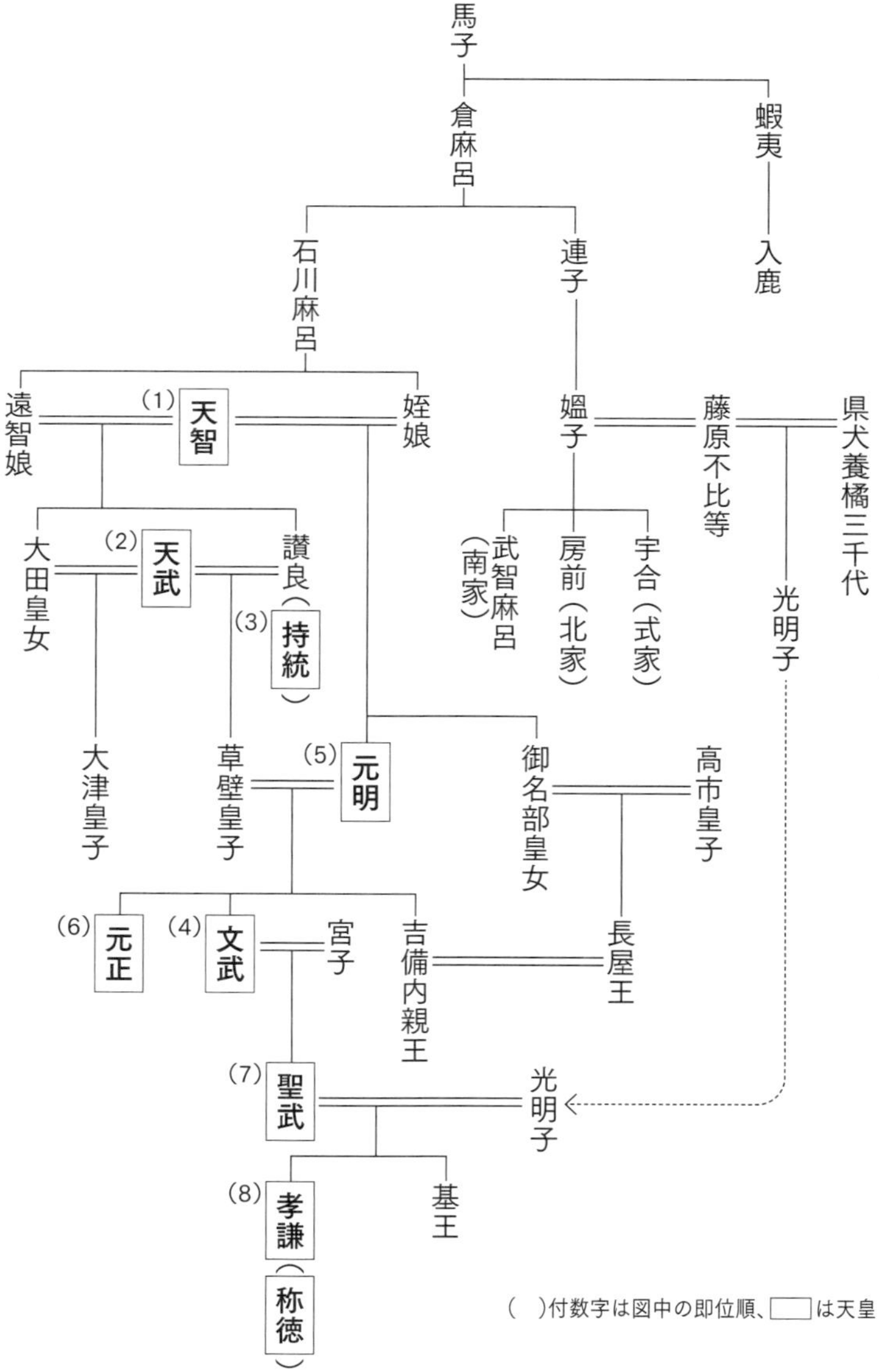

（　）付数字は図中の即位順、□は天皇

て同族間で激しく抗争するのは北家・式家・南家です。京家はほとんど登場せず、没落しました。

この北家・式家・南家の祖となった男子たちの母は、蘇我連子の娘だったのです。それに対して京家の祖となった男子の母は、蘇我氏の出身ではありませんでした。蘇我氏の一族がいかに貴種であったか、蘇我氏の娘を貰うことが、いかに大事だったかを、この事実は示しています。

ところで藤原不比等をもっとも重用した天皇は持統天皇でした。この二人の関係は、持統天皇の章において重要になりますが、「聖徳太子伝説」を語るときも、欠かせない主題となってきます。

推古天皇と蘇我馬子、持統天皇と藤原不比等

藤原不比等は蘇我氏の娘と婚姻関係を結んでいましたが、県犬養《あがたいぬかいの》橘《たちばなの》三千代《みちよ》という女性も妻としていました。彼女は実務能力に優れた高級女官でした。二人のあいだに安宿媛《あすかべひめ》（光明子《こうみょうし》、七〇一―七六〇）が誕生します。

光明子は漢文の知識も学び、才気あふれる女性でした。彼女は文武《もんむ》天皇の皇子、首皇子《おびとのみこ》に嫁いでいましたが、夫人のひとりであり、首皇子の正妃ではありませんでした。

すでにお話ししたのですが、この当時、蘇我氏が別格の存在となり、皇族か蘇我氏の女性だけが皇后（正妃）に、天皇の母になれるのでしたね。しかし政権の実力者、不比等は考えたでしょう。天皇となることは定まっており、いまは病弱な身体の充実が待たれている首皇子の夫人となっている我が娘の光明子を正妃とし、自分も蘇我氏に匹敵する外戚の権勢を得たいものだと。

というのも首皇子（後の聖武《しょうむ》天皇）は光明子とのあいだに、二子（姉と弟）をもうけていたか

らです。弟は基王《もといおう》と命名され、赤子のときに立太子されています。生まれたときから皇太子となっていたのです。この異例な立太子には不比等の巧みな工作があったようです。このことは倉本一宏さんの『蘇我氏――古代豪族の興亡』に登場してきます。ところが基王は一歳で死亡しました。基王の姉は阿倍内親王で、後に孝謙《こうけん》天皇（在位七四九ー七五八）となり、重祚《ちようそ》して称徳《しようとく》天皇（在位七六四―七七〇）となっています。

さらに不比等は自分の存在と蘇我馬子との関係を、強く意識していたと思われます。首皇子（聖武天皇）は文武天皇の皇子でした。文武天皇（軽《かるの》皇子）は草壁《くさかべの》皇子の嫡男でした。草壁皇子は天武天皇と持統天皇の皇子で、天皇となる前に夭折《ようせつ》しました。したがって首皇子は、持統天皇のお孫さんの子どもです。

天武天皇に先立たれ、草壁皇子が早世してからの持統天皇は、天武・持統王朝を維持するために奮闘します。彼女を支えて不比等は才智を振るい、二人の関係は君と臣というよりパートナーに近い関係でした。不比等は持統天皇と自分の関係を、推古天皇と蘇我馬子との関係に重ね合わせたとしても、不思議ではありません。しかし藤原の異例に近い台頭を、危険視する人も登場してきます。

長屋王の謀殺と藤原光明子の立后

藤原不比等は七二〇年、娘の光明子が首皇子（聖武天皇）の正妃となるのも見ずに、最高の官職、右大臣の地位で死去しました。当時の天皇は女帝の元正《げんしよう》天皇でした。文武天皇の姉（氷高《ひだかの》皇女）です。なお妹が吉備《きび》内親王です。

不比等の死後、七二一年に右大臣となり、政権の中心になったのは長屋《ながや》王です。長屋王の父は天智天皇の長男（高市皇子《たけちのみこ》）、母は元明天皇の同母姉である御名部皇女《みなべのひめみこ》でした。彼女の父は天智天皇、母は蘇我氏です。さらに長屋王の正室は吉備内親王、彼女は天武天皇と持統天皇の嫡男、草壁皇子と元明天皇のあいだに生まれた内親王（つまり文武天皇の妹）です。ややこしいのですが、とてつもなく高貴な生まれだったのです。そして有能な政治家でもありました。

長屋王（六八四―七二九）は藤原不比等（六五九―七二〇）の娘とも結婚しており、ふたりの関係は良好でした。しかし彼は天皇家の一族として、前例や法令を大切に考える保守主義者でもありました。この点では新興の実力者である藤原一族の、皇位への関心に対して妥協がありませんでした。

たとえば聖武天皇の実母は藤原不比等の娘の宮子《きゅうし》でしたが、彼女の母（賀茂比売《かものひめ》）は蘇我氏ではなく身分の低い一族の出身でした。そこで宮子夫人に「大夫人」の尊称を与えようとしましたが、長屋王から前例の法令に従えば「皇太夫人」とすべきではないか、との意見があり「皇太夫人」となりました。それでも宮子夫人は皇族扱いとなったので、一件は落着しました。しかし基王の立太子のときは、長屋王はこれを無視し、式典にも参加しませんでした。

このような経緯があったので不比等が死去したとき、その遺児である藤原四兄弟（武智麻呂《むちまろ》、房前《ふささき》、宇合《うまかい》、麻呂《まろ》）は、妹の光明子の立后が長屋王に阻止される懸念を強く抱きました。そればかりではなく、高貴な血筋に満たされた長屋王の一族から天皇が登場することも、予測されるのです。長屋王には母親が蘇我氏の血を引く男子が、四名もいたからです。

父、不比等の死と長屋王の実力と血統に、光明子の立后がほとんど望み薄と考えた藤原四兄弟は、「謀反の企てあり」として、長屋王の屋敷を急襲しました。長屋王は自害、正室の吉備内親王と四人の男子は、首をくくりました。この「長屋王の変」と呼ばれた事件が七二九年の二月。次いで八月、光明子は立后を果たし、晴れて聖武天皇の皇后となりました。そして七三四年には藤原四兄弟の長男、南家の武智麻呂が右大臣となりました。

ついに藤原氏は不比等が獲得したかった蘇我氏の権勢に、近づいたかに思われました。ところが、七三七年に疫病（天然痘）が大流行し、朝廷にも多数の犠牲者が出ました。このとき藤原四兄弟の全員が病死したのです。当時の人々は四人の死を「長屋王の祟りだ」と、噂したと伝えられています。

というのも「謀反の企てあり」と、藤原兄弟が滅ぼしたのは、長屋王と天皇家の血筋である吉備内親王だった正室と、その男子四人だけだったからです。長屋王の妻だった不比等の娘と子どもは無事だったのです。藤原四兄弟の目標が、長屋王一族の皆殺しだったことは、事件当時から半ば公然の秘密だったようです。

光明子が懸念したことは、長屋王の祟りで四人の兄が死んだという噂が広まると、ただでさえ存在する、「新しい皇后は成り上がりの豪族の娘に過ぎない」と軽視する朝廷内の意見が、強まることでした。彼女は考えました。

光明子のフレームアップ大作戦

天然痘の流行で藤原四兄弟を始めとして、多数の高級官人たちも死没したあと右大臣となり、政権の中心となったのは橘諸兄《もろえ》でした。彼は光明子の異母兄に当たる人物です。しかし彼と藤原四兄弟の後継者たちとの関係は、円満ではなく衝突が続きます。政局は不安定でした。加えて光明子にとって心痛だったことは、夫君である聖武天皇が精神的に不安定な性格で、動揺する事件があると、放浪の旅に逃れてしまうことでした。

明敏であり気丈な女性だった光明子は、聖武天皇を支えつつ、藤原氏の勢力を維持することに意欲を注ぎました。そのために、光明皇后としての立場を、「皇后にふさわしい立派な人だ」と認めさせることが、大切だと考えます。「長屋王を謀殺した兄たちの妹」、というレッテルをなくすことです。

そのために光明子は仏教に着目しました。当時の仏教は「国家仏教」と後世に呼ばれ、中心となる経典は華厳経でした。「皇帝は如来（すなわち仏）、官僚や軍人は人を救う菩薩、人民は救いを待つ大衆である」、という教義です。唐や隋も、「国家仏教」の鎮護国家の教えで国を治めていたのです。日本でも持統天皇が信仰していました。光明子も皇后になる前から、藤原氏の氏寺であった興福寺の境内に、孤児や貧窮者を救う悲田院《ひでんいん》や、貧者に薬を与えたり治療をしたりする、施薬院《せやくいん》を設けていました。光明子の前例になったのは、中国の武則天の、悲田養病坊《ひでんようびょうぼう》でした。

光明子の行動は慈悲深く、称賛に値するでしょう。しかしこれらの行為をいまさら公表しても、イメージアップを狙っていると思われるだけで、皇后としての尊敬を得るのは困難です。売名行為に思われるからです。

自分の意志で、施薬院や悲田院を始めたのではなく、貧しい人々のために献身的に働いた先人の行いに学び、光明子はそのあとを継ごうとしている。誰かに、そう言ってもらうことが効果的なのです。フレームアップは、さりげなく行われること。そして共感できる物語が添加されていることも大切です。

そして次の話が生まれてきました。

長屋王が殺された七二九年から一〇年後の七三九年に、行信《ぎょうしん》という僧（生没不詳）が、厩戸王が住んでいたとされる斑鳩《いかるが》の地に、すでに焼亡してしまっていた宮殿を再建しました。現在、法隆寺東院と呼ばれている寺院で、中でも中心となる夢殿《ゆめどの》（八角円堂）は有名です。

この行信の事業に協力したのが光明子でした。多額の建設資金を援助したのです。こうして法隆寺東院（当時の名称は上宮王院）は完成しました。行信は夢殿に救世観音《くぜかんのん》の立像を安置します。救世観音は大衆の苦しみを救う仏様です。さらに行信は聖徳太子にまつわる伝承や逸話を大量に収集し、夢殿に納めました。それらは夢殿文書と呼ばれ、今日まで残っています。

さまざまな文献に語られている内容の中心は、斑鳩にお住まいだった幼名が厩戸王であった聖徳太子の、善行の数々です。その中に聖徳太子が、貧者や病気に悩む人を救うために、悲田院や施薬院をつくった、という話もありました。大阪の四天王寺は聖徳太子が建立したという伝承が残る寺院ですが、南北朝時代（十四世紀半ばから後半期）に書かれたと推定されている文献が、残されています。

その中に聖徳太子が四天王寺に、施薬院や悲田院など四つの福祉施設をつくったとの、伝承も残されていました。このことは聖徳太子の実在を、強く裏づけているように思わせます。同時にすでに中世の頃には、聖徳太子の存在が信じられていたことの、証左であるとも思われます。

ところで行信の夢殿文書により、聖徳太子の伝承が広まっていくと、次のような話も広まり始めました。

「聖徳太子という立派な摂政が、悲田院や施薬院をつくり大衆を助けた。ところが時を経て、その伝統も滅びていたのを、光明皇后は復活させたのである。光明皇后は聖徳太子の生まれ変わり、かもしれない」

こうして光明子は「慈悲深い光明皇后」として認識されていきました。フレームアップは実現したのです。しかし、このような策略は僧・行信が編み出したのか。根はもっと深そうです。

聖徳太子を創造したのは藤原不比等か

天武天皇が死去したあと、持統天皇が即位したのは六九〇年でした。当時の倭国は中国の大国、唐から侵略されないために対策を案出し続ける、緊張状態にありました。六六三年の白村江《はくすきのえ》の戦いで、唐と新羅との連合軍に中大兄皇子が大敗したことが、原因でした。

推古天皇と蘇我馬子が中国の大国、隋の侵略を警戒し、律令国家としての形式を整えるのに必死になったのと同様に、持統天皇と藤原不比等も、日本が立派な国家だと思わせる基盤の構築に、苦労していました。その努力は国防上の問題であると同時に、天武・持統という皇族の系譜を、正統であると主張し永続させるための方策でもありました。また藤原不比等にしてみれば、新興の豪族である藤原氏が、ロールモデルでもある蘇我氏に接近していく手段でもありました。

そのような目的もあって、『古事記』や『日本(書)紀』は制作されました。その知恵を出したのは藤原不比等だったでしょう。

『日本(書)紀』の制作過程で、不比等は冠位十二階や憲法十七条など、あまりにも馬子の業績が大きく多彩なのに考え込みました。このまま記録に残したのでは、新興の藤原氏の業績など、その影が薄くなるばかりです。そこで蘇我馬子の業績を他の人間に移し分けることを、考えたのではないか。

そこで選ばれた人物が厩戸王です。推古天皇の同母兄である用明天皇が、彼の父です。特筆するべきことは、この一族は厩戸王の子、山背大兄王《やましろのおおえのおう》の代に、皇位継承問題の紛争から蘇我入鹿によって、一族全員が抹殺されていたことです。それが六四三年。『日本(書)紀』が完成したのが七二〇年。行信が法隆寺夢殿を完成したのが七三九年。このように記録されている年号を眺めてみても、フレームアップされる人物として、厩戸王は最適な条件を持っています。彼が聖徳太子と呼ばれていたと言っても、反論できる血族がいないのです。

こうして不比等から光明子の時代にかけて、聖徳太子伝承が創作されたのではないでしょうか。

大王《おおきみ》が推古で、大臣《おおおみ》が蘇我馬子。そして馬子は働き盛りの壮年で、仕事に集中していたのです。そこに無位無官の厩戸王が参加しようとしても、朝廷の体制が許さないでしょう。不比等も光明子も、そのへんのことは承知していた。だから厩戸王に、天皇の政務を代行する権限のある摂政の官職をつけた。けれども摂政という官職が、中国から日本に伝わったのは、推古天皇の時代よりも後のことだったのですね。仮に厩戸王が有能であったとしても、当時の政府に官職がなければ、参加のしようもありません。不比等はそのことを配慮して、彼の時代になって中国から伝来してきた摂政という、好都合の官職名を利用したのだと、推察されています。

日本史の世界で根強く支持されていた聖徳太子の存在が虚構であったという見解が、ほぼ主流になっています。すると時代が大きく転換していく時代に、中華圏に存在する倭と呼ばれていた日本を、中国に朝貢して支配下の国（被冊封国《ひさくほう》）になることもなく、ある程度、独立国としての権限を認めてもらい、倭という国を出発させた。このことを達成させた業績は、ほとんど蘇我馬子が成し遂げたものである。そのように考えることが、現代における蘇我馬子に対する評価となっています。

第二章

持統天皇

第一節　彼女が生まれた時代の極東アジアと日本の情勢

持統《じとう》天皇（六四五―七〇二）は、中大兄皇子《なかのおおえのおうじ》（六二六―六七一）と蘇我石川麻呂《そがのいしかわのまろ》の娘、遠智娘《おちのいらつめ》のあいだに生まれました。中大兄皇子は後の天智《てんじ》天皇です。持統天皇は鸕野讃良《うののさららの》皇女と呼ばれていました。なお中大兄皇子は同じく遠智娘とのあいだに、大田《おおたの》皇女ももうけました。二人の娘のうち、大田皇女が姉とする説が有力でしたが、確証はありません。皇家以外で后《きさき》を輩出していた別格の豪族、蘇我氏の娘を中大兄皇子が独占したのですが、さらに讃良皇女も大田皇女も、中大兄皇子の同母弟である大海人《おおあまの》皇子（？―六八六）、後の天武天皇が妻としています。

そして讃良皇女は草壁《くさかべの》皇子、大田皇女は大津《おおつの》皇子のそれぞれ生母となっています。

ところで六四五年という年は、乙巳《いっし》の変が起きた年でした。

この事件は最近まで日本史の授業では、「大化改新」と呼ばれ、「タイカノカイシン、ムシゴヒキ」などと記憶させられました。そして事件の内容は、中臣鎌足《なかとみのかまたり》と中大兄皇子が蘇我蝦夷《そがのえみし》と入鹿《いるか》父子の暴政に怒り、これを殺害し、孝徳《こうとく》天皇を立てて、政治を改新したと教えられました。なお中臣鎌足は臨終の際に、天智天皇から藤原の姓を贈られ、藤原鎌足《ふじわらのかまたり》が藤原氏の祖となったと、伝えられています。

しかし孝徳天皇が年号を「大化」と改め、数々の政治的改革を実現させたとする、『日本（書）紀』の記述内容を検証して疑義を提起し、それを裏づける学説も登場してきました。そのような経緯があり、この事件を孝徳天皇を中心として、古代における天皇専制の支配体制が確立された、画期的な政治改革と評価するのは、控えるようになっています。そして「大化改新」とは呼ばず、中国の暦法である十干十二支《じっかんじゅうにし》の呼称により乙巳の年に起きたクーデターなので、「乙巳の変」と呼ぶようになりました。

なお乙巳の変は中臣鎌足と中大兄皇子が中心で計画され、孝徳天皇（事件当時は軽皇子《かるの》）も参加していた、と考える説が有力でした。しかし近年になって、むしろ年長者で、乙巳の変が起きたときの天皇だった皇極《こうぎょく》天皇（女帝）の弟である軽皇子こそ、事件の首謀者だったのでは？と考える説も浮上しています。

このように乙巳の変については、首謀者についても論争中です。しかし次のことは明らかでした。六四五年に飛鳥板蓋宮《あすかのいたぶきのみや》で、「朝鮮半島より使者が来朝した。ただちに参内《さんだい》せよ」と、蘇我入鹿が嘘の伝言で呼び出され殺された乙巳の変が六月。十二月に孝徳天皇は難波長柄豊碕宮《なにわのながらのとよさきのみや》に遷都しました。そして翌六四六年、孝徳天皇は「改新の詔《みことのり》」を出しました。その内容が『日本(書)紀』に記録されています。しかしその文言が原文を改変していることが、明らかになっています。理由は後述しますが、具体例をひとつ。

「改新の詔」では、王族や豪族の私有地を廃止し、「公地公民制」を実施となっているのですが、近年の発掘調査により、王族や豪族の私有地は存在していたことが、判明しています。

乙巳の変の首謀者たちが土地制度を改革しようとした目的は、公地公民制を実現させ、強力な中央集権国家を築くことでした。彼らの計画は思いつきではなく、長期計画に基づいていたのです。

クーデターついでに考えつくようなプロジェクトではなく、この立案者は滅ぼされた蘇我氏だったのではないか、その案がそのまま利用されたのではないか、との説もあります。蘇我入鹿は無能な人物ではなかったからです。

しかし強力な中央集権国家づくりを、なぜ蘇我氏も急いでいたのでしょうか。その理由は中国と朝鮮半島にありました。

唐の登場が朝鮮と日本に広げた波紋

五八九年に中国全土を統一した隋は、朝鮮半島も支配下に置きました。このとき半島の高句麗、百済、新羅の三国は、漢帝国の出張所のような楽浪郡《らくろうぐん》（BC一〇八—AD三一三）に、四百年以上支配されていた苦渋の日々が再現されるのか、と嘆きました。このあたりのことは、第一章の「蘇我馬子」で、お話ししたとおりです。

その隋は、六一八年に、同じ狩猟遊牧民である鮮卑《せんぴ》の拓跋部《たくばつぶ》に属する唐に、政権を譲ったのです。唐の建国は、隋が倒れて自由になったと喜んでいた朝鮮半島の国々を、がっかりさせました。これからどうする？　唐に従属して生きるか、戦っても自由な自分たちの国を守るか？　いずれの国でも唐に対して、穏健派と強硬派に分裂し、争いを始めます。

朝鮮半島の三国の勢力関係は、飛び抜けて強国である高句麗から国を守るために、百済と新羅は手を結んだり対立したりする関係を続ける、という構図でした。そして倭国は百済とは一貫して親密な関係を続け、しばしば傭兵を派遣し、先進の文化を受容していました。唐の建国によって百済でも起きていた動揺は、倭にもいち早く伝わっていたことでしょう。

そして六四二年、乙巳の変の三年前、三国の中でも最強であり、隋の大軍に勝利した経験もある高句麗では、強硬派の将軍、淵蓋蘇文《えんがいそぶん》がクーデターを起こしました。唐の被冊封国《ひさくほうこく》となって従属する安全な道を選んでしまった、穏健派の国王と貴族たちを殺害したのです。唐はこの事件を契機に、高句麗への派兵を開始しています。なぜなら唐の支配下に入った高句麗の国王は、唐の皇帝の家臣同然です。それを殺害されたのですから、捨てては置けない。「成敗したる！」というのですね。

同じく六四二年、百済でも政変がありました。義慈王《ぎじおう》が国を統一して強化するため、政務に不熱心で横暴な行動が目立っていた王族や貴族を、五〇名近く流刑にしたのです。この騒動で義慈王の王子、豊璋《ほうしょう》が倭に避難しています。義慈王は国政を引き締めると、新羅への侵攻を繰り返すようになります。大帝国の唐に備え、国力を強化するためでした。そのために彼は、高句麗の強力な軍事力も利用することを考えたのです。

そして六四三年、乙巳の変の二年前。高句麗と百済は「麗済《れいさい》同盟」を結びました。この同盟締結は、高句麗の側では、唐と戦う援軍として百済を役立てようとする決断です。対して百済の側でも、新羅が百済と抗戦するために、高句麗に援軍を求めていたことは承知していました。百済にしてみれば、高句麗と新羅が手を結ぶようになったら、一大事です。高句麗も百済も冷静な計算をした結果、麗済同盟は結ばれたのです。

しかし海を隔てた倭国には、半島の微妙な事情までは伝わりません。それだけに麗済同盟の締結は、倭にとっては信じられない驚きでした。日本はいままで百済と結んできましたし、連合して高句麗と戦ってきました。そのことは高句麗の地に立てられた、広開土王の碑にも書かれているのです（四一四年）。その高句麗と百済が手を結ぶとは？

倭国にとって麗済同盟は、たとえていえば独ソ不可侵条約のようなものでした。

ヒトラーとスターリンは一九三九年に、独ソ不可侵条約を結びました。お互いに侵略はしないで仲良くやろうぜ、という条約です。ところが大日本帝国は一九三六年に、ヒトラーと日独防共協定を結んでいたのですね。ソ連を共通の敵として、一緒に戦うことを協定していました。独ソ不可侵条約の締結に時の平沼騏一郎《ひらぬまきいちろう》内閣は大混乱し、「欧州の情勢は複雑怪奇」と嘆いて、総辞職してしまいました。もちろんヒトラーもスターリンも、相手を油断させようとする思惑からの条約締結であることは、明白なのです。

とにかく麗済同盟に、蘇我入鹿も中大兄皇子もびっくりしました。このような朝鮮半島の情勢が、乙巳の変を引き起こす要因にも、なっていたのでした。

ここで、もうひとつの国、新羅の行動について触れておきたいと思います。

麗済同盟が結ばれたことで、百済の新羅侵略は激しくなります。新羅は唐に援軍を求めたのでした。当時の新羅は、善徳女王の時代です。唐は援軍の条件として女王を廃して唐が指名する人物を国王にせよと、条件をつけてきた。それを新羅は拒否したとの記録も残っています。さらに善徳女王のあとは、妹と考えられている真徳女王が即位しています。当時は日本も女帝の皇極帝（在位六四二―六四五）の時代でした。

二人の女王に仕えた金春秋《こんしゅんじゅう》という政治家がいました。後に武烈王（在位六五四―六六一）となります。彼は新羅には強力な同盟国が必要と考え、諸国を訪れています。高句麗では捕虜になりました。倭にも六四七年に訪れています。そして六四八年、巧妙な外交によって、唐・新羅同盟の締結に成功しました。唐は女王を廃することは、要求しませんでした。

唐・新羅軍は六六〇年に百済に勝利します。さらに六六八年に高句麗を倒しました。

この百済の敗北が、倭の政局に大きな影を落とします。それでは舞台を倭に戻します。讚良の登場も、近づいてきました。

第二節　中大兄皇子が白村江で唐・新羅軍に敗北するまで

最初に、六四五年の乙巳の変に登場した主要人物の関係について整理しました。大筋を念頭に入れていただければ充分です。お目を通してください。

当時の天皇は女帝の皇極天皇。彼女は敏達《びだつ》天皇（在位五七二―五八五）の孫に当たる茅渟王《ちぬのおう》の娘、宝皇女《たからのひめみこ》でした。皇極天皇は先代の天皇、舒明《じょめい》天皇（在位六二九―六四一）の皇后でもありました。

その時代に中大兄王子（天智天皇）と大海人皇子（天武天皇）の母となっています。

この皇極天皇が乙巳の変で退位したあとに即位した孝徳天皇（在位六四五―六五四）は、幼名を軽皇子といい、皇極天皇の同母兄に当たります。

ところで舒明天皇ですが、彼は敏達天皇の皇子、押坂彦人大兄皇子《おしさかのひこひとのおおえの》（生没不詳）を父とし、幼名は田村皇子《たむらの》でした。推古天皇の没後（六二八年）に、田村皇子を舒明天皇として即位させたのは、

天皇家系図（欽明天皇～持統天皇）

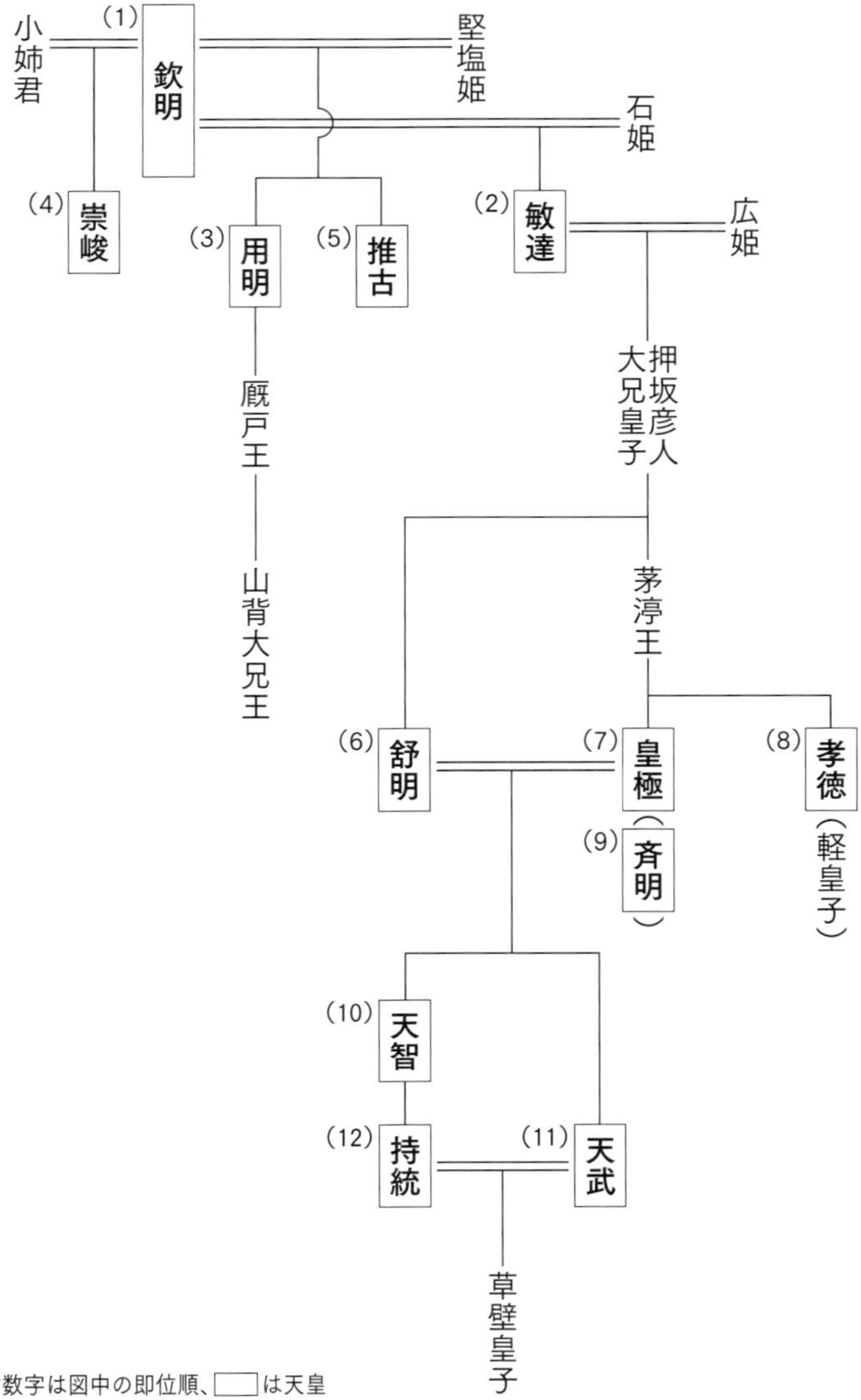

(　)付数字は図中の即位順、□は天皇

蘇我馬子の後継者、蘇我蝦夷でした。次のような事情があったのです。

　推古天皇が亡くなったとき、推古天皇の兄だった用明天皇の皇子、厩戸王の嫡男だった山背大兄王《やましろのおおえのおう》が力量のすぐれた人物で、有力な天皇候補として考えられていました。しかし蘇我蝦夷と入鹿父子は、彼らの思い通りに動かせそうな田村皇子を、舒明天皇として即位させたのでした。いかに蘇我一族の権勢が大きかったか、想像できます。

　さらに蘇我入鹿は舒明天皇が亡くなると、奥様だった宝皇女を、またまた強引に皇極天皇として即位させました。蘇我氏に対し、聞き分けの良かった天皇の奥様だから、安心だと判断したのでしょう。

ただ、ここにひとつの逸話があります。蘇我入鹿は舒明天皇の死後、舒明天皇と蘇我馬子の娘とのあいだに生まれた古人大兄皇子《ふるひとのおおえのおうじ》を、即位させようと考えました。しかし古人大兄皇子は動かず、皇極天皇を即位させたのだ、というお話です。

　一方で山背大兄王は、先に舒明天皇に天皇の座を奪われたので、今度こそはと決意し、立ち上がりました。しかし六四三年、蘇我入鹿によって斑鳩《いかるが》の屋敷（現在の法隆寺）を襲撃され、一族全員が殺され、滅亡しました。

ギクシャクし始めた孝徳天皇と中大兄皇子

　乙巳の変で即位した孝徳天皇は、次のような陣容によって施政を開始しました。次代の天皇となる太子（皇太子）に中大兄。新しい役職となった左大臣に阿倍内麻呂《あべのうちのまろ》。彼の娘、小足媛《おたらしひめ》は孝徳天皇の妃でした。右大臣は蘇我倉山田石川麻呂《そがのくらやまだのいしかわのまろ》、蘇我蝦夷の弟、倉麻呂の子です。そして内臣《ないしん》に中臣鎌足、天皇輔弼《ほひつ》の役割です。さらに国博士《くにはかせ》（顧問的役割）として僧・旻《みん》と高向玄理《たかむこのくろまろ》が参加しています。この二名は六〇七年に小野妹子に同行し、遣隋使として隋に学び、隋から唐に帝国が変わったあとに、帰国しています。隋と唐の都、長安の繁栄と偉容を実感してきた人物です。

乙巳の変が起きたとき、孝徳天皇は四八歳前後だったと考えられています。したがって六〇七年に派遣された遣隋使の帰朝報告や、六三〇年に派遣された最初の遣唐使の帰朝報告を、皇子の一人として直接に聞いていたことでしょう。世界帝国の文化と文明に、強い関心と畏れも抱いたと思われます。

それだけに孝徳天皇は、唐から帰朝したばかりの僧・旻や高向玄理の話を聞き、唐が世界帝国として極東の地を支配しようとする意欲を、ひしひしと感じたのではないか。彼は遣唐使を送る必要があると、考えていました。

遣隋使や遣唐使は対等な外交関係ではありません。格下の国が格上の国に貢物を持参して表敬訪問し、格上の国がその行動を評価し、貢物の数倍の価値がある物品を、下賜する外交関係です。この表敬訪問に熱心でない国は侵略され領土を狙われます。いわゆる「遣唐使」とは、単純な留学や文化の導入そして交易関係だけでなく、そのような「行かざるを得ない」外交関係でもあったのでした。孝徳天皇はそのことを、承知していたでしょう。

一方で中大兄皇子は六二六年の生まれと推定されています。乙巳の変を起こしたときは十九歳前後。遣唐使は六三〇年から派遣されていません。中大兄は唐に滞在し、世界帝国の偉容と権勢を経験した人物の実話を、直接に聞いた経験があったでしょうか。

朝鮮半島の三国は唐に支配される国（被冊封国）となるか、抵抗してでも独立を保つか、意見が割れて争乱状態になりました。倭もその余波を受けて動揺し、乙巳の変が起きたのですが、中大兄と孝徳天皇の考えは、蘇我入鹿を倒すことで一致していました。しかし唐に対する姿勢の点では、相違があったと思われます。孝徳天皇は唐と争わず従う方向で、遣唐使を派遣しようと考えます。

中大兄は、かねてから親交のあった百済との友好関係は大切にしていました。乙巳の変より少し前に、百済王朝の強化と唐に対する体制づくりのために、粛清を断行した義慈王の王子、豊璋が倭に渡来していたのですが、中大兄はこの王子と親しい関係にあったと考えられています。

しかし中大兄は、国境を接しているわけでもなく、遠く離れている唐と、わざわざ朝貢関係を結ぶ必要はないと、考えたようです。覇権国家でもある唐の実像を把握していなかったのか、遣唐使の派遣には消極的でした。

遣唐使の派遣が生んだ波紋と孝徳天皇の死

孝徳天皇は六五三年、遣唐使の派遣を行いました。中国への派遣は六三〇年（舒明天皇の二年）以来のことです。乙巳の変前後の混乱と、新体制下での中央集権化を目指す政治改革が一段落したので、再開に踏み切ったのでしょう。

一方で中大兄は六四九年、蘇我倉山田石川麻呂を謀反の疑いで、自殺に追い込みました。蘇我氏はこのあと、石川麻呂の弟である連子《むらじこ》や赤兄《あかえ》が、中大兄の勢力下に入ります。

次いで中大兄は六五三年に、孝徳天皇が遣唐使を再開すると、天皇が宮殿としていた難波長柄豊碕宮から、飛鳥に去ってしまいました。彼の一族に同道した官人も、少なくありませんでした。両者の離別は、唐に従うか、百済を守るかの、外交政策の不一致によるもので、必ずしも両者間の決定的な対立ではなかった、という説もあります。また孝徳天皇も、孤立状態ではなかったようです。

しかし翌年の六五四年、孝徳天皇は難波宮《なにわのみや》で死去しました。病死と記録されています。

孝徳天皇の死後、皇太子でもあった中大兄皇子は即位しませんでした。彼の母（元の皇極天皇）が重祚《ちょうそ》して、斉明《さいめい》天皇（在位六五五―六六一）となります。中大兄は皇太子のままでした。

中大兄が即位しなかったことの理由は、いまだ解明されておらず、諸説が入り乱れています。実は皇太子ではなかったとする説や、女性問題説など、さまざまです。しかし時代状況から考えれば、唐に従うか・百済に味方するか、朝廷の見解が統一されていない状況で、百済を支持する自分が即位するのを避けた、と考えるのが明快だと思われます。国内がまとまるまで、母の老練な政治力を頼りにしたのではないか。

次いで六五八年、孝徳天皇の皇子で人望を集めていた有間《ありまの》皇子が、謀反の疑いによって謀殺されました。中大兄の指示により、蘇我赤兄にそそのかされて、謀反に動いたので殺されたと、伝えられています。なお前年の六五七年、十三歳になった中大兄皇子の娘、讃良が大海人皇子（天武天皇）に嫁ぎました。

讃良、草壁皇子を出産。中大兄皇子は白村江で唐・新羅軍に大敗

六六〇年、百済の使者が来朝し、唐・新羅軍によって百済の都が占領されたことを伝え、援軍の要請をしました。斉明天皇はこれを受けて、百済への派遣を決定します。もちろん、皇太子の中大兄も強力に進言したと推察されます。

翌六六一年、斉明天皇は百済救援のため、筑紫《つくし》に向かって出陣しました。その構成人員は軍団だけでなく、中大兄皇子と大海人皇子を筆頭に、多くの一族も同道しています。そして大海人皇子の夫人である讃良も参加していました。

斉明天皇は筑紫に到着すると、朝倉橘広庭宮《あさくらのたちばなのひろにわのみや》を造宮しました。現在の福岡県朝倉市です。ここを拠点として、百済への救援軍を派遣する計画だったのですが、斉明天皇はこの朝倉で急逝してしまったのです。六六一年の初秋でした。皇太子の中大兄は天皇であった母を亡くしましたが、みずから即位して天皇になることもなく、皇太子として百済救援軍の陣頭指揮を執《と》ります。

次いで六六二年、中大兄は日本に亡命していた百済の王子、豊璋を百済に送り届けます。六六〇年に唐・新羅軍に敗れ、唐に連行されて病死した義慈王の後継者になることを、豊璋に託したのでしょう。

そしてこの年、大海人皇子の夫人、讃良は朝倉の地で男児を出産しています。彼女は乙巳の変があった六四五年の生まれですから、このとき十七、八歳だったでしょう。したがって讃良は十六歳の頃に、身籠っている体のまま、奈良県から福岡県までの長い道程を、夫君の大海人皇子とともに旅したことになります。

それは彼女の意志だったのか、大海人皇子が望んだのか、いまとなっては不明です。けれども、その後の二人の関係を追っていくと、つねに讃良が大海人皇子を見守り、助言しています。そのことを考えれば、讃良の決意による長旅であったと考えられます。後世の『続日本紀《しょくにほんぎ》』（六九七年から七九一年までを編年体で記録した史書）では、彼女が思慮深く決断力にすぐれた天皇であったと、激賞しています。

讃良は自分の父であり、夫君の大海人皇子の兄でもある中大兄皇子との関係が、円満にいくことを大切にしたかった、のかもしれません。中大兄は猜疑《さいぎ》心が強い性格と思われる行動が多かったからです。

翌年の六六二年、讃良はつつがなく男児を出産しました。後の草壁皇子です。中大兄はこの年にも何度か、半島で王家再興を目指す旧百済軍のために、援軍を派遣しています。しかし戦局は動きませんでした。

六六三年、中大兄と百済軍の合計四万人を超える倭・百済連合軍が、白村江《はくすきのえ》に出陣しました。白村江は朝鮮半島の南西部、現在の錦江《クムガン》河口の地名です。この上流に、百済の都、扶余《フヨ》がありました。

しかし戦いは、倭・百済連合軍の惨敗でした。

兵員数においても火器においても優勢だった唐・新羅軍によって、倭・百済連合軍の軍船は次々と焼かれ、兵士たちは火の海に飛び込んで死んでいったと、記録されています。

死者はおおよそ四万二千。また百済の皇子、豊璋は高句麗へ逃亡しました。中大兄が計画した百済再興は挫折し、そればかりか、唐と正面から対峙することになったのです。

ここで補足します。讃良は九州で出産したのではなく、飛鳥で出産したと考える異説もあります。しかし彼女の行動を検証して、やはり九州まで遠征したと、判断する見解を支持しました。また白村江の敗戦後、百済から王族や多くの避難民が、ヤマトの地にやってきて定住しています。

第三節　唐の軍門に降った天智天皇の死、そして壬申の乱

白村江で惨敗した中大兄は唐・新羅連合軍の追撃を恐れました。ヤマト朝廷の北九州の拠点となる大宰府を守る、水城《みずき》を築きます。長い土手と外濠を有する要塞です。さらに唐軍が瀬戸内海を東上することを想定し、中国地方と四国の海沿いの地域に、連絡網として烽火台《ほうかだい》を設置し、敵襲を狼煙《のろし》で知らせる準備をするほか、要所には山城も築いています。

続いて中大兄は対馬・壱岐そして北九州を防衛する兵士を、全国から召集しました。防人《さきもり》です。三年交替で全国から勤務、装備と往復の食料は自前という、過酷な条件の召集制度でした。

六六三年の白村江での敗戦から、天智天皇の死と壬申の乱（六七二年）までの、激動の足掛け十年間を、簡略に追ってみましょう。

六六四年、旧百済の唐駐留軍から、郭務悰《かくむそう》という使者が筑紫にやってきました。戦勝国の使者ですが、彼は飛鳥まで来ずに、帰国しています。ただしヤマト朝廷に対し、今回の戦争に対する挨拶文と謝罪の気持ちを具体的に、進物の形で表明せよと言い残し、帰国しました。続いて六六五年、郭務悰は唐本国からの使者、劉徳高《りゅうとくこう》も伴い、多数の従者（兵士）も連れて飛鳥に入ってきたのです。

上から下に向かって伸びる森が現代に残る水城跡。写真：時事通信フォト

中大兄は六六五年、唐からの使者を送り届ける役割も兼ねて、遣唐使を派遣しました。敗戦国としての挨拶状も、携えていたでしょう。遣唐使は六六七年にも派遣されました。

その六六七年、中大兄は飛鳥から近江の大津へ遷都しました。琵琶湖の南岸に位置する近江の大津（現在の滋賀県大津市）は、当時の先進地域だったヤマトの飛鳥（現在の奈良県南部）からは、かなり遠く離れています。

続いて六六八年、中大兄は近江大津宮《おうみのおおつのみや》で即位し、天智天皇となりました。このとき天智天皇は弟の大海人皇子を、皇太弟としています。皇位を継ぐ弟、に指名したのですね。同年九月、唐は高句麗を滅ぼしました。明けて六六九年、天智天皇は遣唐使を送っています。この遣唐使の派遣は、唐がついに難敵の高句麗を討ったことに、祝辞を奏上することが主たる目的だったようです。

郭務悰の来日以来、それまで断固として唐と対立し百済を支援していた中大兄皇子が、ついに唐に対して「忠犬ポチ公」となり、服属するまでのプロセスを辿ってみました。

すると天智天皇が即位した理由も、郭務悰から命ぜられたから、とも考えられます。

唐が周辺諸国を支配する方式は、地元の王族で唐が思うままに操れる人物に、すべてを任せる統治方法でした（羈縻政策《きびせいさく》）。朝鮮半島を制圧した唐の支配者から、「王になれ」と命ぜられたら、天智天皇も即位せざるを得なかった、とも考えられるからです。

ところで近江大津宮への遷都は、なぜ行われたのでしょうか。この遷都は「唐との戦争を想定しての防衛策」とか、「ヤマト地方の豪族たちと距離を置くため」と考えられてきました。

しかし中村修也さんが『天智朝と東アジア』（ＮＨＫ出版）の中で、遷都の理由は、ヤマトの地を唐に占領されたからだ、という説を提起しました。

それは第二次世界大戦後、連合国軍の最高司令官のマッカーサーが、皇居に近い第一生命本社ビルを接収したように、唐の司令官がヤマトの中心地域を占領した、つまりヤマト朝廷は追い出されて田舎に行った……それほど困難な状態に日本は追い込まれていたと、中村さんは分析しています。

唐の世界制覇の意欲は、百済を援助しようとした倭の行動を、決してあいまいに許そうとせず、制裁の対象にしたのでしょう。中村さんの学説は多くの論争を呼びました。

天智天皇の死、唐・新羅戦争の勃発、壬申の乱

六六八年に天智天皇は即位したとき、弟の大海人皇子を、皇位の継承者（皇太弟）に指名しました。しかしそれを変えました。

六七一年の一月、天智天皇は実子の大友《おおともの》皇子を、太政大臣に任命しました。このことは天智天皇が皇位継承者を、弟から実子へ変える意思表示でした。これに対して同年十月、大海人皇子は出

家して、吉野の山へ隠棲しました。このとき夫人の讃良も同道しています。むしろ讃良が、夫君の大海人皇子を天智天皇による謀殺から守るために、決断させた逃避行だったとする説も有力です。

さらに同年の十一月、郭務悰が二千人の部隊を連れて来日しました。全員が兵士ではなく白村江の戦いで捕虜となった日本人も含まれていたとの説もありますが。それにしても、ヤマトの人々が緊張する大部隊でした。

ところが同年の十二月、天智天皇が死去しました。死因については不明です。このとき、ヤマト朝廷にとっては唐の占領軍司令官でもあった郭務悰は、どのような行動を取ったでしょうか。彼は六七一年に天智天皇の喪に服したあと、六七二年に部下を引き連れて帰国しています。ヤマト朝廷の政治に介入した、という記録は不明です。

当時の唐は新羅を配下に置き、高句麗を倒したのですが、六七〇年頃から旧百済の領土支配をめぐり、唐と新羅は騒乱状態になっていました。さらに唐は、大陸の南西部で吐蕃《とばん》(チベットの王国)の反乱に、苦戦が続いていました。大唐帝国は極東の小さい国の政治に干渉する余裕は、失っていたのです。

六七二年六月、大海人皇子は吉野から出て東国へ向かいました。美濃(岐阜県)で兵力を集めると、近江へ進軍します。近江からは大海人皇子の子どもたちが、父の軍に参加してきました。そして同時期、ヤマトの地では豪族の阿倍氏が、近江朝に対し反乱を起こします。

近江朝を引き継いだ天智天皇の皇子、大友皇子は近江路から大和路で、反乱軍と合戦します。しかし大敗し、自殺します。壬申《じんしん》の乱はこのように始まり、そして終わりました。

壬申の乱とは何だったのか

「天智天皇（中大兄皇子）と天武天皇（大海人皇子）との、皇位継承をめぐる内乱であった」

壬申の乱については、そのような定義がなされてきました。果たしてそれだけだったのか。

中大兄皇子だった頃、天智天皇は唐との友好関係を結ぼうと、遣唐使の派遣に熱心だった孝徳天皇と疎遠になりました。しかし白村江で大敗し、唐の強大さを肌身に感じた天智天皇は、「唐ベッタリ路線」に変身します。そのことで彼に対し、不信と不満を抱いた保守的な豪族も少なくありませんでした。

その唐が朝鮮半島で新羅と衝突し、大陸でもチベット族の反乱に手を焼き、倭に対する圧力が低下すると、天智天皇の「唐ベッタリ路線」に対する批判は強まり、彼らの意思が天智天皇と衝突した大海人皇子を動かした。そのような側面が、壬申の乱には内在していたのではないか。

さらに一歩、推理すれば、天智天皇が自分の後継者を弟から実子に変えたのも、我が子かわいさだけではなく、唐に服属しないと国が危険だと実感し修正した政治路線を、弟の大海人皇子は支持しなかった、そのような事情もあったのではないか？　弟には兄が実感した唐の恐怖が伝わらなかった、とも考えられます。

六七二年、壬申の乱に勝利した大海人皇子は近江大津宮には入らず、飛鳥岡本宮《あすかのおかもとのみや》に入ります。そして翌六七三年、同地に築かれた飛鳥浄御原宮《あすかのきよみはらのみや》で、即位の儀式を行い、天武天皇となりました。このとき讃良は皇后となります。後の持統天皇です。

付言しますと近江朝で天智天皇を継いだ大友皇子は、明治時代に弘文《こうぶん》天皇の称号を贈られました。

第四節　持統天皇が即位したことの意味

「吉野の盟約」

六七九年、天武天皇は皇后の讃良と諸皇子を伴って、吉野宮を訪れました。天武天皇が大海人皇子の時代に、天智天皇の追撃を逃れ、吉野山に隠棲したときに利用していた行宮《あんぐう》（仮の御所）です。ここで「吉野の盟約」が、結ばれました。天武天皇と讃良は諸皇子に、次のことを約束させました。

「天武天皇の後継者は草壁皇子である。ほかの皇子たちは、兄も弟も、そのことを承知せよ。そして皇后を母として敬うように」

皇子たちは、大半が天武天皇の男子でしたが、亡き天智天皇の男子も数人、含まれていました。讃良の姉が生んだ大津皇子は草壁皇子より一歳下、草壁皇子は十八歳でした。天武天皇の第一皇子、高市《たけち》皇子は二十六歳。彼は壬申の乱で活躍しましたが、母親の身分が低いので天皇にはなれない立場にいました。

天武天皇に全面的に信頼されている讃良でしたが、次のことをほかの皇子や豪族たちに納得させることが必要であると、考えていたのです。

天武天皇みずから、「次の天皇は草壁皇子である」と明言することです。そのための場所として、天武天皇が決起した記念すべき吉野の地を定めたのでした。同時に皇后の座に就いた讃良自身の権威も、高める機会として利用した。それが「吉野の盟約」の大切な意義でした。

こうして天武天皇の時代が始まりました。天武時代に特徴的なことが、二点あります。ひとつは体制の中心にいたのは、天武天皇よりもむしろ皇后の讃良だったことです。

天武天皇は晩年になると病弱になり、次のような詔《みことのり》を、六八六年に出しています。「今後の政務は皇后と皇太子の草壁皇子に任せる」と。このような詔を出したことは、病弱になったことだけが理由ではなく、それまでの政治の場でも、皇后の讃良からの助言や提案を役立てていた、その証でもあったでしょう。

もうひとつの特徴的なことは、政治姿勢の変化です。

天武天皇は唐ベッタリの忠犬ポチ公となった、兄の天智の外交を批判しました。しかし自分が天皇の座に就いてみると、大唐世界帝国の圧力の強大さを実感します。やはり強がるだけで抵抗しても、滅ぼされるだけであり、外交関係で国を守るため、確固とした中央集権国家を確立することが欠かせないと、考え直したのです。皇后の讃良も同様でした。

そして天武天皇と讃良に藤原不比等も加えて、新しい国づくりを始め、外交政策も変化させていきました。

ここからは、讃良が持統天皇に即位するまでを追っていきます。

草壁皇子を天皇にしたかった讃良

今後の政務は皇后の讃良と草壁皇子に任せると、六八六年に表明した天武天皇は、同年の秋に病死しました。皇后の讃良は、みずからは即位せずに天皇に代わり、政務を執りました。このような執政を称制《しょうせい》と呼びます。

讃良が称制を開始したことを、朝廷の群臣たちは認めました。天武天皇を支えてきた彼女の統治力を評価していたのでしょう。また称制を開始した直後に、大津皇子が謀反の罪で自害させられています。讃良の姉を母とする皇子、資質にすぐれた大津皇子が、本当に謀反を計画していたのか。我が子、草壁皇子だけでなく、天武亡きあと、自分の強敵にもなり得る大津皇子を、讃良が謀殺したのか、真相は不明です。

讃良が称制を開始したのは、若き草壁皇子が即位にふさわしい年齢になるのを、待つためでした。というのも、次のような難題があったのです。

それまでの代々の天皇が即位した年齢は、ほとんど三十歳以上でした。気力・体力・能力が充実する年代になって初めて、諸豪族をまとめ国を統率できると、考えられてきたからです。ところが天武天皇が亡くなった六八六年、草壁皇子は二十五歳でした（六六二年生まれ）。従来の慣例には、ちょっと若い年齢です。そこで讃良は待つことにしました。そして称制を開始したのですが、草壁皇子も三年後の六八九年に病死してしまいます。

讃良は草壁皇子が天皇となり、それからあとも夫君の天武と自分の一族が支配者であり続けることを、考えてきました。この想いは草壁皇子亡きあとも変わりません。では彼女はどうしたのか？それまでは即位せずに政務を執っていたのですが、みずから即位したのです。六九〇年に即位の儀式を行いました。

即位の儀式について詳述はしませんが、それまでは有力な貴族（豪族）たちが承認するものでしたが、讃良の即位は天の神々の祝福から始まりました。つまり彼女は神々に委任されて天皇に即位したと、演出したのでした。

また讃良は皇太子として、亡き草壁皇子の遺児、珂瑠《かるの》皇子（六八三―七〇七、後の文武《もんむ》天皇）を立てました。こうしてお孫さんを皇太子として、持統天皇が即位しました。このとき珂瑠皇子七歳。持統天皇は四十六歳。

自分自身と珂瑠皇子との年齢差を考えたとき、讃良（持統天皇）は珂瑠が三十歳という壮年になるまで、待つことはできないと考えました。そこで皇子が十五歳になるのを待って持統天皇は譲位し、孫の珂瑠皇子が即位、文武天皇となります。文武天皇の即位に際し、持統天皇は次のような内容の詔を出しています。

「天の神々に依頼されて天下を統治した持統が、文武に皇位を授与したのである」

このことは「神の委任」を受けた持統の力によって、文武の君主としての地位が正当化されたという論理です。言い換えれば、上皇《じょうこう》（太上《だじょう》天皇）という制度を打ち立てたのですね。譲位後の天皇である上皇には、天皇と同等の権勢があるということです。この上皇という制度を、持統は片腕となっていた藤原不比等に、大宝律令にさりげなく加えさせました。

こうして持統天皇は天武・草壁の亡きあとも、天武と二人で形成した一族を文武天皇に継承させ、権力の座を確保しました。そして持統天皇は譲位後も、持統太上天皇（上皇）となって、文武天皇と同じ宮廷で暮らしていたのでした。持統上皇が死去するまで、二人は同等の立場で、天下を治めていたことになります。事実上の支配者は持統天皇でした。

女帝の持統は男性天皇が即位するまでの「中つぎ」であったのか？

「我が子の草壁皇子は早世し、孫の文武天皇に譲位した女帝の持統天皇は、男性の天皇が登場するまでの、『中つぎ』の存在だった」

そのような父系理念の皇位継承論が、長い期間にわたって支配的でした。しかし歴史の資料を先入観なしに分析すれば、持統天皇に「中つぎ」の意識はなかったと、気づくはずなのです。それまで天皇は気力・体力・能力にすぐれた者が性別にかかわらず、選ばれてきました。天武天皇の皇后だった讃良の、支配者としての力量は、自他ともに認めていたことでした。我が子の草壁皇子を失った悲しみはあったとしても、讃良は積極的に政務を執行する意志で、天皇に即位したのです。

古代の女帝については、義江明子さんの『日本古代女帝論』（塙書房）があります。義江さんは古代の王権について、多数の研究成果をお持ちですが、二〇二一年には『女帝の古代王権史』（ちくま新書）の「あとがき」で、率直な発言をしています。それは二〇〇二年に、『岩波講座　天皇と王権を考える7　ジェンダーと差別』（岩波書店）の、「古代女帝論の過去と現在」の執筆を、依頼されたときの逸話です。文章を引用します。

「執筆依頼を受け女帝研究の蓄積と正面から向かいあってみて、先行研究のほとんどがあまりにも旧態依然たる歴史観にとらわれ、史実を無視する結果に陥っていることに愕然《がくぜん》とした」と。

天皇は男性がなるのが原則であり、女帝は男性の天皇が即位するまでの、あくまでの「つなぎ」に過ぎないとするような、古い父系理念が放置されていた。そして史実が厳密に検証されていなかったと、史学者の義江さんは驚いたのでしょう。

それでは持統天皇から文武天皇へ譲位されてから後、天皇の系譜はどうなっていたでしょうか。女帝は「つなぎ」だったのでしょうか？

文武天皇を後継したのは元明《げんめい》天皇、女帝です。彼女は草壁皇子の妃でした。次の天皇も女帝、元《げん》正《しょう》天皇でした。草壁皇子と元明天皇の皇女でした。元正天皇を後継したのが聖武《しょうむ》天皇。彼は文武天皇と藤原宮子のあいだに生まれました。母の宮子は藤原不比等の長女でした。ところが彼女の母親だった女性が身分の低い一族だったので、我が子が天皇になったことで、宮子は気苦労を重ね、精神を病んでいます。なお聖武天皇の皇后も藤原不比等の娘の光明子（光明皇后）でした。

聖武天皇を後継した孝謙《こうけん》天皇も女帝です。聖武天皇と光明皇后の皇女で、阿倍内親王と呼ばれていましたが、二十一歳のとき、聖武天皇は彼女を皇太子と定めています。日本史上でただ一人の、女性皇太子となりました。

孝謙天皇のあとに淳仁《じゅんにん》天皇が登場します。この天皇は、孝謙天皇の母、光明皇太后が信頼していた藤原仲麻呂の要求で、天皇になった人物でした。しかし光明皇太后の死後、孝謙上皇となっていた彼女は淳仁天皇を否定し、さらに藤原仲麻呂も「恵美押勝《えみのおしかつ》の乱」（七六四年）で倒すと、称徳《しょうとく》天皇として重祚しています。たくましい女帝がひ弱な聖武天皇を支えている姿が、彷彿として浮かびます。

女帝は、持統（女帝七〇二年没）—文武—元明（女帝）—元正（女帝）—聖武—孝謙（女帝）—淳仁—称徳（女帝、孝謙天皇の重祚、七七〇年没）と続きます。

文武天皇は病弱で天皇の在位期間は十年余り（六九七—七〇七）、しかも在位期間のほとんどは、持統上皇の支配下にありました。聖武天皇は長く天皇の座にありました（在位七二四―七四九）。しかし病弱であり精神的には動揺しがちで放浪癖もあり、光明皇后と叔母の元正上皇に支えられていました。淳仁天皇は藤原仲麻呂の傀儡《かいらい》に過ぎない存在でした。結局、持統天皇に始まった時代は、病弱であったり秀でた能力に欠けたりしていた男性の天皇を介在させつつ、健康で優秀な女性の天皇と上皇が、政治を取り仕切っていた時代だったのです。淳仁天皇（大炊王《おおいおう》）の父は舎人《とねり》親王、舎人親王は天武天皇の皇子の一人でした。

なお天武・持統王朝の血統は孝謙天皇（称徳天皇）で絶え、天智天皇の孫に当たる光仁《こうにん》天皇に引き継がれます。

「女帝中つぎ論」の検証はこれまでとして、持統天皇の治世を追っていきましょう。

第五節　持統天皇が目指した日本の国づくり

天武天皇の時代を支えてきた讃良は、みずから持統天皇となり、大唐世界帝国から日本国を守り、同時に唐の先進性に学びながら、新しい国づくりを進めました。その内容は多岐にわたり、日本国という存在の骨格を形成した、ともいえる働きでした。藤原不比等という有能なスタッフもいましたが、持統天皇が素晴らしく頑張れたのは、ひとりのロールモデルがいたからです。現実にその当時の大唐世界帝国を支配していた女帝、武則天《ぶそくてん》（六二九―七〇五）です。持統天皇（六四五―七〇二）より、少し長命でした。ちなみに「日本国」という名を初めて使ったのは、持統天皇でした。

武則天の「二聖政治」に持統が学んだこと

六〇〇年代の半ばから七〇〇年代の最初までの半世紀、当時の中国をいまの世界にたとえれば、ヒラリー・クリントンが五十年間、大統領をやっているような状況だったのですね。当時の唐は、いまのアメリカ以上に日本にとっては大国でした。その国を女性が取り仕切っていたのです。しかも夫の高宗は病弱で、政治力も頼りないとの評判です。

「だったら日本は私が取り仕切っても、いいじゃないか。夫も病弱だし」

持統天皇のような優秀な女性だったら、そう考えるのは自然なことでしょう。二人の歩みも似ているのです。武則天が高宗の皇后になったのが六五五年、讃良が大海人皇子（天武天皇）に嫁いだのが六五七年。讃良が天武天皇の皇后になったのが六七二年。この頃には武則天は、高宗との「二聖政治」を始めていました。さらに六九〇年、高宗の死後、武則天は我が子の皇帝を追放し、みずから皇帝となり、周王朝とします（武周革命）。この六九〇年に、持統天皇は即位しています。

ところで「二聖政治」とは何でしょうか？

中国の皇帝という称号は始皇帝（BC二五九—BC二一〇）がつくりました。権威の高い称号です。ですから始皇帝がつくった皇帝権の象徴となっていた国璽《こくじ》が、ずっと歴代の皇帝に受け継がれてきて、途中で紛失した、という伝承もあるほどです。ところが皇后というのは、始皇帝がつくった称号ではありません。その証拠として、始皇帝の皇后の名前は、一人も残っていないのです。

だから皇帝・皇后と同等の格式に思われますが、まったくランクが異なります。皇后は政務などに発言権はありません。したがって閣議に参加する権利もありません。ところが高宗という皇帝は意志も弱く能力も平凡で、武則天の才覚に頼り切っていた人物だったのです。すると、どうなるか。彼女は閣議があるとき、会議室の高宗の背後にある御簾《みす》の陰に控えているのです。

高宗が質問に答えられないと、後ろを向いて御簾の中に問いかける。「どないしよ?」すると武則天が答える。「あなた、Aに決まっています。早く、Aとお命じなさい」高宗は「さよか」と言って、あわてて「Aにせよ」と部下に告げる、いつも、こんな具合でした。

この政治は「垂簾《すいれん》政治」などと呼ばれていたそうですが、英明な武則天は、こんなおままごとみたいな参加に、うんざりします。「私が決めているのに、なんで隠れていなきゃいけないの?」そう考えると、これは皇帝・皇后という称号(地位)に原因があると、結論づけました。そして皇帝・皇后という称号をやめてしまったのです。

道教では宇宙を支配する神の名前は「天皇上帝」といいます。武則天はこの名前を応用し、高宗に「天皇・天后」という称号を、つくらせました。さらに天皇と天后は、対等であると定めます。そして高宗と武則天は閣議の上座に、二人が並んで座り、政務を取り仕切るようになります。これを二人の聖人が政治を行うと意味づけ、「二聖政治」と呼びました。

武則天は高宗の生存中は、「二聖政治」を続け、高宗亡きあとは息子の皇帝たちを退位させて、みずから皇帝位に就きました。このとき唐王朝はいったん跡絶《とだ》え、武則天の周王朝となりました(六九〇—七〇五)。なお周とは、古来、理想の王朝と呼ばれBC二〇〇年半ばに秦に滅ぼされた周王朝にちなんで、武則天が命名した国名です。

「二聖政治」そして周王朝の時代に、武則天の率いる中国は最強でした。朝鮮半島で不敗の存在であった高句麗に勝利したときも、白村江で倭と百済の連合軍を惨敗させたのも、武則天の時代でした。

ロールモデルでもあり、日本を侵略するかもしれない大唐帝国の支配者でもある武則天についての情報を、持統は抜かりなく集めていました。唐と対立関係になっていた新羅から、日本が唐と手を結び新羅の敵となるのを防ぐために、例年のように使者が訪れていました。情報網に不足はなかったのです。

「二聖政治」も「天皇・天后」も、持統は知っていました。初めて「天皇・皇后」の称号を採用したのは、持統であるとの学説が有力になっています。当時の日本では国の支配者を「おおきみ」と呼び、漢字では「大王」と表記しました。しかし持統は王という漢字について、その文字を唐が支配する国の長に対し「国王」と、使用していることで歓迎せず、独立性の強い「天皇」を採用し、「天皇・皇后」としたと考えられています。ただし、「天后」は採用しませんでした。

当時の日本は、中国のように父系理念が強くなく、双方系でしたから、女性にも財産権はありました。すでに女性の大王（天皇）も登場しており、地位も確保していました。ですから、「天后」は使用せず、「天皇・皇后」を採用したと考えられています。

次に日本という国号についても、中国の史書の七〇一年に「日本から使いが来た」と記録されています。この年は持統上皇が文武天皇を後見していた時代です。日本側の記録では同年に、遣唐使が派遣されているので、その遣唐使の文書に「日本」の国号が、使用されていたことを物語っています。このことはおおよそ百年前の六〇七年、推古天皇の時代に、第二回遣隋使が煬帝に渡した国書に、「日出る処の天子……」で始まる文言があったことを、想起させます。
我が国の地政学的な位置は、中国から見て東方にあることを、当時の支配者たちも意識していたようで興味を引きます。また中国は昔から我が国を倭と呼んでおり、これを嫌って、日本にしたとも考えられています。

藤原京も建設、「鹿鳴館政策」を推進

持統天皇はロールモデルの武則天を目標に、唐に軽視されない中央集権国家を目指します。その政策展開は、初期の明治政府が進めた「鹿鳴館《ろくめいかん》政策」に匹敵するものでした。明治時代の場合、西洋風の舞踏会やバザーを開催する社交場、鹿鳴館が中心にありました。西欧文明を日本は取り入れていますよ、と諸外国にアピールしたのですね。出席する日本人の服装は洋服であることで、和服は禁止されていました。

一方で持統天皇が展開した「鹿鳴館政策」は、明治政府よりも過激であり、多岐にわたりました。すでに天武天皇時代から始まっていますが、驚くべきことは、当時の朝廷は唐の使者を意識して、狩猟民族である彼らの、身体に密着する衣装（胡服《こふく》）を着ていたのです。パンツルックですね。それだけでなく、机や椅子まで整えていました。

持統天皇そして藤原不比等は唐や新羅に、多少のごまかしがあっても、日本は中央集権が整備された法治国家です、と見せつけることが必要でした。外形のみ巨大な古墳づくりと同じ発想です。その最大規模の展開が、藤原京の建設だったのです。

十六年で破棄された藤原京

日本では天皇が代替わりするたび、新しい宮（皇居）をつくり、引っ越していました。中国には皇帝の住む、恒久的な都がありました。天武天皇の時代の後半、たぶん持統のリーダーシップにより、日本でも都づくりを始めました。もちろん唐の使者を立派な都に迎え、見せつけることが目的です。

それで六七〇年代から現代の奈良県橿原《かしはら》市に、突貫工事で藤原京を建設し、六九四年に遷都しました。持統天皇の八年でした。藤原京は現在も発掘調査が行われていますが、ともかく実に広大な面積です。測ってみると平城京よりも広かったと、判明しています。

ところが藤原京のあった場所は、北に耳成《みみなし》山、東に香久《かぐ》山、西に畝傍《うねび》山があり、南側は高地になっていました。そのため都の中央は低地を形成していました。そこに飛鳥川も流入していたのです。しかもその中央部分に、天皇の宮殿もありました。すこし多量の雨が続くと、氾濫した河川や汚水は低地に流入してきます。悪臭が都に広がるだけでなく、疫病も流行しがちでした。そのため藤原京は、わずか十六年で廃都となり、平城京に遷都した、という説がいまでは有力になっています。

ところで日本の都は藤原京、平城京、平安京と造営されたのですが、ちょっとずつ小さくなっていくのでした。中国に見せるためにばかでかい都をつくろうとした、しかもどの都も、未完成でした。その理由は簡単です。要は国力の問題だったのです。

当時の日本の人口と中国の人口は、五～六百万対五～六千万で、中国が一〇倍でした。一人当たりのＧＤＰは中国が二倍でした。日本人の人口は中国の一〇分の一、一人当たりのＧＤＰは半分、ということは日本の国力は二〇分の一です。

一方で長安城（長安の都）の広さは一〇〇ヘクタール、藤原京は二五ヘクタール、平城京は二三ヘクタール、平安京は二二ヘクタールでした。一ヘクタールは一万平方メートルです。お金持ちのAさんの二〇分の一しか稼げない人が、Aさんのお屋敷の四分の一に匹敵する家を建てたら、どうなるか。途中でお金は尽きてしまう。それは承知の上で、藤原京も平城京も平安京もつくろうとしました。

「かっこさえ、つけばええ」

中国や朝鮮からの使節が通る正門や中央道、そして彼らを迎える鴻臚館《こうろかん》（迎賓館）だけは立派につくる。すべて全体を大きく見せる。未完成であってもいい……そのように覚悟を決めて藤原京を始め、平城京も平安京も建設されました。大唐帝国を意識すること、馬鹿にされないこと。そのことが切実な問題でした。

大宝律令を完成させた藤原不比等

唐に見せる目的で、日本の都、「藤原京」の建設に踏み切った天武天皇と皇后の讃良（持統天皇）は、銅銭（富本銭《ふほんせん》）もつくりました。唐では貨幣経済が成立していたので、通貨がありました。それを真似したのです。富本銭に続き、和同開珎《わどうかいちん》や皇朝十二銭《こうちょうじゅうにせん》なども、日本はつくりました。しかしすべて流通はしていません。そもそも大量の銅貨をつくる技術も、流通させるべき市場も、未発達でした。中国や新羅の使節に見せれば、それで充分でした。

藤原京造営の際、地鎮祭に使われたと推定される土器。口の部分に富本銭が９枚詰められている。奈良県橿原市の奈良文化財研究所にて。写真：時事

見せ金《がね》づくり以上に持統たちのなすべきことがありました。律令《りつりょう》の制定です。

先進的な中央集権国家である唐の国家体制を内側から支えているのは、律令という成文法でした。おまえの国に律令はあるのか？　そのように問われて、ないと答えたら、決定的に軽視されます。

律令とは中国の成文法の中心であり、簡略化していえば、律は刑法、令は行政法や民法に当たります。隋や唐では律令に併せて、格《かく》（臨時の法）と式《しき》（施行細則）を加え、律令格式と呼んでいました。

日本では六八九年に飛鳥浄御原令《あすかのきよみはらりょう》がつくられました。天武天皇の命です。しかしその内容や構成については、不明な点が多く、律の部分は唐の律を借用していた、という説もあります。ただ飛鳥浄御原令が制定された六八九年の記録に、初めて藤原不比等の名前が登場します。役職は刑部《ぎょうぶ》省の役人でした。現在でいえば、法務省の局長ほどの地位でしょうか。

文書行政が早くから発達していた中国では、皇帝が替わるたび、彼の政治に合わせて律令は書き換えられました。日本ではどうだったでしょうか。

七〇一年に大宝律令が藤原不比等によって完成します。中国の律令

を参考にしながら、継体朝以後の慣習法も応用し、お雇い中国人の漢文能力を利用して、ほとんど独力で大宝律令を完成させました。続いて七一八年に養老律令も完成しましたが、内容的には大宝律令と大差なかったと、考えられています。

日本の律令は不比等が大宝律令を制作して以来、二度と制作されませんでした。そして明治時代になり、新しい政治制度を立ち上げるとき、大宝律令が参考にされたのです。

どうして日本では律令は一回しかつくられなかったのか。二つの解釈があります。

ひとつは、このような律令をつくれる人物が、藤原不比等以後、登場してこなかったという説です。もうひとつは、その必要がなかった、という説です。

唐の二〇分の一しかない小国で、政治も文化も未発達だった日本では、天皇ごとに立派な律令をつくらなくても、現代でいえば霞が関の役人による、格（臨時の法）や式（施行細則）があれば充分に政治は機能した。お役人の事務連絡や通達みたいなもので、治まってしまう小さな国だった、という説です。

藤原不比等が抱いていた野望

日本で唯一の律令をつくった不比等は、蘇我馬子が冠位十二階や憲法十七条を作成し、推古天皇の信頼を得て一族の繁栄の基礎を築いたように、持統天皇の信頼を獲得し、藤原氏の時代をつくろうと考えていました。不比等を後継していく藤原一族の有力者の母親は、ほとんど蘇我氏の娘たちでした。このような権威の傘も利用し、自分の娘である光明子を聖武天皇の皇后とし、天皇の外戚となって権力の座に就くことを狙ったのです。

不比等の娘、光明子が聖武天皇の皇后となるのは、不比等の死後、まもなくのことでした。実は、不比等が残した四人の男子、藤原四家が手を結び、光明子の立后に反対していた長屋王を、謀反の罪で殺したことで、光明子が皇后になることを、阻止できる勢力は消えたのです。そして藤原氏の娘たちは天皇の母親になり続け、蘇我氏の繁栄をみごとに物真似し、実現させたのでした。

藤原不比等は、藤原氏も蘇我氏のように名門だった、という伝説づくりもしています。

不比等の父は中臣鎌足という人物でしたが、彼が中大兄皇子とともに「大化改新」を起こし、蘇我蝦夷・入鹿を倒すのに大きな働きをしたので、藤原の姓をいただいたというのは、たぶん藤原不比等がつくった伝承でしょう。藤原氏の祖である鎌足が、いかに立派な人物であったかを、語り伝えたかったのです。

大化改新という表現は用いられず、いまは乙巳の変と呼んでいますが、以前には孝徳天皇の「改新の詔」で、地方制度の変革や租庸調の改革、そして公地公民制などを実現したと記録されていました。ところが現代に至り、皮肉なことに藤原氏に滅ぼされた長屋王の廃墟の発掘現場から、当時のメモ用紙の代用品、木簡《もっかん》や竹簡《ちくかん》が大量に出てきたのです。そこに長屋王の荘園（私有地）からの献上品の名前が、おびただしく記録されていたのでした。

公地公民制なぞ実施されなかったことが、不比等の娘を皇后にするために滅された長屋王の廃墟で明白になった、というのは歴史のとんでもない悪戯でした。

第六節　『日本(書)紀』の壮大なフィクション

藤原不比等が父の鎌足の伝承や、公地公民制の実施などを含む、孝徳天皇の「改新の詔」を発表したのは『日本(書)紀』でした。

しかし『日本(書)紀』は、「天皇」号や「日本」という国号の使用や、藤原京の建設など、唐に学び、唐に追いつくために展開した事業の、総まとめともいうべき、我が国の歴史を語る国史です。したがって『日本(書)紀』には我が国の古代史が記録されているのですが、持統天皇が天武・持統王朝を正当化させるために、藤原不比等を片腕として、多くの虚構や逸話を加えていたことが、明らかになっています。そして藤原不比等も、巧みに藤原氏を名門に仕立て上げる話を折り込んでいました。

はじめに『日本(書)紀』の性格と制作過程について、お話し致します。

中国の歴史書は『史記』に始まります。『史記』は西漢（前漢）の司馬遷が書いた『太史公書《たいしこうしょ》』の通称でしたが、やがて書名として定着したものです。この『史記』をお手本として、歴代の中国王朝の歴史書は「書」と呼ばれ、『漢書』、『後漢書』と続いていきました。持統天皇が藤原不比等に命じ、つくろうとしたのは『日本書』でした。

中国の歴史書の形式は紀伝体と呼ばれました。「本紀（紀）」、「志」、「世家《せいか》」、「列伝（伝）」、「表」、の項目で構成されていました。「紀」は皇帝一族の歴史、「志」は地方の歴史、「世家」、「列伝」というのは諸侯や臣下の歴史、そして「表」は年表や家系図です。以上の内容がワンセットになっていました。

おそらく持統天皇は、このワンセットをつくりたかったのでしょう。そして「志」をつくるために、地方の国々に自分たちの歴史や逸話を集めるように命じました。それが現在も残っている、五カ国の風土記であると考えられています。しかし、紀・志・列伝と「書」のすべてを編集し、記録するには、日本の国力も知力も及びませんでした。そして持統天皇が亡くなり（七〇二年）、藤原不比等も亡くなると（七二〇年）、気宇壮大な傑出した二人のリーダーが消えてしまったあとは、誰も作業を引き継げません。けれども不比等は「紀」の部分、天皇の記録だけは完成させていました。「これさえあれば、中国に見せても恥ずかしくないだろう」と、持統天皇を後継した孫の文武天皇は考えたのでしょう。

結局、「日本書」の「紀」だけが完成したので、これを『日本(書)紀』とした。この学説は三浦《みうら》佑之《すけゆき》さんの説ですが、いちばん説得力があると思います。三浦佑之さんは小説家の三浦しをんさんの父上で、二〇一六年に『風土記の世界』（岩波新書）に、この説を発表しています。

『日本(書)紀』の完成は七二〇年と記録されています。それは不比等の亡くなった年です。ですから完成というより、中断で終わってしまった、と言うべきかもしれません。

ところで『日本(書)紀』が書かれる八年前、七一二年に『古事記』が完成しています。この二書は総称して記紀と呼ばれます。『古事記』は天皇家が日本を支配していく過程を、神話の形を借りながら語っている物語です。その目的は天皇家が日本を支配することの正当性を、諸国の豪族たちに宣伝することだったと、考えられています。『日本(書)紀』が書かれた目的は、唐に対して、日本にも古くから立派な歴史がありましたよ、と主張することでした。唐に対する公的な史書でもあったのです。そしてその文章は漢文で書かれていました。中国語です。

『日本(書)紀』を著述したのは誰?

この時代には、表音文字である仮名は、いまだ完成していませんでした。そのために公式文書は、漢文で書かれていました。

『古事記』と『万葉集』は、ほとんどの部分が和文、日本語で書かれていました。しかし表音文字である仮名は、まだ完成していませんから、和歌のように漢文にできない言葉は、漢文の発音を日本語の音に合わせ、表記していました。この用法は『万葉集』に多く用いられていたので、「万葉仮名」と呼んでいます。たとえば、「波流」(はる)といった使用法です。

漢文で書かれていた『日本(書)紀』ですが、その構成に関しては、持統天皇も藤原不比等も関与しています。しかし不比等自身が執筆したのではありません。

一九九九年に『日本書紀の謎を解く』(森博達、中公新書)が出版され、大きな話題になりました。この本は『日本(書)紀』に使用されている漢字の用法や、当時の中国の文献の漢字データなどをコンピューターに入れ、漢字の使用法から作者を追究しようとしました。

その結果、執筆者は数名。重要な部分は渡来した中国人が書き、それと新羅に留学して漢文を身につけた日本人が書いた部分によって全体が構成されていることを、その書き癖から突き止めています。この本は執筆者のことだけでなく、『日本(書)紀』について多くの事実を教えてくれます。

天孫降臨神話に隠された真実

『古事記』と『日本(書)紀』で語られている神話（記紀神話）では、次のような建国神話が語られています。

天皇家のご先祖である神様のアマテラス様は、天上の国、高天原《たかまがはら》で、葦原中国《あしはらのなかつくに》（日本）の大王《おおきみ》として、我が子を地上に降臨させようと考えていました。しかし孫が誕生し、孫を大王として降臨させた。その孫がニニギノミコトで、彼が神武天皇三代の祖となりました。

この神話を天孫降臨《てんそんこうりん》神話と呼んでいます。しかし世界の他の国々の建国神話では、王位は我が子に譲られます。孫に譲るという神話は、ほんとうに珍しいのです。

どうして我が子ではなく孫に王位を譲ったのか。理由はとても簡単なことで、持統天皇がアマテラスのモデルだからです。

「昔の神話でもこうなっている。我が孫に天皇を譲ることも、おかしくない」

持統天皇はそのような主張を、構成したかった。我が子の草壁皇子を即位させたかったのに、早世してしまったので、強引に孫の珂瑠皇子を、文武天皇として即位させたことを、これからの天武・持統王朝のため、国の正史で正当に評価しようと考えたのです。

さらに持統・文武という祖母と孫の関係に終わらず、元明から聖武への場合も祖母から孫への継承となったので、天孫降臨説は強い説得力を持つようになります。

持統天皇は、天皇は譲位したあとに上皇（太上天皇）となり、天皇と同等の権力を保有するという条文を大宝律令に加えています。天孫降臨説も、この条文の存在があって、浮上してきた物語だった、とも考えられます。

この大宝律令の制作者は藤原不比等でした。大宝律令も『日本(書)紀』も、唐に「見せる」ことが主眼でした。しかしみずからの王朝を守るために、建国神話を利用して、祖母から孫への王位継承を正当化してしまう持統天皇は、すさまじい意志の人だったと、僕は考えます。

淡海三船が着目した言葉、「継体持統」

天皇という称号を成立させたのは、持統天皇説が有力ですが、持統という称号は彼女の生前には、なかったものです。当時の学問を司る役所の大学で、文章博士や大学頭を務めた淡海三船《おうみのみふね》が創作しました。彼が七六〇年前後に、それまでに登場した大王たちに、漢字で天皇の称号（諡《おくりな》）を創作したのでした。

「継体持統」という四字熟語があります。これは漢字のとおり、体制を継ぎ、血統を保持するという意味です。「高貴な人々の血をつないでいく」ことですね。淡海三船はこの四字熟語を二人の天皇に割り振っています。

継体天皇はヲホド王、越前から出てヤマト政権を後継しました。現在の天皇家のご先祖になった大王です。さらに淡海三船は天武天皇の皇后から即位した讃良に、「持統」を割り振りました。天皇という称号や日本という国号の実現、大宝律令の制作や、『日本(書)紀』の完成と、我が国の骨格をつくったのは、この女性であることを、淡海三船は認めていたのでしょう。

中国との関係を確立させた持統天皇

七〇一年、大宝律令が完成した年、文武天皇と持統上皇は、日本の天皇からの初めての使者として、遣唐使を派遣しました。『日本（書）紀』は完成途上でしたが、律令は完成し、中央集権国家として恥ずかしくない藤原京も建設しており、満を持しての派遣だったでしょう。持統天皇の晩年でもあり（七〇二年に死去）、女帝の武則天の死期も近づいていました（七〇五年に死去）。

日本の使者は武則天に奏上しました。

「東海にある小さな島国ですが、律令体制も整え、小規模ながらも都もございます。偉大なる御国へは、大海に隔てられ、なかなか参上できませんことを、ご容赦ください」

そのような奏上文だったでしょうか。

それに対して武則天は鷹揚に答えたと、伝えられています。遠い海路をしばしば来るのは難儀だろう、二十年に一回ぐらいの訪問でもよろしいと。「天皇」という自分がつくった称号を利用していることに、好感を持った、かもしれません。

こうして持統が展開した「鹿鳴館政策」が実を結び、日本は中国と接触しながらも、二十年に一回程度の謁見で許され、朝貢国とはならず、半ば独立を認められた外交関係を獲得できたのでした。中国から遠く離れて、しかも当時は金や鉄など世界商品も、未発見だったので、見逃されたという側面もありました。

しかし蘇我馬子が遣隋使を派遣し、中国との外交関係を始めたことが、持統天皇の時代になって、ようやく結実したのでした。しかも日本を唐の朝貢国にすることもなく。そのように考えると淡海三船が「継体持統」の四字熟語を、この二人の天皇に割り振ったことの重大さが理解できます。天智でも天武でもなく、「継体持統」が二人して日本を創りました。

第七節　「いまの日本」の生みの親は持統天皇と考えたい

持統天皇は武則天をロールモデルとして、唐の朝貢国とならないために、半ば見せかけの虚構もつくりながら、自分の構想を曲げることなく、中国に侮《あなど》られない日本を構築しようとしました。彼女はいままで伝えられてきたような「男性の天皇の中つぎとしての女帝」ではなく、むしろ自分の意志を曲げないで行動してきた女帝でした。

しかも持統天皇だけではなく、元明天皇、元正天皇、聖武天皇の皇后になった藤原不比等の娘、光明子、さらには聖武と光明子の娘だった孝謙天皇（重祚して称徳天皇）と、優秀な女性が続々と登場しました。この時代の支配構造を、少し乱暴に言えば、こうなります。

「病弱な天皇も置きながら、健康で賢い女性たちが、思うがままに政治をやった時代」

そしてこの時代、奈良時代、傑出した個性である持統天皇の出現により、「天皇」という称号も「日本」という国号も、誕生しました。しかも日本の皇祖神がアマテラスなのですから、私たちの国づくりの物語は持統天皇から始まった、ともいえるのではないでしょうか。「いまの日本」の生みの親は持統天皇だと考えることは、決して唐突ではありません。

七〇二年に亡くなった持統天皇は、現在の奈良県明日香村に、夫君であった天武天皇と同じ陵に眠っています。彼女がロールモデルとしていた武則天も、夫君の高宗と同じ陵に眠っています。

第三章

藤原良房

第一節　藤原四家の成立

「臣民最初の摂政。摂関政治の端緒を開き、王朝政治の基礎を築いた、藤原北家の人物」

辞典的に藤原良房《ふじわらのよしふさ》について紹介すれば、このようになるのでしょうか。摂政とは古代中国で皇帝が幼少であるとき、皇帝に代わり政務を執行することや、執行する人物を摂政と呼んだことに由来します。天皇の父母や近親者ではなく、臣民が公務として摂政となった最初の人物が、藤原良房（八〇四―八七二）でした。清和天皇が九歳で天皇になったときです。

良房という政治家のおもしろさは、最初の摂政になったということ以上に、藤原北家を藤原一族のリーダーとして確立させる過程が、王朝文化が成立していく覇権争いの歴史と重なっていく点にあります。そこで最初に改めて、藤原氏の歴史を良房の登場まで辿ってみます。

なお藤原北家と良房についての詳細な探究と記録を集大成した、瀧浪貞子さんの『藤原良房・基経――藤氏のはじめて摂政・関白したまう』（ミネルヴァ書房）がたいへんに貴重です。また小説としては、杉本苑子さんの『山河寂寥』（文春文庫）が、北家の権謀術数を迫真的に描いています。

藤原氏の成立については、次のように伝えられています。乙巳《いっし》の変（大化改新）で活躍した中《なか》臣鎌足《とみのかまたり》（六一四―六六九）が、亡くなる前日に天智天皇から「藤原」の姓を与えられた、そのときからであると。しかし史実かどうかは、不明なようです。その後、鎌足の次男、不比等《ふひと》（六五九―七二〇）が、持統天皇の片腕となって活躍し、藤原氏は新興の氏族として台頭してきます。

不比等が死去したとき、その子どもたち四人の兄弟が、それぞれの家を興しました。長男の武智《むち》麻呂《まろ》（六八〇―七三八）が南家、次男の房前《ふささき》（六八一―七三七）が北家、三男の宇合《うまかい》（六九四―七三七）が式家、四男の麻呂《まろ》（六九五―七三七）が京家の祖となっています。四兄弟のうち、武智麻呂、房前、宇合の母親は蘇我氏の出身でした。当時、天皇家と密接な関係にあった蘇我氏の女性が母親だったので、三人の朝廷内での地位と立場は強力でした。ただひとり四男の麻呂は、母親が異なっていたこともあり、出世レースでは後れを取っていました。

さて藤原不比等は、それまで蘇我氏の一族が、一族の娘を天皇の母にすることで外戚《がいせき》となり、権力を掌中にしたことを、藤原一族でも実現したいと強く望んでいました。しかし娘の光明子《こうみようし》を、聖武天皇の皇后にすることを実現できないまま、七二〇年、死去しました。

不比等の死後、朝廷の主導権を握ったのは左大臣の長屋王《ながやおう》（六八四―七二九）でした。彼は天武天皇の第一皇子、高市《たけち》の皇子（六五四？―六九六）の長男です。皇族として第一級の身分でした。彼と不比等とは良好な関係にありましたが、由緒正しい家柄だけに、一般臣民に過ぎない不比等の娘、光明子が聖武天皇の皇后になることは、認めそうもありませんでした。

そこで父の悲願を受け継いだ藤原四兄弟は強硬策に出ました。七二九年、長屋王は密告により謀反の嫌疑をかけられ、妻の吉備内親王《きびないしんのう》と皇子たちの全員が、自殺に追い込まれたのです。この事件は、その当時から、藤原四兄弟が仕掛けたことは、半ば公然の秘密になっていたようです。

長屋王が光明子の立后に反対するだけでなく、長屋王と彼の数人の男子たちが、藤原氏の勢力が及ばない天皇になる危険性も、充分にありました。そのことを藤原四兄弟は恐れたのでした。

長屋王を亡き者にした朝廷で、藤原氏の長男である南家の武智麻呂が、七三四年には父の不比等と同じ右大臣となりました。残りの三兄弟も、全員が参議となっています。参議とは太政官（国政の最高機関）の政務審議に参加できる、大臣や納言に次ぐ重職です。

しかし陰謀が成功して藤原四家に訪れた春も、束の間に終わりました。七三五年に大宰府で大流行した豌豆瘡《えんどうそう》（天然痘）が、七三七年に平城京でも大流行したのです。そして藤原四兄弟の全員が、あっけなく死んでしまいました。

第二節　権力掌握を目指して争う藤原四家

式家、藤原広嗣の乱

天然痘の大流行で、朝廷の官人たちにも多くの死者が出ました。感染することなく生き残った聖武天皇と光明皇后は、藤原四兄弟を失い、政権の再構築を迫られます。

そして七三八年、聖武天皇は橘諸兄《たちばなのもろえ》（六八四―七五七）を右大臣とし、政権の中枢に置きました。諸兄は藤原不比等の妻となった橘三千代と、彼女の最初の夫、美努王《みのおう》とのあいだに生まれています。したがって不比等の娘である光明皇后の、同母兄となります。藤原氏とは縁の深い人物です。また美努王は敏達天皇の曾孫ですから、皇族でもありました。

右大臣になった諸兄は、入唐《にっとう》して約十五年間の留学生活をし、帰国したばかりの僧・玄昉《げんぼう》や吉備真備《きびのまきび》を、政治的な顧問として召し抱えます。その学んできた新知識を国政に役立てようと考えたのです。また聖武天皇は、七三八年に阿倍内親王を立太子させました。日本で初めての女性の皇太子です。後に孝謙《こうけん》天皇（さらに重祚して称徳《しょうとく》天皇）となります。

このように橘新政権は、皇親勢力の復活と強化も目指しながら、疫病や飢饉などの国難を除去する強力な政権を樹立しようとします。そのために、東大寺の大仏建立を始めとする国家仏教の、積極的な信仰も推進します。仏の力が国や人民を救うと、信じられていた時代でした。

しかし橘諸兄が、唐帰りの僧・玄昉や吉備真備を重用することで、藤原四家の朝廷での勢力は弱まっていきます。この現状を打破しようと、式家の藤原広嗣《ひろつぐ》（？―七四〇）が立ち上がりました。七四〇年、九州の統治機構である大宰府の次官だった広嗣は、「世が乱れ天災が打ち続くのは玄昉や吉備真備が、政治を専横しているからである」と主張し、聖武天皇に彼らの罷免を要求しました。しかし聖武天皇がこれを拒絶すると、広嗣は九州で挙兵。しかし敗れて逮捕され、斬殺されました。この事件で藤原の式家の勢力は、一歩後退することになります。

南家、藤原仲麻呂の権力掌握

橘新政権の成立は、聖武天皇と光明皇后の支持があったから成立しましたが、橘諸兄の起用を強く主張したのは、元正太上《だじょう》天皇（上皇）でした。彼女の父は草壁皇子、母は元明天皇（天智天皇の娘）でした。したがって元正太上天皇は、聖武天皇の叔母となります。

健康に不安があり、精神的にも不安定だった聖武天皇を、光明皇后とともに支え、政務の中心にいたのは、元正上皇と光明皇后だったのです。

一方で光明皇后は不比等の娘ですから、藤原氏の繁栄も望んでいました。北家の四人の兄たちが死んでからは、南家の藤原仲麻呂《なかまろ》（七〇六―七六四）を重用していました。ただし光明皇后の仲麻呂への信頼は、若い恋人への溺愛と呼ぶほうが、ふさわしかったようです。彼は光明皇后よりも、五歳ほど年少だったのです。

七四八年、元正太上天皇が亡くなります。七四九年、聖武天皇が退位し、娘の阿倍内親王が即位し孝謙天皇となりました。すると皇太后となった光明子の権勢に異を唱える人は、もういません。光明皇太后は、この機に乗じて、皇后宫職の政務をすべて南家の仲麻呂に任せてしまいました。

仲麻呂は唐の玄宗皇帝に憧れていて、その全盛期を築いた「開元の治」を手本にし、朝廷を支配したいと考えていました。その機会が転がり込んできたのです。彼は光明皇太后の皇宮官職の内容を改組し、「紫微中台《しびちゆうだい》」と名づけます。「開元の治」に登場する政務機関の名称です。さらに仲麻呂は役職や官職の名称を唐風に変えるなど、思うままに朝廷を支配しようとします。右大臣の橘諸兄の存在など、無視してしまいます。

ついに七五七年、橘諸兄の子、奈良麻呂《ならまろ》は仲麻呂の専横に反感を抱く、皇親勢力や大伴氏、佐伯氏などに声をかけ、反乱を起こしました。しかし敗北し獄死しました。

この勝利によって勢いを増大させた仲麻呂は、光明皇太后に進言すると、自分の理想とする政治を実現するため、我が意のままになる天皇の擁立を実現させたのです。

七五八年、光明皇太后は娘の孝謙天皇を退位させると、天武天皇の第四皇子だった舎人《とねり》親王の男子、大炊王《おおいおう》を即位させました。母の光明皇太后に説得された孝謙天皇に、否も応もなかったでしょう。心ならずも退位します。

大炊王が天皇となり、絶頂期を迎えた藤原仲麻呂は、唐風に恵美押勝《えみのおしかつ》と名乗るようになりました。

孝謙天皇の重祚と藤原仲麻呂の敗北

仲麻呂は無能な人間ではなかったでしょうが、自分の権勢は光明皇太后の実力に守られていたことを、忘れていたかもしれません。

七六〇年、光明皇后が死去しました。そして大炊王に天皇の座を譲って退位した娘、孝謙天皇は孝謙太上天皇（上皇）となりました。この頃、孝謙上皇は近江（滋賀県）の保良《ほら》離宮で、病後の静養をしていました。看病禅師の弓削道鏡《ゆげのどうきょう》が、彼女に付き添って看病していました。この時代の高僧たちは、高い医学の知識や薬学も身につけていました。医師の役割も果たしていたのです。さらに道鏡は、山野での実践的な修行も積み、インド仏教を記録した言語、サンスクリットも学んでいたと伝えられています。

孝謙上皇は道鏡と親しく接するうち、その学識と人柄に多くのことを学び、仏教思想を軸として国を治める決意をします。すっかり健康も回復した孝謙は、七六二年に出家しました。同時に太上天皇として、次のような詔を出しました。

「軍事や人事や賞罰など国事にかかわる大事は、これからは私が決定する。大炊王は日常の祭祀と小事のみを行え」

大炊王の権力を矮小化することは、仲麻呂の権勢を否定することに直結します。ついに七六四年、仲麻呂は畿内を中心とする軍事権を掌握すると、道鏡の排除を旗印として反乱を謀ります。しかし密議が露見し、近江へ逃亡しますが捕らえられ、斬殺されました。

この七六四年の政変は「恵美押勝の乱」と呼ばれていますが、乱が収束されると、孝謙太上天皇（上皇）は、道鏡を「太政大臣禅師」に抜擢し政務の中心に置きました。

次いで同年、孝謙上皇は大炊王から天皇の座を剝奪し、淡路島に配流《はいる》しました。大炊王は翌年の七六五年、淡路島を脱出し逃亡を図るも成功せず、死亡します。なお大炊王は、事件のあと、長いあいだ文献的には「淡路廃帝」と記録されてきました。「淳仁《じゅんにん》」の天皇名を明治時代になって、追贈されています。

そして七六四年の十月、孝謙上皇は重祚し、称徳天皇として即位しました。

称徳天皇は道鏡を太政大臣禅師（のちに法王）としながらも、左大臣に藤原永手《ながて》、右大臣に吉備真備を配置し、貴族勢力と官人（官僚たち）への配慮も忘れませんでした。藤原永手は北家の統領、房前の次男です。

かくて南家の仲麻呂の野望は挫折し、南家の勢力も大きく後退したのでした。

称徳天皇と道鏡の関係、その後

北家の藤原永手は左大臣となって、称徳天皇と法王道鏡を支えました。僧籍にある道鏡は朝廷においては、孤立した存在です。藤原永手は貴族や官人（官僚たち）と道鏡・称徳天皇との関係を結ぶパイプ役でもあったでしょう。

　ところが七六九年に不思議な事件がありました。九州の宇佐八幡宮は応神天皇や神功皇后を祀っていますが、ある夜、神託（神のおつげ）があったのです。

「道鏡を皇位に就ければ、天下太平になるであろう」

　この神意を確かめるため、朝廷から和気清麻呂《わけのきよまろ》という官人が派遣されました。ところが彼はまったく逆の神託を受け、帰朝します。その神託は、「皇位を継承する者は必ず皇族から立てよ」という内容だったのです。

　この「宇佐八幡宮神託事件」は、道鏡が称徳天皇の寵愛を利用し、皇位を狙った陰謀だったとの説もあります。また称徳天皇は和気清麻呂の報告に激怒しましたが、道鏡に皇位を継承することは、ありませんでした。ところが後日、次のような風説が流れたのです。

　称徳天皇は弓削道鏡に魅せられ夢中になり、天皇位まで与えようとしたのだ、というスキャンダルです。「性豪、道鏡」などと言い伝えられました。

　しかし道鏡は世俗的な政治の世界とは、一線を画そうとしていたので、大臣禅師を任命されたときも何度も辞退し、称徳天皇が必死に引き止めていたともいわれています。二人の関係は宗教的な信頼のみだったと考える説が、いまは有力になっています。道鏡は称徳の死後、その墓近くに草庵を結び、墓を守って祈りました。

　道鏡を排除しようとしたのは誰か？　真相は不明のようです。しかし貴族や官人たちは、僧籍にある人物が政務の中心になることを、強く拒絶したかったのだ、とも考えられています。

　話を藤原四家に戻します。

山部親王（桓武天皇）に賭けた藤原の式家

称徳天皇は七七〇年に死去しますが、自分の皇子がいない称徳は、白壁王《しらかべおう》（後の光仁天皇、七〇九―七八一）を、次代の天皇に指名して世を去りました。

称徳天皇は聖武天皇と光明皇后の娘でしたから、天武・聖武につながる血脈を継承しています。対して白壁王は天智天皇の孫です。天智と天武の兄弟は対立関係のまま、死別しました。それでも称徳天皇が白壁王を後継者に選んだ理由は、称徳天皇と、白壁王の妻である井上《いのうえ》内親王が、二人とも聖武天皇の娘だったからです。二人は異母姉妹だったのです。さらに重要なことは、井上内親王と白壁王とのあいだには、他戸《おさべ》親王（七六一―七七五）がいたことです。白壁王は当時としては高齢な六十二歳でしたが、それでも次の天皇に指名されたのは、他戸親王が存在したことが大きな理由でした。白壁王から他戸親王に皇位が継承されるとき、母方の血脈によって、天武・聖武の皇統は維持されます。

七七〇年、称徳天皇が死去。白壁王が即位して光仁天皇となりました。この実現には称徳天皇から託された北家の藤原永手の働きがあったことを、瀧浪貞子さんが前掲書『藤原良房・基経――藤氏のはじめて摂政・関白したまう』（以下、『藤原良房・基経』）で、指摘しています。

七七一年の一月、他戸親王は皇太子となりました。同年十月、藤原永手が死去します。左大臣でした。

ところが七七二年の三月、皇后の井上内親王が廃されました。光仁天皇を神仏に祈って殺害しようとする、呪詛の疑いをかけられたのです。続いて四月、皇太子の他戸親王も廃太子されます。

そして七七三年一月、光仁天皇の第一皇子、山部《やまべ》親王が皇太子となりました。山部親王は光仁天皇が白壁王だった若き日、高野新笠《たかののにいかさ》という朝鮮半島から渡来してきた一族の娘と結ばれ、生まれた男子でした。身分は低かったので、皇位を継承できる立場ではありませんでした。

しかし七八一年に光仁天皇は譲位し山部親王が即位し、桓武天皇となりました（在位七八一―八〇六）。

山部親王の立太子を画策したのは、藤原式家の良継《よしつぐ》と異母弟の百川《ももかわ》と考えられています。式家は聖武天皇の政治に反対した広嗣が、反乱の兵を挙げて敗れて以来、勢力が弱まっていましたが、光仁天皇の擁立に、北家の永手とともに尽力したことを認められ、威勢を取り戻しつつありました。

かねてから良継と百川は、自分の娘を山部親王の後宮に送り込んでいたのです。山部親王を即位させ、自分たちの娘と婚姻関係を結ばせ、式家が天皇との親戚になることを狙っていました。そして北家の永手が死んだ機会を捉えて、他戸親王の廃太子を強行し、みごとに成功したのでした。かくて式家の良継は七七七年の一月、右大臣に次ぐ要職、内大臣となり、藤原氏の最高位に就きました。ところが同年の九月に良継は死去、続いて二年後に百川も死去しました。

光仁天皇が死去し、山部親王が即位し桓武天皇となったのは七八一年でしたから、式家の二人は野望の実現を見ることはできませんでした。

第三節　桓武天皇の重臣となっていく式家の種継

ここで本章の主人公、藤原良房を世に出した北家について概説します。

北家の祖となった藤原房前にも、当時の貴族の通例として、多くの妻と子どもがいました。その中心となった妻は、橘諸兄の同母姉である牟漏女王《むろのじょおう》です。永手、八束《やつか》（後に真楯《またて》と改名）、千尋《ちひろ》（御楯《みたて》）、女子（聖武夫人）、女子（南家の豊成《とよなり》の夫人）、女子（南家の仲麻呂の夫人）たちの母です。ほかの豪族の娘たちとのあいだにもうけた、鳥養《とりかい》、清河《きよかわ》、魚名《うおな》、楓麻呂《かえでまろ》もいました。

北家の男たちは伝統的に朝廷内で皇親勢力に仕えることが多く、そのためか、式家の藤原広嗣の乱や南家の藤原仲麻呂の乱などのような、クーデター的な行動は起こしていません。

さて七七二年に他戸親王を廃太子させ、首尾よく山部親王の立太子を成功させた式家の良継と百川でしたが、桓武天皇が即位する姿を見ることなく死去しました。

そして藤原良継の亡きあと、藤原氏の最高位に就いたのは、北家の魚名（七二一―七八三）でした。魚名は光仁天皇の信頼も厚く、さらに七八一年に光仁天皇が死去し、桓武天皇が即位すると、左大臣に昇進しています。なお同じ年に、北家の亡き藤原永手の同母弟である真楯の長男、内麻呂が従五位下の位階を得て、朝廷に初出仕しています。内麻呂は本章の主人公、藤原良房の祖父に当たる人物です。

一方で良継と百川を失った式家では、二人の甥に当たる藤原種継《たねつぐ》（七三七―七八五）が、式家を代表する存在になっていました。特に七八一年、光仁天皇が死去し、山部親王が桓武天皇に即位すると、種継は積極的に桓武天皇に接近していき、桓武天皇も彼を身近に置くようになります。

北家の魚名、大宰府への左遷を命ぜられる

七八二年閏一月、氷上川継《ひがみのかわつぐ》事件がありました。さらに三月、三方王《みかたおう》事件もありました。

氷上川継の父は天武天皇の曾孫、母は聖武天皇の娘でした。川継は、聖武天皇の血をまったく継承していない桓武天皇の即位を認めず、クーデターを企てたのでした。未遂に終わりましたが、大《おお》伴家持《とものやかもち》や坂上苅田麻呂《さかのうえのかりたまろ》といった有力者も含め、官人たちが三十五名も参加していました。三方王事件は天武天皇の血統を引く三方王が、桓武天皇を呪ったという事件でした。このふたつの事件は、それぞれに関係者が処分され、決着がつけられました。

続いて七八二年の四月、桓武天皇はいまだ建設途上にあった平城京を捨てて、新たな都を造営する計画を発表します。長岡京への遷都です。長岡京は現在の京都府の南部、向日市《むこう》に遺跡を残しています。

なぜに遷都を考えたのでしょうか。

氷上川継事件や三方王の事件によって、平城京の聖武系皇統が、天智系皇統である桓武天皇の即位に対して、根強く反発していることが明白になったからです。また平城京に存在する東大寺や興福寺などの大寺院は、ほとんどが聖武系皇統の貴族たちと、密接な関係にあるからでした。

このような聖武系皇統の勢力圏である平城京から、新しく桓武天皇の権威が認められる都を造営

することが、遷都する大きな理由でした。そして長岡遷都を実行する中心人物に指名されたのは、式家の藤原種継だったのです。

長岡京の建設計画が公表された七八二年の四月から二カ月後、ひとつの事件が起きます。

北家の魚名が、突然に左大臣を罷免させられ、大宰府への出仕を命ぜられました。左遷です。この魚名の左遷は、奇妙な展開となります。大宰府へ旅立った魚名は、摂津（兵庫県）で病気になります。そこで、当地にあった藤原北家の別荘での、療養が認められます。そして療養中の魚名は、翌年の七八三年に五月、平城京へ戻ることが許されます。しかし魚名は帰京後に死去しました。

その日から数日後、桓武天皇は魚名の左遷に関する罪状の書類を、すべて焼却することを命じ、名誉を回復させせました。このため、魚名の具体的な罪状については、不明のままになっています。

瀧浪貞子さんは前掲書『藤原良房・基経』の中で、次のような内容の見解を叙述しています。

「大和国を捨てて断行する長岡遷都には、平城京に生活基盤を築いてきた貴族たちが反対するだろう。魚名はそのような強引な遷都を、桓武天皇に接近して押し進める種継に、批判的だったと思われる。遷都事業の中心人物は種継だったが、この大事業の推進には左大臣であり、朝廷の最高位を占める魚名の協力なくしては、円滑には進行しない。ところが魚名は、どうやら長岡遷都には積極的ではないらしい。そのことを察知した種継は、長岡遷都の事業を軌道に乗せるまで、魚名の発言や行動を封じ込めようと、考えたのではないか。

そこで種継は氷上川継事件に、魚名も参画していたと汚名を着せ、大宰府へ左遷した。その効果もあったのか、長岡遷都の事業は軌道に乗った。そして魚名は病死してしまったので、桓武天皇は魚名の罪状を否定し、名誉を回復させたのではないか」と。

そして七八四年六月、長岡京の造営は開始され、種継は桓武天皇の厚い信頼を獲得しました。しかし、その時代は長く続きませんでした。

第四節　種継が暗殺された式家の不運、内麻呂が招き寄せた北家の幸運

七八四年六月、長岡京の造営が開始されます。同年十一月、桓武天皇は、まだまだ都としては未完成の長岡京に、遷都しました。

ところが翌年、七八五年九月のある夜、工事現場を視察中の種継が射殺されました。この事件は種継が主導する政治に不満を抱く、大伴・佐伯氏の暴走といわれています。種継暗殺に対する桓武天皇の怒りはすさまじく、大伴氏や佐伯氏を中心に、数十人が斬刑や流刑になりました。さらに皇太弟の早良《さわら》親王も罰せられます。早良親王は淡路島への配流の途上、無罪を叫んで抗議し、毒薬を飲んで自殺しました。

種継が暗殺され、恨みを残して早良親王が自殺したあとの長岡京では、貴族間の対立も表面化してきます。さらに桓武天皇の近縁者や後宮の女性などに死者が続出し、人々はこれを、早良親王の怨霊の祟りだと恐れました。

ついに七九四年、桓武天皇は長岡京を十年で放棄し、平安京に遷都しました。現在の京都です。

なお桓武天皇は種継暗殺事件で、皇太弟の早良親王を失ったので、七八五年に実子の安殿《あて》親王を皇太子としました。安殿親王の後室に種継の娘、薬子《くすこ》の長女が入っていました。薬子はすでに三男二女の母でしたが、よほど魅惑的な女性だったのか、安殿親王は娘よりも母親の薬子を寵愛するようになっていました。この事実を知った桓武天皇は激怒し、薬子を追放してしまいます。こんなこともあって、桓武天皇と藤原式家との関係は、疎遠になりつつありました。

内麻呂の妻、百済永継という女性

平安京に遷都してからは、種継の式家は勢いを失い、「恵美押勝の乱」で敗退した南家が、再び台頭しつつありました。その代表が藤原継縄《ふじわらのつぐただ》（七二七―七九六）でした。しかし彼が没する頃から、北家の内麻呂《うちまろ》（七五六―八一二）が昇進を重ねていきます。

内麻呂は若い頃から才気と人柄が認められ、人望があったと伝えられています。しかし次のようなエピソードも、少なからず運命を左右しました。

桓武天皇の母、高野新笠は百済系の渡来氏族の娘でした。その影響でしょうか、桓武天皇は渡来系の氏族に好意的で、その後宮にも多くの渡来系の女性が存在していました。ところでその当時、内麻呂は百済永継《くだらのえいけい》という女性を妻としていました。彼女もまた、渡来系の下級貴族の出身でした。そして内麻呂とのあいだに、真夏《まなつ》（七七四―八三〇）と冬嗣《ふゆつぐ》（七七五―八二六）と、年子の男子をもうけています。

その後、百済永継は内麻呂と別れ、桓武天皇の女嬬《にょじゅ》（後宮の女房）となりました。そして良岑《よしみね》安世《やすよ》（七八五―八三〇）を産んでいます。

当時の貴族社会と男女関係においては、現代の一夫一婦制の通念は、当てはまりません。そのことを認識してお読みいただきたいと思います。

良岑安世は学問と音楽に才能を発揮した公卿として、名を残しています。彼は内麻呂の子の異母弟になるわけです。このような偶然の関係から、内麻呂に対する桓武天皇の親近感は強まりました。その内麻呂のすぐれた政務能力もあって、彼の昇進が続いたのでした。

伊予親王事件で発揮された内麻呂の機略

桓武天皇は皇太子に定めた安殿親王が、情緒不安定で激情を爆発させやすいことに不安を抱き、その将来を内麻呂に託そうと考えました。内麻呂は長男の真夏を、東宮亮《とうぐうのすけ》にします。東宮は皇太子の宮殿のことで、亮はその宮殿の実務の責任者ですから、内麻呂は我が子を皇太子の、側近中の側近にしたのでした。

この人事は八〇四年のことで、八〇六年三月に桓武天皇が死去、安殿親王が即位し、平城《へいぜい》天皇となりました（在位八〇六―八〇九）。そしてこのとき、安殿親王の同母弟である神野《かみの》親王が皇太弟となります。さらにこのとき内麻呂は右大臣となり、左大臣に次ぐ官職に就いたのでした。そして内麻呂は、皇太弟となった神野親王の東宮亮に、次男の冬嗣を指名します。冬嗣は次代の天皇となる皇太子に大きな影響を与える東宮亮の役職へ、長男に続き、次男を送り込んだのでした。

ところが翌年の八〇七年、事件が起きます。

平城天皇の異母弟だった伊予《いよ》親王が、謀反の罪で捕らえられ、母とともに幽閉されたのです。二人は無実を訴えるも聞き入れられず、食も絶たれ、毒を仰いで自死しました。

伊予親王の母は藤原南家の吉子《きっし》、彼女の兄の雄友《おとも》は有能な大納言で、伊予親王の側近でした。この雄友も配流の刑により、都を追われました。伊予親王は皇太子にはなれませんでしたが、桓武天皇が生前に深く愛していた親王でした。兄の平城天皇とは必ずしも、円滑な関係ではなかったようです。

この事件によって南家は、継縄によって盛り返すかに思われた一族の勢力を、またも失いました。

ところで、この事件に関して、北家出身の右大臣、内麻呂は何をしたか？　彼の事件に対する発言や行動に関して、記録はまったく残されていません。平城天皇のライバルでもあった伊予親王も、藤原北家にとって強力な対抗勢力になりつつあった南家の有力者も、没落に向かった騒動でした。あえて動かぬこと、事件を黙殺することが賢明と判断したのではないか？　内麻呂の態度はそのようにも解釈できます。

内麻呂は公明で誠実な人柄と評されています。しかし伊予親王の事件に、内麻呂はまったく無関係であったという記録もなく、関与しなかった、という記録もありません。

平城太上天皇の変で北家の冬嗣が登場

八〇九年四月、平城天皇は在位三年で譲位し、皇太弟の神野親王が嵯峨天皇となりました。譲位後の平城太上天皇（上皇）は、病状が思わしくないと訴え、落ち着ける場所を求めて転居を繰り返しました。そして結局、旧都の平城京（奈良）を安住の地と定めました。

平城上皇の病気は、「風病」と呼ばれていました。突然と激情に走ったり弱気になったりする情緒不安定が特徴で、現代のノイローゼと考えられています。

ところで上皇と天皇が別々の都に住む例は、過去にありませんでした。平安京の嵯峨天皇は、上皇のために旧都の宮廷を整備しました。

当時の平城上皇はひとりの女性を、いつも身近に置いていました。薬子《くすこ》です。父の桓武が追い払った人妻でしたが、父が死んで自分が天皇になると、もう一度呼び寄せ、昼も夜も一緒だったのです。薬子の兄、仲成《なかなり》も側近となっていました。

日常生活も政治も薬子と仲成の言いなりになっている平城上皇に、嵯峨天皇は不安を抱きました。そして新しい官庁として、蔵人所《くろうどどころ》を設けます。その長官（二人任命）である蔵人頭《くろうどのとう》のひとりに、右大臣内麻呂の次男、冬嗣を指名しました。蔵人所の仕事は、天皇と臣下とのコミュニケーションの円滑化です。蔵人頭は臣下の言葉を天皇に奏上し、天皇の言葉を臣下に伝えることでした。朝廷内での諸政策の機密を保つのに、重要な役割がありました。平城上皇に対して、薬子や仲成の側近勢力が朝廷の政治に介入してくるのを防ぐために、機密を守ることを目的としていました。

蔵人所の設置や蔵人頭に冬嗣を任命したのは、いうまでもなく、内麻呂の建策だったでしょう。

蔵人所の設置は八一〇年の三月でした。

ところが八一〇年の九月、蔵人所の設置に反発するかのように、平城上皇は平安京の貴族や官人たちに、「平城遷都令」を出しました。

「都を平城京に戻すぞ」

平城上皇の無茶な詔に、嵯峨天皇の行動は敏速でした。征夷大将軍の坂上田村麻呂《さかのうえのたむらまろ》や藤原冬嗣などの軍勢が派遣され、藤原仲成は射殺、薬子は服毒自殺、平城上皇は出家しました。

ちょっと余談ですが、平城上皇の変があったとき、八〇六年に唐から帰国し密教を伝えて注目されていた僧・空海が、嵯峨天皇を勇気づけました。「密教で祈禱したら、嵯峨天皇が勝利すると、予言が出ましたよ」と。このことから嵯峨天皇の絶大な信頼を得た空海は、彼が開祖である真言宗の発展のために、多くの援助を嵯峨天皇から得ています。

ところで藤原仲成と薬子の父は式家の種継でした。この兄妹が亡くなり、式家は完全に北家に水をあけられました。北家の内麻呂は伊予親王事件で南家の、次いで式家の家運も傾いたことで、藤原氏の「氏長者《うじのちょうじゃ》」となる道を、大きく切り開いたのです。

内麻呂は八一二年十月、次男冬嗣に後事を託し、死去しました。なお長男の真夏は安殿親王の側近となり、そのまま平城上皇に仕え、「平城太上天皇の変」でも上皇側に付いて罰せられますが、終生、その立場を変えませんでした。

第五節　北家の地位を盤石にした冬嗣

藤原冬嗣（七七五―八二六）は父の内麻呂が死去した八一二年、三十八歳でした。このとき藤原氏の最高位にいたのは、内麻呂の従兄である北家の藤原園人《そのひと》大納言でした。冬嗣はようやく参議になったばかりです。

冬嗣が急速に昇進するのは八一五年、橘《たちばなの》嘉智子《かちこ》が嵯峨天皇の皇后になってからです。その理由は、この嘉智子という女性が冬嗣の妻である美都子《みつこ》と、密接な関係にあったからでした。美都子の弟の妻が、嘉智子の姉だったのです。このことは冬嗣と美都子にとって、幸運なことでした。一方で嵯峨天皇も、自分が皇太子の時代から東宮亮として身近に仕えていた冬嗣と、自分が愛する女性とのあいだに、縁戚関係があることを歓迎したことでしょう。

しかし嘉智子が皇后になるとき、不審な事件がありました。

橘嘉智子が嵯峨天皇の皇后になれた理由

天皇の夫人たちが皇后になるには、皇太子の母であることが必須条件です。

嵯峨天皇は皇族も含めて、二十近い氏族から多数の女子を入内させ、皇子皇女を誕生させています。藤原内麻呂も晩年近く、娘の緒夏《おなつ》を入内させていますが、子は生まれず、男子を得て天皇の外戚となる機会は得られませんでした。

さて嘉智子は嵯峨天皇が即位した翌年の八一〇年、正良《まさら》親王（後の仁明《にんみょう》天皇）を出産しています。伝承によると嘉智子という女性は、絶世の美女だったそうです。美人をたくさん召し抱えていた嵯峨天皇でも、夢中になったのでした。そして嘉智子も自分の美貌には、自信を持っていたようです。ところで、彼女が正良親王を出産したとき、嵯峨天皇の夫人たちの中で、皇位継承権がある家柄出身で、母であった女性は二人でした。皇族である高津《たかつ》内親王と橘氏出身の嘉智子です。

高津内親王は桓武天皇の娘、母は嵯峨天皇の異母姉妹です。彼女は業良《なりよし》親王を、嘉智子の正良親王より、先に出産していました。したがって皇太子となるのは業良親王がふさわしいと、多くの人が考えていたのでした。

ところが突然に高津内親王は、妃《きさき》の地位を廃されたのです。妃とは皇后の地位になる資格を持つ夫人を指します。廃された時期も理由もわかっていません。わずかに『三代実録《さんだいじつろく》』の八六八年（貞観一〇年）の条項に、次のような明快な理由が記録されているのです。

「高津内親王は、その子である業良親王が情緒不安定であり、物事の判断能力に欠けていたので、廃妃された」

母が廃妃されたということは、必然的に業良親王の皇位継承権も奪われたことを暗示しています。なお『三代実録』とは、奈良・平安時代に編修された『六国史《りつこくし》』（六冊の官撰国史）のひとつで、八五八年から八八七年の部分です。この真相不明の事件により、嘉智子は皇后になったのでした。

高津内親王を廃妃に追い込んだのは誰か？

この悲劇的な廃妃事件について、前掲書『藤原良房・基経』の中で、その仕掛け人は藤原冬嗣ではなかったかと、著者の瀧浪貞子さんは推論しています。したがいまして、これ以後のお話は、瀧浪さんの学説に依拠しています。「真犯人は冬嗣」の概略を、ご紹介します。

先に挙げた『六国史』のひとつ、『続日本後紀《しょくにほんこうき》』の中で、高津内親王の悲劇について、「まことにゆえあるをもってなり」と著述されていることから、瀧浪さんは藤原氏の策謀を感知したと述べています。そして不比等の時代までさかのぼり、改めて藤原氏の陰謀の記録を検証します。さらに『古今和歌集《こきんわかしゅう》』や『後撰和歌集《ごせんわかしゅう》』に残されている高津内親王の和歌も分析しています。

探究の結果、この親子は病気ではなかったと瀧浪さんは判断し、二人を排除する必要があったのは冬嗣であったと、結論づけています。

藤原氏の北家では天皇との関係を強化するために、内麻呂が冬嗣の妹である緒夏を嵯峨天皇の後室に送り込みました。しかし懐妊しません。皇子を得て天皇の外戚となる望みは、実現しそうもありません。

そこで冬嗣は、妻の美都子の縁戚関係を利用し、美貌の橘嘉智子を嵯峨天皇の後宮に送り込みました。このとき冬嗣は、嘉智子の実父はすでに亡く、その外戚関係に有力者もいないので、嘉智子が北家との縁を頼りにすることを、想定していたことでしょう。

冬嗣の作戦は成功しました。しかし冬嗣にとって高津内親王と業良親王の存在は、さらなる障害でした。冬嗣はひそかに高津内親王の廃妃を計画し、巧妙に実行したのではないか。業良親王が皇太子になって困る人物は、北家の冬嗣以外に存在しなかったのです。

以上のような分析と推察から、瀧浪さんは高津内親王を廃妃に追い込んだのは冬嗣であるという、語り継がれてきた風説を支持しています。

濃密になった天皇家と北家との関係

八一五年に嘉智子は皇后となり、冬嗣の昇進は加速しました。八二一年に右大臣となっています。八二三年に嵯峨天皇が譲位し、皇太弟となっていた大伴《おおとも》親王が即位して、淳和《じゅんな》天皇となります。このとき、伝統ある大伴氏は天皇となる皇太弟の名前が重なることを遠慮し、伴氏と名乗るようになりました。

そして淳和天皇の皇太子になったのが、嵯峨天皇と嘉智子の皇子、正良親王でした。後の仁明天皇（在位八三三―八五〇）です。

この八二三年前後、北家の頭領として冬嗣は、その地位を盤石にしていきます。冬嗣の娘、順《じゅん》子《し》を正良親王に嫁がせます。さらに冬嗣の次男、良房が嵯峨天皇の娘、源潔姫《みなもとのきよひめ》と結婚したのでした。こうして天皇家と藤原の北家の関係は、いちだんと緊密になりました。嵯峨天皇は皇位の継承を波乱なく確保することを、そして冬嗣は藤原氏の氏長者として北家を確立させることを、両者はそれぞれに意図したのです。

八二五年に冬嗣は左大臣となり、右大臣で終わった父の内麻呂を超えました。そして八二六年、五十二歳で死去しました。冬嗣は内麻呂と同様に、高い見識と度量のある性格で人々の信頼を集めた、とも評価されています。ただし藤原氏、とりわけ北家の盛衰にかかわる政治的な局面では、巧妙で才智に長けた戦術を駆使する政略家でした。その資質は内麻呂から冬嗣へ受け継がれ、良房へと伝わっていくのでした。

第六節　藤原氏を王朝政治の主役に押し上げていく良房

藤原良房（八〇四―八七二）は冬嗣と美都子の次男として生まれました。兄の長良《ながら》（八〇二―八五六）と弟の良相《よしみ》（八一三―八六七）、そして妹の順子（八〇九―八七一）がいました。妹の順子は嵯峨天皇と嘉智子の皇子、正良親王に嫁ぎ、道康《みちやす》親王（文徳《もんとく》天皇）を八二七年に生んでいます。

さて良房は才能と容貌に恵まれていたらしく、多くの人々に注目される存在でした。そんな彼に惚れ込んでしまった嵯峨天皇は、我が娘の潔姫を彼に嫁がせたのです。ときに良房二十歳、潔姫は十四歳でした。当時の潔姫は源朝臣の姓を賜り、皇族籍から離れていましたが、それでも皇族出身の女性が、臣下の男性と結婚した例は、これが初めてでした。

一方で兄弟の間には、次のような状況がありました。二歳年上の兄、長良は弟の栄達にわだかまりを持たず、むしろ弟の資質を認め、愛していたようです。長良自身は政治的な野望もなく、穏やかな生活を楽しんでいたようです。九歳年下の弟、良相はやがて良房と激しく対立しますが、このことは後述します。また、良房は男子に恵まれず、子だくさんだった兄から基経《もとつね》を養子として貰い受けます。

良房の父、冬嗣は八二六年に亡くなりましたが、そのあとすぐに良房の時代になったのではありません。冬嗣の死後、藤原氏全体の中で長老の地位にいたのは、式家の藤原緒嗣《おつぐ》（七七四—八四三）です。式家は「平城太上天皇の変」で、仲成と薬子の兄妹が断罪されました。しかし式家の別系列で藤原百川の長男だった緒嗣は、桓武天皇を支えた一人でしたが、その後も朝堂《ちょうどう》において活躍し、冬嗣が左大臣になったとき、右大臣になっています。緒嗣は朝廷にことあれば、歯に衣着せず、正論を発言する政治家として存在していたようです。冬嗣が亡くなったとき、緒嗣は右大臣で五十三歳、良房は二十三歳で、いまだ公卿になっておらず、朝堂で国政に参加する地位ではありませんでした。

しかし良房にとって幸運だったことは、すでに緒嗣は政局に対し、意欲を失いつつあったことです。長男の死と自分自身も病弱になっていました。さらに良房に有利な政治的な局面が生まれていたのです。次のような経緯がありました。記述内容に、第五節「北家の地位を盤石にした冬嗣」と、多少の重複がありますが、ご了承ください。

仁明天皇が即位し加速する良房の昇進

「平城太上天皇の変」（薬子の乱）が終息したあと、嵯峨天皇は淳和天皇（在位八二三—八三三）に譲位しました。幼名を大伴親王といった淳和天皇は、桓武天皇と式家の藤原旅子《りょし》とのあいだに生まれました。同じく桓武天皇と式家の藤原乙牟漏《おとむろ》とのあいだに生まれた嵯峨天皇の、異母兄弟であり、しかも同じ年齢でした。

その淳和天皇が即位したとき、皇太子に立った皇子が正良親王です。嵯峨天皇と絶世の美女と評判だった嘉智子のあいだに生まれた皇子でしたね。母の嘉智子は彼を溺愛していました。歳月は流れ、冬嗣は死去（八二六年）、緒嗣は左大臣になります（八三二年）。そして八三三年、淳和天皇は皇太子の正良親王に譲位しました。仁明天皇（在位八三三―八五〇）の誕生です。この天皇は嵯峨上皇と嘉智子皇太后の息子ですから、両親の強い影響力を受けます。このことは嵯峨の娘を妻としており、嵯峨と嘉智子の信頼を得ている良房にとって、絶好の追い風となりました。そればかりでなく、仁明天皇が正良親王だった時代に嫁いでいた良房の妹順子も、すでに八二七年、第一皇子の道康《みちやす》をもうけていました。後の文徳《もんとく》天皇（在位八五〇―八五八）です。

仁明天皇の即位と道康親王の誕生は、藤原の北家の明日を、約束したようなものです。こうして良房は順調に出世街道を進む状態を、獲得します。しかし逆風も吹きました。仁明天皇の即位に不可欠な皇太子の決定について、嵯峨上皇は予想外の人選をしたのです。

仁明天皇が即位したとき（八三三年）恒貞親王が皇太子に定められた

恒貞《つねさだ》親王（八二五―八八四）は淳和天皇の皇子で当時九歳、母は正子《せいし》皇后でした。正子の父は嵯峨上皇、母は嘉智子皇后。平たく申し上げれば、正子内親王と正良親王（仁明天皇）は嵯峨天皇と嘉智子皇后を父母とする、兄と妹でした。

嵯峨上皇は我が子である仁明天皇の後継者に、異母兄弟の淳和天皇と我が娘である正子とのあいだに生まれた、恒貞親王を定めたのですが、次のことを想い起こしてください。すでにこのとき、

天皇家・藤原氏系図（桓武天皇〜清和天皇）

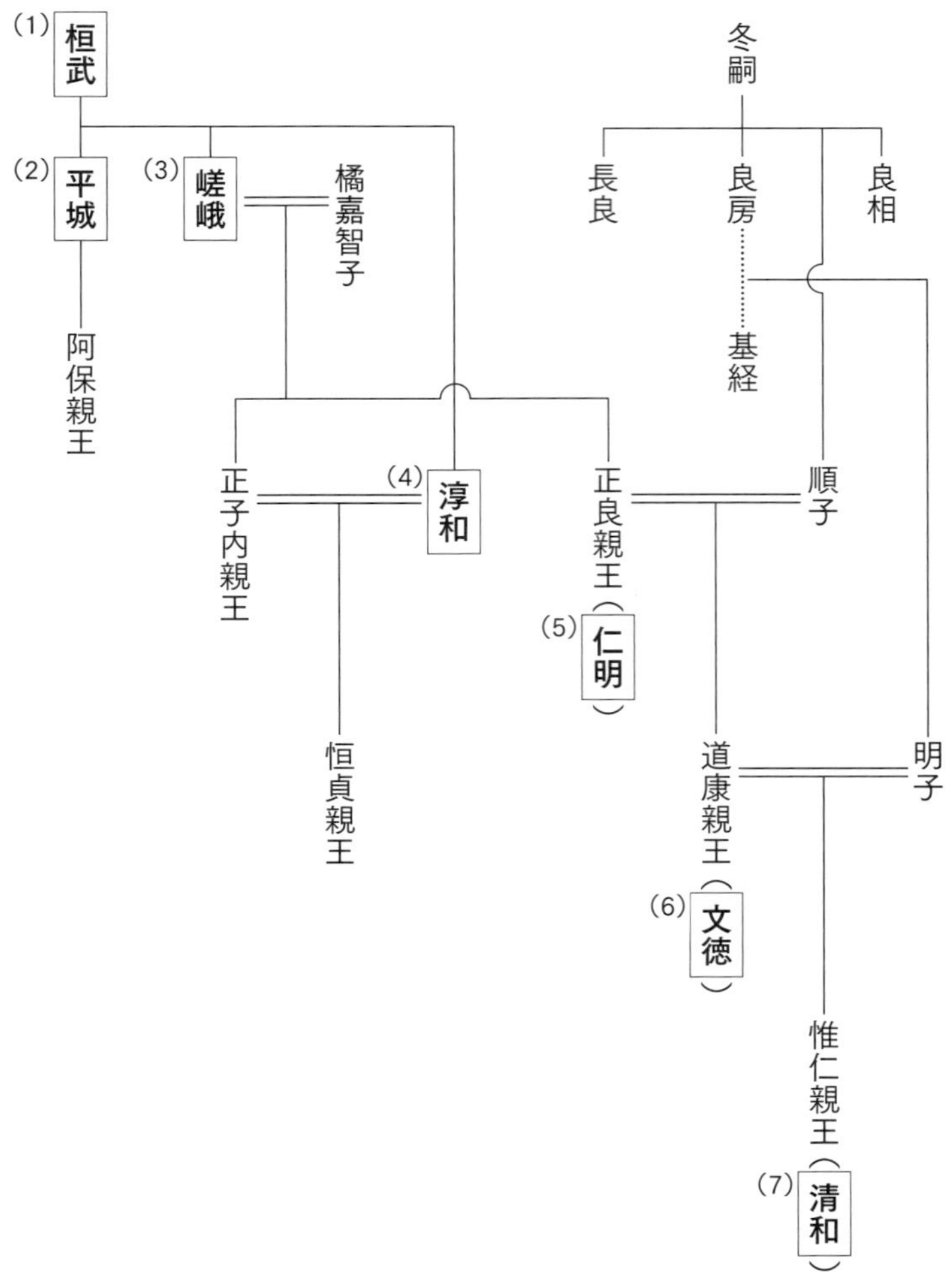

（　）付数字は図中の即位順、□は天皇　……………は養子関係

仁明天皇と良房の妹である順子とのあいだに、第一皇子の道康親王（七歳）が存在したことです。

皇位継承をつつがなく実現させるには、天皇から第一皇子への譲位が、平穏なように思われます。しかし嵯峨上皇が天皇だった時代に、平城上皇が太上天皇の大権を濫用し、「平城太上天皇の変」を起こしたことを教訓として、嵯峨天皇は自分以後は太上天皇の大権を放棄すると、宣言したのでした。さらに太上天皇の気ままな意思なども含めて、皇位継承が無原則に行われることを防ぐために、ひとつの方法を定めようとしました。今上天皇の皇太子には、必ず先代の天皇の皇子を立太子することです。皇統迭立《てつりつ》と呼ばれましたが、ここではその詳細については、割愛します。

さて、恒貞親王のことです。恒貞は皇太子に指名されたとき、仁明天皇の第一皇子である道康親王の存在を考え、自分が立太子すれば皇位継承のトラブルに巻き込まれないかと恐れました。また彼は父も母も皇族でしたから、藤原氏に代表されるような、政治的にも経済的にも、自分を守ってくれる臣下がいなかったのです。

このような理由から恒貞親王は皇太子であることを、辞退できないかと考えたようです。同時に過去においても、天皇の後継者問題で犠牲になった皇子の実例がありましたから、身の危険さえ予測したかもしれません。しかし父の淳和上皇は八四〇年に亡くなり、恒貞が不安を訴える相手もいませんでした。心細さから彼は阿保《あぼ》親王に相談します。

阿保親王は平城天皇の皇子です。父が「平城太上天皇の変」で出家したあと、彼は弾正台長官になっていました。この職は本来、警察と司法を管轄する要職でしたが、検非違使《けびいし》が置かれてからは、平安京内で官吏の儀式や服装を取り締まるだけの閑職になっていました。

恒貞親王はどのようなことを訴えたのか、阿保親王はどんな助言をしたのか、いずれも不明です。そして八四二年七月、嵯峨上皇が死去しました。それから数日後、ひとつの事件が起きました。少し物語風に話せば、次のような騒動でした。

第七節　恒貞親王が廃太子された承和の変の仕掛人は？

嵯峨上皇が死去したのは八四二年（承和九年）の七月、そしてその数日後、伴健岑《とものこわみね》と橘逸勢《はやなり》が逮捕されました。伴健岑は皇太子宮殿（東宮）の護衛武官、橘逸勢は但馬国（兵庫県）の次官でしたが、最澄や空海と一緒に留学生として入唐した経験もあり、空海や嵯峨天皇と並んで能書家として有名で、三筆の一人とも呼ばれた人物でした。健岑と逸勢が身柄を拘束された理由は、謀反を企てた疑いです。

この逮捕には次のような伏線がありました。

嵯峨上皇が死去する数日前に、弾正台長官の阿保親王から、嵯峨上皇の夫人である嘉智子太皇太后に密書が届けられたのです。以下のような内容です。

「伴健岑と橘逸勢は、嵯峨上皇が死んだら皇位継承をめぐって、必ず騒乱が起きるだろうと予測し、その機に乗じて恒貞親王を立てて東国で兵を挙げ、謀反を起こす計画です。私は両名から、このことを打ち明けられ、参加することを要請されました」

嘉智子太皇太后は密書を読み、極秘に良房に渡し、良房から我が子の仁明天皇に報告させせました。

そして嵯峨上皇の死から数日後、伴健岑と橘逸勢は逮捕されました。ただちに尋問が開始されますが、二人は頑強に謀反を否定し、ついに拷問を受けます。それでもなお無実を訴え続けました。やがて伴健岑が勤務していた東宮の役人たちを中心に、藤原の式家や伴氏や橘氏など、併せて数十名が逮捕され、左遷か流罪になっています。

さらに恒貞親王に対しても、彼自身が謀反の企ては知らなかったとしても、責任は免れぬとして、廃太子の処分が下されました。そしてただちに新たな皇太子として、仁明天皇の第一皇子で、良房の妹である順子が産んだ道康親王が、皇太子に立てられたのです。

「承和の変」については、伴健岑と橘逸勢は冤罪だったという説が根強く存在していました。皇太子の御殿（東宮）を守る軽輩の武芸者にすぎなかった健岑に、謀反を企てる力量など持てなかったと思われるからです。また逸勢は朝堂では実力者でしたが、閉鎖的であり出仕することも少なく、謀反を企てる理由も謀反に関わる利点もなかったと、考えられるからです。それではこの大掛かりな謀反は、誰が何の目的で企てたのでしょうか。

持統天皇と不比等、嘉智子と良房

瀧浪貞子さんは前掲書『藤原良房・基経』の中で、この事件は最近では次の三つの方向で解釈されていると著述しています。

「①橘逸勢・伴健岑らが実際に謀反を計画したもの、②良房と嘉智子が共謀して企てたもの、③良房一派が仕組んだ陰謀」と。

以上の三点のうち①については前述の如く、ほとんど否定されています。③については事件後に良房が、大納言に昇進していることから、彼は事件と何らかの関係があったと考えられています。しかし事件が起きたとき、良房はいまだ中納言であり、謀略のすべてを仕掛けるほどの力量を握れる立場ではなかった、という考え方が有力です。

すると例によって、この種の陰謀の常として、真相は不明となりかねないのですが、「承和の変」によって生じた結果を考慮すると、②の説が説得力を持ってくるのです。「承和の変」の結果、恒貞親王が廃太子され、道康親王が皇太子に定められたからです。

恒貞親王の父は淳和天皇、母は正子内親王でした。道康親王の父は仁明天皇、母は良房の妹である順子でした。そして正子内親王と仁明天皇は、嵯峨天皇と嘉智子皇后を父母とする妹と兄でしたね。さらに嘉智子は仁明天皇を、正良親王の時代から溺愛していました。ところが上皇になってからの嵯峨は仁明天皇の皇太子を、淳和天皇の皇子、恒貞親王と定めたのでした。天皇位の継承を障害なく持続するために、嵯峨が編み出した案でした。しかし皇后の嘉智子は、愛する仁明天皇の子が皇位を継承できないことに、強い不満を抱きました。皇位継承の安泰より、愛する我が子の子どもが皇位を継承することが、なによりも大切だったのです。

不満という点では良房も同様でした。道康親王の母は自分の妹です。彼女が次の天皇の母になれるか否かは、藤原氏（北家）にとって大問題です。良房は嵯峨天皇のお嬢さん、潔姫と結婚していましたが、二人のあいだに生まれた明子《めいし》がいました（八二八年誕生）。明子と道康親王（八二七年誕生）を結婚させれば、藤原氏と皇室の血縁はより一層、濃くなります。しかし恒貞親王が皇太子となり皇位を継いだら、良房の計画は夢に終わり、天皇家との血縁関係も弱くなります。

もともと嘉智子と嵯峨天皇とを結びつけたのは、良房の父、冬嗣でした。このことを考えれば、嘉智子と良房が恒貞親王の立太子を阻止するために、手を結ぶことは充分にあり得ることでした。

このような嘉智子と良房の関係について、前掲書の瀧浪貞子さんは、持統天皇と藤原不比等の関係に似ていると、指摘しています。持統は腹心の部下となった不比等の協力を得て、我が子の草壁皇子を皇太子とするために、ライバルだった甥の大津皇子を刑死させています。さらに草壁皇子が早世すると、孫の文武天皇の実現に、執念を燃やしました。不比等はそのような持統天皇に協力を惜しまぬ代わりに、自分の娘である光明子を、文武天皇の皇子だった首皇子の皇后にしています。そして首皇子は聖武天皇となり、不比等の藤原氏は、天皇の外戚の地位を得たのでした。

一方で良房は嘉智子が愛していた仁明天皇と、妹の順子の間に生まれた道康親王の立太子を、実現させました。道康親王が皇太子となることで、嘉智子が熱望していた仁明天皇の皇統を継承することが、具体化されたのです。また良房も、のちに道康親王が文徳天皇として即位したことで、妹の子が天皇になり、より一層の深い関係を、天皇家との間に形成しています。

なお廃太子となった恒貞親王の母である正子内親王は、道康親王の父である仁明天皇と同様に、嘉智子を母としていました。正子は母の嘉智子が、同じ孫なのに恒貞親王を黙って見捨てたことを、深く哀しみ恨んだと伝承されています。

第八節　良房は太政大臣となったが弟の良相と衝突する

八五〇年三月二日、嘉智子が愛していた仁明天皇が死去、気を落とした嘉智子も数日後に亡くなりました。そして仁明天皇と良房の妹である順子の子、道康親王が即位し、文徳天皇となりました。さらに三月二十五日、道康親王の女御として入内していた良房の娘、明子が文徳天皇の第四皇子、惟仁《これひと》親王を出産しました。良房は同年の十一月、惟仁親王を皇太子に定める、立太子の儀式を強行しました。惟仁親王は生後八カ月、異例なほど幼少での立太子でした。この惟仁親王が皇位を継承すれば、良房は天皇の外戚となれるのです。

惟仁親王は文徳天皇の第四皇子ですから、すでに三人の皇子が存在しましたが、文徳天皇は嵯峨天皇の娘を妻とする右大臣、良房の娘が産んだ惟仁親王を、皇太子に選ばざるを得なかったようです。本当は第一皇子の惟喬《これたか》親王（母は紀静子《きのしずこ》）を、後継者にしたかったとの説もあります。失意の人となった惟喬親王の話は、『伊勢物語』に残っています。

八五七年、良房は太政大臣となりました。人臣で生前に太政大臣の官名を受けたのは、良房が最初と考える説が有力です。この昇進は文徳天皇が病弱のため、恒例の儀式や朝廷の会議に不参加となることが多く、右大臣である良房に、より一層の政務への貢献を依頼するための、代償でもあったようです。

しかし文徳天皇は、その翌年の八五八年、急逝しました。突然の死の原因は脳卒中だったとの説が有力です。ただしあまりに突然の死だったので、毒殺説も流布《るふ》しました。というのも、文徳天皇にとって良房は、皇后の明子の父なのですが、文徳天皇は良房に釈然としない感情も抱いていたからです。前掲書の中で瀧浪貞子さんは、そのような視点から、いくつかの理由を述べています。もっとも大きな理由は「承和の変」において、自分を皇太子とするために廃太子された恒貞親王と廃妃された母（正子）の強い哀しみと恨みを、天皇となった文徳天皇は深刻に感じていたからです。事件と皇后の父である良房との関係も、気になっていたでしょう。

このような文徳天皇の心理を、良房も感じ取っていたと思います。良房側にしてみれば文徳天皇の存在は、藤原氏にとって危険な側面もあったのです。毒殺説が流れた理由です。

文徳天皇は急死。九歳の皇太子の惟仁親王が即位し、清和《せいわ》天皇となりました。政治体制は「少年の天皇・太上天皇（天皇の父）は存在せず・太政大臣に藤原良房」そのような構成となりました。しかも太政大臣の良房は天皇の外祖父です。こうなると良房の立場は、あたかも亡くなった文徳天皇になり代わり、上皇になったような位置づけとなります。大きな権勢を持つことになりました。

有能な弟の良相、病に倒れた良房

右大臣だった良房が太政大臣となった八五七年、九歳年下の弟の良相が右大臣となりました。このとき、良房を高く評価していた、出世に興味のなかった長男の長良はすでに死去していました（八五六年）。

良相は才気ある男で、仁明天皇に目をかけられて参議となり、文徳天皇の時代にも有能な官吏として昇進を続けます。また良房と異なり、子だくさんだった良相は文徳天皇や清和天皇にも、自分の娘を嫁がせています。このような良相の存在は、兄の良房にとって強力なライバルでもありましたが、同じ一族の有力な後輩でもありました。右大臣の後継者として、良相が指名されたことにも、良房の同意があったのでしょう。

朝廷の最高位である太政大臣の良房は、実務は配下に任せます。その配下の筆頭である右大臣となって、良相は実績を重ね、勢力を拡大していきます。

ところが八六四年、良房は病に倒れました。咳逆病《がいぎゃく》（現代のインフルエンザ）です。生死にかかわる重症でした。翌年に至り、ようやく回復しました。良相は、良房の健康は回復せず、政界への復帰は無理だと考えたのかもしれません。政務において太政大臣の良房を無視する行動が、増加します。良房は弟の態度に不快感を覚えたことでしょう。こうして良房と良相の関係が悪化し始めたとき、「応天門の変」が起きました。

「応天門の変」で良房は藤原氏の全盛時代へ道を開いた

平安京という都城は左京と右京で構成され、それぞれ北から南へ一条から九条の街区がありました。この街区は左京と右京で、東西それぞれ中央から一坊から四坊までに、区分されます。この街並みの中央を、南の羅城門から北上し二条大路まで、中心道路の朱雀大路が八五メートル近い広さで北上していました。朱雀大路は二条大路で、朱雀門に至ります。ここから東西二坊の区域が城壁で囲われ、大内裏《だいだいり》と呼ばれる領域となります。なお右の文章中の条も坊も、大路で囲まれた区域を示しています。

大内裏と呼ばれる領域には、天皇の宮殿である内裏（皇居）と、朝堂院（現代の国会議事堂）や諸官庁が配置されていました。そして朱雀門から大内裏に入って、最初にある門が応天門、朝堂院の正門でした。応天門は立派な建築物で、左右に予備門と高楼もついていました。応天門は朝廷の重要な儀式や、外国使節との謁見などを行うときの、出発点ともなる重要な門でした。

八六六年の閏三月十日夜、この応天門が炎上しました。一夜のうちに全焼したのです。数日後、大納言伴善男《とものよしお》が、応天門炎上は左大臣の源信《みなもとのまこと》が放火を命じたのだと、右大臣の藤原良相に訴え出ました。良相は即刻、左近衛中将の藤原基経に、源信を逮捕するように命じます。しかし基経は、良相が太政大臣の良房に報告していなかったので、事の重大さを考慮し、まず良房に事態を報告しました。何も知らなかった良房は驚き、清和天皇に奏上しました。天皇も報告を受けていませんでした。

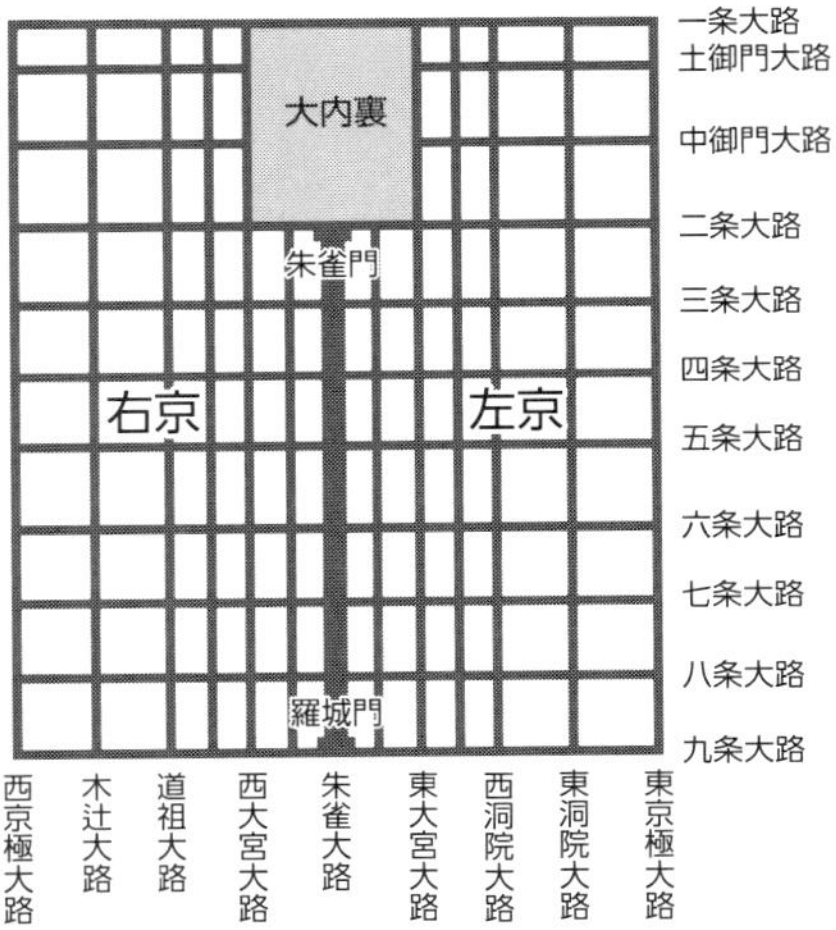

左大臣の源信は嵯峨天皇の皇子でした。源氏の姓を賜り、臣下となっていました。皇族に近い一族なのです。良房は時を移さず、源信の疑惑を解き、謝罪の使者を送っています。
こうして応天門の事件は、放火か失火かも判然としな

いまま、終わりそうでした。しかし事件の五カ月後の八月、奇怪な騒動が起きました。左京に住む一人の男が、応天門に放火したのは、伴善男と息子であると訴え出たのです。取り調べに対し、伴善男と息子は強く否定しましたが、騒ぎはそれだけで終わりませんでした。その左京の告訴人だった男の娘が、伴善男の従者に殺害されたのです。そしてその従者も善男の息子も、殺人とそれを命じた罪で捕縛されます。さらに伴善男と息子そして従者は、応天門放火の犯人と断定され、伴氏親子は伊豆へ配流されました。

「応天門の変」は決着がつきましたが、次のような事実があったとの説も存在しました。

大納言の伴善男は左大臣の源信と意見が合わず、二人は政敵の関係にありました。その伴善男と藤原良相は、親密な関係でした。以前から二人は源信を排除し、ともに朝堂を支配する機会を狙っていました。応天門事件で善男は良相と手を組み、兵を動員し信の屋敷を包囲する計画だったと伝えられています。さらに良相は、この機会に良房との勢力関係を逆転させたいと、考えていたという説もあります。

また事件当時、良相から信の捕縛を命じられて拒否し、太政大臣の良房に報告した基経は、良房の養子となります。基経は良房の兄、長良の男子でした。

なお「応天門の変」そのものの記録は、当時の資料には発見されていません。十二世紀に制作された『伴大納言絵巻』と、十三世紀の早い時期に書かれた説話集『宇治拾遺物語』を基礎にして、語り継がれてきました。

第九節　摂政となって生涯を終えた良房

八六六年の八月二十九日、「応天門の変」で伴善男と息子は伊豆へ配流となりましたが、その十日前の八月十九日のことです。清和天皇は太政大臣の良房に、摂政になれと命ずる勅を下されました。私に代わって政治を摂れ、ということです。「君主の代理」といった役割ですね。我が国で人臣初の摂政でした。

八六六年前後は九州の暴風雨や京都の火災、富士山の噴火や陸奥大地震と大津波など、天変地異が続きました。さらに応天門の炎上もありました。十七歳の清和天皇は良房に、一層の働きを期待したのでしょう。しかしすでに良房は、清和天皇が九歳のときから、太政大臣として天皇の後見をしていました。良房にとって役割の変化は少なく、職務の褒章だったと考える見方もあります。

八六六年の十二月八日、「応天門の変」で源信に疑惑がかけられていることを、良房に報告した基経は急激に昇進し、参議から中納言となりました。なお、同時期に良房の弟である右大臣の良相は、辞職を願い出ています。そして良相は「応天門の変」で微妙な立場に置かれたまま、八六七年の十月に死去しました。

この多事多難だった八六六年に、清和天皇は十七歳でした。すでにその後宮には、数人の娘たちが入っていました。清和天皇の母は、良房の娘、明子でしたが、良房は孫でもある清和天皇の後宮に、皇后になることを期待して、養子とした基経の妹、高子《こうし》を入内させました。

ただし懸念されたことは十七歳の清和天皇に対し、高子は二十五歳だったことです。年齢差がある結婚で、しかも女性が年上です。高子は美貌の評判が高い女性でしたが、良房の強引な縁談の進め方を、人々は危ぶみました。

しかし良房は強運です。高子は八六八年十二月に清和の皇子、貞明親王《さだあきら》を出産したのです。なお高子の結婚については、後述します。

貞明親王の誕生が八六八年の十二月、翌年の二月には生後三カ月で、皇太子となっています。こうすることで良房は、自分の後継者となる基経の将来を保証しました。併せて藤原の北家に、天皇の皇后となれる唯一の氏族として勢力を振るえる道を、開いたのでした。

八七一年の十月、再建工事が進んでいた応天門が完成しました。しかしその頃に、また京の都は咳逆病に襲われました。そして良房はまたもこの流行病に倒れ、八七二年九月に世を去りました。

良房は天皇の娘を妻とする強運を出発点として、わずかに弟との対立を除けば、ほとんど逆境を迎えることもなく、権力を築いてきました。すぐれた政治家としての資質と人間的な魅力もあったのでしょう。恒貞親王が廃太子された「承和の変」や、伴大納言善男が流罪となった、「応天門の変」でも、渦中に巻き込まれていません。このふたつの謀略がらみと思われる事件で、良房は自分に向けられる疑惑の視線を、巧みに消し去っています。

良房には経世家として世を治める実力と、権謀術数にすぐれた政略家的な側面もあったと、考えられます。

藤原不比等は新興勢力だった藤原氏を、ほかの豪族と並ぶ一強に仕立て上げました。良房は強力な氏族となって、いくつかの藤原氏が競い合う状況の中で、父冬嗣の一族を最強の藤原氏としました。その視点から考えれば、藤原氏の系図の上では、不比等に次ぐ人物が良房であると断言しても、過言ではないでしょう。

歴史的には摂関家の祖となった人物、という意味で、良房は日本史のキーパーソンの一人でした。ただし良房の血筋は、北家の長男だった長良の息子の一人、基経が養子に入り引き継ぎました。その基経が最初の関白となることで、摂政・関白を独占する「摂関家」として、藤原の北家が君臨する時代の幕を開けました。良房の章に、基経は欠かせません。

第十節　基経が初代関白となるまで

基経（八三六―八九一）は良房の兄、長良の三男として生まれました。父の長良は無欲で朝堂での出世には無頓着でしたが、基経の才覚には注目し、将来を期待していました。そして弟の良房に、基経の将来を託していたようです。

その基経について、本書では主題を絞ってお話し致します。ひとつは妹の高子との確執について、もうひとつは阿衡《あこう》事件です。

基経の妹、高子の数奇な運命

清和天皇の父は文徳天皇、母は藤原良房の娘明子でした。清和天皇が十七歳になった八六六年、良房は自分の孫でもある清和天皇の後宮に、養子とした基経の妹、高子を入内させました。そして八六八年に貞明親王（後の陽成《ようぜい》天皇）が誕生したのでした。

ところで高子は清和天皇と結婚する前に、在原業平《ありはらのなりひら》と恋愛中でした。良房が昇進していく契機のひとつになった、「承和の変」の密告者だった阿保親王、彼の五男が業平です。恋多き美男の歌人として有名でした。気位が高く美女であった高子と業平の恋愛を引き裂く役割は、兄の基経に当てられていたようです。

業平を主人公とする歌物語集、『伊勢物語』に、次のような内容の物語があります（第六段）。

高貴な女性と許されぬ恋に落ちた男が、彼女を奪って逃げた。夜遅く川辺に落ちのびていくと、夜露が草の上にひかっていた。女はその光を見て、「あれは何？」と聞いたけれど、男は答える余裕もなく逃げた。夜も更けて雨も降ってきたので、男は荒れ果てた粗末な小屋へ隠れた。女を奥に隠し、男は入口で弓の弦を鳴らして、魔除けをする。雨は激しくなり、雨音が高くなる。そのとき、小屋の奥で女は鬼に襲われていた。女は悲鳴をあげたが、雨音のために男には届かなかった。鬼は女を食ってしまった。夜が明けて男はそのことを知り、足ずりをして泣いたが遅かった。男は歌った。

白玉か何ぞと人の問ひしとき
露と答へて消えなましものを

この物語は基経と家臣たちが、高子と駆け落ちをしようとした業平から、高子を奪い取った故事を題材としています。

このような騒動があって、八六六年に結ばれた清和天皇と高子でしたが、八六八年には貞明親王も誕生し、大過なかったようです。しかし幼少時代から病弱だった清和天皇は、八七六年、二十七歳で譲位し、九歳の貞明親王が即位し陽成天皇となりました。このとき清和は基経に、貞明の摂政となって政務全般を代行するよう、命じています。

清和天皇は譲位後の八七九年に出家しました。そして八八〇年に死去しました。

清和の死後、高子と陽成天皇は基経に対して、露骨に反発するようになっていきます。清和とは結ばれましたが、高子は自分の恋を暴力で引き裂いた兄への恨みは、忘れていなかったようです。陽成天皇も成長すると、母の心情を知ったのか、それとも生来の性格でもあったのか、乱暴な行動が目立ち始めます。

そしてついに陽成天皇が宮殿内において、臣下を殴り殺す事件を起こしたのです。

事件は八八三年の十一月のことと記録されています。陽成天皇は八八四年の一月から、一切の公務に参加せず、二月に至り、基経に手紙で譲位の意思を伝えました。こうして陽成天皇は退位、母の高子も兄の基経と決別し、我が子とともに宮中を去りました。もちろんそこには基経の意思が働いていました。

陽成天皇の後継として光孝天皇を選んだ基経の深謀遠慮

もしも高子と基経の関係が円満であれば、不祥事で退位した陽成天皇の代わりに、高子と清和の間に生まれたほかの皇子（同母弟）を、立太子させれば、基経は充分に権力基盤を確保できたでしょう。天皇の母が自分の妹なのですから。しかし基経は陽成天皇だけでなく、高子とも衝突していました。高子を排除して陽成天皇の後継者を探す必要がありました。

基経が後継の天皇として擁立したのは、時康《ときやす》親王でした。後の光孝《こうこう》天皇です（八三〇―八八七）。父は仁明天皇、母は藤原沢子《たくし》です。沢子と基経の母は姉妹でした。したがって時康親王と基経は従兄弟の関係にあります。この当時、時康親王は五十五歳、基経より六歳年長でした。時康は風貌も性格も穏やかで、深い教養もありました。政治よりも文化面で秀でていたようです。学問好きで気難かしい所もある基経にとって、求める天皇の後継者として理想的な資質でもあったでしょう。

ところで天皇の年齢が若年すぎるとき、その父（上皇）や近親の皇族が政務を執ることを、摂政と呼びました。人臣として初めて摂政となったのが良房でしたね。そして時の天皇は清和天皇、その父は文徳天皇、母は良房の娘、明子でした。

清和天皇は病弱な自分が多事多難な時世に、政務を遂行し得ないとして退位し、上皇となりました。そのときに外祖父の良房を、貞明の摂政に任命しました。したがって「摂政」としましたが、「上皇の代理」として政務を執ることを託す、という意味もあったのです。

良房が摂政となったことで、藤原の北家は強大な権限を獲得しました。しかし基経が時康親王を光孝天皇として即位させたとき、五十五歳の天皇に摂政は不要でした。充分に自分の力量で、天皇としての政務を遂行できます。そうなると基経は養父であった良房が、摂政として構築した藤原氏の権勢を保持できるのか。もちろん太政大臣も重臣ですが、天皇の政務を代行する権限はありません。

それなのになぜ、基経は年少の皇子を選ばないで、五十五歳の時康親王を選んだのか。

実は基経には天皇にしたい親王が、存在したのです。貞辰《さだとき》親王です。この親王は基経の娘である佳珠子《かずこ》と清和天皇のあいだに生まれた皇子です。

陽成天皇の異母弟に当たります。

この親王を天皇とするために、基経は次のような秘策を考えていたのではないかと、瀧浪貞子さんは『藤原良房・基経』で、次のような内容を著述しています。

「このとき時康親王（光孝天皇）は五十五歳、陽成上皇は十七歳、高子皇太后は四十三歳。

この高齢と言っても過言ではない時康親王の即位に、積極的な反対意見はなかった。上皇となった陽成も、皇太后の高子も、はるかに高齢で自分たちと親類関係のない光孝天皇に対し、干渉する余地がなかった。時康親王の即位は基経にとって思惑どおりだったが、彼は時康親王を天皇にすることで、次のような政略も考えていたのではないでしょうか。

五十五歳で光孝天皇となった時康親王は、あと五年もすれば六十歳である。そのときには基経の外孫である貞辰親王も十五歳をすぎて、元服し成人として認められている。その段階で光孝天皇が譲位し、貞辰親王が即位しても、公卿たちの批判もなく、陽成上皇も高子皇太后も介入する余地がない。そして基経は摂関となり天皇の外戚の立場で、政務を掌握できるのである。

天皇家・藤原氏系図（仁明天皇～宇多天皇）

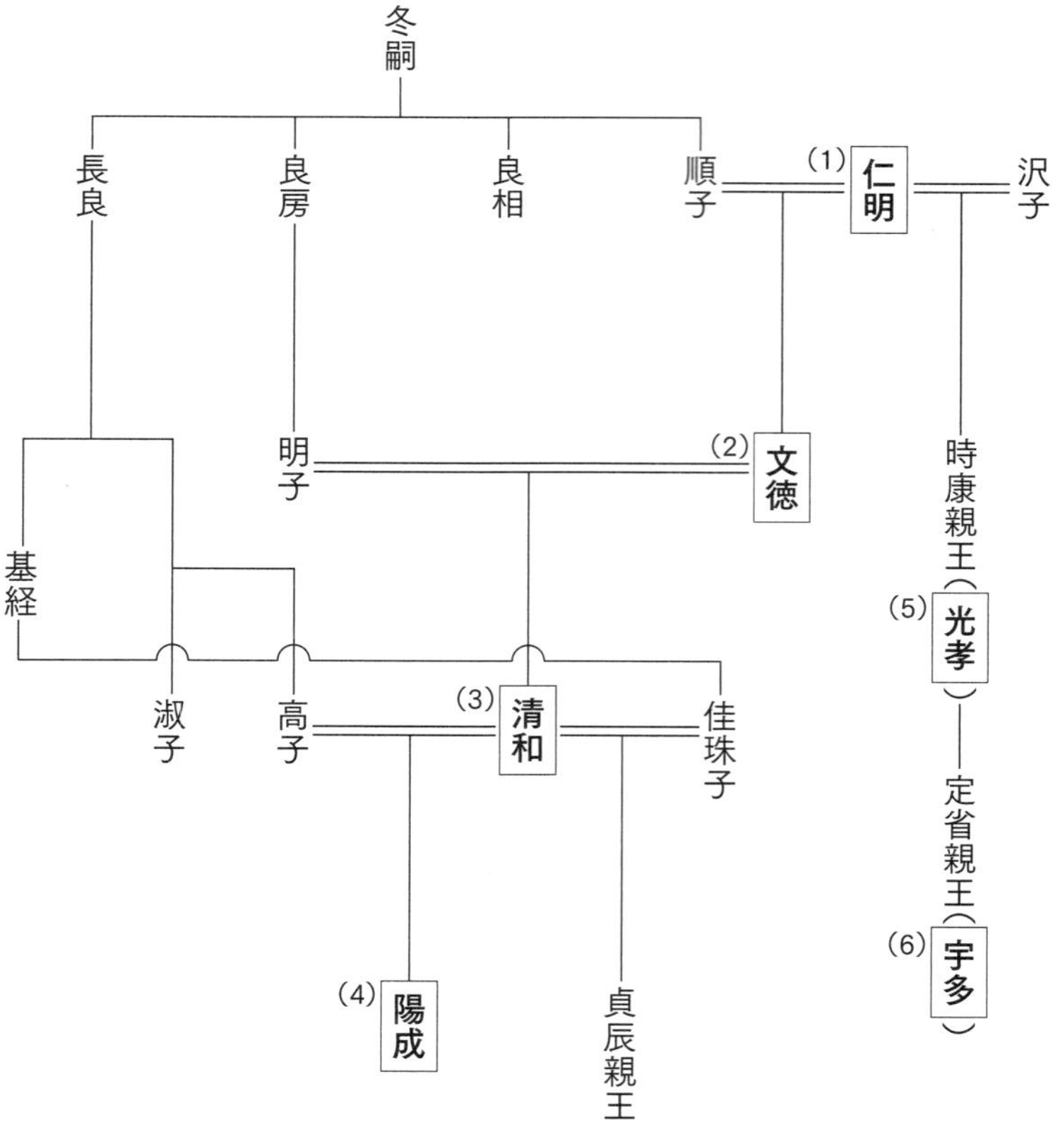

（ ）付数字は図中の即位順、□は天皇

光孝天皇を実現させるとき、基経がそのような計画を考えていても不思議ではない」と。

そしてこのような推論を裏づける証左として、豊富な人生経験がある光孝天皇は、基経が自分を天皇に推挙した心情を理解していたのではないか、と思わせる史実もありました。

光孝天皇は即位の二カ月後、数人の夫人たちとのあいだにもうけた三〇名近い子女の全員に、源朝臣の氏姓を与え、皇位継承権をなくします。自分は皇位を奪取する野心はないと、基経に示したのです。

高齢に達して昇進の道も終わったと考えていたであろう時康親王にとって、光孝天皇に即位することは、思いもかけぬ幸運だったと思われます。さらに妻が基経の妻と姉妹である関係から、基経と高子との葛藤や後継者の悩みも、熟知していたと思われます。彼は天皇として可能な限り、太政大臣の基経に権限を与える努力をしています。

光孝天皇が基経に命じようとしていた職務の内容

光孝天皇は基経に対し、その恩に応えるために、次のような詔を発しました。八八四年のことです。光孝天皇は基経が、無法な行為が目立った陽成天皇を廃したことを支持しました。その上で、新たに天皇となった自分に対し、次のような存在であって欲しいと表明したのでした。

自分が天皇として抱く政務上の悩みを理解し、基経に補佐すること。官僚全体に対し、その総務を掌握し指導すること。賛否を問わず朝堂の政策決定に対し、意見を具申すること。以上のような内容です。

良房は九歳で即位した清和天皇の摂政となって、政務を代行しました。摂政になったことで大きな権力を、藤原の北家にもたらしました。しかし五十五歳で即位した光孝天皇に、摂政の存在は不要です。それでは基経は、良房のような絶大な権力を掌握できない。このことは基経にとって課せられた難問でした。しかし、光孝天皇の勅によって、基経は摂政にはならないままで朝廷の政務を掌握し、成人の天皇の代行となれる権限を、確保したのです。ところで、このような臣下の役割は、古代中国の史書に見られるものでした。優秀な家臣に、政務を託した事例が存在したのです。

家臣が天下の政事をあずかり、皇帝に謹んで申し上げ、聞いていただくこと。またはそのような重臣になることを、「関白」と称しました。漢書の中に登場してきます。博学だった光孝天皇は、この中国の故事を知っていたことでしょう。もちろん学問好きな基経も、摂政や関白について、知識はあったでしょう。この言葉は、公式な文書では未登場でしたが、この光孝天皇の詔があった八八四年が、関白制度が事実上、成立した年とされています。

光孝天皇を受け継いだ定省親王のこと

高齢の光孝天皇を、いずれは退位させることで、清和天皇と自分の娘である佳珠子のあいだに生まれた、外孫の貞辰親王を天皇にする計画を、ひそかに基経は描いていたようです。ところが光孝天皇は在位して三年で、病床に臥しました。このとき貞辰親王は十四歳でした。基経の権勢からすれば、元服をさせて光孝天皇の後継者にすることは、可能であったと思います。しかし基経は半ば宿敵のような存在になった妹の高子皇太后と、その子である陽成上皇が、いまだ健在であることを警戒したのか、貞辰親王の立太子を断念しました。

そして基経は光孝天皇の第七皇子、定省《さだみ》親王を後継者とし、次の天皇に定めました。後の宇多《うだ》天皇（八六七―九三一）です。

定省親王は光孝天皇の即位後、臣籍に下っており、源 定省《みなもとのさだみ》と名乗っていましたが、親王に復して皇太子となりました。なお、定省と基経の関係は、次のようなものでした。基経の異母妹に淑《しゅく》子《し》という女性がいました。彼女は光孝天皇の尚侍《しょうじ》となって、天皇の日常生活に仕えていました。さらに淑子は、光孝天皇の第七皇子の定省を、自分の猶子《ゆうし》（養子に近い関係）としていたのです。

光孝天皇は基経の厚情に応えるために、自分の子女すべて臣籍に降下して源朝臣とし、皇位継承権を返上させていましたね。しかしひそかに、第七皇子の定省を自分の後継者に考えていたようです。基経はその望みを受け入れました。

八八七年の八月二十六日に定省親王が皇太子となりました。ところが同日に光孝天皇が死去。翌日に定省親王は皇位を継承し、宇多天皇となります（八八七―八九七）。あわただしい立太子と践《せん》祚《そ》（皇位継承）でした。時に宇多天皇、二十一歳でした。

阿衡事件を巧妙に利用して関白制度を具体化した基経

八八七年八月に皇位継承した宇多天皇は、同年の十一月に改めて即位の儀式を行いました。そして基経に詔を下しました。それは基経に対し、政務の補佐を要請する内容でした。この文中に「関白」が、初めて登場します。政務はすべて、「まず摂政の基経が関《あず》り白《もう》し」しかるのちに奏上せよ。

そのような文脈の詔書です。光孝天皇が基経に下した詔と、内容的にはほぼ同等かと思われました。対して基経は辞退の上表文を提出します。高官に任命されたときは、まず辞退するのが慣例だったからです。しかしそれだけではなく、基経はその詔の全文を読み、宇多天皇自身も側近の学者たちも、摂政と関白の相違について無関心なのではないか、と考えたようなのです。『藤原良房・基経』の著者、瀧浪貞子さんはそのように指摘しています。無関心というより、そもそも摂政と関白の役割の相違を、理解していないと基経は思ったのではないか、と。

天皇が年少であるとき、政務を代行するのが摂政、成人の天皇を補佐するのが関白です。その差異は、その役割を担う重臣にとっては重大です。成人した天皇に摂政として仕えたとしても、天皇本人が独自に政務を遂行してしまえば、それまでのことです。関白となって政務を補佐し、天皇の権力を代行することが保証されていなければ、その重臣にも彼の一族にも、権勢の傘は開いてはくれません。

さらに宇多天皇について、次のような評価もありました。宇多天皇の父、光孝までの天皇の母は、ほとんど豪族の娘でした。しかし宇多天皇の母は桓武天皇の血筋である仲野《なかの》親王の姫でした。そのために宇多天皇は藤原氏に政務の主導権を渡さず、皇族中心の政治改革を目指していた、という評価です。それゆえに宇多天皇は基経に対し、次のように考えていたのでは？という説もありました。「基経は自分の治世にとって役立つ人材だけれど、あくまで単なる家臣である。統治の権限は譲らない」

そして基経が宇多天皇に抱いていた懸念を、裏づけているような事件が起きました。「阿衡事件」

です。

関白の言葉も使用して、宇多天皇が政務を命じた宇多天皇の詔に対し、半ば儀礼的な意味も含んで、基経は辞退の上表文を提出しました。それに対して宇多天皇は、学問の教師である橘広相《たちばなのひろみ》に作成を命じ、二度目の詔を基経に下しました。ところがその文中に、「阿衡の任をもって卿の任と為せ」という文言がありました。「そなたは阿衡のように私に仕えよ」といった意味です。阿衡の阿は頼りにするといった意味、衡は「秤《はかり》」のことです。天下の人々が一人の人物の行動や発言を、正しい生き方の基準にする、といった意味の言葉です。古代中国の王朝、殷《いん》の大臣だった伊尹《いいん》の尊称でした。転じて宰相の意味になりました。

したがって宇多天皇の詔の文言は、基経を尊重した表現だったと思われます。ところが基経の近臣や学者たちから、「阿衡は地位は尊いけど、具体的な職掌はない」という批判が出ました。お飾りの名誉職じゃないか、というのです。宰相とは総理大臣みたいなものですから、文部大臣とか大蔵大臣のように具体的な職掌はありません。しかし各大臣の上に立つ役割です。職掌がない、と考えるのは悪意の言い掛かりとも思えるのですが、「阿衡」に立腹の態度を示した基経は、朝堂を去って私邸に引き籠もってしまいました。

「名誉職の人間は朝堂には不要でしょう」

そのような抗議の意思表示をして、基経は政務を拒否し朝堂に出仕しません。八八七年の十一月から年が明けても、その状態は続きました。政治の要に位置する太政大臣が出てこないのです。政務は混乱し、ついに官僚たちが、基経の私邸に参上する事態になったのでした。

一方で学者たちは、「阿衡は職掌であるか否か」で論争になっていました。長引く混乱を収拾するため、左大臣の源融《みなもとのとおる》が宇多天皇に進言しました。著名な学者でもあり、当時は讃岐守（香川県知事）だった菅原道真《すがわらのみちざね》は、親しい関係の基経に忠告するため、上京しました。

大騒動の末に、ようやく八八八年六月、宇多天皇は基経に対して改めて詔を下しました。「先に基経に下した勅答で文章を作成した橘広相が阿衡を例に挙げたことは、私の本意とは異なっていた」という主旨です。橘広相には気の毒な内容ですが、ともかく事件は解決しました。

このときの詔書で関白の用語が、初めて摂政から独立し、使用されました。古代中国の西漢（前漢）の皇帝だった宣帝《せんてい》が臣下の霍光《かくこう》に、自分に代わって政務を「関り白す」ように命じたこと。それが関白の由来でした。

こうして基経は、名実ともに関白の重職を獲得しました。さらに天皇親政を目指した宇多天皇の意欲を、封じ込めることにも成功し、阿衡事件は終わりました。

ところで、阿衡事件が解決に向かう頃、それを早めるような婚儀が成立しました。基経の娘、温子《おんし》が宇多天皇の女御として入内したのです。皇后になる資格を有する地位の夫人です。宇多天皇はこじれてしまった基経との関係を改善するために、この婚儀を受け入れました。基経は宇多天皇の一族と姻戚関係をつくれるのですから、歓迎すべき話でした。

この婚儀を実現させた人物は、基経の異母妹の淑子だったと考えられています。淑子は光孝天皇の尚侍として仕え、源定省（宇多天皇）の養母でした。阿衡の事件の解決にも、彼女の貢献は多大でした。史実の表面にはあまり登場しませんが、この淑子という政治的な才能が豊かな女性の存在は、基経の大きな援軍となっていたようです。なお本章の第一節で紹介しました、杉本苑子さんの小説『山河寂寥』では、この藤原淑子が主人公となって、良房や基経を描いており、興味深い描写が続きます。お薦めします。

関白を宇多天皇に認めさせ、自分の娘を女御として、基経は天皇家の外戚の地位を確立しました。基経は藤原の北家を、藤原不比等の時代の藤原氏に匹敵する特別な一族にしたいという、臣民で最初の摂政となった養父良房の野望を、完成させたのです。

八八八年に娘の温子が宇多天皇の女御となってから三年後、八九一年に基経は死去しました。病名は記録されていません。

第四章

白河法皇

前章の主人公、藤原良房《ふじわらのよしふさ》は摂関政治を切り開いた人物でした。本章の白河法皇は院政を確立させた人物です。武士が登場するまでの政治形態を形成した、この二名は欠くことのできない、日本史上のキーパーソンであると考えます。

藤原氏は伝統的な諸豪族に打ち勝ち、藤原氏の北家がほかの藤原氏を、策謀も用いて打倒しました。そして最強の氏族になって、王家である天皇家と深い婚姻関係も結びました。こうして天皇の皇后には、常に一族の娘を嫁がせる体制を確立させます。そして歴代の藤原氏の頭領（氏長者《うじのちょうじゃ》）は、自分の娘が産んだ皇太子の母方の外祖父として政治を代行し、権力を確保しました。この形態が摂関政治です。天皇が幼少であれば、天皇に代わり自分が政務を執行します。これが摂政。天皇が成人後に即位する場合には、関白と呼びました。摂政も関白も、政務の主導権を藤原氏が王家から奪取することが目的です。

対して院政とは何でしょうか。天皇は譲位後に太上天皇（上皇）と呼ばれます。この上皇が国政を左右する立場になる政治形態を、院政と呼んでいました。なお、上皇や法皇（出家した上皇）そして太上天皇に準ずる地位の女性たち（太上太后、皇太后、皇后）の邸宅を、「院」と呼んでいましたが、やがてそこに住んでいる人の尊称となりました。本来の「院」の意味は、生け垣をめぐらせた建物の呼称でした。

我が子である天皇に代わり、上皇が国政の主導権を掌握することは、すでに持統天皇など、古代の王朝にも存在しました。即位した天皇がいまだ若年だったとき、譲位した天皇（女帝も含めて）が、上皇の立場で我が子の政務を指導したり援助したりして、成長を待つ事例もあったからです。

さらに持統天皇の時代に施行された飛鳥浄御原令に、上皇は天皇と同等の権力があることが、明記されています。この条項は持統天皇が律令制作の中心人物だった藤原不比等に命じ、書き加えさせた条項でした。

したがって院政は有力な氏族を国政に介入させず、皇族中心の皇親勢力によって国政を推進することになります。院政期にも藤原氏の摂関勢力は、朝堂に存在しており、政権運営の中枢にはいましたが、政務のイニシアチブは上皇側が握っていました。

摂関政治の時代にも、天皇は日本の国王として存在していましたが、実際の政務の中心である人事も賞罰も、藤原氏を中心とする貴族が権限を掌握していました。院政の時代には政務の中心に天皇が存在し、その天皇を掌握する形で上皇が支配し、政治の実務担当の中心となる官僚集団の長として、藤原氏は存在していました。やがて武士政権が成立しても、摂政と関白は存在し、院政も持続しました。それは江戸時代まで続いたのです。光格《こうかく》天皇が文化十四年（一八一七年）に退位して上皇となり、天保十一年（一八四〇年）に死去するまで、院政を敷いたのが最後でした。一八六八年が明治元年です。

令和時代となって、明仁上皇と美智子上皇后が誕生しましたが、古来の姿に戻ったとも考えられます。もちろん国政を支配する立場ではありませんが。

院政の時代を確立させた白河法皇なのですが、その端緒を開いたのは、父の後三条《ごさんじょう》天皇でした。

第一節　白河法皇の父、後三条天皇が決意したこと

後三条天皇（在位一〇六八―一〇七二）は、後朱雀《ごすざく》天皇（在位一〇三六―一〇四五）の第二皇子として誕生しました。名前は尊仁《たかひと》。母は三条天皇の皇女、禎子《ていし》内親王です。

なお後三条天皇以前、数代の天皇についての在位や当時の摂政や関白については次ページの「天皇表」をご参照ください。この表をご覧いただくと、後三条天皇以前の三代の天皇は、三人とも母は藤原道長の娘であることが注目されます。ただし道長は「内覧」と、「摂政」に短期間（一〇一六―一〇一七年）だけ就任しただけで、後一条・後朱雀・後冷泉の三天皇の関白は、道長の後継者である長男の頼通《よりみち》が、その任にありました。

「内覧」とは政務の最高機関である太政官の公文書を、天皇に奏上する前に内見する職務で、摂政・関白の基本的な権限のひとつです。道長が摂政・関白にこだわらなかったのは、彼は太政官の最高権力者である左大臣でもあり、藤原北家の「大殿」として君臨していたからです。そして一〇一七年に摂政の座を二十六歳の頼通に譲り、権力は手離すことなく一〇二七年に死去するまで、頼通を後見しつつ悠々たる一生を送りました。

そして頼通は父の没後も、外戚の伯父として関白となり権力を維持していました。しかし彼には弱点がありました。いままで関白の座に君臨していられたのは、父の娘たちである自分の妹たちが、天皇の母となっていたからです。ところが頼通は道長のように、たくさんの子女に恵まれませんで

天皇表（一条天皇～白河天皇）

	一条天皇	三条天皇	後一条天皇	後朱雀天皇	後冷泉天皇	後三条天皇	白河天皇
諱	懐仁	居貞	敦成	敦良	親仁	尊仁	貞仁
父	円融天皇	冷泉天皇	一条天皇	一条天皇	後朱雀天皇	後朱雀天皇	後三条天皇
母	藤原詮子	藤原超子	**藤原彰子**	**藤原彰子**	**藤原嬉子**	禎子内親王	藤原茂子
即位	986	1011	1016	1036	1045	1068	1072
退位	1011	1016	1036	1045	1068	1072	1086
摂政	藤原兼家・道隆		藤原道長				
関白	藤原兼家・道隆・道兼	藤原道長（内覧）	藤原頼通	藤原頼通	藤原頼通	藤原教通	藤原師実

（　　）は藤原道長の娘。

した。天皇家に嫁いだのも、後朱雀天皇の中宮に入った嫄子《げんし》と御冷泉天皇の皇后となった寛子《かんし》の、二人しかいません。この二人には皇子の出産がありませんでした。

新しい天皇が即位するときは、皇太子を誰にするかを決めておくことも、慣例となっていました。そうすることで、皇位継承をめぐる争いが起きることを防ぐためです。その際に皇太子となる人物の条件は、即位する天皇の子であることです。実子であるか否かは問いません。または譲位する天皇の弟であることです。このような場合には、その人物を皇太弟と呼びました。

さらに皇太子の候補となる人物は、変更することも可能でした。未来のことですから、不慮の出来事も起こりかねないからです。

後一条天皇は即位するとき、皇太子として弟の敦良《あつなが》親王を指名しました。後の後朱雀《ごすざく》天皇です。この兄弟の父は一条天皇、母は道長の娘、彰子《しようし》です。両親を同じくする皇太弟ですから、摂関家も不満はありませんでした。

ついで後朱雀天皇は自分が退位したあと、次の天皇として第一皇子である親仁《ちかひと》親王（後冷泉《ごれいぜい》天皇）を考えていました。親仁親王の母も道長の娘、嬉子《きし》です。摂関家の長となっていた頼通にも異存はありませんでした。しかし後朱雀天皇は、その皇太子候補として第二皇子の尊仁親王を考えていたのです。親仁親王の後を継ぐ皇太弟です。しかし母親は別の女性でした。

この後朱雀天皇の考えには、関白の頼通が強く反対しました。最大の理由は尊仁親王の母が、摂関家である藤原北家の出身ではなく、三条天皇の皇女である禎子内親王だったことです。親仁親王の次に尊仁親王が天皇となったら、摂関家が脈々と築いてきた摂関政治の体制そのものが崩壊します。それは頼通には許し難いことです。

しかし頼通の反対は、あくまでも藤原氏の摂関政治を維持するための理由で、尊仁親王には皇太子たるべき正当な条件が完備しています。太政官内にも支持する声は存在しました。それでも頼通は言を左右にして、尊仁親王を認めることを回避し続けます。

その理由は頼通の娘である寛子が、親仁親王（後冷泉天皇）の正室だったからです。もしも彼女が親仁親王の男児を出産すれば、その子が誰よりも後冷泉天皇の後継者にふさわしいでしょう。

ところで後朱雀天皇が後継者として親仁親王（後冷泉天皇）を指名し、その弟である尊仁親王を皇太弟としたいと考えても、関白の頼通には、それを拒否する権限はありません。ただし、尊仁親王を皇太弟として、公的に認める立太子の儀式を引き延ばすことは、誰も阻止できません。頼通はそこまでして、ひたすらに、我が娘の寛子が親仁親王の男子を出産する日を待ち続けていたのでした。

しかし後朱雀天皇は一〇四五年の一月、病に倒れ、皇太子の決定は焦眉《しょうび》の急《きゅう》となります。そして皇位は親仁親王（後冷泉天皇）に譲位され、皇太子として尊仁親王の立太子が実現したのです。一〇四五年一月十六日のことでした。後朱雀上皇は二日後の一月十八日に死去しています。

こうして後冷泉天皇の時代が始まり、尊仁親王は皇太子の地位を確立させましたが、関白の頼通は尊仁親王を皇太子の地位から転落させることを、あきらめたのではありません。

いまだ自分の娘である後冷泉天皇の皇后寛子が、皇子を出産しないとは限らないからです。また、そうではなくとも、朝堂の実力者である関白頼通が、皇太子の公務や権力に対して非協力的であったり、その地位を無視したりを続けていれば、耐えきれずに尊仁親王が自分から皇太子を辞退することも、あり得るからです。

実際に頼通の尊仁親王に対する圧力は、激しいものであったようです。藤原氏に伝統的に多い失脚を謀る陰謀は、記録には残っていませんが。

後冷泉天皇は、皇后の寛子だけでなく、後宮の女性たちにも一人の男子も残さずに世を去りました。一〇六八年四月でした。このとき、尊仁親王が後三条天皇として即位します。三十五歳でした。皇太子の二十三年間、頼通の圧迫に耐え続け、獲得した天皇の座でした。

なお頼通は後冷泉天皇が亡くなる一年前、関白を辞任しています。彼の執念は実現することなく、弟の教通《のりみち》に関白の座を譲りました。

後三条天皇は宇多《うだ》天皇（在位八八七―八九七）以来、一八〇年ぶりに誕生した藤原氏以外の女性を母とする天皇でした。しかし後三条天皇の母である禎子内親王のお母さんは、藤原道長の娘、妍子《けんし》でした。

そのために、「後三条天皇も摂関家と深い血縁関係を持っている。その点ではほかの天皇と、変わらないではないか」という学説も存在します。しかし藤原氏が全盛の時代ですから、皇族も二、三代さかのぼれば、藤原氏となにかしらの縁が存在したのです。そういう背景がある時代の話です。母が藤原氏の直系の女性か否かは、その権勢から考えても、重大な相違があったのですね。それゆえに頼通もお嬢さんに皇子を出産して欲しいと、必死に願ったのですから。

もうひとつ留意したいことは、二十三年間も関白の頼通からの圧迫や嫌がらせを受けながら、耐え忍んだ尊仁親王を援護した人物も存在したことです。藤原能信《よしのぶ》です。彼は道長の長男だった頼通の弟です。しかし能信の母は頼通や彰子や嬉子を生んだ母とは、別の女性だったのです、そのために出世とは無縁なまま、生涯を権大納言のままで終わっています。それだけに彼は、頼通一族に対する強い対抗心があり、尊仁親王が後三条天皇に即位するまで、献身的にバックアップしました。

能信は尊仁親王が皇太子になると、その御所である東宮の長（東宮大夫《とうぐうたゆう》）に就任し、なにかと不遇な立場に置かれた尊仁親王を、物心ともに援助を続け、ついに後三条天皇に即位させたのでした。後三条天皇の皇太子となった第一皇子の貞仁《さだひと》親王（後の白河天皇）は、能信なければ自分の立場もなかったと深く感謝して、能信に対しては終生、必ず「能信殿」と尊称で呼んでいたそうです。

この逸話は美川圭さんの『白河法皇　中世をひらいた帝王』（角川ソフィア文庫）に登場します。同書は、院政と白河法皇について、多くの研究成果も紹介しつつ集大成してある、充実した貴重な文献となっています。

さて、それでは後三条天皇の政策に舞台を移します。

後三条天皇は即位すると、天皇家の経済立て直しから始める

一〇六八年に即位した後三条天皇は、宇多天皇以来、一八〇年ぶりに登場した皇族の女性を母とする天皇でした。後三条天皇はこの体制を維持したいと考えて、藤原氏の勢力に負けないために、どうするべきかを自分の支持する官僚たちに検討させます。その結果、天皇家も摂関家に対抗できる経済力を持つことを重視しました。

当時の経済力を支える財源は、米を生産する土地です。具体的には荘園と呼ばれた私的所有地です。頼通が関白だった時代、摂関家の御領と称される私有地（事実上の荘園）が、目立って増加している現実もありました。

後三条天皇は即位した翌年の一〇六九年（延久元年）、荘園整理令を公布します。

①一〇四五年以後につくられた荘園は停止せよ（荘園として認めない）

②一〇四五年以前から存在する荘園でも、券契《けんけい》（証拠となる文書）が存在しないものは停止せよ（荘園として認めない）

そしてこのような荘園として認められない土地は、朝廷が召し上げる。すなわち具体的には王家（天皇家）の土地となります。

さらに後三条天皇は、荘園文書（券契）の審査を本格化させるために、記録荘園券契所（記録所）を設置。国司と荘園領主に、対象となる荘園の所在・領主・田畠の面積なども記録した文書を提出させました。そのような書類を審査し、その荘園を認めるか否かを、決定するようにしました。

なお、荘園整理令や記録荘園券契所などの立案や政策の実績には、当時、若くして高い学識を評価されていた大江匡房《おおえのまさふさ》（一〇四一―一一一一）の尽力があったことが、記録されています。

大内裏と内裏を再建するため、荘園・公領を問わず一律課税をした

平安京の中央北に位置して、天皇の御殿である内裏を中心に正殿である朝堂院を含め、諸管庁が存在した区画を大内裏と呼びました。

大内裏も内裏も何度も火災にあい、大内裏はすでに昔の面影はありませんでした。天皇の宮殿である内裏は、摂関期の一条天皇の時代から後三条天皇の兄である、後冷泉天皇の時代の間に、九回も焼失していました。後三条天皇が即位するときも、内裏は焼失していたので、藤原氏の閑院《かんいん》という邸宅を仮の内裏（里内裏《さとだいり》）として、儀式を挙行しています。

このような状態は関白と対立しながら、天皇となった後三条天皇にとって、腹立たしいものだったと思われます。

天皇の権威を回復するためにも、大内裏と内裏の再建は必要でした。しかし内裏だけでなく、大内裏の主要舞台の朝堂院も再建するとなれば、費用も膨大になります。そこで後三条天皇は、一国平均役を断行しました。この税制は、公的な事業や建築物のために巨額な財源が必要なとき、本来は課税対象ではない私領地（荘園）からの徴税も認めるものでした。彼は摂関家の反発も恐れず、これを実施したのです。

しかし、この全国一律に一定額の納税を実施するには、全国共通量の米穀量（石高）を確定する必要があります。その当時、米穀量を計測する容器である枡《ます》（木箱）は、いまだに全国共通ではなく、荘園ごとに独自の枡を使用していました。後三条天皇は度量衡の統一のために、みずから適量を定める試作を進め、国が定めた宣旨枡《せんじます》を制定しました。後三条天皇の藤原氏に対抗する、強い意志を感じさせます。

貞仁親王（白河天皇）に譲位し、院庁を新設して急逝した後三条天皇の胸中

荘園整理令の制定を始めとして、積極的に天皇親政を進めてきた後三条天皇は一〇七二年に、皇太子の貞仁親王に譲位しました。在位四年と九カ月、三十九歳でした。二十歳の貞仁親王は白河天皇となりました。

そして譲位後、上皇となった後三条天皇が院庁をひらいたので、これをもって院政の始まりと考える説もあります。上皇となった後三条は、一〇七三年に死去します。病没だったようです。彼が若くして譲位した理由は、院政を意図したというより、天皇親政の将来を確実にしたかったのだ、という説が有力になっています。次のような論拠があります。

後三条天皇は皇太子の時代に、茂子《もし》という女性を愛していましたた。そして貞仁親王も生まれたのですが、彼女は後三条天皇が即位する以前に、死去していたのです。貞仁が一〇歳のときです。茂子が亡くなったあと、後三条天皇は即位してから、基子《きし》という女性を愛し、実仁《さねひと》と輔仁《すけひと》という二人の親王を、もうけています。貞仁の腹違いの弟たちです。

後三条天皇は譲位し、貞仁親王が即位して白河天皇となるのですが、このとき（一〇七二年）、実仁が皇太弟になっています。わずか二歳でした。後三条天皇は譲位するとき貞仁親王に、実仁親王が成人したら、天皇位を譲ることを約束させています。

美川圭さんは前掲書、『白河法皇　中世をひらいた帝王』の中で、この点について詳述しています。概略、次のような内容です。

後三条天皇は、もしも自分が突然に倒れても、苦労して獲得した天皇親政を藤原氏に剥奪されな

いためにも、白河天皇から実仁親王への王位の引き継ぎを、確実にしておきたかった。しかし自分もまだまだ国政に関して意欲はあるので、そのために院庁を設営した。院政の体制化ではなく、摂関政治の阻止が重点にあったのでは？　そのような見解です。

ここからもう一歩踏み込めば、次のような考えも浮上してきます。

実仁と輔仁を生んだ基子も、彼女を生んだ母親も天皇家につながる一族の出身です。白河天皇を生んだ茂子の母は、藤原道長の娘でした。後三条天皇を苦しめた頼通の妹です。

そのために後三条天皇を支持する人たちの中には、基子が生んだ実仁親王への譲位を望む声が多くありました。茂子や基子への愛とは異なる次元で、後三条天皇もこのような皇親勢力の声は、尊重せざるを得なかったのだ、という考えも一理あります。

「後三条天皇は天皇家の未来と後継者のことを重点的に考えつつ、その生涯を閉じた。彼は院庁をつくったが、院政を始めることを目的意識としていたかは、不明である」そのように判断することが有力になっています。残っている資料を尊重し、想像力に依存しすぎぬことが、賢明なのでしょう。

第二節　白河法皇が院政を開始するまで

白河天皇は一〇七二年、異母弟の実仁親王が成人となったら譲位することを条件に、天皇に即位しました。そのとき白河天皇は二十歳、実仁親王は二歳でした。白河天皇には村上源氏 源《みなもとの》顕房《あきふさ》の娘、賢子《けんし》という深く愛していた中宮がいました。彼女は顕房の娘に生まれ、摂関家の藤原師実《もろざね》の養女となり、皇太子時代の白河天皇と結ばれています。なお師実は藤原頼通の三男ですが、後三条天皇の長子である白河天皇との関係は良好でした。

白河天皇の賢子への愛情は深く激しく、彼女の死後も身近に置いて離そうとせず、側近の人たちを困惑させました。彼女は一〇七九年、白河天皇とのあいだに、善仁《たるひと》親王を出産しています。

しかし善仁親王は、最愛の女性の忘れ形見であっても、自分の天皇位を受け継ぐ立場にはありません。異母弟である実仁親王を皇太弟にすることを、亡き父の後三条上皇と約束したからです。その実仁親王が一〇八五年の十一月に、疱瘡（天然痘）で急死しました。

白河天皇は一〇八六年十一月、善仁親王（八歳）を皇太子にすると、即日に譲位。善仁親王は堀河天皇となり、白河天皇は上皇となりました。白河天皇は一年をかけて、実仁親王を支持する勢力を懐柔する工作に精力を傾注していたと推察されます。

けれど白河天皇は上皇になっても、すぐにみずからが政治を取り仕切る院政を開始しませんでした。亡き父との約束を破っての、善仁親王（堀河天皇）への譲位ですから、反発もありました。彼は堀河天皇の親政を見守る体制をつくります。八歳の堀河天皇の摂政として、摂関家の藤原師実を任命したのです。師実は前述のとおり、白河天皇が愛していた亡き賢子の養父でもありました。したがって師実は堀河天皇の外祖父でもあります。養父ですから形式的ですが、一応の筋は通っています。

こうして堀河天皇と摂政師実による、事実上の摂関政治が始まりました。それは一〇八六年から始まり、一〇九〇年に堀河天皇が成人（元服）すると師実は関白となり、二人の摂関政治は続きます。そして一〇九四年、師実は関白の座を長子の師通《もろみち》に譲りました。師通は働き盛りの三十三歳。堀河天皇は十六歳でした。

この頃の白河上皇は、やる気充分の新しい関白と堀河天皇の行動に介入することなく、天皇のように律令で拘束されない上皇の身分を利用し、意のおもむくまま生きていました。

ところが関白となった師通は、堀河天皇をリードしつつ、父の師実だけでなく白河上皇に対してもすでに現役ではないと位置づけ、その存在を軽くみる態度が露骨になっていきます。それだけでなく、いくつかの問題に対する師通の強硬姿勢が、貴族たちにも批判される事態が出てきました。我が道を行き始めた師通でしたが、一〇九九年、彼は急死します。まったくの突然死だったようです。このとき関白の座を継承すべき師通の息子である忠実《ただざね》は二十二歳、いまだ官職は権大納言、官僚としても経験不足です。このときに堀河天皇は二十一歳。関白となるには若すぎ、天皇との年齢差もありません。案の定、忠実は政務上で失策を繰り返しました。

白河上皇は忠実の関白就任を、すぐには認めず、内覧として実務に習熟させ、六年後に関白として認めています。そのため、師通が死んだ一〇九九年から一一〇五年まで、関白の座は空白となり、白河上皇が政権を掌握しました。この一〇九九年に、白河上皇の院政が始まったとする考え方が有力です。

なお白河上皇は一〇九六年に、あの深く愛していた賢子の忘れ形見の内親王、郁芳門院《いくほうもんいん》（媞子《ていし》内親王）が亡くなったことを悲しみ、出家しました。そのため一〇九六年以後の白河上皇の呼称は、白河法皇とも記述されます。以下、白河法皇と呼びます。

一一〇五年、二十八歳となった藤原忠実は、ようやく関白の座を白河法皇に認められました。ところが二年後の一一〇七年、堀河天皇が死去しました。皇子の宗仁《むねひと》親王は五歳でしたが、同日中に即位し、鳥羽《とば》天皇（在位一一〇七―一一二三）となりました。

このとき堀河天皇（善仁親王）の強力なライバルだった、いまは亡き実仁親王の実弟である輔仁親王が、有力な後援者も多くあり、三十五歳のすぐれた皇子として健在でした。彼を皇位に推す声も、少なくありませんでした。白河法皇は、それでも宗仁親王の即位を強行しました。幼帝の即位から数年後の一一一三年、輔仁親王の護持僧の仁寛《にんかん》が天皇を呪詛した嫌疑で、伊豆へ流罪となりました。この事件によって、輔仁親王の勢力は没落します。

この永久元年の変によって、白河法皇の院政は強力な権力を握りました。

なお、白河法皇は堀河天皇の関白となっていた忠実を、鳥羽天皇の摂政に任命します。摂関時代の権勢はなく、官僚たちの首座として、白河法皇の指示を受けつつ、朝堂を執り仕切る立場です。

こうして白河院政が本格的に始動しました。

第三節　白河法皇の「三不如意」賀茂川の水、双六の賽、山法師

持統天皇は藤原不比等に律令を書かせたとき、天皇を退位した太上天皇（上皇）には天皇と同等の権利があると、明記させました。しかし上皇に直属する組織については、明記されませんでした。

天皇の場合には朝廷という組織が直属しており、太政大臣、左大臣、右大臣、大納言、中納言、小納言などの官職によって構成されます。そのことが別途に明記されています。

朝廷という組織が天皇の権限を守ると同時に、その組織は天皇の行動を制限する方向へ機能することもありました。ところが、上皇に関しては、天皇と同等の権力を持つ、としか書いてなく、付随する組織はありません。したがって上皇という立場は、意欲さえあればやりたいことが実行可能となります。

しかも天皇は身内です。幼い我が子や孫を天皇にして院政を続ければ、これほど容易な権力掌握はないかもしれません。白河法皇は堀河（子）、鳥羽（孫）、崇徳《すとく》（曾孫）、三代の天皇にわたって院政を続けました。

この白河法皇が自分の意に沿わぬものは、三つあると言っています。賀茂川の水、双六《すごろく》の賽《さい》、山法師です。大雨が降ると洪水を起こす賀茂川、思うとおりの数字が出ない双六。このふたつ、誰も思いどおりにできません。結局、白河法皇は山法師対策以外、思いどおりに世を支配していた、ということになります。

山法師とは、比叡山延暦寺の武装した僧侶の集団を指しています。この時代、延暦寺や興福寺に代表される大寺には、寺院内の雑務に奉仕する堂衆《どうしゅ》と呼ばれる集団がありました。彼らの中には、必要とあらば武装して大寺の軍事力となる集団も存在しました。これらの寺院の兵力を僧兵と呼んだのは、江戸時代の学者たちです。白法法皇の時代には、この言葉はありませんでした。なにゆえ「僧兵」と呼んだのか、その理由は後述します。

この武装した僧侶たちの集団は京都の朝廷が、大寺にとって不満がある政策を発表すると、京都にやってきて、抗議しました。この行動は強訴《ごうそ》と呼ばれましたが、これが朝廷や白河法皇にとって、やっかいだったのです。大寺院の抗議に不用意な武力は使えません。神仏の祟りが怖いからです。しかも大寺院といたずらに衝突するのは、得策ではありません。

さて白河法皇は山法師たちに悩まされつつ、どのような政治を展開していったのか。彼の意欲的な、換言すれば自由で気ままな行動を追っていきましょう。

財産づくりを積極的に進めた

白河法皇の父、後三条天皇は荘園整理令を公布し、さらに一定条件を満たしていない荘園は、朝廷が召し上げました。その荘園は天皇家の土地になったのでした。白河法皇は荘園整理令を巧みに利用（悪用？）しました。

白河法皇は全国から所有者が不明になっている土地や、所有権が争われていたり、所有を証拠立てる文書があいまいな荘園の情報を収集します。そしてそれらの土地について、院宣《いんぜん》を出すのです。「ここは法皇の土地である」と。こうして白河法皇の荘園は増加しました。

また白河法皇は地方官である受領《ずりょう》となっている近臣たちも利用しました。当時の地方官である国司は、四等官（守《かみ》・介《すけ》・掾《じょう》・目《さかん》）で構成されました。やがて守は地方に赴任しなくなり、次官の介だけ現地に出向し、行政というよりも徴税だけを仕事とし、あとは現地で私腹を肥やすのみとなっていきます。彼らは受領と呼ばれるようになります。

そして都で出世の道を閉ざされた摂関家の系列以外の下級貴族は、争って受領の座を求めるようになっていきます。白河法皇の時代、このような受領が、近臣の中に目立ちました。しかも彼らの赴任先は播磨（兵庫県）に代表されるような、豊かな国が多くあったのです。このような近臣の受領たちからの、白河法皇への経済的な奉仕は軽視できませんでした。

　そして白河法皇は、大規模な建設事業に着手します。

第四節　法勝寺と鳥羽殿（鳥羽離宮）の造営

平たく言ってしまえば、白河法皇は藤原氏の栄耀栄華をお手本にして、追いかけていたのです。たとえば藤原氏は興福寺という氏寺《うじでら》を持っている。負けるものか、とばかりに法勝寺《ほっしょうじ》を建てます。頼通が完成させた平等院という立派な別荘に対抗して、鳥羽殿を建設しています。

法勝寺は二条大路から賀茂川を渡り、東山連峰を眼前に望む岡崎地区にありました。八角九重塔が遠方からも望まれる、大寺院でした。この大寺院は一〇七五年に着工し、完成は一〇七七年と記録されています。法勝寺は白河法皇の御所とも呼ぶべき存在になります。

　やがて法勝寺の周辺、白川が流れる近郊に尊勝寺《そんしょうじ》、最勝寺《さいしょうじ》、円勝寺《えんしょうじ》、成勝寺《じょうしょうじ》、延勝寺《えんしょうじ》と、六《ろく》勝寺《しょうじ》と呼ばれた天皇や女院が施主である寺院（御願寺《ごがんじ》）が建てられます。この六寺院はすべて十四世紀に至るまで、王家の菩提寺となっていました。

　鳥羽殿は現在の伏見区、鴨川（賀茂川）と桂川の合流地点から少し北東の地に建設された、広大

基礎部分の規模から想定される法勝寺九重塔の100分の1の模型。高さ27丈（約81ｍ）の巨大な塔であったと伝わる。
写真：時事

な離宮です。大きな泉もあり、南殿や北殿もあり、馬場もありました。設営は一〇八六年に開始され、一〇九二年に白河法皇は自分の墓所も、この離宮に定めています。

法勝寺も鳥羽殿も、ほとんど面影も残っていません。しかしどちらの建設にも巨額の資金が必要でした。この費用に役立ったのが、先述した受領となって赴任した国々で私腹を肥やした、白河法皇の近臣たちの経済的な奉仕だったのです。具体的には、受領である近臣たちが、法勝寺や鳥羽殿の諸建築を請け負い、自費で完成させたのでした。

第五節　白河法皇と女性の問題、待賢門院璋子のこと

白河法皇は深く愛していた中宮の賢子が生んだ善仁親王に譲位し、堀河天皇が誕生します。しかし賢子が死亡したあと、源氏や藤原氏などの氏族に生まれた白河法皇の后や中宮の名前は、記録に残っていないようです。

祇園女御《ぎおんのにょうご》という白河法皇に仕えていた女房が、法皇の寵姫《ちょうき》として

名前を残しています。どのような出身かは不明です。今様《いまよう》と呼ばれた当時の歌謡を歌ったり舞ったりする、名のある遊び女《め》だったか、とも考えられています。

白河法皇には多くのガールフレンドがいたので、彼女たちへのプレゼントも多かった。最大のプレゼントは土地でした。荘園です。近臣たちに全国から獲得させた荘園は、このようなガールフレンドたちにも贈られました。祇園女御も、そのような一人から身を立てたのでしょう。

待賢門院《たいけんもんいん》（藤原璋子《しょうし》、一一〇一―一一四五）の父は藤原公実《きんざね》、摂関家の傍流、閑院流の出身です。璋子が誕生したとき、白河法皇は四十九歳でした。璋子が七歳のときに実父の公実を失いますが、この頃にはすでに璋子は、白河法皇が愛する祇園女御の養女となり、上皇も璋子を我が娘として大切にしていました。

一一一四年、時の関白である忠実の嫡男忠通と、璋子のあいだに縁談が生まれました。白河法皇が考えたことです。中国でも日本でも王位にある者が自分の身内である女性を、信頼する近臣に賜ることは、近臣にとっても名誉なことであり、出世の足掛かりにもなることでした。ところが関白の忠実は、この縁談を歓迎する様子もなく、結局は破談になります。

そこには奇怪な噂がありました。白河法皇は養女の璋子を、ひそかに愛していたというのです。「あの上皇なら不思議ではない」、殿上人たちも、認めていました。

一一一四年に璋子と忠通の婚約が破談となって数年後、一一一七年に、璋子は鳥羽天皇に嫁いでいきます。鳥羽天皇は堀河天皇の嫡男です。堀河天皇は白河法皇が、深く愛した賢子とのあいだにもうけた嫡男です。したがって鳥羽天皇は、白河法皇の孫となります。

白河法皇は自分の愛していた養女を、孫の鳥羽天皇の中宮にしたのでした。このときから璋子は待賢門院となり、鳥羽天皇の男子、顕仁《あきひと》親王を出産します。ところが父親である鳥羽天皇は顕仁親王を、「おじご（叔父御）」と、呼んでいたそうです。自分の父である堀河天皇のお父さんは、祖父である白河法皇です。待賢門院が生んだ顕仁親王の父親が本当は白河法皇ならば、自分の父と父を同じくして生まれた異母弟となり、叔父となるからです。

顕仁親王が鳥羽天皇の子ではない、と決めつける噂話も飛び交っていたのです。愛や結婚について、現代とは異なる倫理観の時代でした。鳥羽天皇は顕仁親王を、陰では「おじご」と呼びつつ、璋子とも交流がありました。

専制的な権力者である祖父の白河法皇が大事にしていた姫君を、遠ざける勇気はなかったのか。それとも璋子の魅力に負けたのか。鳥羽天皇は璋子とのあいだに、我が子をもうけています。雅仁《まさひと》親王です。

なお顕仁親王は崇徳《すとく》天皇となるのですが、崇徳天皇と雅仁親王（後白河天皇）との関係は、一一五六年に起きる「保元の乱」の、主要な原因となっていきます。それは白河法皇の死後の話となります。

意のままにならぬ山法師（僧兵）対策、北面の武士たちを登用する白河法皇

山法師たちを僧兵と呼んだのは江戸の学者たちでしたが、その理由は次のような論拠にありました。武士でもない僧侶たちの武装は身の程をわきまえぬ愚挙であると、軽蔑し批判した結果の呼称

だったのです。刀狩り以後の檀家制度に象徴されるような、仏教の骨抜化があってからの思想から生じた呼称であると、美川圭さんの著書『白河法皇　中世をひらいた帝王』の中に指摘があります。しかし時代を超えて現代の視点で、この言葉を聞くと、「僧兵」とは明快でわかりやすい用語だなと、不謹慎ながら思わされます。

　さて、武装した僧侶集団である僧兵たちは、自分たちの寺院に不利益になる法規を、朝廷が決定したりすると、武装集団となって朝廷に押しかけます。そして役所を取り囲み、抗議します。これを強訴といいました。もちろん、自分たちから武力行為には出ません。武装は自衛のためです。強訴の構成員に必ず大寺院の意思を代表する、役職にある僧も参加したようです。やがて強訴する僧兵たちの延暦寺の集団は、延暦寺の守護神である日吉《ひえ》神社の神輿（神さまの乗りもの）を、興福寺《こうふくじ》の集団は藤原氏の氏神である春日《かすが》神社の神木（神社の御神体と考えられている木）を、それぞれ押し立てて、入京するようになります。

　そしてその神輿や神木を朝廷の正門前に、放置したりする。傷つけたら一大事。神が祟るかもしれない。役人たちは困惑します。

　半ば無理を承知で押しかけてくる強訴ですが、もとより大寺院の側でも、要求が通れば撤退させます。強訴の常連ともいえる延暦寺や園成寺《おんじょうじ》そして興福寺は、基本的には国家の経済的な援助を受けて、建てられています。朝廷や国家と共存していく関係の中で、強引な要求をしています。朝廷側としても彼らを、武力で倒す意思はありません。しかし京都が騒動になれば、人心が不安になります。

賀茂川の東で、また羅城門の南で、彼らの京への侵入を止める必要があります。京都市中の犯罪を取り締まる、検非違使《けびいし》という武装集団が強訴にも対応していました。しかし強訴の規模も拡大し、その回数も急増し始めると彼らを追い返す側の警察力も、増強せざるを得ません。法皇となって院政を敷き、朝廷を支配下に置いた白河は、増加する強訴に苛立ちます。ただし白河法皇自身も、利権を伴う大寺院の人事に介入するなど、不穏な事態を招くことも少なくなかった、それゆえに過激になっていく強訴に対し、白河法皇は武士の集団を動員するようになっていきます。

このときに彼が採用したのが、北面《ほくめん》の武士です。院御所の北側にある部屋を、詰め所（待機する部屋）とさせていた武士たちです。なお北面には「上北面《じょうほくめん》」と「下北面《げほくめん》」がありました。「上北面」に詰めるのは諸大夫《しょたいふ》と呼ばれる家柄の貴族でした。摂関家や大臣家に仕えており、四位や五位の位階を有する家柄の出身者です。「上北面」に所属する諸大夫の家柄の人たちは、御所や白河法皇の身辺に仕えることが許される身分、殿上人です。

「下北面」に所属するのは諸大夫以下の侍身分の貴族（軍事貴族）です。当時の身分社会では一般庶民（凡下《ぼんげ》）と貴族のあいだに、圧倒的な身分格差がありました。その貴族の中で、最下位にあるのが、武家（軍事貴族）でした。その代表的な存在が源氏と平氏です。後に登場する「武家の棟梁」と呼ばれる平清盛や源頼朝と比較すると、まだまだ身分は低く、御所に昇殿することは許されない、地下人《じげにん》の身分でした。

白河法皇は軍事貴族の武力を、院政の軍事力として強化しようと意図しました。そのためもあって、強訴や地方豪族の反乱鎮圧に、武士団を重用するのでした。

では、その武家とは何者か？　源氏と平氏とは？　このことは項を改めて記述します。

第六節　気分はピクニック？　白河法皇たちのたび重なる熊野詣は何だったのか

クマノという古語は霊魂の籠もる奥深い土地を意味するとの記述が、『日本史辞典』（岩波書店）にありました。日本各地に熊野の地名はありましたが、その代表として宗教的な聖地になった紀伊半島に、熊野三山が開かれています。熊野本宮《くまのほんぐう》大社、熊野速玉《くまのはやたま》大社（新宮）、熊野那智《くまのなち》大社です。

さらには本地垂迹説《ほんじすいじゃくせつ》という神仏習合説が広まります。この信仰は、「日本の神々は仏教の如来や菩薩が化身となって、人々を救うために現れたのだ」と考えます。すると熊野本宮大社は阿弥陀如来、熊野速玉大社（新宮）は薬師如来、熊野那智大社は千手観世音菩薩ということになります。

したがって熊野三山を参拝すれば、阿弥陀如来の西方浄土・薬師如来の東方浄瑠璃浄土・千手観世音菩薩の補陀落浄土、三つの浄土を体験することになります。浄土信仰が盛んになり始める時代でした。熊野詣は庶民にも人気があったのです。三つの浄土を体験できるのですから、効果抜群のパワースポットです。

摂津（大阪）の淀川下流の地を起点として、和泉（大阪）・紀伊（和歌山）の海岸線を通り、田

熊野本宮大社の旧社地・大斎原(おおゆのはら)で行われる八咫(やた)の火祭り。平安装束の女性やみこしを担いだ男衆などからなる時代行列が、日本一の大きさを誇る鳥居をくぐって進んでいく。写真：時事

辺（和歌山）から山中に入っていく熊野巡礼路が発達していきます。道筋には九十九の神社が置かれていたと伝えられ、そのうち八十カ所は実在していたことが、確認されています。九十九王子と呼ばれましたが、これらの神社は巡礼路の休憩所にもなっていたようです。神社をお参りしながら旅路を進めると、いつのまにか熊野三社にも参拝できている……そのように構成されていました。

さらに熊野には湯峯《ゆのみね》温泉もあり、くつろぐことも可能でした。こうした野外の魅力にあふれた熊野詣の旅は、遊び好きな白河法皇のお気に入りでした。ガールフレンドも自分も輿に乗り、武士をガードマンに、宴会を重ねながらの御参拝だったのでしょう。

しかも熊野三山は体に障害がある人も女性も排除せず、貴賤を問わず参詣できました。京都で宮中勤務がほとんどの、法皇に仕える女性たちにとっても、熊野詣は特別の楽しみであったかもしれません。それを迎える熊野の庶民たちの苦労は別の話ですが。

白河法皇のあと、同じく長く上皇の立場で院政を続けた鳥羽上皇と後白河上皇そして後鳥羽上皇の三人も、あきれるほどに熊野詣を繰返しています。前掲書、美川圭さんの『白河法皇　中世をひらいた帝王』によれば、白河法皇はおおよそ一年半に一度の割合で九回、鳥羽

上皇は一年七カ月に一回の割合で二十一回、後白河上皇は一年に一回で三十四回、後鳥羽上皇は一〇カ月に一度で二十八回、という記録が残されています。

天皇と異なり、法令による規制もなく、首都である京都をどれほど離れていても、法皇を批判する者はありません。天皇は我が子や孫です。その自由を謳歌した法皇たちの、この物見遊山の数字は、何を物語っているのでしょうか。院政とは法皇が勝手気ままな専制君主となることを、保障する制度だったことを象徴する数字、そのようにも思われます。

もちろん法皇たちが熊野三山の神々に、国の安泰を祈願することは、大切な政務であったのかもしれませんが。

白河法皇は院政という政治体制を常態として、定着させました。そして自分の意志を通すために、軍事力として武士勢力を積極的に登用しました。しかしそのために天皇家と貴族勢力が掌握していた権力は、その弱体化を早め、清盛に代表されるような武士集団に登場の道を開いた、という指摘も多くあります。

このような視点に立ってみると、摂関政治によって貴族の勢力を確立させた藤原良房と、院政を常態化することで武士の登場を早めた白河法皇は、時代の大きな曲がり角をつくった人物として、取り上げるべきであると考えます。ヒーローではないかもしれませんが。

白河法皇は一一二九年七月七日、七十七才で死去しました。死因は食中毒と考えられています。京都の北西、衣笠山で荼毘《だび》に付され（火葬）、後日に、遺言していた鳥羽殿の三重塔の墓所に埋蔵されました。思うがままの生涯でした。

第五章

平清盛

第一節　武士とは何者だったのか

日本最初の武家政権をつくったのは平清盛であると考える説が、主流となっています。ところで武士とは、どのように生まれたのでしょうか。

歴史学者の石母田正《いしもだしょう》（一九一二―一九八六）は『中世的世界の形成』（一九四六）や『歴史と民族の発見』（一九五二）を発表しました。この二冊を中心に、彼は武士の由来について、概略すれば、次のように考えました。

「中央（京都）の都市貴族（国司や荘園領主）が、東北や関東を中心とする地方に進出していったとき、地方を支配していた豪農を含む彼ら在地領主たちが反抗して立ちあがり戦った。彼ら在地領主たちが、武士となった。そして貴族に勝利するようになった」と。

農民から出発した在地領主が貴族を打倒する、弱者が強者に勝利するという論理は共感を呼びました。さらに戦後の社会で強い影響力を持っていた、資本主義は消滅すると説いたマルクス主義の唯物史観の論理でもあり、多くの支持を集めました。というよりも、石母田氏の論理自体が、唯物史観を基調に置いていました。

この「在地領主制」を武士誕生の原点とする発想は、圧倒的に支持を集めました。しかし史学の研究も進展し、この学説も支持される論拠を失っていきます。

それでは武士とは？　その論争の中で、「武士は京都で生まれた」という「職能論」が注目されました。

武士という言葉自体は、八世紀の奈良時代から使用されていました。彼らは身分的には朝廷に仕える者（下級貴族）であって芸の人、武芸の士でした。楽器を奏する者や和歌を詠む者、医術者や工芸家たちと同じように、特殊な才能ある者や専門家として認められていたのですね。

このような武芸という戦うこと（闘技）の特殊技能を有する武芸者たちは、宮中の警備をする兵衛府《ひょうえふ》や、天皇の身辺を警護する近衛府《このえふ》で働き、上級貴族や皇族の衛兵となっていたと考えられます。身分的には百姓のような民ではなく、下級貴族であり、文官よりも低い地位の、軍事貴族として位置づけられていました。

「武士は京都で生まれた」とする「職能論」は、武を芸とする京都で生まれた者とする点では支持されました。ところがそれ以上に、彼らを探究する研究は進展していなかったようです。

しかし歴史の流れを見れば、清盛の時代から明治維新に至るまで、武士は日本の支配階級の中枢に存在していました。武士が京都の武芸者から生まれたとしても、それからどのような経路を辿って、強大な支配階級に成長したのか。武士の歴史と全体像について、通説となっている学説がまたれていました。

この難解な日本史の課題に一石を投じた本が、二〇一八年に発刊されました。桃崎有一郎さんの『武士の起源を解きあかす――混血する古代、創発される中世』（ちくま新書）です。

桃崎さんは武士の成立について、次のように語っています。

「【貴姓《きせい》の王臣子孫×卑姓《ひせい》の伝統的現地豪族×準貴姓の伝統的武人輩出氏族（かつ蝦夷）】の融合が、

主に婚姻関係に媒介されて果たされた成果だ。武士は複合的存在なのである」（二六九ページ）。

文中の「王臣子孫」は皇族の子孫を指します。

「伝統的現地豪族」は、古代律令制の郡司を祖先とするような地方豪族を指します。

「伝統的武人輩出氏族」とは、次のような氏族を指しています。坂上田村麻呂に代表される田村氏や、藤原秀郷《ひでさと》を祖とする秀郷流藤原氏に代表される武芸の氏族です。彼らは蝦夷討伐で武名を高めましたが、彼らと敵対して滅ぼすのではなく、和を結んで彼らを従わせて、彼らの弓馬の武術を習得することもあったことから、蝦夷も加えています。

当時の日本が支配する北限は陸奥国（東北地方）でしたが、そこから北海道に至る地域には、朝廷に支配されていない蝦夷が存在しました。彼らは馬に乗り、弓矢で獲物を得ることを生活の中心に置いていて、馬上から弓を射る技術にすぐれており、彼らの騎射に都の蝦夷征伐軍は、苦戦していたのです。

ちょっと話が横道に入りますが、武士と呼ばれた武芸の者にとって、武芸とは剣術ではありません。刀剣で斬殺することは、あくまでも接近戦の補助的な役割でした。武士はみずからを、弓馬の士と考えていたのです。このことは多くの史学者が指摘しています。桃崎さんは前掲書の中で、すでに飛鳥時代（六世紀後半から七世紀前半、推古天皇の時代）から、臣の武芸は「弓馬」と決まっていたと指摘しています。

日本がもっとも恐れつつ、もっとも多くのことを学んでいた隣国、古代中国の官僚たちも儒教に根差す儀礼の教えもあり、乗馬することを求められていました。倭国の皇族や貴族たちも、その影響を受けていたことを桃崎さんは指摘しています。さらに「弓馬」とは弓術と馬術ではなくて、「歩射」と「騎射」を指し、「歩行しながら矢を射ること」と、「走る馬上から矢を射る技術」を指す言葉であることも、指摘しています。

単なる技にとどまらない弓術や馬術に習熟することは、農民たちが片手間にできることではなく、充分な時間の余裕と、馬を飼育することも含めて、ある程度の経済力が求められることも、明白なことでした。

それゆえに「卑姓の伝統的現地豪族」や「準貴姓の伝統的武人輩出氏族（か蝦夷）」は、武士となる充分な条件を備えていると納得できます。それでは「貴姓の王臣子孫」とは、誰でしょうか。

「貴姓の王臣子孫」とは天皇家から離脱した天皇の近親者、特にその男子たち

皇族（天皇の血縁関係にある人たち、たとえば親王や内親王）が、姓（身分）や氏名をいただいて皇族から離れた存在になると、賜姓皇族と呼ばれました。また、このように皇族の身分から、臣民（仕える側）になることを、臣籍降下と言います。臣籍降下して独立した一族を、「王臣子孫」とも呼びました。平たくいえば一般の国民の身分になった、天皇の子どもです。

たとえば『伊勢物語』の主人公、恋多き歌人の在原業平《ありはらのなりひら》は、平城天皇の皇子だった阿保《あぼ》親王の五男でしたが、阿保親王が廃太子となったので（薬子《くすこ》の変）、在原の賜姓を受けました。彼も「王臣子孫」の一人だったのです。なお平城天皇の父は、桓武天皇でした。

「王臣子孫」たちは、なぜ生まれるのでしょうか。天皇に子どもが多いときです。

これは徳川将軍家の話ですが、十一代将軍家斉《いえなり》は五十人の子どもがいました。その養育費と、さらに二十人が成人したので、娘の嫁入り費用や息子の独立のために、幕府は莫大な費用の捻出に苦労しました。貨幣を改鋳して金の含有量を減らした事例もありました。

同様に平安時代にも、子だくさんの天皇は存在しました。そのときに朝廷が天皇にお願いしたことは、クールでありドライな方法です。多すぎる皇子たちを皇族の戸籍から抹消するのです。そうしないと朝廷の皇室予算が圧迫されるからです。藤原摂関家や大寺院などの権門勢家《けんもんせいけ》に頼るのは、難しい問題です。

こうして京都を拠点とする天皇家という、高貴な家柄と権力と権勢を併せ持つ一族から、「王臣子孫」と呼ぶべき集団が誕生しました。彼らにとって明白なことは、京の都には頼るべき場所も組織もないことです。

そして「王臣子孫」たちが持つ、その高貴さと権勢という背景を求めていたのが、地方の豪族や諸国の地方官（受領たち）です。桃崎さんの言葉を借りれば、「卑姓の伝統的現地豪族」や「準貴族の伝統的武人輩出氏族」に該当すると考えられます。その後者の場合に、彼らは下級貴族として受領となり、財力を得られる立場になることが多いのですが、彼らは地方豪族や豪農たちと戦う武力には自信があっても、相手の上位に立つほどの権威は持っていません。受領たちが地方豪族に打ち勝ち、領国を支配するためには、彼らにとっても「王臣子孫」は得がたい戦力となる関係にあったのです。

このことを桃崎さんは前掲書の中で、次のように克明に語っています。引用します。

「武士を生み出した右の三つの要因のうち、極めて貴い王臣子孫の出現は平安初期まで遡るし、伝統的な現地豪族や武人輩出氏族は倭国の時代まで遡る。つまり、どれ一つ取っても、単体では中世的でない古代の所産だ。しかし、それらが融合して生まれた武士は、古代のどこにも存在しなかった中世的存在なのである。

このように既存の要素がいくつか結合して、どの要素にもなかった新たな性質が生まれることを〝創発〟という。武士とは〝古代の要素から創発された中世〟なのである」（二七〇ページ）

日本史における中世とは、後三条《ごさんじょう》天皇（在位一〇六八―一〇七二）の時代から、織田信長の登場までを区切りとするのが、通説に近くなっています。

第二節　桓武平氏と清和源氏

桓武《かんむ》天皇（在位七八一―八〇六）の皇子、葛原《かずらはら》親王が臣籍降下され、その皇子と皇女に平姓《たいら》が与えられたのが平氏の最初です。臣籍降下した皇子は、高棟《たかむね》王と高見《たかみ》王の兄弟でした。

この兄弟に始まる平氏を、桓武平氏と呼んでいます。弟の高見王の嫡男が平高望《たいらのたかもち》となり、上総介に任じられ上総（千葉県南部）に下向《げこう》します。高望は現地の豪族の娘と結ばれました。彼の子孫から坂東八平氏と呼ばれる武士たちが登場してきます。千葉・上総・畠山・三浦・大庭・梶原などの家々は、その子孫です。さらに鎌倉幕府の執権となった北条氏も、坂東八平氏と無縁ではありません。

なお平高望の長男国香《くにか》の孫に当たる維衡《これひら》が伊勢守（三重県）となったときから、伊勢平氏と呼ばれる桓武平氏の本流となる一族が成立し、維衡の三代後に当たる平正盛《たいらのまさもり》が白河上皇の寵愛を受けて、勢力を伸ばします。彼の嫡子が忠盛《ただもり》、孫が清盛《きよもり》です。

高見王の兄、平高棟から九代後に平時忠《ときただ》と平時子《ときこ》兄妹が生まれます。平時子は清盛の正室になった女性です。

平氏と呼ばれた臣籍降下した皇子と皇女は、桓武天皇と彼の直系である仁明《にんみょう》・文徳《もんとく》・光孝《こうこう》の各天皇からの、四氏の系列がありました。

源氏を名乗る臣籍降下の皇子たちは数多く存在しました。平氏は四系列でしたが、源氏は十系列を超えており、嵯峨《さが》源氏・清和《せいわ》源氏・宇多《うだ》源氏・村上《むらかみ》源氏の名前が残っています。

最初に登場する嵯峨天皇（在位八〇九―八二三）に倣《なら》って、多くの天皇が臣籍降下した皇子たちに源氏の氏姓を与えたのですが、その中で武士となったのは清和源氏に代表されます。嵯峨源氏・宇多源氏・村上源氏は、ほとんどは京都の宮廷貴族と結ばれており、文官となっています。

清和天皇（在位八五八―八七六）の第六皇子、貞純《さだずみ》親王の子経基《つねもと》が臣籍降下し、清和源氏の初代となります。この経基の男子、満仲《みつなか》が越前（福井県）から武蔵（埼玉・東京・神奈川）さらに常陸（茨城）などの受領となり、勢力を拡大してから摂津国多田（兵庫県川西市）に本拠地を築き、彼の長男である頼光《よりみつ》が摂津源氏を確立しました。

さらに満仲の次男である頼親《よりちか》が、大和守（受領）となり、大和源氏の祖となります。そして満仲の三男頼信《よりのぶ》が、河内（大阪府）の受領となったあと、この地にとどまり源氏の地盤を強化しました。

清和源氏の中心となるのが、この河内源氏です。

河内源氏の祖、頼信の嫡子頼義《よりよし》（九八八―一〇七五）の男子として、義家《よしいえ》・義光《よしみつ》兄弟が登場します。義家には数人の男子があり、その一人が為義《ためよし》、その長男が義朝《よしとも》、義朝の長男を頼朝《よりとも》とする説が有力です。しかし義家の長男である義親《よしちか》の嫡男を為義とする説も、主張されています。いずれにしても河内源氏の流れに変化はありません。

なお義家の子、義国に二人の男子があり、兄の義重《よししげ》が新田氏の、弟の義康《よしやす》が足利氏の、それぞれ祖となっています。また義家の弟義光の系列からは、佐竹氏、武田氏などの源氏の一族が出ています。また義朝の腹違いの弟義賢《よしかた》の家系から木曾義仲《きそよしなか》が出ています。

第三節　平氏と承平・天慶の乱、源氏と前九年・後三年合戦

承平・天慶の乱とは、平将門《たいらのまさかど》の乱と藤原純友《ふじわらのすみとも》の乱を総称する言葉です（九三五―九四一）。ほとんど同時期に起きた内乱ですが、ふたつの事件はまったく別個の内乱でした。

桓武平氏として臣籍降下し、上総介に任じられた平高望の長男が国香で三男が良持《よしもち》で、将門（？―九四〇）は良持の男子です。

将門は若年の頃に上京し、摂政の藤原忠平《ただひら》に仕えていましたが、一族を含めた騒乱が拡大し、父の良持が伯父の国香に殺害されたので上総に戻ります。九三五年に国香を討ち、上総を占拠します。さらに下総（千葉県北部）から下野（栃木県）と上野（群馬県）で、国司と対立する土豪たちに味

方し、国府を占拠、常陸国（茨城県）も倒すと、ついに九三九年、みずからを新帝と称し、関東各国に国司を任命しています。朝廷に対する明確な反乱です。

しかし九四〇年に至り、朝廷が派遣した平貞盛《さだもり》と藤原秀郷の追討軍に敗北し、下総国で討死しました。平貞盛は国香の嫡男でした。彼は父の仇を討っただけでなく、新皇と自称する強力な朝廷に対する反逆者を討ったことで、平氏の武名を世に高らしめました。彼の嫡男である維衡が、正盛から忠盛そして清盛へと続く伊勢平氏の祖となりました。

付言しますと藤原純友の乱は、伊予掾《いよのじよう》（国府の三等官）だった藤原純友が、任期が終わっても帰京せず、海賊の首領となり、伊予（愛媛県）と讃岐（香川県）の国府を襲い、さらに大宰府（九州）まで攻めたので、朝廷の追討軍が出動した事件でした。

前九年の合戦（一〇五一―一〇六二）と後三年の合戦（一〇八三―一〇八七）は、源氏が東国に勢力を築く契機をつくり（前九年の合戦）、源義家が東国に源氏の勢力基盤を確立させた合戦（後三年の合戦）として位置づけられてきました。しかし近年になって、その考え方に疑問を投げかける説が登場しているのです。

前九年合戦の概要は、陸奥守《むつのかみ》（国司）に任じられた源頼義と息子の義家（一〇三九―一一〇六）が、出羽国の仙北《せんぼく》三郡（現在の秋田県）を支配していた豪族、清原武則《きよはらのたけのり》の援助を得て、陸奥の反抗的な蝦夷《えみし》の豪族である安倍氏を倒した事件でした。

しかし前九年の合戦における頼義の軍功に対し、朝廷からの褒賞は何もありませんでした。むしろ頼義が安倍氏の頭領、安倍頼時《あべのよりとき》を朝廷に対する反逆者となるように、頼義側から追い込んでいったのでは？　そのような疑問を京都の役人たちは抱いていたようなのです。たとえば樋口知志さんが、『前九年・後三年合戦と奥州藤原氏』（高志書院）でこのことに言及しています。

そして朝廷は清原武則の援軍を高く評価し、鎮守府将軍に任命し、安倍氏が支配していた奥六郡の領地も与えました。現在の岩手県と秋田県が含まれます。

前九年の合戦が戦われた年代（一〇五一―一〇六二）は、後冷泉《ごれいぜい》天皇と藤原頼通《ふじわらのよりみち》（関白）の時代でした。一〇八三年、白河《しらかわ》天皇の時代になって、後三年の合戦が勃発します。摂関政治の時代から、白河法皇の院政に移行する寸前です。

前九年の合戦で、奥州を代表する豪族となった清原武則の一族は、孫の真衡《さねひら》が当主を後継していました。ところが一〇八三年に、真衡と異母兄弟である清衡《きよひら》と家衡《いえひら》とが対立し、激しい戦乱になったのです。前九年の役に火をつけた源頼義の息子、義家が陸奥守となって下向してきたのが、まさにこのタイミングでした。

義家は清原氏の内紛を利用して、これを滅ぼし、源氏一門の隆盛につなげようと、積極的に介入しました。陸奥の雪に悩まされ、苦戦を続けましたが、弟の義光も京都から参戦し、義家は勝利します。清原氏は清衡が勝ち残りました。一〇八七年のことでした。なお清衡は前九年の合戦で殺害された実父、藤原経清《ふじわらのつねきよ》の姓を継いで藤原を名乗り、奥州藤原氏三代百年の基礎を築きます。栄華の残影が平泉の中尊寺金色堂に、残っています。

ところで義家の後三年の合戦における行動も、朝廷はまったく評価しませんでした。義家は源氏の利益だけを計算し、私戦を起こしたのみと評価され、陸奥守を解任されています。その結果、義家に対して褒賞などは皆無でした。そこで義家は必死に戦ってくれた武士たちに、私財を投じて応えたという美談が残ります。ただしこのエピソード、源氏を代表する武将「八幡太郎源義家」として、古来語り継がれた名誉を守るべく、明治時代になって創作された伝承であると、高橋昌明さんの名著『武士の日本史』（岩波新書）で指摘されています。

後三年の合戦が終了してからも、源氏の盛名を高めるために、好んで殺人に走るような源義家を筆頭とする源氏に対し、貴族階級は嫌悪感を抱きがちでした。

一一〇一年に源義家の次男、対馬守義親がたび重なる殺人行為や公共財産の強奪行為で職を解かれ、流人となりました。しかし一一〇七年、流刑地の隠岐島を脱走した義親は、出雲国（島根）に侵入します。国府で役人を殺し強奪行為に及んだので、院政を開始していた白河法皇は平正盛を義親の追討使に命じました。正盛は有力な北面の武士として、白河法皇の信頼を集めていました。なお正盛（生没不詳）は清盛の祖父です。

ところで記録に残る史実をたどり、平氏と源氏を追跡してみると、武士として家名を築いたのは平氏が先でした。しかしなにゆえ近世に至るまで、源義家が源氏を確立した名将として、高い評価を維持していたのでしょうか。

あらあらに申し上げると、鎌倉幕府を創立した源頼朝が、一族の英雄として認め、尊敬していたのは源義家でした。そして徳川家康が高く評価していた武将は、源頼朝のみだったと伝承されています。しかも室町幕府を開いた足利氏も、源氏の一族でした。

このような歴史があるので源義家と初期の源氏に関する評価が歪《ゆが》められがちだった側面も、少なからずあったと言わざるを得ません。清盛について語るまえに、このことを言及させていただきました。

第四節　「落とし胤」説を有効活用した清盛

平清盛（一一一八―一一八一）は平忠盛（一〇九六―一一五三）の嫡男として生まれました。忠盛は父の正盛とともに、白河法皇の北面武士として仕えていました。

清盛の母は白河法皇に愛されていた祇園女御《ぎおんのにょうご》と呼ばれていた女性の妹だった、という有力な伝承があります。その妹だった女性が、白河法皇の子を懐妊したので忠盛と結婚させ、誕生したのが清盛だと、噂まで立ちました。

璋子《しょうし》という少女を祇園女御が養女とし、白河法皇も大切にしていた。けれど美しく成長した璋子を、白河法皇が愛してしまい、自分の孫である鳥羽天皇に嫁入りさせた、という伝承もある白河法皇です。清盛の白河法皇の「落とし胤《だね》」説も、唐突ではなかったのです。

このような風説を裏付けるかのように、清盛は十二歳で左兵衛佐《さひょうえのすけ》（朝廷の親衛軍組織の次官）に任命されるなど、彼の昇進の早さは異例でした。それは祖父の正盛や父の忠盛が、その武力を白河法皇に信頼されていたことも無関係ではない、という指摘もありますが。

ところで清盛自身、このように「落とし胤」と噂されていることを、どう考えていたでしょうか。

この時代、臣下である者にとって自分が王家の権力者の落胤《らくいん》であることは、出世するには有力な条件でもありました。清盛も自分に与えられた境遇を、むしろ好意的に利用しようとしていたようです。

清盛の祖父正盛は、殺人者と化した源義家の次男である義親を討伐した強者であり、父の忠盛も北面の武士として信頼を集めていました。しかも正盛や忠盛は、いたずらに武闘を好み殺人に走るのではなく、時代を支配している貴族階級と歩調を合わせる知恵にも長じていたようです。

たとえば正盛は白河法皇に土地の寄進をしています。忠盛は鳥羽上皇の肥前（佐賀）の神崎荘（私有地）の、預所（管理人）の役割を任せられ、立派に務めています。この任務は肥前に近い大宰府（福岡県太宰府市）で、平氏が日宋貿易に手を染める契機をつくりました。

また忠盛は和歌を詠むことにもすぐれ、歌集も出しています。

このような祖父や父に育てられた清盛は、弓馬の術にも長じていました。さらに貴族文化にも親しんでおり、彼らの美意識や生活感覚も身につけていた武士でした。

清盛は紫式部の『源氏物語』を愛読していたと、考えられています。物語の主人公である光源氏は、父である帝の最愛の后を愛してしまうなど、波乱に満ちた華やかな生涯を送ります。清盛は貴族たちに人気が高い『源氏物語』の主人公の人生を、とかく噂となる自分の出生に、さりげなく投影させ、自分の好印象づくりを図ったのでは？との推論もあります。

清盛は一門の別荘地（別荘）がある摂津（兵庫県）の福原に近い、明石や須磨の海にも出かけることが多かったのですが、これも源氏物語と自分のイメージを重ねるためでもあったようです。

『かくして「源氏物語」が誕生する』（笠間書院）の中で、著者の荒木浩さんは語っています。清盛の記録を追っていくと、『源氏物語』を連想させる場面に、しばしば出合うと。

清盛が自分の『源氏物語』をつくろうと意図したことは、充分に考えられます。彼の「落とし胤」説が信じられてしまえば、彼の出世が早いことなども、世間の人々は納得してしまうでしょう。上皇の御落胤なら無理もない話だろう、と。

このように現代から振り返ってみると清盛の「落とし胤」説そのものが、清盛自身が仕掛けたフレームアップだったとも、考えられます。リーダーになる人物に不可欠な自己ＰＲが、清盛はたいへん巧みな人物だったのです。それだけでなく彼は当時には珍しい、合理的な思考をしました。

彼は平氏の別業地である摂津の福原に近い大輪田泊《おおわだのとまり》（港、現在の神戸）を、大規模にする工事に着手します。しかしそれが難工事になりました。防波堤が崩れるのです。知恵のある男が「人身御供」を提案しました。大規模な防波堤や雪崩対策の工事をするとき、山の神や海の神に挨拶代わりに、人身を供えるのです。それが広く行われていた時代でした。

「海の神さん、喜ぶで」という理由です。

ところが建設工事を命じた清盛が、この考えに反対しました。彼の立場からすれば、無関心でも済む問題だったでしょう。そのような庶民の犠牲には、貴族は無関心だった時代です。しかし清盛は、神がそのような犠牲を求めることに矛盾を感じたのだと、考えられます。もちろん、人の命を大切に思う心情もあったにしても。

このような合理性を身につけていた清盛は、やはり時代を超えた天才を持っていたと考えます。

けれどもこれは彼が早くから中国との交易に身を投じていたことも、関係していると思うのです。交易をすることで、貨幣経済が身近になります。それは合理的思考につながるからです。

第五節 いち早く貨幣経済に着目した清盛

平氏一門は忠盛が鳥羽上皇から肥前の私有地の管理を命ぜられたとき、程近い大宰府において日宋貿易を手がけて、財を得ました。

そして一一五八年に、清盛が大宰大弐《だざいのだいに》に任命されます。大宰府は現在の福岡県太宰府市に置かれた、九州地方を支配する役所です。最高位の帥《そち》になるのは、内親王が原則です。内親王や代理となる権帥《ごんのそち》が存在しないときの最高位が、大宰大弐でした。

したがって清盛は、大宰府の最高権力者となったのですね。この大宰府の外港である博多津《はかたのつ》は、古から大陸との交易拠点で、清盛の時代は宋との貿易が盛んでした。宋を中心に世界から集まってくる海の商人たちは、博多津に唐房《とうぼう》という居住区（チャイナタウン）をつくるほど、活気がありました。チャイナタウンを拠点として、有力貴族や大寺院などの権門勢家と呼ばれた有力者たちと、交易していました。京都まで出張もしたようです。

清盛は大宰大弐となり、日宋貿易が盛んな博多津を支配下に置いたことになります。彼は博多に来て、海外との交易がいかに儲かるか、そのことを知りました。同時に宋銭が流通している現実を、体験したのです。そしてキャッシュ（現金）による商取引が、物々交換の交易をするよりも合理的であり、取引する両者に無駄が生まれず、経済的に潤うことに気づいたことでしょう。彼の天才的な合理性かもしれません。それまで我が国にキャッシュが流通したことは、なかったのですから。

「和同開珎や富本銭もあったぞ」

と主張する人もいます。しかし唐や新羅など、大和朝廷の国力を測り、未開な国だったら征服も考えているような国々に、「日本も文明国だよ」と見せつけるために、苦労して鋳造したものです。日本で通貨が流通したことはありませんでした。お金は量です。たとえば一万円札が、東京だけに一〇〇枚ほどしかなかったら、誰もそれを紙幣だなんて認めません。全国津々浦々に存在するから、「一万円」だと信用します。銅銭を大量に鋳造する技術も、銅そのものの生産も、日本の平安時代には無理だったのです。

したがって博多を先進地帯として、貨幣経済が始動したのは、宋（南宋一一二七―一二七九）との交易が盛んになり、宋から大量の銅銭を輸入するようになってからです。そのような交易の先駆者として挙げられるべき人物の一人が平清盛だったと考えます。

なぜ宋が銅銭を輸出したか。それは宋が紙幣を使用するようになったからです。さらに宋を倒して建国したモンゴル帝国（一二六〇―一三六八）は、銀と紙幣でマネーサプライを供給します。そのために中国の銅銭が大量に余りました。銅銭を鋳潰して地金の銅に戻すのにはお金がかかります。そいっそのこと銅銭のまま輸出したらと、中国は考えてみました。すると日本を始めとして、東南アジアの国々にも需要がありました。貨幣経済に進みたくても、銅銭を大量に製作する技術と資源が不足している国々に、中国からの銅銭輸出が始まったのでした。特にお得意様は日本です。

時代が少し過ぎて一二五二年に、鎌倉の大仏様として有名な高徳院阿弥陀如来像《こうとくいんあみだにょらい》が、宋銭を溶かして制作されたと伝承されています。いったいどれほど輸入されたのか。宋の人口は日本の十倍から二十倍ありました。その人口の国で流通していた銅銭の一割ぐらいを輸入すれば、大仏様のひとつぐらいは制作可能な、銅の総量が得られたのでしょう。

さて清盛が一一五八年に大宰大弐を任ぜられたのは、保元の乱（一一五六年）の軍功だったと記録が残っています。しかし清盛は一一四六年には安芸守（広島県）、一一五六年に播磨守（兵庫県）に任ぜられています。彼は一貫して平氏の勢力圏の拠点を、瀬戸内海に築こうとしていました。

彼が平氏の領地である摂津の福原に近い大輪田泊（現在の神戸港）の改修工事を開始したのも、宋との貿易港にするためでした。

世界商人たちの商船を博多津に寄港させず関門海峡から神戸まで、直行させようと考えたからです。大きな港があれば博多で荷揚げをしなくても、京都に近い神戸で荷揚げし、さらに淀川の水系も利用可能だからです。

そして瀬戸内の航路のほぼ中央、安芸の宮島に平氏の守護神、厳島神社も祀《まつ》ったのでした。

もうひとつ、清盛が交易活動で仕掛けたことがあります。彼は積極的に貿易に乗り出そうとしましたが、日本に世界商人はいませんし、宋の銅銭では決済はできません。そこで彼は奥州の砂金に目をつけました。

奥州の藤原氏を鎮守府将軍に任命したのです。具体的には三代目の藤原秀衡《ひでひら》です。ただし清盛は取引しました。鎮守府将軍の役割を与える代わりに、砂金を納入させたのです。そして清盛は輸入する唐物《からもの》（中国製品）を求めて、日宋貿易に砂金を利用しました。このあたり、商業の重要さを清盛は大宰府で身につけたのでしょう。清盛は源氏の武士と比較すると、貴族的で軟弱だったのではなく、大きな時代の流れを感じ取れる武士でした。源氏の数歩前を、リッチに歩いていたのですね。

第六節　清盛が平氏政権を樹立する足掛かりとなった保元の乱と平治の乱

保元の乱（一一五六年）も平治の乱（一一五九年）も、天皇家と藤原摂関家の家督争いが原因となっています。その意味では特筆すべき事件ではありません。しかしその内紛に武士が関与し、政治の表舞台に登場する契機となった戦乱として、記録すべき事件でした。

保元の乱、主役たちの顔ぶれは、関係図のとおりです。この関係図には登場しませんが、前章の主人公だった白河法皇の存在が、大きな影響を残していました。その象徴的な存在が、璋子という女性でした。

それでは藤原家の対立関係からお話し致します。話の内容が前章と多少、重複します。

忠実《ただざね》は鳥羽天皇の関白だった一一一四年、長男の忠通《ただみち》に白河法皇から舞い込んだ、璋子との縁談を断りました。法皇が自分の養女を臣下に嫁がせるという、この上ない名誉を忠実が辞退したのは、白河法皇が養女の璋子を自分の愛人にしているという風評が立っていたからだと、伝えられていま

保元の乱の構図

	天皇家	藤原氏	平氏	源氏
勝者	後白河天皇（弟）	忠通（兄・関白）	清盛（甥）	義朝（兄）
敗者	崇徳上皇（兄）	頼長（弟・左大臣）	忠正（叔父）	為義（父） 為朝（弟）

す。長男である忠通は、ゆくゆくは藤原摂関家の氏長者となる身分です。そのような女性を、正室に迎えることは難しいと考えたのでしょう。

璋子はその後、白河法皇の孫である鳥羽天皇に嫁いでいき、待賢門《たいけんもん》院《いん》となりました。

忠実は白河法皇の怒りを買い、閉門を命ぜられます。しかし長男の忠通は関白を継承することを、白河法皇に許されました。それはよかったのですが、忠通には後継者とすべき子どもが生まれません。氏長者である忠実は、藤原摂関家の断絶を懸念して、次男である頼長《よりなが》を忠通の養子にしたのです。

頼長は『台記《たいき》』と呼ばれる日記を、現代に残しています。博識多才、異色な人物でした。男色だった自分の経験談も、書き残しています。父の忠実は、彼の力量を評価していました。ところが皮肉なことに、頼長を忠通の養子と定めたあと、忠通は次々と子宝に恵まれます。彼はついに弟の頼通との養子縁組を、解消しようとします。

これを知った父の忠実は激怒します。すでに有能であることが明白な弟を捨てて、まだ先もわからぬ我が子を後継者にするなど、とても許せる話ではないと。頼長びいきでもあった忠実は、長男の忠通を義絶したのでした。藤原摂関家の全荘園や武力など、氏長者が引き継ぐ全財産を、忠通から取り上げました。それは一一五〇年のことで、続いて忠実は頼通を氏長者としています。

この当時、白河法皇はすでに亡く、鳥羽上皇が院政を支配し、天皇は近衛《このえ》天皇でした。近衛の父は鳥羽上皇、母は美福門院《びふくもんいん》（藤原得子《とくし》）です。

一一五一年、鳥羽上皇は新たに藤原氏の氏長者になった頼長を、内覧としました。内覧の権限は、摂政や関白の基本的な職権でしたね。天皇に奏上する公文書を、事前に内見することです。

ここで騒動を生んだのは、鳥羽上皇がそれまで関白だった忠通をそのまま存在させた状態で、頼長を内覧に命じたことです。

関白と内覧が並び立っていることは、摂政と関白が同時に存在するのと同等です。この併存状態で、政務を主導しようとしたのは頼長でした。しかし彼の政治姿勢は鳥羽上皇の側近から支持されず、一方で兄の忠通は美福門院と縁を結んでおり、支持されます。

関白と内覧が併存するという異常事態が、摂関家の兄弟と父親を、鳥羽上皇も関係して深刻な対立関係に巻き込んだのでした。

崇徳上皇（顕仁親王）と後白河天皇（雅仁親王）、この兄弟の深刻な対立関係

保元の乱で天皇家の主役となったのは、崇徳《すとく》上皇と後白河《ごしらかわ》天皇です。

二人とも母は待賢門院（藤原璋子）、父は鳥羽天皇です。鳥羽天皇の父は堀河《ほりかわ》天皇です。堀河天皇の父は白河法皇でした。鳥羽天皇は白河法皇の孫に当たります。

そして父の堀河天皇は、幼少のときに亡くなっていますから、鳥羽は祖父の白河法皇に教育されました。その鳥羽が祖父から賜って妻にした女性が璋子、白河法皇が大切にしていた養女でした。彼女については流れていた噂、「白河法皇の愛人関係」は、孫である鳥羽天皇の耳にも入っていたことでしょう。

ただし現在とは異なり、当時は一夫一妻制でもなく、女性の家に男性が訪れる妻問婚《つまどいこん》の時代でもありました。したがって女性が多くの男性を愛することも、愛されることも、現代と異なる視点で考えられていました。鳥羽天皇は祖父が大切にしていた璋子を、遠ざけることなく愛しました。強力な権勢を持つ祖父の養女に冷たい態度を取ったら、自分が権力の座から、遠ざけられることもあるぞと、警戒したかもしれません。

鳥羽上皇は璋子が崇徳天皇（顕仁《あきひと》親王）を出産したとき、この我が子をひそかに「おじさん」と呼んでいたとの伝承もありました。祖父の白河法皇が、顕仁の父だったら、自分の叔父になるからです。もちろん、公式には自分の子どもとして認め、崇徳天皇として即位させています。しかし白河法皇が亡くなると、若い女性、得子《とくし》を愛し始めます。後に美福門院（一一一七―一一六〇）と呼ばれました。待賢門院（一一〇一―一一四五）よりも、ずいぶん年下です。そして得子は、男子を出産しました。

美福門院が生んだ男子、体仁《なりひと》親王が即位し、近衛天皇（在位一一四一―一一五五）となります。この即位に際し、事件がありました。

体仁親王を天皇にして欲しいと、鳥羽上皇に要求したのは、もちろん美福門院です。彼女は待賢門院に、激しいライバル意識がありました。待賢門院が生んだ天皇の子どもたちを、天皇にしたくなかったのです。

ところで体仁親王の母である美福門院の出自は、身分の低い藤原氏でした。そのままでは天皇の子として、ふさわしくありません。そのため体仁親王は、崇徳天皇の養子として、皇太子として、育てられていました。

鳥羽上皇は崇徳天皇に、皇太子の体仁親王に譲位するように命じます。崇徳は従わざるを得ません。こうして一一四一年に近衛天皇が誕生したのです。崇徳は不満だったでしょうが、次のことを想定していたでしょう。養子であっても、皇太子として近衛天皇が即位するのですから、その父である自分が院政を行うことは、約束されました。そのような暗示が、鳥羽上皇からあったとも、推察できます。崇徳天皇は譲位した一一四一年、まだ二十三歳でした。

ところが譲位の宣命《せんみょう》（天皇の命令を伝える公式文書）には、「皇太弟に譲位する」と書かれていたのです。皇太弟の兄には、院政を行う権利は認められていません。

院政を行うことができるのは、天皇の直系尊属だけです。実子か否かは問わずに、自分の子どもが天皇であることが、不可欠な条件だったのです。崇徳はみごとに騙されました。宣命を変えるような強権の行使は、鳥羽上皇以外には不可能です。しかし鳥羽上皇に、ここまで崇徳を排除する策を耳打ちしたのは、美福門院だったでしょう。彼女は待賢門院の子どもである崇徳を、徹底的に排除したかった。崇徳は激怒しますが、後の祭りでした。

ところが三歳で即位した近衛天皇は、十七歳で病死してしまいます。一一五五年のことでした。

天皇家系図（白河上皇～二条天皇）

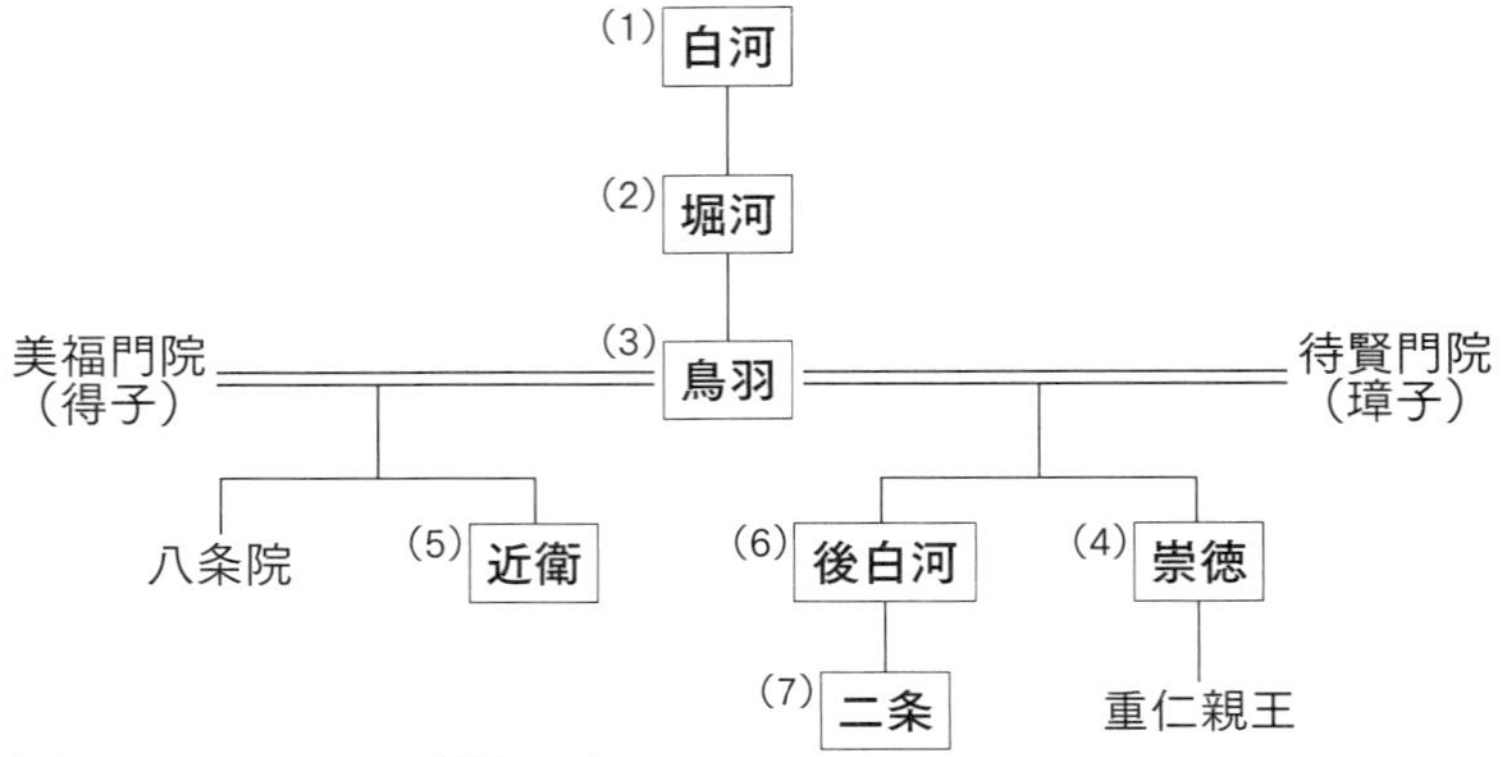

(　)付数字は図中の即位順、□は天皇

そして同年中に朝廷では王者議定の会議が開かれました。次の天皇を決めるためです。最有力候補は、崇徳天皇の皇子である重仁《しげひと》親王でした。ところが即位が決まったのは、崇徳天皇の弟である雅仁《まさひと》親王、後白河天皇です。次のような経緯があったのです。

雅仁親王はふだんから白拍子《しらびょうし》と呼ばれる遊び女《め》とたわむれたり、当時の流行歌謡である今様《いまよう》を歌ったり収集したり、遊び好きな変わり者でした。だから天皇の候補者には、最初から誰も考えませんでした。ところが雅仁親王の男子である守仁《もりひと》を、美福門院が気に入って自分の養子にしていたのです。

もしも崇徳の皇子である重仁が天皇に即位したら、待賢門院の子である崇徳の院政になるかもしれません。それだけは美福門院が認めたくないことでした。彼女は鳥羽上皇に雅仁親王の即位を命じるよう、強くお願いしたのでしょう。こうして近い将来に、守仁が天皇になることを条件に、雅仁が近衛天皇を後継し、後白河天皇となったのでした。

なお守仁は二条《にじょう》天皇（一一四三―一一六五）となり、一一五八年に即位しています。

ところで後白河天皇の実現を強く主張し、策を巡らしたのは、美福門院と藤原通憲《みちのり》（出家して信《しん》西《ぜい》、一一〇六―一一五九）の二人です。

通憲は藤原南家の傍流に生まれました。父を失い養子となります。彼は諸学にすぐれ有能でした。しかし養子先の家格も低く、朝廷では認められず、出世をあきらめて出家します。すると同様に出家していた鳥羽上皇に院政の場で認められ、いちばんの側近となり、政治顧問のような地位を得たのです。さらに彼の妻だった女性が、後白河天皇の乳母だったこともあり、後白河と信西は親しくなります。

ここで崇徳に話を戻します。彼は近衛天皇への譲位の際に「皇太弟への譲位」を偽作され、天皇の父として院政を行う権利を抹消されました。さらに美福門院と信西の強引な工作により、我が子の重仁親王も即位の機会を奪われています。崇徳は美福門院や信西そして後白河も、自分と敵対関係になっていることは、自覚せざるを得なかったでしょう。

しかし呉座勇一さんは『陰謀の日本中世史』（角川新書）の文中で、元木泰雄さんの『保元・平治の乱』（角川ソフィア文庫）の指摘にも触れながら、次のように著述しています。引用します。

「正統な皇位継承者である守仁親王に万一のことがあれば、重仁親王が即位し、重仁の父である崇徳上皇による院政が開始されることもあり得たのである」と。

したがって身分ある出自ではなく、鳥羽上皇以外に頼るべき身寄りのない美福門院や信西にとって、崇徳上皇の存在は邪魔にならざるを得ないのでした。思いもかけず天皇の座を得た後白河にとっても、実兄とはいえ、崇徳はいて欲しくない人物になっていきます。

一方で藤原摂関家の忠通・頼長兄弟、そして二人の父である忠実の、後継者問題も絡んできました。頼長は内覧に推挙されて朝廷の混乱を招き、しかも彼の政策が貴族たちに敬遠されただけでなく、美福門院にも嫌われました。こうして何かと角が立つ頼長は、朝廷でも孤立し、美福門院や信西によって朝敵に仕立て上げられていきます。彼が崇徳上皇に接近していくのは、必然的なことでした。

鳥羽上皇の死から保元の乱が勃発し決着がつくまで

一一五六年、鳥羽上皇は病に倒れました。そして六月には危篤となります。その前後から信西は、次のような行動を取ります。鳥羽上皇の御所である鳥羽殿と後白河天皇の里内裏《さとだいり》である高松殿《たかまつどの》を、源平の武士を動員し警護させました。

七月二日、鳥羽上皇が死去。葬儀も終わって七月五日、後白河天皇は検非違使《けびいし》（京の治安維持を守る役所）や国衙《こくが》（国司が政務を執る役所）の武士を動員し、京の防備を固めました。

この後白河天皇の行動を、「崇徳天皇と頼長が手を結び反乱を起こそうとしている。それを防ぐ目的だった」とする説が、長く支持されてきました。その理由は『兵範記《へいはんき》』という資料や、『保元物語』という軍記物語に記載されている内容が主たる根拠でした。

しかし現在では、この時期に頼長と崇徳がこのようなクーデターを企てるのは困難だったと史実からも立証され、否定されています。鳥羽上皇が亡くなった時期、頼長は現在の奈良県との境界線に近い宇治に、崇徳は京都の南部の鳥羽にいたのです。さらに先述したように、胸中に無念の想いはあったにしても、崇徳が自分から反乱に立ち上がる必然性は、冷静に考えれば薄かったのですね。

七月八日、信西が仕掛けた策略だったのでしょうが、後白河天皇は綸旨《りんじ》（天皇の簡単な文書）を出します。

「藤原忠実と頼長の父子が、摂関家領の荘園から武士を動員することをやめさせよ」と。

忠実と頼長が「武士を動員した」のではありません。動員しそうだから気をつけろ、と言っているのです。そしてその七月八日、頼長の本邸、東三条院に後白河側の武士が侵入、頼長の下命で後白河天皇を呪詛《じゆそ》していたという祈禱僧が捕らえられました。そのために頼長は謀反人と認定されたと、伝承されています。史実であったか否か、それは不明です。

七月九日の夜半、身近に危険が及ぶことを恐れたのか、崇徳上皇が鳥羽殿にあった田中御所からひそかに、鴨川の東、白河北殿に移動しました。すると翌日の夜に、崇徳のあとを追って頼長が宇治から白河北殿に合流しました。両者が示し合わせての行動ではなく、信西の策略で政治的な立場を失った者同士が、手を結ぶ以外に身を守る道はなかったと考えることが、今日では中心的な意見となっています。頼長は崇徳が鳥羽を離れたのを知り、一日遅れて京都に向かったのですが、もしも戦略的な行動ならば、一昼夜も遅れて合流するような、隙だらけの行動は取らないでしょう。

白河北殿には崇徳上皇に仕えていた平氏の傍流に属する武士が、少数ながら参加していました。頼長の護衛には、源為義とその四男頼賢そして八男の為朝が参加していました。この源氏の武士たちが、崇徳側の主力でした。しかし火急のことで、兵力は少人数に過ぎませんでした。

そして七月十一日未明、平清盛と源義朝を主力とする後白河方の軍団は、鴨川を渡河して崇徳上皇方が立て籠もる、白河北殿を攻撃しました。義朝の軍勢が中心になっての、火矢の攻撃が威力を発揮し、激しい交戦もないまま白河北殿は炎上、午前八時前後に戦闘は終わりました。

敗戦により、頼長は逃走中に流れ矢に当たり、重傷を負いつつも奈良近くまで落ち延び、父の忠実の屋敷を訪れます。しかし会うことを拒否され、翌日に死去しました。崇徳上皇は出家しますが、讃岐（香川県）へ配流されました。

ところで当時の武士集団の中で、最大の武力を持っていたのは平清盛です。彼が崇徳側につくか、後白河側につくかは重大なことでした。清盛は鳥羽上皇から信頼されていましたが、彼の継母池《いけの》禅尼《ぜんに》は崇徳の嫡男、重仁親王の乳母だったのです。七月五日に清盛が後白河側に立つことを明白にしたことは、この内乱の結果を左右していたかもしれません。

勝利した信西が狙った摂関家の財産

保元の乱は鳥羽上皇という後ろ盾を失った信西が、自分を信頼している後白河天皇を前面に立てて、自分自身の権力も確立しようとして企てた謀略戦でした。

ですから勝利の後、まず邪魔者を徹底的に排除しました。まず上皇の崇徳が島流しとされましたが、上皇や天皇の配流は七六四年の淳仁《じゅんにん》天皇以来です（恵美押勝《えみのおしかつ》の乱）。

また崇徳側の武士は、その多くが斬られました。公的な死刑も八一〇年の平城《へいぜい》太上天皇の変（薬《くす》子《こ》の変）以来でした。特に清和源氏は棟梁の義朝が、父の為義を含めた一族を斬っています。伊勢平氏では、一一五三年に父の忠盛が死去し棟梁格となっていた清盛が、叔父の平忠正とその一族を斬っています。しかし伊勢平氏の主力は、ほとんど無傷でした。

保元の乱において摂関家の父である忠実は、瀕死の頼長の面会を拒絶しました。その理由は反乱に参加したのは、頼長の単独行動であり、摂関家は中立であると主張し、財産を守るためだったのです。忠実も長男の忠通も、信西ごとき成り上がり者に、築き上げてきた藤原氏の財産を奪われてたまるか、という強い想いが、瀕死の頼長を見殺しにしたのでした。

思いがけず天皇になった後白河は、貧しかったのです。そのことは信西も承知していたでしょう。彼は摂関家の荘園を召し上げようと考えていました。さらに彼は「保元の新制」を、天皇の宣旨として発表します。主要な点は一一五五年以後につくられた荘園で、公権（権利保証書）が不完全な土地は、すべて王家のものとなることを宣言したことです。

自分が仕える天皇が貧しいことは、信西自身の権勢にも良くありません。後白河には経済力を持って欲しかったのです。

なぜ、後白河天皇に経済力がなかったのか。

鳥羽上皇の愛情を独占していた美福門院は、上皇から全国二百二十カ所に及ぶ荘園を貰っていました。この荘園を美福門院は自分が生んだ娘の八条院《はちじょういん》（暲子内親王《しょうしないしんのう》）に、すべて譲りました。

八条院は后位を経験することなく、二条天皇の准母《じゅんぼ》（天皇の母に准ずる）という理由で、女院《にょいん》になりました。美福門院のしたたかさは王家の荘園を自分の娘に与えることを、娘の父でもある鳥羽上皇に認めさせたことでした。その結果、美福門院と鳥羽上皇の嫡男である近衛天皇が死去し、後白河が即位したとき、継承すべき荘園の大半が、八条院領となっていたのです。それでも信西は敗者となった頼長が所有していた領地を、奪取できました。そしてその土地を後白河領に加えました。

頼長の荘園を没収するなど、信西の活躍で拡大された後白河の領地は、その後、長講堂《ちょうこうどう》領と呼ばれますが、全国荘園の百八十カ所近くを占めるようになります。そして前述の八条院領と並び立つ、王家の所領となりました。保元の乱をきっかけに、王家の所領は二分された、とも考えられます。

みずからの謀略が成功し、順風に送られて船出したかに思えた後白河と信西の政権。やがて逆風に変わります。

最後は清盛の一人勝ちになる平治の乱

僕は二〇一九年、『0から学ぶ「日本史」講義　中世篇』（文藝春秋）を発表しました。その文中でも指摘したのですが、信西は実務能力にすぐれていました。後白河のために内裏の再建をするのですが、難工事を一年で完成させています。しかし一族の出世にも積極的で自分の息子たちを、それぞれ国政の最高機関である太政官の要職にするだけでなく、大国の国司（受領）にもしたのです。

後白河に仕える貴族たちは、高級官僚となる実務系の人脈と、諸国の受領となる人脈に大別されていました。しかし信西は一族の人たちを、どちらにも進出させたのです。貴族たちは他者を押し退ける信西に驚き、やがて敵対するようになります。

ところで清盛は信西をどのように考えていたでしょうか。彼は武士です。貴族たちと同様の考え方は、信西に対して、抱いていなかったと考えられます。後白河に信頼されている二人に対立要因はありません。清盛は自分の娘を、信西の嫡男成範《なりのり》に嫁がせていることを、呉座勇一さんは指摘しています（『陰謀の日本中世史』）。

信西の政務における独断専行と、人事における身びいきなどに、批判の声は高まっていきます。後白河周辺や摂関家からも疑問視する声が出てきました。拡大していく反信西勢力の中で、急先鋒となった人物が藤原信頼《のぶより》と源義朝でした。

藤原信頼（一一三三―一一五九）は後白河の寵臣で藤原道長の兄、道隆《みちたか》の一族です。参議の職にあった名門出身の信頼は、藤原南家の傍流出身に過ぎない信西の横暴な行動が、許せなかったのです。そして信頼と後白河は愛人関係にあったとも伝承されており、信頼の怒りの深さも格段だったと考えられます。

源義朝は保元の乱における論功行賞で自分に対する朝廷の評価が、清盛に比較して、低すぎることに不満を抱いていました。

また彼は源氏の棟梁として、信西と親密な関係を築こうとして、自分の娘を信西の息子の一人と結婚させることを、信西に申し込んでいます。しかし謝絶されました。ところがその後、信西は清盛の娘と嫡男を結婚させているのですね。ここに至り義朝は私怨だけでなく、信西と清盛を後白河の側近から遠ざけることが、我が身のためであると考えたのでしょう。彼は信頼と手を結びました。

平治の乱は清盛の京都不在を狙って仕掛けられた

一一五九年（平治元年）十二月四日、清盛は熊野参詣に出発しました。

同年同月の九日深夜、信頼と義朝の軍勢は後白河上皇の院御所がある東三条殿を急襲し、火をかけて炎上させました。後白河は捕らえられ、二条天皇が住む内裏に幽閉されます。軍勢は信西の屋敷も襲撃しましたが、信西はすでに逃亡していました。

十二月十日、信西は田原《たわら》（現在の京都府宇治田原町）まで逃亡し、地中に穴を掘り箱を埋めて身を隠しますが自害。追撃してきた義朝の軍勢は死体を掘り出し斬首。京都で獄門にさらしました。

こうしてクーデターに成功した信頼と義朝は、信西の一族をすべて流罪とします。さらに信頼は除《じ》目《もく》（官職を任命する儀式）を行い、義朝を従四位下播磨守《じゅしいげはりまのかみ》に、三男の頼朝（一一四七―一一九九）を右兵衛佐《うひょうえのすけ》に、それぞれ任命しています。信頼と義朝は「我が事成れり」と、実感したでしょうか。

ここまでの展開が、「平治の乱」前篇でした。

京での異変を清盛が知ったのは、紀伊国田辺（現在の和歌山県田辺市）でした。二十数名で熊野詣に来ていた彼は無防備な状態でした。紀伊の武士たちが信頼や義朝に呼応したら、とても勝ち目はなかったでしょう。しかし逆に、紀伊の武士たちに窮地を救われ、十二月十七日には京都に戻り、六波羅《ろくはら》の私邸に入っています。

清盛はただちに信頼と連絡を取り、彼に従う態度を示しました。そのうえでクーデターに参加した、二条天皇の側近とひそかに示し合わせると、二十日の夜に二条天皇を、閉じ込められていた内裏から脱出させました。そして六波羅の清盛邸に招じ入れたのです（二十五日には後白河上皇も脱

平治の乱の結果

○ 平氏［清盛・重盛・頼盛］ → 勝者

△ 藤原通憲［信西］ → 藤原信頼・源義朝の挙兵後ほどなくして自害

× 藤原信頼（斬首）・源氏［義朝（殺害）・義平（斬首）・頼朝（伊豆配流）］ → 敗者

出）。

六波羅に続々と二条天皇を支持する朝臣たちが参集する中で、二十六日、清盛は二条天皇から「藤原信頼・源義朝追討」の宣旨を獲得します。こうして清盛は信頼と義朝を、天皇に反逆する朝敵として、これを討伐する官軍となったのでした。

清盛が指揮する平氏中心の討伐軍と信頼と義朝の連合軍は、六条河原で激戦を展開しました。しかし義朝を支持していた摂津源氏の源頼《より》政《まさ》を始めとする、源氏の武士たちの多くが「朝敵」とされたことで脱落し、信頼・義朝軍は敗北します。

名門の公家出身ながら果敢に戦った信頼は捕縛され斬首。再起を期して東国へ逃れようとした義朝は、尾張の内海（愛知県知多郡）で知人の縁者宅に宿を求め、裏切られて絶命。なお三男の頼朝と九男の義経は清盛の継母だった池禅尼の口添えで、一命を取り留めました。ただし彼らを救済したのは、敗死した一族の菩提を弔うための子孫を何人か残す、中国から伝来してきた礼法によるもので、当時日本でも行われていました。頼朝は九死に一生を得たのでした。

平治の乱は、みごとな清盛の策略によって終わりました。保元・平治の乱によって、平氏に並び立つ一門は消滅しました。

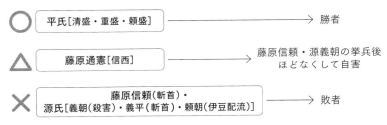

では清盛が武士政権を成立させた過程を追ってみましょう。

第七節　平氏政権の確立を示した出来事は山賊海賊追討権の獲得だった

平治の乱で圧勝した清盛は、一一六〇年に参議となり、朝廷の閣議に参加できる議政官の資格を得ます。彼は平氏一門の軍事力を掌握しており、すでに彼に対抗できる武士の氏族はありません。彼は政治の局面を左右する実力者になりつつありました。

この当時、後白河上皇が愛していた女御は平滋子《たいらのしげこ》といいます。清盛の妻である時子の異母妹に当たります。才色兼備の美女だったと、伝えられている女性でした。彼女は一一六一年に憲仁《のりひと》親王を出産します。

後白河のお気に入りは滋子です。早く憲仁を天皇にしたいので、二条天皇に譲位を迫りました。ところが二条天皇は後白河院に、手厳しく反発したのです。一一六一年、二条天皇は父である後白河院の院政を停止させます。天皇親政を主張しました。平治の乱が終わって数年、こんどは二条派と後白河派の対立が始まりました。

このとき清盛はどのような態度を取ったでしょうか。彼は旗色を鮮明にしませんでした。一二二〇年頃に成立した『愚管抄《ぐかんしょう》』という歴史書は、清盛が取った行動を「アナタコナタシケル」と、からかい気味に書いています。しかし清盛は基本的には二条派でした。彼の妻である時子は、二条天皇の乳母だったからです。

清盛は一一六一年に完成した二条天皇の里内裏の警護を、自分の軍事力で固めていたのです。しかし清盛のしたたかさは、その一方で後白河院に蓮華王院《れんげおういん》本堂を寄進していることです。この寺院はいまも京都の観光名所となっている三十三間堂《さんじゅうさんげんどう》です。さらに寺院経営のために荘園も、清盛は寄進しています。彼は後白河上皇に次のように言いたかった、と考えられています。「もう朝堂でご苦労なさらずに、この御堂で思うままにくつろぎ、贅沢な日々をお過ごしになりますように」と。

清盛は二条派と後白河派の対立を先鋭化させずに解決するために、後白河の貴族的な誇りを重視したとも考えられます。既述したように平氏は貴族の生き方を把握しており、特に清盛は『源氏物語』から多くのことを学んでいたのでしょう。「アナタコナタ」していたのではなく、無益な対立を上手に軟着陸させたのです。そのことを実現させるだけの財力を、大宰府の日宋貿易で蓄積していました。

一一六五年に二条天皇が二十三歳で死去。死の直前に二条天皇は嫡子の六条天皇（二歳）を即位させました。この幼年の天皇を、大納言に昇進していた清盛と摂政の藤原基実《もとざね》が中心となってもり立て、気まぐれな後白河上皇に対し、朝廷を支える立場になっていきます。

この基実は清盛の娘、盛子《もりこ》を妻としていたのですが、彼女はいまだ少女でした。ここには次のような経緯があります。

基実は平治の乱で敗れた藤原信頼の妹を妻としていたのですが、信頼が敗死すると清盛の娘と結婚しました。貴族の生き方なのでしょう。勝者の側に鞍替えします。ところが基実自身が、一一六六年に死亡します。二十四歳でした。

このとき、基実の弟基房《もとふさ》は、基実の摂政職を継承します。そればかりでなく基実の嫡子基通《もとみち》が、いまだ七歳であることを理由に、摂関家の広大な領地を自分が引き継ぐと明言したのです。しかし清盛は、この発言に「待った」をかけました。

弟である基房は摂関家の傍流に過ぎないから、領地継承権はない。正統な後継者は嫡子の基通である。いまだ七歳であるが、基通の養母となった基実の妻・盛子は十一歳。領地は基通が継承し、元服するまで盛子が権限を代行すべきである。これが清盛の主張でした。

当時は男子であれば、十二歳前後で元服し成人と見なされました。盛子は十一歳、権限の代行も可能な年齢ですし、女性にも財産権があった時代です。清盛の主張も筋は通っていますが、権限を代行するのは清盛本人であることは明白です。摂関家の所領を平氏一門が横領するために、清盛が仕掛けた策略だったのですね。清盛は貴族以上に、したたかでした。

一方で激怒した基房は、事件を後白河上皇に訴えました。しかし後白河は干渉しませんでした。彼は二条天皇が死んだことで、自分が院政を始める機会が来たと考えていました。そのための強力な味方として、清盛を手離したくなかったのです。そのために後白河は一一六六年に清盛を内大臣に就任させています。

内大臣は左右大臣を助ける要職です。それまで皇族と藤原氏、源氏の氏長者の村上源氏以外に、就任の前例はありません。次いで、一一六七年、清盛は太政大臣を拝命します。しかし清盛は、半ば名誉職であり、実権のない太政大臣を三カ月で辞任しています。

それ以上に重要な権限を、この年に平氏は獲得したのでした。山賊海賊追討権の獲得です。後白河と朝廷は清盛の嫡男である重盛《しげもり》に、東山道・東海道・山陽道・南海道の諸国での盗賊追討権を委ねたのです。このことは六波羅の平氏一族が、賊徒を捕縛する目的で諸国に侵入する権利を得たことを示します。

治安警察権の掌握は武士政権の本質なので、この一一六七年をもって、武士政権の出発点と考えることが妥当であると思われます。同様の院宣を源頼朝も、後白河上皇から受け取っており、その一一八五年が「武家政権の成立した年」と考えられていた時代もありました。

順調に始動した清盛の武士政権と後白河院が愛した建春門院の存在

一一六八年二月、六条天皇が譲位。後白河と滋子のあいだに生まれた憲仁親王が即位して高倉《たかくら》天皇となりました。母の滋子は清盛の妻、時子の異母妹です。才色兼備の女性と伝承されています。憲仁親王の母となったことで、建春門院《けんしゅんもんいん》と呼ばれるようになります。

ところで同じく二月、清盛は病に倒れました。病名は寸白《すばく》（寄生虫によって起こる病気）と伝えられています。まもなく回復すると、清盛は妻の時子と一緒に出家します。清盛の法名は浄海《じょうかい》、時子は二位尼《にいのあま》となりました。

清盛は出家すると、住居を京都の六波羅から摂津の福原（兵庫県）に移しました。隣接する大輪田泊（現在の神戸港）を整備し、日宋貿易に専念するためと、転居の理由は考えられていますが、次の理由もあったと考えます。

気まぐれで身勝手な後白河と京都で身近に暮らしていたら、衝突する危険が多いと清盛は考えたのではないか。離れた福原にいれば、後白河に無茶な要求を出されても、六波羅にいる我が子の重盛や宗盛《むねもり》が要求を受け止め、即答を避けられるからです。

「ちょっと福原の親父に相談してきますわ」

貴族が主導する朝廷政治と武士政権が、直接に接触する危険性を、清盛は意識していたと思うのです。彼らの巧妙なひとたらしから武士は距離を置く必要がある、という認識です。清盛ならではの、貴族に対する危機管理だったでしょうか。鎌倉時代になると六波羅の清盛邸は、頼朝によって六波羅探題となり、鎌倉幕府の京都出張所のようになります。

清盛と後白河の関係は平穏に続いていきます。後白河は福原をしばしば訪れ、宋の商人とも会っています。清盛が日宋貿易を盛んにするために考えた、アイデアだったかもしれません。

一一七二年に清盛の娘、徳子《とくこ》（一一五五―一二一三）が高倉天皇の中宮となりました、徳子は安徳天皇の母となる女性です。徳子と高倉天皇の結婚は、清盛と後白河との関係を、いままで以上に親密にしました。高倉天皇の母は後白河が愛する建春門院です。そして彼女は清盛の妻である時子と異母妹の関係にあり、時子は徳子の実母でした。

滋子という女性は後白河という男性を、性格を含めて深く理解していたようです。彼女は自分の異母姉の夫であること以上に、清盛の存在が後白河にとって重要であることを、理解する賢明さを持っていたのでしょう。いつも両者の関係が円滑にいくことに心をかけていたようです。建春門院滋子は、どちらも一筋縄ではいかない後白河と清盛をつなぎ止める、かすがいの役割を果たしていたのでした。

しかし一一七六年、滋子は死亡しました。このときから清盛と後白河の関係は、衝突が目立ち始めます。それでは清盛の人生の後半を追っていきます。

第八節　清盛の死と平氏政権の滅亡

わがままな後白河を支えてきた建春門院が亡くなると、後白河だけでなく彼を取り巻く清盛と平氏一門の権勢に、反発する勢力も動き出します。

一一七七年、鹿ヶ谷《ししがたに》の陰謀が発覚しました。

平氏打倒を企てた後白河の側近たちが、鹿ヶ谷（京都市左京区）にあった法勝寺の僧、俊寛《しゅんかん》の別荘で謀議を交わしたことが、発覚した事件です。首謀者たちは断罪され、特に鬼界ヶ島《きかいがしま》（鹿児島の硫黄島）に流された俊寛の話は、能や文楽、歌舞伎の演題となり残されています。

一一七八年、十八歳の高倉天皇に皇子、言仁《ときひと》親王（後の安徳《あんとく》天皇）が誕生。母は清盛の娘、徳子です。この年に高倉天皇は「新制十七ヶ条」を発表します。意欲的な施政方針の表明でした。父の後白河の身勝手な院政にストップをかける、強い意志表示でもありました。

しかし一一七九年、清盛の長男で平氏一門の棟梁になっていた重盛が七月に死去。そして同年、摂関家に嫁いで摂関家の領地を引き継いでいた清盛の娘、盛子も亡くなっています。後白河は、関白の藤原基房にそそのかされたこともあり、清盛や我が子の高倉天皇への腹立ちもあったのか、乱暴な行動に出ました。重盛の知行国、越前（福井県）を召し上げます。さらに盛子が管理していた荘園も没収しました。

後白河の暴挙に対し、清盛が動きます。同年十一月、福原から数千騎の軍勢で上洛すると、関白以下の高官など多数の貴族や受領を解任、後白河を鳥羽殿に幽閉。院政を停止させました。「治承三年の政変」と呼ばれる、一一七九年に清盛が起こした事件、平氏は後白河の側近たちから多数の知行国を奪取し、それまでの十七カ国から、三十二カ国としました。日本は全体で六十六カ国といわれた時代です。平氏は約半数を領国としたのです。

増加した知行国に清盛は、経営と防衛を兼ねて国守護人と地頭を置きました。後に頼朝はこれを手本として、守護地頭を置いています。

一一八〇年、二月に言仁親王が即位し、安徳天皇となります。清盛は天皇の外祖父となります。そして高倉天皇は上皇となり、高倉院政を開始しました。摂政には清盛の娘婿である基通、軍事力は清盛の三男である宗盛が統率し、清盛が政治を支配する体制となりました。

ところが四月、以仁王《もちひとおう》が平氏追討の令旨《りようじ》（皇太子など皇族の命令文書）を発したのです。以仁王は後白河の第三皇子であり、長男の二条天皇が即位したあと、皇位継承者の資格を持っていましたが、異母弟の高倉天皇が即位し、さらにその皇子である安徳天皇も即位する現実に直面しました。そこでこの現実を招いた清盛を倒したい、そのように考えたのでしょう。

彼には経済的な余力がありました。以仁王は養子に近い形で、八条院の庇護を受けていました。八条院は両親の鳥羽院と美福門院から受け継いだ、広大な領地を所有しており、以仁王はその財力を活用することを八条院に認められていたのです。

以仁王の令旨は平氏が強い西日本は避け、東海・東山・北陸を中心に呼びかけられました。清盛は同年六月、以仁王の令旨に呼応して、延暦寺に代表される大寺院が立ち上がることを警戒し、福原遷都を決行しました。交易による国の興隆を意図していた清盛は、かねてから福原遷都の構想はあったようですが、状況に応じて急遽、遷都したのでした。都を移したのは、この福原遷都以外、ほかにありません。

しかし八月、頼朝が伊豆で挙兵。九月に源義仲挙兵。十月に頼朝、鎌倉に入る。同じく十月、平氏軍が富士川の戦いで大敗。ついに十一月、清盛は東国で激しさを増す源氏の反乱への対応を重視し、京都に軍事的拠点を確保するため、遷都していた福原から再び京都へ戻りました。

一一八一年一月、高倉上皇が二十一歳で死去。平氏政権は宗盛を惣官《そうかん》（総官）として、総動員体制を敷き、反乱軍に備えます。惣官は特に畿内と周辺の広い地域全体の、物資や兵士を動員する権利を持つ軍事官です。

清盛はこのようにして、頼朝軍を中心とする反乱軍と決戦の体制を敷いたのですが、一一八一年の閏《うるう》二月、清盛は熱病で倒れ死去しました。

一一八三年七月、平家軍は木曽源氏の義仲に大敗し、京から逃れて西国で態勢を立て直します。しかし一一八四年二月、福原まで再び北上してきた平家軍でしたが、義経・範頼《のりより》軍に大敗。また西へ戻り、讃岐国屋島（香川県高松市）に陣を構えるも、一一八五年二月、またも義経軍に敗戦し、平家軍は長門国赤間関壇ノ浦《あかまがせきだんのうら》（山口県下関市）まで逃亡。追撃してきた義経軍との海戦に敗北し、八歳の安徳天皇は清盛の妻、時子（二位尼）に抱かれて入水しました。総大将の宗盛も捕らえられ、平氏一門は滅亡しました。

第五章の「平清盛」はここで終わります。しかし大きな時代の分岐点に立っていた彼について、いくつかの補筆をして最終節と致します。

第九節　語り残したこと

平氏はなぜ滅んだのか

後白河が、亡くなった重盛や盛子の荘園を没収するという暴挙に出たとき、清盛は激怒し「治承三年の政変」（一一七九年）と呼ばれたクーデターを起こし、後白河側の要人たちの知行国を奪取しました。その結果、平氏一門が支配する知行国数は十七から三十二となり、この数字は全国の知行国の過半数に近いものとなりました。

この新しく獲得した知行国に、清盛側は新たな国守を送ります。ところがそれぞれの知行国には、それまでの国守がいます。彼らは後白河に仕える要人たちの代理人ですが、その土地を開拓し守ってきました。「わかりました」と、引っ越すわけにはいきません。

皮肉なことに、これらの新しく清盛側、伊勢平氏の知行国となった地方は、現在の東海から関東地方が大半でした。この地方は平将門の時代から、坂東平氏の地盤でした。

そして以仁王が平氏追討の令旨を出したとき、源頼朝は北条氏を始めとする坂東平氏を味方として、挙兵したのです。清盛に味方しても、伊勢平氏だけ豊かになる現実を、坂東平氏も頼朝も知っていたからです。

源平合戦と呼ばれていた「治承・寿永の乱」が始まった頃の頼朝は、なかなか鎌倉を離れず、出陣しませんでした。その期間に東海から関東まで、京都から任地の知行国にやってきた国守たちが、坂東平氏によって殺害されています。もちろん頼朝の意志でもありました。

平氏の、というよりは、伊勢平氏の敗北の原因は、強者となりすぎた結果、味方とすべき坂東平氏をすべて敵としてしまったこと。そこにあった、とも考えられます。

そして清盛が外祖父となり、その手腕を期待していた若き英才、高倉天皇の死と清盛自身の熱病死が、「治承・寿永の乱」の本格的な激突の寸前だったこと。それは運命のなせる業と考えるほか、語ることはありません。

頼朝という人物をどう考えるか

武士の本拠地を都から離す。諸国に守護・地頭を置く。軍事警察権を持つ。これらの鎌倉幕府の骨格となった政策は、すべて清盛が創始したものです。

清盛という人物は、交易や貨幣経済に着目するなど、創業の人でした。対して頼朝は創業者の描いたグランドデザインを、設計図を損なわず実現する施政の人でした。現代でいえば清盛はベンチャー企業の大将で、頼朝は大企業の社長、そう考えると明快です。

清盛は創業の人らしく、発想が自由で過去や現実にとらわれすぎず、理想を追う情熱もいつも忘れなかった。福原遷都を考えるあたりに、そのようなスケールの大きさを感じさせます。対して頼朝は現実を見つめ、事態を読み対策を立てていく。坂東の地で平氏を味方にするにあたり、なすべきを知り、守りにも強い性格だったようです。

頼朝は鎌倉幕府を創立するために、弟の義経や源氏の武士たちの存在がマイナスになると、容赦なく切り捨てる冷徹さがありました。この冷徹さは清盛にはありません。彼は交易を軸とする平氏政権の確立という、大きな理想を抱いていたのでしょうか。清盛は「やるぜ！」の人、意気に感じる人だったと思います。

頼朝は清盛の政策のうち、交易には手を出しませんでした。清盛は父の時代から日宋貿易に関係し、自分も大宰府の長官になっています。対して頼朝は少年時代から、伊豆の草深い田舎で人質になっていました。彼は自分の限界を知っていたのでしょう。

「清盛は中国と交易をやっていたけれど、自分には経験はないし、京都も博多も遠い。自分には平氏の豪族を手なずけ、御恩と奉公という関係で、土地を基盤に彼らを支配するほうが賢いだろう」

そんなふうに頼朝は考えたのかもしれません。清盛の真似をやれるところは、すべてやる。できないこと、苦手なことはしない。そうやって自分を立ててきた。典型的な守りのタイプで、集中力と判断力は充分にありました。しかし創造する人物ではない。やはり頼朝は大組織に登場する社長タイプの、実務に才能を発揮する人物だったと考えます。

『平家物語』が創り上げた清盛の人物像

『平家物語』は頼朝以後の鎌倉時代につくられましたから、当然のように清盛は悪役になっています。よどみなく語られる名文と巧みな場面展開で、長い歳月、日本人の愛読書となってきました。

特に二〇世紀になり、マルクス主義の唯物史観が強い影響力を、『平家物語』と清盛との関係にもたらした。――そのように考えます。第一節「武士とは何者だったのか」の著述と重複するのですが、マルクス主義の視点に立ってみると、関東の後進地帯で成長した武士が、京都の軟弱な貴族たちを倒し、歴史を一歩進めることになるのでした。

すると、平氏は口先だけの貴族のワルで、素朴で強い源氏がワルを倒し、新しい文化を開いたと考えれば、『平家物語』とマルクス主義がきれいに結びつく。そしてなによりも『平家物語』の美文の名調子と、巧みな物語が清盛と平氏を劇的な悪人に仕立て上げてしまった、と。

『平家物語』の作者は卓抜なストーリーテラーだったと思うのです。

一人の歴史上の人物が史実よりも魅力的で、事業を成し遂げた人物として描写されると、史実よりも物語が信じられてしまう。

ひそかに思うことは、『平家物語』の作者は当時の司馬遼太郎だったのではないか、ということです。司馬さんは人物をワルには仕立て上げませんでした。けれど幕末の英雄を、迫真の描写力で創出してくれました。

第六章

足利義満

北関東の栃木県南西部に足利《あしかが》という町があります。この地には古代、信濃を経て陸奥に至る東山道の宿駅、「足利」がありました。この地を八幡太郎 源 義家《みなもとのよしいえ》の子孫である源義康《よしやす》が、足利氏を名乗って本拠地としたのが、源姓足利氏の由来です。この足利氏が高氏《たかうじ》（後の尊氏）の時代に、鎌倉幕府を倒す原動力となります。足利義満《よしみつ》（一三五八―一四〇八）は足利氏の第三代将軍であり、尊氏は祖父となります。

足利尊氏（室町幕府）は、たとえて言えば武家政権の第三代目です。初代が清盛、二代が源頼朝です。ところで二代の頼朝の鎌倉幕府は、どのように滅亡したか。その理由を追ってみましょう。

鎌倉幕府は暗殺された三代将軍の実朝《さねとも》で源氏の血筋は絶え、京都から皇族出身の宮将軍《みやしょうぐん》を招くようになります。もちろん政治の実権は執権の北条氏が掌握していました。

鎌倉幕府の政務は執権を中心として、評定などの公的な合議機関で決定されていました。ところが北条義時《ほうじょうよしとき》（一一六三―一二二四）が執権となった頃から、鎌倉幕府の政務の中心は、執権から得宗《とくそう》に移行し始めます。

得宗とは義時が出家したときの法名、徳宗に由来する称号ですが、やがて北条氏の嫡流を意味する言葉となります。北条氏の正統な代々当主の呼称となったのです。やがて得宗の権威は執権を上回り、得宗を中心に開かれる「寄合」と呼ばれた会議が、幕府の政務を左右するようになります。得宗に仕える武士を御内人《みうちびと》と呼びました。

鎌倉幕府の権力者は、このようにして執権から得宗家の家長に移行していきます。

なお得宗となったのは、北条義時から北条高時《たかとき》（一三〇三―一三三三）に至る七名です。七名とも執権在任中から得宗も兼務していました。

ところで中世というのは権門体制の時代でした。王家（天皇家）や公家の領分、東大寺や延暦寺に代表される有力寺院の領分、そして武士の領分。以上三つの権門が並び立っていたのですね。たとえば御成敗式目という武家の法律は、武士の所領でしか通用しません。東大寺の荘園では東大寺の掟が、公家の領分では律令が通用していました。

したがって、それぞれの荘園に武士もいたのですが、それぞれが自分の権門を主人だと思っていたのです。たとえば奈良の豪族たちは、全員が興福寺の番頭のような存在ですから、彼らは考えていました。「俺たちの主人は藤原氏だ」と。

ところが「文永・弘安の役」、一二七四年と一二八一年に中国の大元ウルスが攻めてきたモンゴル戦争のとき、得宗だった時宗《ときむね》が次のような内容の命令を出したのです。

「外国が攻めてきたのだから、権門にこだわっている場合ではない。挙国一致の体制をつくれ」

こうして得宗家の支配は全国の権門勢力に及びました。当時は神も仏も異国の神仏と喧嘩すると、信じられていました。得宗の北条時宗は寺院にも祈禱令を出して、大々的に戦争勝利のための儀式を命じました。さらに権門勢家の荘園に所属する武士たちに、九州への出撃を命じました。こうして得宗家は、権門勢家が全国に所有していた知行国に、戦争協力を口実として介入し始めたのです。

第一節

モンゴル戦争で鎌倉幕府（北条政権）の崩壊を早めた得宗家の独裁

台風のおかげもあって、モンゴルの侵略を免れた日本でしたが、国土は疲弊しました。しかし北条政権を支配する得宗家は強化されました。というのも「侵略軍に勝利すること」を口実に、得宗家が権門勢家の知行国を横領する事例が多発したからです。

平清盛が後白河上皇の乱脈な院政に怒って軍事クーデターを起こし、結果として平氏政権が全国の知行国、六十六カ国の半数近くを獲得したことがありました。このことで清盛は反感を買い、敵を増やしました。得宗家も同様の過ちを犯したのです。強引に召し上げた諸国の領地を、得宗家の御内人に分配してしまったのです。

たとえば次のような話があります。

後醍醐天皇に味方した楠《くすのき》正成（？——一三三六）は、得宗家の家臣だったとの説があります。しかし下級役人だったので、鎌倉での出世をあきらめ、得宗家との関係がある河内（大阪）の所領だった地域を開拓し、財源としました。さらに清盛以後、動き始めた貨幣経済に対応するセンスがあったらしく、商売に成功して「悪党」と呼ばれるようになります。

鎌倉幕府は土地本位制が基本です。貨幣経済で土地を売買する連中なんて想定外です。幕府に仕える御家人たちにとっては、土地は生命線です。それを売買することは、尋常ではないことです。だから悪党ですが、しかし、貨幣経済という不可解な商売でリッチになっていく彼らを、世間は認めてもいたのです。出自は高くないが、世の動きに敏感で型破りな実力者でもある彼らを、「悪党」と呼んだ。この呼称には賞賛の意味もありました。

ところがモンゴル戦争に勝利し、得宗家が全国政権となってしまうと、河内の楠正成の土地に、鎌倉の得宗家から上級者がやってきて、こう告げました。

「この土地は俺が得宗家から譲り受けたから、おまえは出ていけ」

正成は激怒し、完全に鎌倉幕府に敵対するようになったのです。いままで汗をかいて一所懸命に囲い込んできた土地を、得宗家が取り上げてしまう。全国の各地域でこのような人々が、得宗家に代表される鎌倉幕府に敵対していくようになる。このことがボディブローとなって、鎌倉幕府は滅びの方向に進んでいきます。民心が支配者から離れ始めました。

鎌倉幕府を崩壊に追い込んでいった後醍醐天皇

一二二一年五月。後鳥羽《ごとば》上皇が鎌倉幕府の執権、北条義時追討の宣旨を出し、承久の乱を起こしますがもろくも敗れ、上皇は隠岐に流罪の身となりました。さらに後鳥羽の血を引く土御門《つちみかど》、順徳《じゅんとく》の両上皇も配流（土御門上皇は自身の希望）、仲恭《ちゅうきょう》天皇は退位となります。幕府に弓を引いた後鳥羽の血族はすべて政治から除外する、幕府の決意でした。しかし数代の後に、後鳥羽上皇とは血縁を持たず、天皇に即位できる皇子が絶えたのです。そこで後鳥羽の子だけれど、承久の変には反対していた土御門上皇の子、邦仁《くにひと》（後嵯峨《ごさが》天皇）が即位することになりました（一二四二年）。

当時の朝廷は院政が支配する時代、天皇の父である上皇が政局も握っている時代でした。

後嵯峨天皇も上皇となり「治天の君」となって、国を統治しました。そのときに最初に天皇にしたのは、我が子の久仁《ひさひと》（後深草《ごふかくさ》天皇）でしたが、後嵯峨上皇がほんとうに天皇にしたかったのは、その弟の恒仁《つねひと》（亀山《かめやま》天皇）だったので、後深草天皇の譲位を早めさせ、亀山天皇を即位させています。

そして後嵯峨上皇は三〇年近く（一二四六―一二七二）院政を続けて死去。このとき亀山は天皇、後深草は上皇となっていました。しかし後嵯峨上皇は院政を敷いてきた「治天の君」の後継者を、指名せずに世を去ったのです。

「私の後継者の決定は幕府に任せる」

そういう趣旨の遺言を残して。

これに対して幕府は後深草と亀山の母だった後嵯峨上皇の皇后、大宮院《おおみやいん》に尋ねました。

「故院の真意は、誰をお望みだったのですか？」

「後嵯峨上皇は弟亀山天皇に後継させたかったのです」と。

この情報を拠り所として、幕府は亀山上皇の院政を認め、天皇には亀山上皇の子、世仁《よひと》を後宇多《ごうだ》天皇として即位させました。こうして亀山上皇の院政が始まります（一二七四年）。しかしこのような幕府と朝廷による決定に、完全に無視された存在となった亀山の兄の後深草が、強い不満を持っているとの情報が京都から鎌倉に届いていていました。

後深草は後白河上皇が藤原頼長から奪取して所有した広大な長講堂領を受け継ぎ、持明院統《じみょういんとう》と呼ばれる皇統を代表する存在だったのです。得宗家にとって後深草は、敵には回したくない相手でした。そこで一二七五年、得宗の北条時宗が次のような解決策を考えました。

我が子の後宇多天皇を即位させ、亀山上皇が院政を行った次に、兄の後深草上皇が嫡子の熙仁《ひろひと》親王を即位させ（伏見《ふしみ》天皇）、「治天の君」となって院政を行うという妥協案です。

この案は支持されましたが、一方で次のようなこともありました。一二八三年に亀山上皇は幕府の承認を得て、八条院《はちじょういん》領を管理する権利を獲得したのです。

八条院領は鳥羽上皇の愛した美福門院《びふくもんいん》（藤原得子《ふじわらのとくし》）が産んだ八条院（暲子《しょうし》内親王）に、鳥羽上皇の承認も得て、譲与された所領と荘園です。八条院領は長講堂領に匹敵し、天皇家の所領を二分する広大な規模がありました。八条院領は美福門院が鳥羽上皇に甘えておねだりし、巧みに娘の名義にした土地だったのですが、亀山上皇の管領《かんりょう》（支配地）になってから、大覚寺統《だいかくじとう》と呼ばれる皇統の所領となったのです。

こうして天皇家はふたつの勢力が、数年間隔で交互に政権を握るようになりました。

後深草上皇を始祖とする持明院統

対

亀山上皇を始祖とする大覚寺統

天皇家系図（後嵯峨天皇～後醍醐天皇）

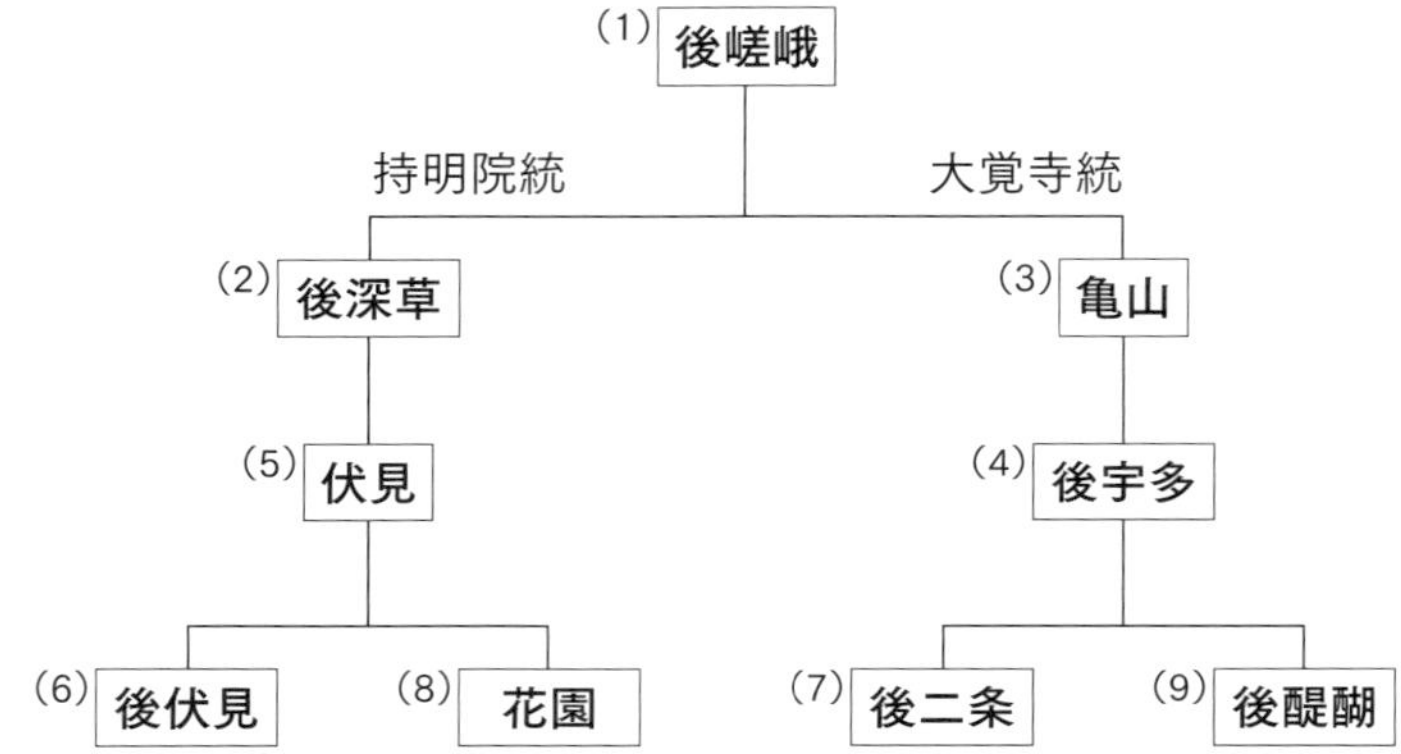

(　)付数字は図中の即位順、□は天皇

このように上皇と天皇がセットで交代していく制度を、両統迭立《りょうとうてつりつ》と呼びました。この制度は貴族たちもふたつの派に分裂されてしまうことも含めて、党派の利益を優先させる風潮も高めていきました。それに加えて悪党の台頭と貨幣経済の伸長は、土地本位制を基本に置く幕府の土台を揺らし始めました。

両統迭立を拒否した後醍醐天皇の反乱

ここでは入り組んだ持明院統と大覚寺統との確執については説明を省略しますが、一三一八年に大覚寺統の後宇多上皇が、我が子の尊治《たかはる》親王を天皇に指名しました。後醍醐天皇（在位一三一八―一三三九）です。

しかしこのとき、後宇多上皇はひとつの条件をつけています。尊治親王とは異母兄弟の関係だった、亡くなった後二条《ごにじょう》天皇（在位一三〇一―一三〇八）の忘れ形見である邦良《くによし》を、必ず皇太子にすることです。後宇多上皇が天皇にしたかったのは邦良でした。しかしまだ年少だったので、成長するまで後醍醐《ごだいご》天皇の皇太子にしておくことを、後宇多上皇は考えていました。後醍醐の役割はあくまでも中つぎの天皇でした。

そのことを承知して後醍醐は即位したのですが、本音は中つぎで終わるつもりはありませんでした。彼は朱子学を学んでいました。朱子学は南宋の最先端の学問です。君臣のあるべき関係を明らかにする、大義名分論を主張していました。平たく言ってしまえば、立派な皇帝がきちんと勉強して、立派な政治をする思想です。そうするとこの国は何だ、幕府が天皇をたすき掛けで交代させるとは何ごとだ！と後醍醐は考えるのですね。

「中国を見よ。皇帝が自分の子どもに継いでいる。日本はおかしい」

そのように考えたら取るべき道はひとつ、幕府を潰すことしかありません。このように決意して後醍醐は一三一八年に即位しましたが、その頃鎌倉幕府は騒然としていました。

ひとつは津軽で代官だった安東《あんどう》氏の内輪もめを契機として、蝦夷も絡めての戦乱が起きたのです。さらに当時の得宗であり、最後の執権となる北条高時（一三〇三―一三三三）は、得宗家の御内人（家臣）の内管領である長崎高資《ながさきたかすけ》という人物に、権勢を奪われていたのです。

後醍醐は鎌倉幕府の屋台骨が揺らいでいることに着目し、倒幕のチャンスと考えたのでしょう。幕府打倒の密議を開きます。一三二四年の「正中《しょうちゅう》の変」です。この密議は露見し、後醍醐の同志に近い側近の日野資朝《ひのすけとも》が、佐渡に配流になりました。日野資朝は朱子学をともに学んでいたと伝えられています。この事件では、後醍醐は罪に問われませんでした。

なお後醍醐は密教修法を習得しており、サンスクリット語で真言を唱え、敵を祈り倒す仏教の呪術も行いました。彼はひそかに幕府調伏の加持・祈禱も続けていたのです。

そして一三三一年（元弘元年）、後醍醐が延暦寺や興福寺など寺院勢力に働きかけ、倒幕を画策していたことが、幕府の六波羅探題に密告されました。後醍醐は六波羅探題の監視下に置かれます。この騒動が一三三一年の五月でした。

ところが八月、鎌倉では執権の北条高時が内管領の長崎高資を、討とうとして失敗したのです。この大騒動の影響は京都にも波及し、六波羅探題も混乱しました。すると後醍醐はこの騒動を利用して脱出し、京都南部の木津川渓谷に面する笠置山《かさぎやま》に立て籠もりました。反鎌倉の楠正成も、河内で挙兵します。こうして「元弘の変」が始まりました。

鎌倉の北条高時は、長崎高資との関係を修復すると、京都へ追討軍を派遣しました。幕府を率いたのは足利高氏です。彼の大軍は瞬時に笠置山を攻略し、楠正成の下赤坂城《しもあかさか》も開城させます。楠正成は逃走しました。敗北した後醍醐は捕らえられ隠岐に流罪となり、「元弘の変」は終わりました。鎌倉幕府は「元弘の変」で反乱を起こした後醍醐天皇を廃し、持明院統の光厳《こうごん》天皇を即位させています。

しかし島流しにあっても後醍醐は屈しません。天台宗の座主となっていた息子の尊雲法親王《そんうんほっしんのう》が還俗して護良《もりよし》親王となり、父に代わり各地で北条氏の打倒を訴えました。また大覚寺統の公家たちも、幕府に批判的になります。楠正成と同様のアンチ鎌倉の悪党たちも、続々と立ち上がりました。たとえば播磨の赤松則村《あかまつのりむら》（円心《えんしん》）です。楠正成も再起し、幕府側の拠点のひとつ四天王寺を攻撃、さらに紀伊国（和歌山県）の国境に近い千早城に、立て籠もります。

騒然としてきた畿内の情勢の中、一三三三年の閏二月、後醍醐は隠岐を脱出しました。そして伯耆（鳥取県）の豪族、名和長年《なわながとし》に迎えられて船上山《せんじょうざん》に陣を構えたのです。

第二節　後醍醐天皇の幕府打倒を実現させた足利高氏

一三三三年の四月、北条高時は反乱軍を討伐する大軍を、京都へ送り込みました。伯耆の船上山に陣を構える後醍醐を討つことを命じられたのは、またしても足利高氏でした。

しかし山陰道の伯耆を目指すべき高氏の大軍は、丹波の篠村まで進軍すると進路を逆転させ、京都に向かったのです。そして五月上旬、高氏軍は六波羅探題を攻め滅ぼしました。

また関東では高氏と呼応する形で、上野（群馬県）の新田義貞が百数十騎で挙兵し、鎌倉街道を南下しました。新田の軍勢は南下する過程で大軍と化し、武蔵府中（東京都府中市）の分倍河原《ぶばいがわら》で幕府軍に勝利すると、多数の御家人が反幕府軍に身を投じました。こうしてさらに大軍となった反幕府軍は鎌倉を攻略し、北条高時の一族二百八十人が自害。五月二十二日、鎌倉幕府は滅びました。

なぜ足利高氏は、北条高時を裏切ったのか

北条氏は源氏一族を殺害して、得宗家に権力を集中させる支配体制を築いてきました。そのような北条氏にとって足利氏は、諸国に残存している源氏一族を抑える存在として貴重でした。北条氏は足利氏を、政権安定の保険として大切にしてきたのです。北条氏の娘を必ず足利氏に嫁がせてい

ます。また高氏の「高」は、北条高時から貰ったひと文字です。

このように良好に思われた両家の関係にあって、一三三一年、後醍醐天皇が笠置山に立て籠もったとき、得宗の北条高時から幕府軍の派遣を命ぜられたのが足利高氏でした。このときすでに高氏は幕府に批判的な立場になっていた、との説もあります。この年が父の喪中だったのに出兵を命ぜられ、心ない高時に高氏が謀反を決意した、との説もあります。

しかし高氏が積極的に後醍醐を支持したことは、後醍醐の名前である尊治から「尊」の文字を拝領し、「尊氏」と改称したことから明らかです。支持するというより、後醍醐に惚れ込んだらしい、との説が有力です。

足利高氏と新田義貞の関係

源義家の子、源義国は北関東の地に広大な領地を所有していました。その土地を長男の義重と次男の義康に譲りました。兄の義重は群馬県南東部（現在の太田市）を得て、新田氏を名乗り、弟の義康は隣接する栃木県南西部を譲られて足利氏を名乗りました。

後白河天皇が勝利した保元の乱（一一五六年）では、弟の義康が天皇側で参戦しています。しかし義康は若くして死去。兄の義重が義康の嫡男である少年の義兼《よしかね》を引き取り、養育したと伝承されています。

保元・平治の乱を経て、清盛が初めての武家政権を樹立した時代に、新田義重は義家から三代目の義国流の長老として、四代目の義朝や五代目の頼朝と、ともに生きていたのですね。このことは義重の誇りにもなっていたと思います。頼朝が北条氏に支援されて挙兵しても、義重はすぐには動きませんでした。「若造にやれるかな」、そう考えていたのかもしれません。

義重に面倒を見てもらって成長した足利義兼は、八条院の蔵人となっていました。八条院は鳥羽法皇と美福門院から、二人の娘である八条院に譲られた広大な荘園です。そして平氏追討の令旨を出した以仁王は、八条院の養子になっていたのです。その秘書のような仕事を、義兼はしていたのです。頼朝が以仁王の平氏追討の令旨に応えて挙兵すると、義兼はいち早く頼朝の陣へ駆けつけました。疑い深い頼朝ですが、一族の若者が参戦してくれたことを喜びました。

一方で義重は頼朝が旗揚げした当時、京都にいました。ところでひと昔前は「源平合戦」と呼ばれた「治承・寿永の乱」ですが、頼朝が挙兵した当初、勝敗の行方は不明でした。時代は平氏の全盛でした。義重も、清盛の三男で軍事部門を掌握していた宗盛に仕えていたのです。

彼が関東に向かったのは、宗盛から命ぜられて、関東地方で反乱を起こす源氏勢力を討つためだった、という説も存在します。しかし関東へ来てわかったことは、明らかに蜂起する源氏勢力が優勢なことでした。ここで義重も、新田氏が八幡太郎義家の嫡流であることを名乗り、遅ればせながら、頼朝の陣に参加しました。

しかし頼朝は嫉妬深く気位の高い人物です。家柄を誇ってなかなか参戦してこなかった新田氏を、認めようとはしませんでした。一方、頼朝は足利氏を源氏の一門として認めたのです。頼朝は冷酷な側面があり、疑念を抱いた一族や弟たちを殺しています。新田家は生き残れただけ幸運だったかもしれません。

こうして足利氏に差をつけられた新田氏は、不祥事もあって弱体化し、足利氏の家臣同様の身分になります。新田氏の家長は足利氏から、名前の一字「氏」を拝領するようになりました。また、新田義貞の「義」は、足利高氏の兄である高義の一文字を貰ったと、考えられています。

北条得宗家の鎌倉幕府を滅ぼした勲一等は誰かといえば、鎌倉の本拠地を攻め滅ぼした新田義貞で、京都で六波羅探題を滅ぼした足利高氏は勲二等なのです。それでも高氏の評価が上回っているのは、新田氏が足利氏の子分のような状況に置かれていたからでした。

ですから足利高氏は長男の義詮《よしあきら》を、一三三三年、新田義貞の鎌倉攻めの出陣に自分の名代として、まだ三歳でしたが、参加させていました。このことから鎌倉攻めの総大将は足利義詮で、新田義貞は副将のような位置づけになってしまった。わずか百数十騎で出陣した新田軍に、進軍途上で参加兵士が激増したのは、その結果でもありました。

こうして新田氏は足利氏の下位と認識される存在となっていました。この関係を対等な位置づけにしたのは徳川家康です。彼が征夷大将軍になったとき、立派な家系図をつくろうとしたからです。源氏につながる名門といえば足利氏ですが、この一族は系図がきちんと残っていて、つけ入る隙間がありません。一方で名門だったが落ちぶれた新田家の系図には、どこかで徳川氏の出身地、松平郷と結びつける余地があると計算したのでしょう。そして清和源氏新田氏の末裔と、称するようになったのでした。

話の筋を戻しますと、後醍醐天皇は朱子学の理論を土台にして独自の天皇親政を目指し、鎌倉幕府の倒幕に成功しました。その大きな力となったのが足利高氏です。彼は後醍醐天皇の諱《いみな》、尊治から「尊」を拝領し、尊氏と名乗るようになります。ところが後醍醐の政治は難航します。その独断専行に尊氏も困惑が続くようになります。足利義満の登場まで、まだまだ待たねばなりません。

第三節　おそまつ過ぎた後醍醐天皇の「建武の新政」

一三三一年八月、鎌倉幕府を打倒するため、後醍醐天皇は京都を脱出し、笠置山に立て籠もりました。このとき幕府側は、大覚寺統の後醍醐の代わりとして、後伏見《ごふしみ》天皇の皇子で持明院統の光厳天皇を即位させました。鎌倉幕府は反乱を起こした後醍醐を拒否しました。しかし天皇自体を否定していません。天皇家が一族の中で大覚寺統と持明院統に二分されていたから、持明院統から後継の天皇を選びました。両統迭立を実行したのです。

公家の社会をとりまとめているのは朝廷です。天皇不在を放置されては混乱します、幕府にとっても現実的で切実な問題でした。

ところが一三三三年五月に鎌倉幕府が滅びたので、後醍醐天皇が配流先の隠岐から帰京し、天皇親政を始めます。「建武の新政」です。このとき後醍醐は、一三三一年八月から一三三三年五月まで続いていた光厳天皇の治世について、次のように断言しました。

「光厳は正統な天皇ではなかった。この期間になされた諸決定は、すべて無効である」

朝廷の政治も生きています。光厳天皇の短い治世に始まった政務や、定まった人事も存在します。それらがすべて無効である、と言うのですから、諸官庁も役人も大混乱に陥りました。

さらに後醍醐は幕府に敵対したことで奪われた土地は取り戻せる法律（旧領回復令）や、朝敵となった者の所領を没収することを許す法律（所領没収令）も定めました。しかし「奪われた証明」となる文書、「朝敵の基準」など、証拠の条件や朝敵の定義があいまいで機能せず、混乱が多発します。

後醍醐は恩賞を与える対象者も、自分で決めようとしました。しかし戦場の事情など知らない後醍醐が選ぶ対象者は、お公家さんばかり。次々と舞い込んでくる武士の恩賞請求に、後醍醐は身動きが取れなくなりました。

後醍醐天皇は理想とする宋の皇帝たちのように、すべて自分の命令や決断で政務を進行しようと考えました。ところが後醍醐は見落としていたのです。宋の皇帝が自分の思うがままの政策を実現できたのは、皇帝自身の能力が優秀だったことが主たる理由ではなく、宋の皇帝は科挙（試験）によって選ばれた、優秀な官僚に支えられていたことを。

日本にはその当時、官僚という役人集団はなく、公家階級の実務にすぐれた家系の中から人材を選びます。それゆえに後醍醐が新しい政策を打ち出すごとに、新しい事務局を構成しなくてはなりません。後醍醐は自分の才能に自信を持っていましたが、官僚集団が存在しないことは、致命的な実務の混乱につながったのでした。

しかも後醍醐は民の平安などより、自分の理想を実現したいのですから、次から次へと政策を打ち出します。失敗するとすぐに変更したりする。朝令暮改です。

このように失政が続く後醍醐天皇の親政に、公家も庶民も生活が乱れ、批判の声も高まりました。

二条河原落書。反乱勃発、「中先代の乱」

一三三三年五月に後醍醐が親政を始めて、その翌年の八月。鴨川の二条河原に彼の政治を批判する、看板に書かれた落書が登場します。

「此比都ニハヤル物、夜討強盗謀綸旨、召人早馬虚騒動、生頸還俗自由出家」という七五調を基本とした文章を、歴史の教科書でお読みになったと思います。

京の都は乱れていましたが、地方はどのようになっていたでしょうか。関東以北に視線を伸ばしてみましょう。

数多くの親王に恵まれた後醍醐は、地方行政の地域を区分すると、重点となる区域へ親王に有力な家臣をつけて派遣しました。陸奥（東北地方）には陸奥将軍府（多賀城）を設け、義良《のりよし》親王に北《きた》畠顕家《ばたけあきいえ》を鎮守府将軍として随行させました。京都から遠く離れた陸奥を取り仕切るために、小さな幕府のように政務と軍部を整備させたのです。さらに滅びたばかりで残党も出没する鎌倉には、鎌倉将軍府をつくりました。関東各国を監視する役割もあります。鎌倉には成良《なりよし》親王に足利尊氏の弟、直義《ただよし》をつけています。

なお後醍醐が隠岐に島流しにされていたとき、父の代わりに全国で後醍醐の支援を訴えた護良親王は、鎌倉幕府でも高い地位にいた足利尊氏を疑っていました。さらに護良親王は自分の力量で、武家を支配しようと考えたようです。彼は後醍醐に訴えて、自分が征夷大将軍となり、尊氏は鎮守府将軍に留め置かれたのでした。ところが真偽は不明なのですが、一三三四年の十月、護良親王は尊氏を倒そうとしてクーデターを起こした罪で捕らえられ、鎌倉に送られます。そして尊氏の弟、直義によって幽閉され、監視されていました。

一三三五年六月、失政が続く後醍醐を暗殺しようとする公家が登場します。

鎌倉幕府が健在の頃、幕府と朝廷の連絡係（関東申次《かんとうもうしつぎ》）の重職にあった公家、西園寺《さいおんじ》家の当主、西園寺公宗《きんむね》がその人です。公宗は持明院統の後伏見上皇を擁立し、後醍醐を暗殺しようとしますが露見し、処刑されました。西園寺公宗は、ひそかに亡き北条高時の弟、時興《ときおき》を身近に置いていたのですが、時興は脱出しています。

ところでこの事件には第二幕があります。

一三三五年の七月、北条高時の子で幼い男子だった時行《ときゆき》が、信州の諏訪頼重《すわよりしげ》たちに支えられて親政政権打倒の旗揚げをし、鎌倉街道を南へ向かい、鎌倉を目指したのです。

さらに驚くべきことは西園寺公宗と北条時行の反乱は、同時に決起する計画だったことです。西園寺公宗や北条時興たちの決起が、露見してしまったことで、やむなく時行軍は諏訪頼重たちに支えられ、単独で蜂起したのでした。なお諏訪氏は北条得宗家の、有力な御内人（家臣）の一人でした。

時行を立てて決起した反乱を「中先代《なかせんだい》の乱」と呼んでいます。「中先代」とは時行を指している呼称です。これは余談ですが、西園寺公宗が敗れて没収された土地に、足利義満の北山山荘が建てられます。

「中先代の乱」が尊氏・直義兄弟と後醍醐の関係を崩壊させた

鎌倉府を守っていた足利直義は、兄の尊氏と異なり、武力よりも政治力にすぐれた人物でした。時行軍の鎌倉攻撃を支えきれず、一三三五年、鎌倉を明け渡し逃走しました。このとき直義は幽閉していた護良親王を、暗殺してから鎌倉を出ています。

京都でこの情報を受け取った尊氏は、武士の本拠地を襲った時行軍を征伐するため、征夷大将軍への任官を後醍醐に求めました。しかし後醍醐は尊氏の任官も出陣も認めませんでした。尊氏は天皇の勅許を得ないまま、関東へ出撃します。尊氏軍には多くの武士が、積極的に参加しました。

強力な尊氏軍は、一三三五年八月、時行軍を苦もなく粉砕すると、そのまま鎌倉に居座ります。そして参戦してくれた武士たちに、恩賞を与え始めました。さらに戦乱で損傷が多かった鎌倉府の将軍御所を再建するなど、鎌倉幕府が独立したような行動を取ります。

これに対して京都の後醍醐は尊氏に対し、その行為を批判して帰京することを厳命しました。尊氏は動きません。

このような尊氏の行動は、彼自身の意志というより弟の直義が仕掛けていた、とする説が有力になっています。亀田俊和さんの『足利直義　下知、件のごとし』(ミネルヴァ書房)が、お薦めしたい書籍です。

尊氏は最初の頃に抱いていた後醍醐に対する畏敬の念が残っており、いまだに言いなりになりがちです。そんな兄の力量を高く評価している弟の直義は、兄を立てて幕府を開く好機と考えていたようなのです。

直義は武力では劣りましたが、政治家としての力量に恵まれており、それだけでなく歴史や宗教や伝統を大切にする、保守本流的な見識の持ち主でした。彼は後醍醐天皇に対し、批判的でした。

一方で尊氏という人物は戦上手でしたが、それ以外は、おっとりしていて、政治などは苦手な人物でした。後醍醐を助けて、政局にかかわる地位になったのですが、「政事《まつりごと》は後醍醐はんにやってもろうたら、それでええ」。それが尊氏の本音でした。

ところが後醍醐はまったくの政治落第生。自分を信頼してくれる一歳下の弟に、幕府を再興しましょうと尊氏は説得された、それが事態の真相だったようです。

第四節　対立したまま終わった足利兄弟の政権

鎌倉において兄の尊氏を説得し、新政権の樹立を目指す弟の直義は、全国の武士に「新田義貞を倒せ」と呼びかけました。露骨に後醍醐を倒せと呼びかければ、朝敵になります。直義は後醍醐天皇の武者所《むしゃどころ》の長官に任命されていた新田義貞を討て、と諸国の武士に呼びかけたのでした。鎌倉幕府を倒すのに大きな実績があったにもかかわらず、足利氏の家臣同様に扱われる新田氏を、後醍醐は抜擢していたのです。

一三三五年の十一月、直義の行動に怒った後醍醐は、義貞に尊氏追討を命じました。

このときから後醍醐側と尊氏・直義側との争いは、本格的な戦争となります。事実経過のみを追ってみましょう。

新田義貞軍は各地で奮戦しますが、箱根の竹の下で尊氏と直義軍に敗北します。一三三六年一月、尊氏軍は新田軍を追撃して京都に向かいます。戦闘を続けながら尊氏が京都に入ると、後醍醐は比叡山に逃亡。しかしこのとき、陸奥将軍府の北畠顕家が京都に到着。北畠・新田の連合軍に敗れた尊氏は、九州の地へ。その地で多くの援軍を得て後醍醐側に大勝し、四月に軍勢を強化、京に向かいます。そして一三三六年の五月、摂津（兵庫県）の湊川の戦いで楠正成の軍勢と激突し、これを撃破。正成は自害しました。

ところで尊氏は九州へ逃亡する直前、持明院統の光厳上皇から新田義貞誅伐の院宣《いんぜん》を受けました。自分は朝敵ではないと主張するためです。そして一三三六年六月に入京、八月に光厳上皇の弟、光《こう》明《みょう》天皇の即位を実現させました。光明天皇が即位すると、十月に至り、後醍醐天皇が比叡山から京都に戻り、光明への譲位を認めます。こうして一三三六年の十月、天皇は持明院統の光明天皇一人となりました。

しかしこのことを後醍醐側の大将格であった新田義貞は、まったく知らされていませんでした。彼は激怒しますが、後醍醐は彼をなだめて、次のように説得したと伝承されています。

「これは尊氏を油断させる作戦である。義貞は私の皇子の二人を連れて、北陸の地に行き、そこで挙兵せよ。戦いはこれからじゃ」

新田義貞を説得した後醍醐は、一方では尊氏と和睦して、光明天皇に三種の神器を渡します。こうして後醍醐は身を引いたかに思えたのですが、十二月に入ると京都の南、大和の吉野に逃亡しました。

「光明天皇に渡した三種の神器は偽物だ。本物は私が持っている」そのように宣言すると、全国の武士に向かって尊氏を倒せ、と呼びかけたのでした。

この一三三六年の十二月をもって、建武の新政は完全に崩壊しました。以前の日本史の教科書では、このときから、京都の北朝（持明院統）と吉野の南朝（大覚寺統）、それぞれの天皇が並立する南北朝の時代に入ると教えていました。

しかし事実関係を見れば、政治の実権を握っていたのは足利尊氏でした。持明院統と大覚寺統の争いは、あくまでも王家内の内紛だったと考え、ひとつの時代として区分せず、足利政権（室町幕府）の成立過程と認識する学説が、いまでは主流となっています。

第五節　南北朝について記憶にとどめたいこと

一三三六年に建武の新政が崩壊してから、足利義満の時代まで（一三九二年）、南北朝時代が続いたと、従来の教科書では記述されてきました。本章の主題は足利義満です。そのこともあり、南北朝という問題について整理しておきたいと考えました。

後醍醐が光明天皇への譲位を認め、一度は三種の神器も渡したあと、突然に吉野に逃亡して宣言した。「光明に渡した三種の神器は偽物である。本物はここにある」と。そして、足利尊氏を討伐せよ、と主張しました。しかし政局を左右する軍事力を掌握している足利尊氏は、持明院統の光明天皇を認めています。それは大覚寺統の後醍醐も、一旦は認めたことでした。いまさら後醍醐が吉野で孤立して頑張るほどの、実力はなかったはず。六〇年近くも、南朝として生き残ったのはなぜか。

その原因は足利政権は成立したけれど、兄の尊氏と弟の直義が喧嘩を始めたからです。二人はもともと仲の良い兄弟で、二頭政治を展開しました。兄の尊氏は征夷大将軍となり、武士の棟梁として御恩と奉公によって武士との主従関係を掌握し、軍事面を支配しました。弟の直義は統治する権限を掌握し、政治の長となっていました。

ところで尊氏を支持する武士には、伝統的な権威を軽視し無頼な行動と目立つ言動を好む、バサラと呼ばれる実力者が多くいました。一方の直義は伝統的な権威との協調を重視しましたから、文治を重んずる由緒正しい武士や公家たちに支持されました。

そして代表的なバサラだった、足利氏の執事であり、尊氏の信頼が厚かった高師直《こうのもろなお》と直義との対立が、兄弟を対立させる原因にもなりがちでした。すると周囲の豪族たちも、兄弟いずれを支持するかで分裂してきます。このような状況下では、吉野で京都の天皇に反旗を掲げている、もう一人の天皇は、足利政権にとって小さいけれど軽視できない、アキレス腱のような存在となっていきます。

そのうち尊氏と直義の対立が、高師直も関係して、本格的な戦乱になってくると、尊氏も直義も敵となる弟や兄を征伐する命令書を、南朝となる大覚寺統の天皇から入手しています。そのために便宜上、一旦は南朝に降伏しているのですね。自分の軍事行動が正しいことを証明する建前が欲しいからです。足利政権内の兄弟喧嘩ですから、北朝の（持明院統の）天皇や上皇の宣旨では、天皇が兄弟喧嘩の片棒を担ぐことになります。
このような足利政権の事情もあって、南朝は生き残っていたのでした。

南朝正統論は明治時代に確立された

後醍醐天皇が吉野に逃れてから、日本の天皇は持明院統（北朝）によって継承されてきました。それは天皇家の内紛の結果であって、ほかの権力が決定したことではありません。

徳川時代が終わり明治時代になったときも、明治天皇は自分が北朝の出身であると、疑うことなく考えていたでしょう。

ところで明治政府は一八八九年（明治二十二年）二月、明治憲法（大日本帝国憲法）を発布しました。欧米先進諸国に追いつけ追い越せと、法治国家としての体裁を整え始めます。明治憲法の第一条は「大日本帝国ハ万世一系ノ天皇之ヲ統治ス」です。しかし長かった徳川時代には、京都の内裏で生活していた天皇の存在は、諸国の人々にすれば縁遠い存在でした。封建制度の時代ですから。人々にとっていちばん身近な権力者は、地元の大名である殿様です。そういう殿様を取り仕切っていたのが、江戸に住む将軍様だったという認識は、明治になっても根強く残っていました。

天皇とは何か？　この定義を自分たちに都合良く国民に信じさせる必要が、明治政府にはありました。すると天皇家の内紛や南北朝の対立、などという史実は、やっかいなことになります。明治憲法の第三条は「天皇ハ神聖ニシテ侵スヘカラス」です。内紛など困るのです。

明治憲法は一八九〇年から施行されました。明治政府は明治天皇と皇后が、なるべく大衆に姿を見せる工夫をしたり、洋服姿の肖像画を作成するなど、新しい日本を象徴する存在とするよう努力します。また、明治政府は日露戦争をアメリカの仲介により、勝勢のまま日露講和条約（ポーツマス条約）によって終結させました。その一九〇五年、日本は朝鮮半島に対する侵略を露骨に推し進め、韓国（朝鮮王朝）を支配するため統監府を置き、初代の統監に伊藤博文《いとうひろぶみ》が任命されています。

当時の日本は資本主義の発達も目覚ましく、それに伴う労働争議も激しくなりつつありました。社会主義者の活躍も目立ち始め、一九〇七年には足尾銅山を始めとして、大規模な暴動なども多発していいます。

明治政府は社会主義政党の台頭を恐れていました。労働者の権利を認めるという意識は明治政府と無縁であり、社会主義者たちも過激に走りがちな時代だったのです。警官隊と社会主義者の衝突が目立ち始めます。

一九一〇年の五月から六月にかけて、明治天皇の暗殺を計画したという理由で、多数の社会主義者が逮捕されました。そして逮捕者の中から二十六名を非公開の裁判に付し、十二名を死刑、十四名を懲役刑に処しました。死刑者の中に高名な社会主義の理論家、幸徳秋水《こうとくしゅうすい》も含まれています。この事件の真相は第二次世界大戦後に、初めて明らかになりました。天皇暗殺の爆弾の製造を実行した数名以外に、多くの人物が確たる証拠もないまま、死刑や懲役の刑になったことが判明しています。

「大逆事件《たいぎゃくじけん》」と呼ばれた天皇暗殺計画が起きた翌年、国定教科書『尋常小学日本歴史』を読売新聞が論評しました。南北朝問題について著者の喜田貞吉《きたさだきち》が、両朝並立の立場を取っていることを批判したのです。このことを南朝正統論者と国粋主義者が政治問題化しました。明治政府は一九一一年、天皇に上奏して南朝を正統とします。

明治天皇にしてみれば「否も応も」なかったでしょう。なにしろ明治時代になって、四十数年が経過しているのです。いまさらとりたてて南朝が正統であると決定されても、ご自身が北朝出身である事実は変わりません。明治天皇は政治上のことと割り切っていたと思われます。この事件は「南北朝正閏問題《なんぼくちょうせいじゅんもんだい》」と呼ばれています。閏は「余分な」という意味を持つ漢字です。暦の上で一年の日数や月数が平年より多いことを、閏《うるう》と呼びますね。

しかし南朝が正統な天皇であるという理論は、あくまでも南朝を支持する陣営の主張であって、歴史的な事実ではありません。その意味で、南朝正統論は国家が史実をイデオロギーによって、意図的に歪めた事例とも考えられます。

朱子学の大義名分論と明治維新の元勲たち

南朝正統論の原点は後醍醐天皇が心酔した朱子学にあります。朱子学の大成者、朱熹《しゅき》（一一三〇—一二〇〇）は、中国の正統な王朝は漢王朝であると主張しました。漢民族の王朝の宋は、中国東北地方の女真族が築いた王朝である金に中華の地から追われ、長江の南へ逃れ、十二世紀の初めに南宋となりました。朱熹は南宋の思想家の一人だったのです。

彼は大義名分論を主張しました。その大筋は次のようなことです。

「正統な王族出身の皇帝が、大きな正義（大義）を遂行する。家臣たちは、それぞれの家名と役職を裏切ることなく、大義を尊重し、なすべく本分を果たすこと。これが国を発展させる基本である」と。

このような思想は我が国の戦国時代から徳川時代にかけて、大名の領国統治に役立ちました。

南朝正統論に関しては、後醍醐が頼りにしていた北畠親房《ちかふさ》（一二九三—一三五四）が、大義名分論の立場から、『神皇正統記《じんのうしょうとうき》』を執筆しました。後醍醐天皇の皇子で南朝の第二代天皇となった、後村上《ごむらかみ》天皇の正統性を主張しています。続いて江戸時代に至り、徳川御三家の一つである水戸藩の二代藩主、徳川光圀《みつくに》（一六二八—一七〇〇）は藩全体の事業として『大日本史《だいにほんし》』の編集を始めました。

『大日本史』はその完成が一九〇六年（明治三十九年）という大作でした。水戸学と呼ばれた独特の歴史観で著述されており、大義名分論に立脚し南朝を正統とした点に、ひとつの特徴がありました。幕末に高まる尊王論の思想的な背景となっています。頼山陽《らいさんよう》（一七八〇—一八三二）という儒学者は、一八三〇年前後に『日本外史』という歴史書を発表しました。

『日本外史』は史学的な正確さを欠きますが、読みものとして人気がありました。大義名分論によって、南朝を支持しています。この本は幕末から明治にかけて、幕府打倒に活躍した維新の志士たちに愛読されました。そして維新と明治政府の設立に功績があり、元勲と呼ばれた政治家の中にも『日本外史』を愛読していた人物が、少なからず存在したとの説もあります。山県有朋《やまがたありとも》、大山巌《おおやまいわお》などです。

明治政府は一九一一年、南朝正統論とともに足利尊氏を逆賊にすることを決議しました。南朝正統論というイデオロギーを認めたことは、明治政府の富国強兵論にとって不可欠な思想的な支えだったのでしょう。

第六節　足利義満の登場

一三三六年、一度は九州まで落ち延びた足利尊氏でしたが、菊池氏などの後醍醐側の豪族に勝利すると、再び上洛しました。そして光明天皇を即位させます。すると比叡山に逃亡していた後醍醐天皇は京に戻り、三種の神器を光明天皇に手渡し、譲位することを認めました。それは一三三六年の十月のことでしたが、このとき一時的でしたが、天皇の並立状態は解消します。

そこで同年の十一月、尊氏は弟の直義と合議し、足利政権の施政方針である建武式目を発表します。ところが十二月、後醍醐は吉野に逃亡し、その地で宣言したのですね。

「光明天皇に渡した三種の神器は偽物である。本物はここにある。足利尊氏を討伐せよ」

そのように全国の武士に呼びかけたのです。

しかし後醍醐みずから皇位を認めた光明天皇が京都に存在しているのです。尊氏は一三三八年八月に、光明天皇から征夷大将軍を任命されて幕府を開きました。

ただし足利政権（室町幕府）の設立は、尊氏の施政方針（建武式目）が発表された一三三六年十一月、と考えることが一般的になっています。

ところで足利政権を室町幕府と呼ぶのは、三代将軍の義満が京都北小路室町に、将軍の邸宅である室町殿（花の御所）を、一三八一年に完成させたことに起因します。したがって尊氏が建武式目を発表した当時の段階では、足利政権と呼ぶことが適切かもしれません。

このように出発した足利政権は、兄の尊氏陣営と弟の直義陣営とが対立し、そこに天皇家の内紛を起因とする持明院統（北朝）と大覚寺統（吉野に逃れた南朝）の争乱が絡み合い、不穏な状態となっていきます。

一三三八年、南朝側の有力な武将、北畠顕家と新田義貞が戦死しました。次いで一三三九年、後醍醐天皇も吉野で死去しました。五十二歳でした。そして一三四八年、勢力が衰えたかと思える南朝側を、尊氏側の高師直が攻撃しました。楠正成の長男、正行《まさつら》を敗死させます。さらに高師直は後醍醐を後継した、吉野の後村上天皇を攻撃しました。後村上天皇は吉野の山深くに逃れ、さらに南方の賀名生《あのう》（奈良県五條市）に拠点を移しました。

この吉野攻めのとき、高師直は南朝側の宮廷や公家たちの屋敷だけでなく、吉野の金峯山寺《きんぷせんじ》の本尊や神輿なども、燃やしたのです。権威を軽視し武力を誇るバサラ大名の高師直らしい行為だったのですが、文治を尊重し仏教を大切にしていた直義は激怒しました。兄の尊氏が高師直たちを放置していたことを非難し、さらには高師直の罷免を要求します。

吉野攻めをきっかけとして、尊氏と直義の関係も急速に悪化します。尊氏と嫡男で二代将軍となる義詮および高師直と高一族が形成する一派、それに対立する直義と彼の養子である直冬《ただふゆ》の一派、そして両陣営と敵対したり同盟したりする関係で生き続ける南朝勢力。戦乱状態は長引きます。なお、直冬は尊氏の庶子（本妻以外の子ども）でしたが、尊氏は認知せず、弟の直義が養育した男子です。

兄弟喧嘩の結末は一三五二年の相模（神奈川県）の戦いで、直義が尊氏に降伏し、終わりました。その翌月に直義は死去。いままで彼の死は尊氏の謀殺とする説が有力でしたが、近年は直義の自然死とする説も有力です。

この兄弟の二頭政治に破局をもたらした内乱を、「観応《かんのう》の擾乱《じょうらん》」と呼んでいます。その展開過程については僕の『0から学ぶ「日本史」講義　中世篇』（文藝春秋）を参照してください。

なお尊氏は一三五八年の四月に死去。十二月に嫡子の義詮（一三三〇―一三六七）が、二代将軍となりました。そしてこの一三五八年の八月に、義詮の妻である紀良子《きのよしこ》が足利義満（幼名春王）を出産しました。その日は祖父だった尊氏が死去した日から、ちょうど一〇〇日後だった、との伝承もあります。余分なことですが。

春王が十二歳で三代将軍義満となるまで

春王の母となった紀良子という女性は、将軍義詮の正室ではありませんでした。しかし正室である渋川幸子《しぶかわこうし》が産んだ男子は、すでに夭折しており、その後、子に恵まれないこともあって、義詮は春王を後継者と定めたと伝えられています。

二代将軍となった義詮の時代は、まだまだ南朝側の勢力も軽視できないものがあり、足利幕府の有力武将が南朝方と手を結び、京都を制圧する事件がありました。このとき将軍の義詮は後光厳《ごこうごん》天皇を守護し、近江（滋賀県）に逃れました。後継者の春王は近臣である赤松氏の居城がある播磨（兵庫県）に、避難させられていますす。一三六一年前後のことです。

騒動は一年で解決し、春王も京都に戻れることになります。その帰途のことです。一夜を摂津の琵琶塚（神戸市兵庫区）に宿泊したとき、白砂青松の風景があまりに美しいので感動した春王は、臣下に命じたそうです。

「この美しい風景を、すべて京都の屋敷まで運んでおくように」

こともなげに命ずる春王に、居並ぶ家臣たちは、「このお方は生まれついての、将軍様の気質をお持ちだ」と、感嘆したと伝えられています。

一三六七年十一月、将軍の義詮は重病となりました。彼は管領《かんれい》の細川頼之《ほそかわよりゆき》を枕辺に呼び、春王の後見と教育を託して死去しました。こうして春王は一〇歳で、将軍家の家督を継承します。続いて一三六八年、春王は細川頼之を烏帽子親《えぼしおや》として、元服しました。一人前の大人として扱われる身分になったのです。足利義満の誕生です。

同年、義満は後光厳天皇の征夷大将軍宣下を受け、足利幕府の第三代将軍となりました。十一歳の少年将軍は幕府の権力構造を巧みに利用し、強力な支配体制を形成していきます。

足利将軍には大きな権力が集中していた

鎌倉幕府では三代将軍の源《みなもとの》実朝《さねとも》が暗殺されたあとは、京都の皇族から招かれた皇子が、形式的な将軍となりました。実質的な権力は執権となった北条氏が掌握し、やがて北条氏の得宗家（北条宗家）が権力を独占しました。

足利尊氏の時代には、足利宗家を支える総秘書長のような役割をする一族を執事と呼びました。高師直の高家です。二代将軍、義詮の時代になると執事は管領と呼ばれます。秘書というより将軍を補佐する役割で、細川氏、斯波《しば》氏、畠山《はたけやま》氏の三氏です。三氏とも足利一門の有力守護大名でした。三管領と呼ばれました。管領は侍所、政所、問注所を統括して支配し、将軍の命令を全国の守護に伝達する役割は、彼らが持っていました。

京都の警察を担当する侍所の長官は所司《しょし》と呼ばれ、都の治安を維持する重職で、山名《やまな》、赤松《あかまつ》、京極《きょう ごく》、一色《いっしき》の有力な守護大名から選ばれ、四職《ししき》と呼ばれました。

この三管領四職に代表される統治機構によって、足利将軍の大きな権力は保証されました。しかし三管領四職を担う守護大名たちが最優先するのは、将軍や将軍家ではなく、自分の一門を繁栄させることです。

滅私奉公という思想は、いまだ武士の社会に定着していない時代でした。自分が仕えている大名が信頼できなければ、さっさと主人を替えることは、当然と考えられていました。したがって足利将軍は大きな権力を持っていても、彼が無能であったら三管領も四職も、将軍を迷うことなく見捨てる可能性は、充分にあったのです。

それでは少年期に将軍職に就いた義満は、権謀術数に長じていた三管領や四職たちと、どのように対決したのでしょうか。

第七節　たくましく、したたかな将軍に成長していく義満

二代将軍の義詮は我が子、義満の養育を管領の細川頼之（一三二九―一三九二）に託しました。頼之は有能な管領として、義満を支えていました。しかし義満にしてみれば、多少は「うるさいな」と思わせるほど、面倒見が良すぎたかもしれません。頼之の計算もあったでしょう。義満は独立心の旺盛な若者だったからです。

三管領の一人である斯波義将《よしまさ》（一三五〇―一四一〇）と細川頼之は、対立関係にありました。義満が将軍になる数年前の一三六六年に、斯波義将はある事件で失脚しました。そのとき斯波氏は管領の地位を細川氏に奪われ、細川頼之が管領となったのでした。ところが一三七九年、義満が将軍になってから約十年後、こんどは別の事件で細川頼之が失脚しました。

このとき斯波義将は軍勢によって三条坊門通に面した義満の邸宅を取り囲み、頼之を罷免せよと、大声で呼ばせたのです。この乱暴なデモ行進とシュプレヒコールで細川頼之を罷免させて、斯波義将が管領となったのですが、ここには、別の話も残されているのです。

「義満は示威行動に強要されて細川頼之を罷免したのではなく、みずからの意志で決断したのである。このことは義満邸に居合わせた、多くの貴族が知っていた」

そのようなことが『後愚昧記《ごぐまいき》』（三条公忠《さんじょうきんただ》）という、貴族の日記に記録されています。

義満は細川頼之の追討命令まで出したのですが、細川氏を廃絶したのではなく、十数年後の一三

九一年には細川頼之の弟で兄の養嗣子となった頼元《よりもと》を、斯波義将の代わりに管領としたのです。斯波義将に非があったのではありません。そして頼之も赦免され、幕政に参加させています。

ところが義満は頼元の管領職を二カ月早々で退任させ、斯波義将を復活させます。このように義満が管領家に対応した理由は、次のように考えられます。

義満は細川と斯波のライバル意識を利用したのです。二代将軍義詮の遺命を利用し、義満を自分に好都合の将軍にしようと計算した細川頼之を退けます。そして斯波義将を管領として重用しますが、細川氏を潰すことなく存続させ、反乱を防ぎました。その処置は同時に、斯波一族が強力になりすぎることへの防御策でもありました。やがて義満はもうひとつの管領家である畠山家も含めて、三管領に対して、つねに将軍家が優位に立つ政略を、冷静に計算して行動していたと思われるのです。

唐突なのですが、足利義満を総理大臣として、細川、斯波、畠山の三氏を、それぞれ内閣の動向を左右する重要な省、財務省、経産省、外務省の大臣だったと仮定します。そして総理大臣が三大臣を筆頭補佐官として、巧妙に継ぎ替えしながら利用し、政府をコントロールしていくように足利義満は三管領と対峙していたと、考えてみてください。

有力な守護大名は弱体化させ自滅させる

足利尊氏と足利直義の兄弟が内戦を続けたことで、二代将軍義詮の時代には、全国に多くの領国を持つ、強力な守護大名が存在していました。たとえば土岐《とき》氏は美濃、尾張、伊勢と、東海の主要国を領有しました。山名氏は全国の国数六十六カ所のうち、十一カ国を支配していました。さらに周防（山口県）を拠点とする大内義弘は、李氏朝鮮と独自な関係を持ち、足利政権にとっては厄介な存在でした。

義満はこれらの守護大名を、いずれも倒しています。その戦術は自分から軍勢を動かすことは、ほとんどなく、当主が死んだあとに跡目争いが起こるように仕組み、身内同士を戦わせます。そして喧嘩両成敗として、領地を召し上げたり、別の守護大名を配置したりしたのでした。

義満の統治方法は三管領対策も同様でしたが、上手に仲間割れをさせ弱くなるように仕向ける。みずから出陣する戦いはしない。いかにも帝王らしい政略を駆使しています。

「権力の見える化」に熱心だった

平清盛は自分が白河上皇の御落胤であるという風評を、あえて否定せず、むしろ自分のイメージアップのために利用しました。さらに自分の出生と光源氏を重ね合わせるなど、自分が特別な実力者であると思わせる噂を、世に広めようとしました。「清盛はすごい人物だ」と、世間に思わせたいからでした。

自分が獲得した権力や地位を、世の人々に誇りたいと権力者たちが思うのは、時代も洋の東西も問わず、世界共通です。その行動を「権力の見える化」と呼んでよいかと考えます。平清盛と並んで足利義満は、「権力の見える化」を楽しむように実行しています。

たとえば京都の相国寺に高さ一〇九メートルの七重塔をつくりました（一三九八年）。もちろん史上最高でした。京都の人々は驚いた。

「誰が建てたんや？」

「義満様か。すごいおひとや」

塔は焼失しましたが、すると今度は北山殿（現在の金閣寺）の敷地内にも大塔を建てています。義満は目立つものが好きでした。そして目立つ行動も好きでしたから、秦の始皇帝のように諸国へ行幸（巡回訪問）をしています。

たとえば駿河（静岡県）まで、富士山を見物に出かけます。美少年の騎馬隊もいるなど、きらびやかな行列です。沿道の人々は、こんなに華やかな行列で、はるばる駿河までやってくる義満という将軍に、その実力の大きさも感じ取ってしまいます。

義満は一三八一年に京都の室町に、「花の御所」と呼ばれる全国の花々を植えた、豪華な邸宅を建てました。このことから、室町幕府という呼称が一般化したのですが、この新邸に天皇をお迎えするときの、行列の豪華さも語り草となっています。義満にしてみれば花の御所も天皇の行幸も、すべて「権力の見える化」だったかもしれません。独裁者にとって庶民から得られる信望と人気は、重要だったからです。

第八節　実質的に「公武合体」をやりとげた唯一人の将軍となった義満

後醍醐天皇は朱子学の大義名分論に影響されて、自分だけが公家の社会も武家の社会も、すなわち公武を合体して、統治する人間であると信じました。ほかの皇族は認めませんでした。宋の皇帝たちと自分の存在を、観念的に同一の存在と考えていたのです。

ところが後醍醐天皇の考え方と行動は、公家たちから総スカンだったのですね。後醍醐が、「あいつはニセモノだ」と指摘した北朝の最初の天皇である光厳天皇も、公家たちから考えれば、まともな天皇です。幕府が天皇を決めたことは、前例もあることです。誰も偽物の天皇なんて思っていない。

「大覚寺統の後醍醐さんが流されたから、次は持明院さんが天皇になるのは普通やわな」

「そやな。昔も、後鳥羽上皇さんが兵を挙げて負けて、流されたやろ」

公家たちはそう考えますから、光厳天皇が政務を執っても、当然と考えている。官位をいただいたり、土地を保障されたりもしました。後醍醐が島流しから帰ってきて、「光厳天皇の決定は無効だ」と言いました。公家たちは落胆し、後醍醐は浮いた存在になりました。

ところが足利尊氏と直義の兄弟は、このような公家社会の葛藤に入っていけない。武士の誕生以前から存在する公家社会には、長い歴史の中で形成された有職故実《ゆうそくこじつ》（礼法、作法、約束ごと）があります。それに習熟していないと、公家のペースに巻き込まれます。足をすくわれて失敗します。平清盛も源頼朝も、そういう面倒を避けたくて、政治のことは天皇に任せ、軍事と警察権を確保する道を選びました。後醍醐天皇の騒動が長く続いた原因のひとつは、尊氏と直義も、朝廷と公家の社会を敬遠したからです。

しかし一方で後醍醐天皇も朝廷の側から公家と武家を統一して支配しようとして、失敗しました。対して足利義満は武家の側から公家社会を制圧し、「公武合体」を実現させたのでした。生来の資質だったかもしれませんが、義満は朝廷を敬遠していませんでした。室町幕府の将軍として、朝廷の官位を積極的に取得しています。一三八二年に左大臣兼蔵人所別当になります。左大臣は朝廷の実務上の最高位です。翌年には准三宮《じゅさんぐう》となっています。この身分は三宮（太皇太后・皇太后・皇后）と、同等の待遇を受けることを意味しています。摂関家や天皇の外戚のみ、許される身分です。

公家社会の流儀を義満にマスターさせた人物が存在した

二条良基《にじょうよしもと》（一三二〇—一三八八）は摂政・関白を出す藤原氏の五摂家（鎌倉時代中期に「五摂家」と呼ばれる五つの家に分かれました）のひとつ、二条家出身の上流貴族です。関白を長く務めた有能な政治家です。同時に『源氏物語』や『万葉集』も研究し、准勅撰の連歌集『菟玖波集《つくばしゅう》』の編集者でもあった、時代を代表する文化人でもありました。

良基は足利氏の兄弟喧嘩や南北朝の争乱で、弱体化してしまった朝廷を再興するには、幕府の後援が必要と考えました。その目的で少年時代に将軍となった義満に、接近したのでした。有能な家庭教師として近づき、公家文化を武士の世界にも、浸透させようという目算もあったでしょう。

良基は義満に和歌や連歌や文学を教えるだけでなく、有識故実も教えました。さまざまな書式のことや儀式の約束ごとなど、古からの作法どおりの面倒なこと。清盛も頼朝も尊氏も、みんな敬遠したことです。

ところが義満は花の御所へ二条良基を招き、公家社会の作法を基本から教えてもらったのです。儀式や作法のことで、義満が公家社会に困惑することは、なくなりました。

さらに二条良基は公家に対するアメとムチの使い方も、義満に教えました。彼らの弱みを知ることで、義満は公家たちから足をすくわれる危険から、無縁となったのでした。

太政大臣となった清盛と義満、二人の相違点

一三九四年に足利義満は太政大臣になりました。天皇に直属する国政運営の中核である太政官制度、その最高官職である太政大臣になった武士は、平清盛に次いで足利義満が二人目です。

ただし清盛の場合は、時の上皇であった後白河とは衝突しており、公家の社会に対して卓抜だった武力により、君臨しただけでした。しかし義満は武力による制圧だけでなく、具体的な政策によって貴族たちの世界に君臨したのでした。

たとえば一三九二年、義満は南北朝の対立を解消しています。吉野の奥地で細々と命脈を保っていた、南朝の後亀山天皇をすべての親族とともに京都に呼び戻すと、三種の神器を取り戻しました。

このとき義満は後亀山に、これからも南北両朝から交互に天皇を出そうと約束しました。しかしこれは後亀山天皇の名誉を重んじての口約束であり、義満は南朝を復活させる意思はありませんでした。そして北朝の後小松天皇から現代の皇室まで、北朝が続いているのです。

こうして義満は、公家の社会と武家の社会を公武合体させ、実質的に両者の頭領となったのでした。

第九節 義満が「日本国王」を名乗った真意、目的は明との正式な外交関係

一三三九年に亡き後醍醐を後継した南朝の後村上天皇が、尊氏の軍勢に吉野を追われ、さらに南吉野の賀名生に皇居を構えてからは、南朝の衰退は明らかでした。しかし九州では、建武の親政が始まった当時、後醍醐天皇が九州に征西将軍《せいせいしょうぐん》として派遣した懐良《かねよし》親王が勢力を拡大していました。そして三代将軍の義満の時代になっても、九州だけは南朝側が健在だったのです。

それだけではなく、懐良親王は一三六八年に明を開国した洪武帝《こうぶてい》（朱元璋《しゅげんしょう》）から、「日本国王」として冊封を受けていました。一三七一年のことです。

冊封とは五八九年に隋が天下を統一してから、中国の皇帝が周辺諸国を支配した体制の名称です。皇帝は周辺諸国の君主に官職と爵位を与え、被冊封国は皇帝に、定期的に貢物を捧げる朝貢を義務

づけられます。しかし朝貢すると、皇帝から貢物を上回る価値のある品物を下賜されるのです。なお冊封は、統一帝国である隋が登場する以前から、君主が家臣を封建して支配する形態として、南北朝の時代から存在しました。

懐良親王は「日本国王良懐」として明の冊封国家となり、倭寇《わこう》を取り締まることを期待されていたようです。この当時の倭寇は、日本人や朝鮮人の盗賊が寄り集まった海賊集団でした。明の沿岸地域は倭寇の標的となっていたのです。

懐良親王は九州の南朝勢力が、明の軍事力を借りて義満の北朝勢力に勝利し、九州を独立させようと意図していたようです。

懐良親王の行動は義満が黙視できることではなく、一三七二年、九州探題の兵力で懐良親王が本拠地としていた大宰府を攻撃させ、これを陥落させました。大宰府を追われた懐良は、九州各地で北朝軍と転戦しましたが勢力を挽回できず、一三八三年に筑後国（福岡県）で没しています。

明治以後になって、「足利義満は天皇になろうとしていた」という説が、盛んになりました。次のような指摘もあったのです。

「みずから日本国王と名乗ったのが証拠だよ」

それは事実です。しかし義満の前に「日本国王良懐」と、中国から呼ばれていた南朝側の懐良親王が存在したことに留意すると、歴史の流れは明快になります。ところで義満も「日本国王」と名乗ったのはなぜか。中国との公的な交易関係を確立させたいからでした。義満が「日本国王」と名乗るに至った経緯を、史実から辿ってみます。なお「日本国王良懐」に関する記述は、明の正史に

「胡惟庸《こいよう》の謀反事件」と関連して記録されています。

対明交渉の目的だけに「日本国王」を利用した義満

一三七二年に懐良親王の勢力を、大宰府から駆逐した義満は、翌一三七三年に室町幕府が初めて送る正式な遣明使を、明の都である南京に派遣しました。しかし明は、義満が臣下であって日本の王ではないと、外交関係を拒否しました。

義満は一三八〇年、「征夷大将軍源義満」の名前で外交を求めます。やはり拒否されています。

当時の明は初代皇帝の洪武帝（朱元璋）の時代でしたが、この皇帝は漢や唐の時代を理想とし、商業や交易は国を滅ぼすものと考え、海禁政策を取っていました。鎖国です。ですから明の政府は、すでに「日本国王良懐」がいるのだから、新たに日本と外交関係をつくるなど、問題外と考えたのでしょう。また天皇と幕府が存在する日本の支配体制などにはまったく無関心だったとも考えられます。

足利義満は一三九四年、九歳になったばかりの我が子、義持《よしもち》に将軍の座を譲ります。続いて一三九五年に出家して道義《どうぎ》と改名します。そして大臣や将軍など、臣下の身分を語る役職を捨てたのです。太皇太后・皇太后・皇后と同等の地位を指す、准三后の称号だけを肩書きとしました。次に義満は明が苦しんでいる倭寇の取り締まりを、一段と厳しくしました。

同じ頃、明では一三九八年に初代皇帝の洪武帝が亡くなり、九九年から二代皇帝の建文帝《けんぶんてい》の時代になっていました。

一四〇一年、義満は砂金や刀剣類を満載した遣明船を送り出しました。使者として僧の祖阿《そあ》と博多商人の肥富《こいつみ》が、派遣されています。「日本准三后道義」の名で二代皇帝の建文帝に奏上された文書は認められ、義満は「日本国王」として朝貢の希望が叶えられたのです。さらに建文帝は対日使節も送ってきました。

建文帝が積極的に日本を冊封したのは次のような事情もありました。建文帝は叔父で北京を支配している燕王《えんおう》と、皇帝の座をめぐる争いの渦中にいたのです。それだけに北京に近い朝鮮半島や日本を味方にしようとしていました。李氏朝鮮も一四〇〇年に冊封しています。対日使節を派遣し、日本や朝鮮が本当に味方かどうか、確かめる意図もあったという指摘もあります。

さて義満は対日使節が帰国するとき、見送りも兼ねて使者を同行させました。堅中圭密《けんちゅうけいみつ》という禅僧です。

建文帝の対日使節が兵庫の港（神戸）に着いたのが、一四〇二年の八月。帰途に就いたのが、一四〇三年の二月でした。交通手段も通信機器も発達していない時代、外交折衝は時を要します。義満は堅中圭密に建文帝への国書を託しましたが、同時に建文帝と敵対していた燕王への国書も用意していました。建文帝の使者が日本滞在中に政変が起き、皇帝が替わっている可能性もあったからです。

義満の読みは当たりました。一四〇二年の六月に、建文帝は燕王に敗戦して死去。燕王が即位し三代皇帝、永楽帝《えいらくてい》が誕生していたからです。使者の堅中圭密は燕王宛の国書を、永楽帝へ奏上する国書として整えたのでした。

この国書の中で義満は、初めて「日本国王臣源」と称しました。

永楽帝は義満の国書を認め、日本は遣唐使廃止（八九四年）後、約五百年ぶりに中国との国交を回復しました。日本が冊封を受けたのは、五世紀の「倭の五王」以来のことでした。

「日本国王」という称号を、義満はどのように使用したのか。残された記録を検証すると、国内の政治的な局面で自分の権威として中国皇帝を利用し、「日本国王」と自称した例は皆無です。また中国からの使節を迎えるときも、上座を占めるのは義満でした。

ただし交易の文書においては「日本国王」と称し、被冊封国の立場を明確にしています。日本が明との正式な外交関係を結び、日本（室町幕府）と明との国同士の交易関係を成立させ、商人たちによる私貿易に独占させないこと。それが義満の意図したことでした。それが国益となるからです。個人的な野望ではなく、日本を代表しての決断でした。

第十節　清盛以上にリアリストだった義満

「八九四年に菅原道真が遣唐使をやめて、日本は中国と縁を切って独立した」。そのように主張する学者の人が、いまだに存在します。さらに、日本が中国の冊封を受けたのは、「倭の五王が最後だった。それを義満が復活させたのはとんでもない奴隷外交だ」などと主張する先生もいます。

しかし『源氏物語』や『枕草子』を読んでみれば、すぐにわかることですが、当時の貴族社会は圧倒的な唐物信仰、舶来信仰だったのですね。宗教や漢文学そして音楽（雅楽）や絵画のみならず、茶や菓子や飲食物、家具や道具類まで、文化と文明はすべて中国が先進国でした。

八九四年に菅原道真は「遣唐使を廃止した」のではなく彼の建議で「遣唐使を停止した」というのが史実です。なぜ停止したか。唐は玄宗《げんそう》時代の末期、「安史《あんし》の乱」という反乱が起こり、国の交易活動を守って私貿易を防ぐ、海上保安庁の機能が失われていたからです。海の商人たちの私貿易で、遣唐使を派遣しなくても、唐物は充分に入手できました。しかも菅原道真は政治的に失脚し、九〇三年に九州で客死しています。中国との交易は私貿易によって、継続していたのです。

十三世紀の文永・弘安の役（モンゴル戦争）があった頃にも、大元《たいげん》ウルスとの交易量は増加しています。近代に成立した政治体制である国家は存在しませんでしたから、国民意識なんてありません。武士や兵隊は戦争をやっていても、商人たちは自分たちの商売だけに専心する時代でした。

けれども私貿易や密貿易で交易の利益が、民間に流れ続けては支配者たちは困ります。対中貿易が儲かるのであれば、それは支配者として幕府が、主導権を掌握すべきです。冊封を受けて得をするなら、受けなければ損だ。割り切って形だけ冊封を受けたほうが得だ。国が豊かになれば良いではないか。義満は合理的に決断したのでした。

清盛は日宋貿易を政権の中心とするため、京都から福原（兵庫県）に遷都し、大輪田泊（神戸港）を拠点にしようと構想しました。貨幣経済の伸長を予感していたのでしょう。現実を正確に把握する才能に秀でていたと思います。その点は義満も同様でした。しかし後白河上皇との対立、頼りにしていた長男の死、自分自身の病死など、清盛は強運には恵まれませんでした。

義満は強運の人だった側面もあります。そして権謀術数にもすぐれ、武士を支配してきました。

宮廷の儀礼を身につけ、公家の手練手管も潰してきました。しかも明に難題を押しつけられることもなく、「日本国王」として貿易を続けました。いま必要なものが見えるから、明日を読むこともできる。義満や清盛に共通しているのは、リアリストだったこと。そのように考えます。

リアリストだから貴族社会の弱点も、貨幣経済の可能性も理解できた。そして公武合体を実現し、交易を経済政策の中心に置いた。義満がこのような方向に進んだことで、室町幕府は南北朝の混乱から日本を回復させ、市場経済を発展させ、商業も盛んにしました。

勘合貿易と四代将軍の義持

日明貿易は「勘合貿易」という形態を取っています。勘合と呼ばれる紙片を二分割し、日本側と明の側が半分ずつを持ち、明の港で両者がそれら合わせ見て確認し合う形でした。室町幕府はみずから商船を出すよりも、寺社や大名から礼銭を受け取り、勘合を分け与えました。そして寺社船や大名船が、遣明船の大半だったようです。日本側の主な商品は銅、硫黄、刀剣類、買い求めた中心は銅銭の永楽通宝、生糸、書物、陶磁器でした。

足利義満は一四〇八年に亡くなりました。死因については定説なく、自然死だったようです。五十一歳でした。後継者、四代将軍の義持は勘合貿易を中断させています。義持は一三九四年に九歳で将軍となりましたが、それから一四〇八年まで、父の義満が政権を支配していました。十四年間もまったく無為の生活を、強いられていたのです。気の毒な立場にいた長男として、父の死後、すなおに父の政治を継承することに、いくつかのことで抵抗しています。

たとえば朝廷から義満に、太上法皇号を追贈しようと申し入れました。皇族と同等の名誉に近いのですが、義持は辞退しています。しかし義持は将軍としては優秀であり、義満が築いた室町幕府の威勢は揺るぎませんでした。

足利義満も足利氏なので、いまも一部の人たちには評判が良くありません。明治の後半に南朝が正統だとされたからですね。後醍醐天皇と楠正成が人気者になってしまい、彼らに反対した足利尊氏や北朝の人は、みんな悪者であるという、イデオロギーが残ってしまったのは残念でした。

第七章

織田信長

第一節　彼はどのような時代に生まれたのか

室町時代の尾張（愛知県南西部）の守護大名は斯波《しば》氏でした。その守護代（代官）だったのは清《きよ》洲《す》織田《おだ》氏です。この清洲織田氏の分家の、そのまた分家の織田信秀《のぶひで》（一五一一—一五五二）は、武勇にすぐれ、勢力を拡大し、那古野《なごや》（現在の名古屋）から知多半島に至る、伊勢湾に面する地域を領有しました。那古野は関東と結ぶ要衝の地、伊勢湾は出船も入船も多く海運が栄え、商取引も盛んでした。

信秀の妻が一五三四年に産んだ嫡男が、信長でした。

信長の生涯については、一六〇〇年前後に太田牛一《おおたぎゅういち》が著述した『信長公記《しんちょうこうき》』という、好資料があります。『現代語訳　信長公記（全）』（榊山潤訳、ちくま学芸文庫）が出版されています。この文献を軸に信長の一生を追うことは可能です。ただ、その前に改めて彼が生まれた時代について、史実を確認しておきたいと考えました。次のような理由があります。

室町幕府、八代将軍義政の後継者をめぐる、養子（実の弟）義視《よしみ》と実子・義尚《よしひさ》との争いに、斯波と畠山の両管領家の相続争いが絡んで、大規模な争乱が勃発しました。一四六七年に始まった応仁の乱です。この大乱は一四七七年まで続きました。足利義政と義尚を擁立する東軍は管領の細川勝元《ほそかわかつもと》を首領とし、足利義視を擁立する西軍は、四職の一人、山名持豊《やまなもちとよ》（宗全《そうぜん》）を首領としました。この大乱によって京は荒廃し、将軍の権威も失われました。

いままで僕たちが学んできた日本史の授業では、応仁の乱から戦国時代が始まり、室町幕府の十五代将軍の義昭《よしあき》を、織田信長《のぶなが》が京都から追放した一五七三年で、室町時代は終わったと教えられてきました。

したがって、中世後半の日本を支配する政権は、足利将軍家の室町時代から信長・秀吉《ひでよし》が支配する安土桃山時代へ移行したと、理解してきました。しかしこのような考え方は、ふたつの点で認識を変えるべきでは？と考えています。ひとつは、戦国時代が始まったのは応仁の乱から、と考えてよいか。もうひとつは、室町時代に足利将軍家が信長に追われ、そのまま安土桃山時代になったと考えてよいか。この二点です。特に後者の問題は、信長と深く関係してくることでした。

第二節　足利政権の末期は細川政権と三好政権に支配権を奪われていた

応仁の乱は八代将軍義政と実子である義尚を擁する東軍が勝利し、義尚が九代将軍となりました。管領となったのは細川政元《まさもと》、彼は東軍の首領だった細川勝元の嫡男でした。

しかし九代将軍となった義尚は、二十五歳の若さで病死（一四八九年）。父の義政は応仁の乱で敵対した実弟の義視と和解して、翌年義視の子である義材《よしき》（義稙《よしたね》とも）を十代目の将軍としました。義材はこのとき二十五歳でした。義政は同年死去しており、弟の義視も一四九一年に没しました。

新将軍となった義材は、父の義視が応仁の乱でその実兄の義政と対立したため、不遇の時代を経ての将軍即位です。やる気、充分でした。

ところで九代将軍の義尚を支えてきた管領の細川政元は、将軍が義材になっても管領の座にいました。彼の父は応仁の乱で東軍の首領格だった細川勝元でしたから、政元は個人的には父と敵対していた義視の子が将軍となり、仕えることは愉快ではありません。しかし、そのような感情を公務上で見せることは、もちろんありませんでした。

しかし義材は将軍になるとすぐに、前将軍の義尚が征伐できなかった近江の賊軍を倒します。さらに義材は応仁の乱で東軍だった河内（大阪）の畠山政長《はたけやままさなが》が、国一揆で苦戦するのを味方して出陣したのでした。一四九三年（明応二年）二月のことです。

このとき将軍不在となる京都をあずかった管領の細川政元は、ひそかに亡き八代将軍義政の妻だった富子《とみこ》と、謀議を交わしました。富子は藤原北家の名門、日野家の出身です。その娘たちは足利義満以後、将軍の室（妻）になるのが慣例化していました。九代将軍の義尚の母となった富子は、政務や財務に関しても、一家言ある女性でした。

政元と日野富子は応仁の乱で敵方であった義視の直系である義材が、政局を支配し、自分たちを排除することを恐れ、クーデターを計画したのです。義材が河内に出陣する以前から、謀議は進められていたとも考えられます。

将軍をすげ替えた細川政元から戦国時代が始まった

政元は十代将軍の義材を倒すために、次の将軍の候補者として、義政の弟である足利政知《あしかがまさとも》の次男に白羽の矢を立てました。彼はすでに出家して清晃《せいこう》と名乗り、天竜寺の僧となっていました。足利政知は、義政の弟です。なお義材の父、義視も義政の弟でした。義政、義視、政知の父親は、六代将軍義教《よしのり》です。足利政知は足利幕府の関東出張所長のような、堀越公方《ほりごえくぼう》となっていました。堀越は現在の静岡県伊豆の国市です。

一四九三年四月、政元は清晃を擁立して義材に反旗をひるがえし、クーデターを強行し、義材は降伏します。そして清晃は還俗して義高《よしたか》と名乗り、一四九四年に十一代将軍に即位しました。なお義高は一五〇二年に義澄《よしずみ》と改名します。そのために諸文献では、十一代将軍義澄と記録されていま す。

なお破れ去った義材は、北陸に逃れて再起を期しますが、その後も各地を転々としながら、将軍に復帰する機会を狙い、「流れ公方」と呼ばれました。

この一四九三年のクーデターは、明応《めいおう》の政変と名づけられていますが、時代を画する事件だったと考えます。

応仁の乱から戦国時代が始まったとする主張は根強いのですが、戦国時代とは実力主義の時代です。実力ある部下が無能な上司を、迷わず倒す時代です。その点から考えれば、応仁の乱においては、東軍も西軍も将軍を担いでいます。まだまだ将軍の、すなわち幕府の権威を認めています。

ところが明応の政変において、細川政元の一派は意のままにならない将軍の義材を追放し、御しやすい義澄に将軍をすげ替えてしまった。将軍の権威をまったく認めていません。このことから明応の政変があった一四九三年から、日本は戦国時代に突入したと、僕は考えています。

細川政権が滅びるまで

細川氏は讃岐（香川県）、阿波（徳島県）を中心に、河内・和泉（大阪）そして京都と、畿内を支配圏としていました。物流の拠点は港湾都市、堺でした。足利将軍を十代将軍の義材（義稙）から十一代義澄にすげ替えた政元は、強大な細川氏の勢力を背景に、幕府の人事権も軍事力も掌握し、朝廷も意のままに動かしていました。彼はその当時、「半将軍」と呼ばれています。

この政元は有能な管領でした。しかしふたつの際立つ特徴がありました。ひとつは仙人や天狗にあこがれ、突然に修行を始めたりするのです。また彼は男性を好むので結婚はしませんでした。したがって彼は後継者として、養子を取りました。しかし三人も取ったのです。政元の移り気だったとしても、罪つくりな話です。三人の養子とは、関白九条政基《くじょうまさもと》の子澄之《すみゆき》、阿波守護の細川家の澄元《すみもと》、備中守護細川政春《まさはる》の子高国《たかくに》の三名でした。そして一五〇七年、政元は最初に養子とした澄之の家臣によって暗殺されました。天狗になる修行のため浴室で身を清めているときに、刺殺されたのです。義材を追い出すクーデターから十四年後でした。

そして後継者争いは、阿波の細川澄元と和泉の細川高国の二人の戦いになりました。この争いに「流れ公方」となっていた十代将軍だった足利義材が加わりました。復権を狙う義材は身を寄せていた安芸（広島県）の有力守護、大内義興《おおうちよしおき》に担がれて入京し、和泉の細川高国と手を結んだのです。

そして義材が将軍に返り咲き、高国が管領の座を占めた時期もありました。しかし義材は高国と衝突し淡路へ逃亡、後に阿波で死亡します（一五二三年）。

高国は義材を追放すると、今度は十一代将軍、義澄の子、義晴《よしはる》を十二代将軍としました（在任一五二一―一五四六）。これに対して阿波の細川澄元の遺子、細川晴元《はるもと》が異を唱えます。そして義晴の弟である義維《よしつな》を将軍として担ぎ出し、公然と高国に対抗したのです。

こうして和泉（大阪府南部）の細川高国と阿波の細川晴元の勢力争いが、将軍継承問題を絡めて始まりました。この争乱は阿波の細川晴元が勝利します。そして将軍の義晴は嫡男の義輝《よしてる》（一五三六―一五六五）を十三代の足利将軍としました。

ところで本章の主人公である信長が生まれたのは一五三四年、晴元が細川政権を掌握する頃でした。これから尾張の地で、信長の時代が始まるのですが、ここでは細川政権を待っている変動について、追いかけたいと思います。

さて、細川晴元は、十二代将軍の義晴と十三代将軍の義輝を傀儡として、細川政権を後継しました。彼の家臣に三好長慶《みよしながよし》（一五二二―一五六四）という武将がいました。彼は阿波出身の国人（在地領主）です。足利氏や細川氏の一族ではありません。平たくいえば、権力者階級ではなく地方出身者です。しかし才覚もあり晴元に信頼されていました。摂津越水城《こしみず》（兵庫県西宮市）の城主となっていた人物です。ところが長慶の叔父の政長《まさなが》は、自分が三好一族の長となろうと考えていました。長慶の存在は邪魔になります。

政長は細川晴元に取り入り、虚言を使って長慶を失脚させようとします。すると晴元は対立する両者を利用しつつ、結局は政長を支持しました。

ついに一五四九年、長慶は晴元に反旗をひるがえしました。まず政長を摂津江口《えぐち》の戦いで、討ち死にさせます。ついで晴元および将軍の義輝と、その父である先代将軍の義晴を近江へ追放しました。細川政権の支配が終わりました。細川政権は一四九三年から一五四九年の五十六年間でした。

三好政権は将軍抜きで政治を始めた

一五四九年、細川晴元を近江へ追い出した三好長慶は、晴元と手を結び行動をともにした十三代将軍の義輝を、京都へ呼び戻しませんでした。長慶は将軍不在のまま、逃亡した晴元の政務を引き継ぎ、朝廷と談合しながら政治を続けたのです。将軍の権威をまったく認めないというか、むしろ無関心とも思える姿勢は典型的な下剋上そのものでした。

しかし長慶は松永久秀《まつながひさひで》（一五一〇—一五七七）に代表される、すぐれた政務能力がある部下を駆使し、独自に政治を動かしました。そして細川政権が支配していた和泉・河内・摂津など畿内を、引き継いだのです。

彼は国人でしたが、有職故実を重んじる朝廷文化にも無理解ではなく、文化的な素養も身につけていたようです。彼は天皇からの信頼も得ていました。また追放した十三代将軍の義輝とも和睦し、義輝は一五五八年に入京しています。そのことによって、長慶の政治姿勢は変化しませんでしたが、将軍が京都に戻ったことは、体制としては将軍支配の復活でもありました。すでに全国の守護大名は、それぞれに自国を独自に支配し、その領地を拡大する近隣諸国との攻防戦を始めていました。

戦国大名の時代になったのです。

彼らにしてみれば幕府と将軍の存在は、彼らの領土拡大を正当化してくれる権威の象徴として、当面は、充分に存在価値がありました。そのために京都に戻ってきた十三代将軍の義輝との謁見を求めて、全国から有力な大名たちが上洛してきました。

一方で将軍の義輝も有力大名たちを味方につけ、幕府を再建することを意図していたのです。そのため有力大名たちに、義輝は領土拡大や支配権を認める文書を下賜しています。

信長が三好長慶から得たもの

一五五九年の二月、信長も義輝との謁見を求めて上洛しています。

青年期を迎える頃までの信長は、異様な服装を好み、髪を派手な色彩の細布で飾り、袴には火打石をぶら下げ、餅を食べながら、街を歩いたと伝えられています。しかも同様の服装の若者を従えて。織田家の家臣たちは、そんな信長を「大うつけ」と呼び、弟の信勝《のぶかつ》（信行《のぶゆき》とも）を支持する勢力が、増加しつつありました。

しかし当時の尾張は、先進的な商業地帯として栄えていました。家臣たちから「かぶくばかりのうつけ者」と呼ばれても、やくざに思える行動を通して信長は町の住人と親しくなり、新しい時代を肌で感じ取っていたとも考えられます。英仏間の百年戦争（一三三七―一四五三年）で、イングランドの英雄、ヘンリー五世が若き日に、領国の無頼の徒とつきあって、庶民の要求を知ったという話を連想させます。

なお、かぶくとは当時の動詞で、「ふざけたみなりで、浮かれ戯れる」ことを意味しました。信長の父、織田信秀は一五四八年、美濃（岐阜県）の斎藤道三《さいとうどうさん》との敵対関係を解消しました。このとき斎藤道三は和睦の印として、自分の娘である濃姫《のうひめ》を、信長に嫁がせました。油売りの商人から美濃の実権を奪取し、戦国大名の典型とも称された道三には、信長の実像が見えたのかもしれません。

一五五二年に父の信秀が死去。一五五七年に信長は、尾張の主権を狙って策動する弟の信勝を殺害。さらに一五五八年、信長は紛争中だった尾張上《かみ》四郡の守護代、織田信賢《のぶかた》を軍事的に敗北させました。残るは最後の戦後処理のみでした。そして一五五九年二月、信長は上洛したのです。信長は復活した十三代将軍義輝との謁見を済ませると、四、五日間の滞在で京都から尾張に帰っています。

この短い京都滞在中に、信長は全国の実力ある大名を上洛させる将軍の権威と、その将軍を意のままに扱いつつ、畿内を支配する三好長慶の政治を知りました。そのことから信長は多くのことを学んだのではないでしょうか。そのように考えます。頭角を現していく信長を語る前に、三好政権の盛衰を見届けましょう。

松永久秀の登場と三好政権の分裂

長慶は将軍の義輝と和睦しましたが、幕府の実権は彼が掌握していました。そして四国の瀬戸内側から畿内の領域を、領国としていました。彼の家老となっていた松永久秀の大きな働きもありました。

また長慶は幕府の実権を握っていましたが、京都には定住せず、本来の居城である阿波は弟に任せています。そして領国と京都を結ぶ地点に居城を構え、しかも転居を繰り返し、戦略的な機動性を重視しました。摂津の越水城（兵庫県西宮市）から高槻の芥川《あくたがわ》城（大阪府の北部）そして四條《しじょう》畷《なわて》の飯盛山《いいもりやま》城（大阪府の北東部）です。なお当時の有力大名で自分の居城を移動する例は、ほとんどありませんでした。

後継者がいなかった長慶は、一五六四年、末弟の子である義継《よしつぐ》を養子に迎えました。しかし長慶は、その年に死んでしまいました。享年四十三歳、病死でした。この当時、三好政権では長慶の片腕でもある家老の松永久秀が、勢力を拡大しつつありました。細川政権の最後は、腹心とも呼ぶべき三好長慶に、細川晴元が追われる形で訪れました。その長慶の座に、松永久秀が迫ろうとしている。そのような不穏な状況下で、長慶は病死したのでした。

彼の死を知った十三代将軍の義輝は、復権の好機と考えました。彼は三好政権を打倒する行動を起こそうとします。しかし事前に策謀は露見します。一五六五年、三好義継と三好一族の有力武将たち（三好三人衆）そして松永久秀の息子、松永久通《ひさみち》の軍勢は白昼の京都で義輝を襲い、自害させました。なお松永久秀は息子の久通を参戦させましたが、本人は出陣していません。

この軍勢は、さらに大和の興福寺で覚慶《かくけい》という法名で仏門に入っていた義輝の弟も、殺そうと計画しました。しかし彼は事前に、近江へ逃亡しました。彼を救ったのは、松永久秀だったのです。松永久秀は三好政権の家老ではありましたが、大和の地に所領を持ち、興福寺と無縁ではありませんでした。信貴山《しぎさん》城（奈良県平群《へぐり》町）、多聞山《たもんやま》城（奈良市）が拠点でした。彼が覚慶を救ったのは、三好政権に敵対する行動です。

ここに至って三好義継と三好三人衆（三好長逸《ながゆき》、三好政康《まさやす》、岩成友通《いわなりともみち》の三名）は、松永久秀と絶交し、阿波の足利義栄《よしひで》を十四代将軍として即位させ、傀儡将軍とし、三好政権を維持しようとしました。一五六五年十一月のことでした。足利義栄は彼らが殺害した十三代将軍、義輝の従弟に当たります。

一方で近江へ逃れた覚慶は還俗し、足利義秋《よしあき》と名乗りましたが、ほどなく義昭と改名しました。彼は自分を殺害しようとした三好一族が十四代将軍に即位させた足利義栄を倒し、みずから将軍になる決意をしたのです。松永久秀が進言したとも考えられますが、諸国の大名たちには、三好一族が義栄を操り人形として政権を握っていることを、支持しない勢力も存在しました。有力な戦国武将たちは、少なからず、天下取りの野望も持っていた時代です。

こうして三好政権は義栄を立てる三好一族の勢力と、義昭を支持する松永久秀に代表される勢力が対立し、抗争する状態になりました。

かかる状況下で足利義昭は逃亡先の近江から大名たちに、自分を将軍として上洛し、三好政権を倒すことを訴えました。この要請に応えた一人が織田信長でした。信長の意図することは何だったのか。話の焦点は信長に移ります。

第三節

三好政権を倒し十五代将軍義昭を擁立した織田信長

少し時をさかのぼります。一五五九年に初めて上洛して義輝に謁見し、三好長慶の政治を見聞した信長は、翌年の一五六〇年には駿河（静岡県）の大戦国大名の今川義元《いまがわよしもと》と、桶狭間（愛知県）で戦い、勝利しました。この戦いは奇襲作戦の成功と伝えられてきました。しかし近年の研究では、豪雨という天候の助けはありましたが、正攻法の戦いであったとの評価もあります。また桶狭間の戦いで今川軍の先鋒になっていた三河（愛知県）の徳川家康が、今川家を去り織田家につきました。このときから、信長を上位とする信長と家康の、連合関係がつくられました。

今川義元を倒したことで、信長の勇名は広がりました。その五年後の一五六五年、近江からの足利義昭の呼びかけが、信長にも届いたのです。信長は自分が義昭を支持することを伝えました。しかしすぐには行動しませんでした。近江へ行く手前の美濃（岐阜県）の、斎藤龍興《たつおき》（斎藤道三の孫）と抗争中だったからです。

一五六七年、信長は龍興を倒し、その居城だった稲葉山城に移りました。長良川に近い金華山《きんかざん》上にあった城です。近江へ抜ける要衝の地にあります。その城下町である井口を、信長は「岐阜」と改名しました。「岐」は中国の周の文王が蜂起し、天下を取った「岐山《きざん》」に由来し、「阜」は孔子の故郷である「曲阜《きょくふ》」に由来します。

当時の信長は公的文書に押す朱印に、「天下布武《てんかふぶ》」を使用し始めていました。この時代、最高権力者を「天下人《てんかびと》」と呼びましたが、信長の胸中に、自分が天下人になってやるという気概が芽生えていたように思われます。足利義昭を将軍として擁立することは、その気概と無関係ではなかったでしょう。

そして一五六八年七月、信長は岐阜城下で義昭と対面しました。次いで九月、南近江で信長軍に対抗していた六角《ろっかく》氏の観音寺《かんのんじ》城を撃破すると、信長は義昭を将軍として奉じ、入京しました。傀儡将軍の義栄を立てて頑張っていた三好三人衆も、同年の十月、信長軍に追われて阿波へ逃亡します。

こうして足利義昭を十五代将軍として、室町幕府が復活しました。しかし実際の政務は信長が主導権を把握しており、義昭の政務は信長の承認が前提となっていました。

成立した二重政権を基盤に、織田信長の時代が始まります。なお足利義昭を暗殺から救った松永久秀は、上洛した信長に従っていましたが、やがて信長に反逆し、信貴山の居城で自死します。

第四節　信長が義昭を追放するまで

義昭が信長によって室町幕府の第十五代将軍となった一五六八年、彼は三十二歳（一五三七―一五九七）。信長は三十五歳でした。

信長は義昭の将軍就任に際し、「殿中御掟《でんちゅうおんおきて》」を定めました。それは将軍に要望する基本的なことを、簡明に箇条書きにしたものでした。諸般の案件は前例に従ってください、といった程度の心得で、強圧的な内容ではありません。信長は既存の権力構造や秩序を、無用に軽視はしませんでした。

一五六九年に足利義昭が仮住居として住んでいた寺院が、再起した三好三人衆の軍勢に襲われると、ただちに信長は、これを撃退。義昭のために二条城（二条御所）を築いています。この二条城は徳川家康が一六〇二年に築いた二条城とは無関係です。

信長は着実に自分の構想を実現していきます。経済活動を盛んにするために、新たに進出した大坂（現在の大阪市）も含めて、道路や河川に設けられていた関所を全廃しました。また伊勢湾の交易も独占、さらに中立都市として自治が認められていた堺にも、代官を置き、堺の自治組織に対し、矢銭《やせん》（軍用金）を要求しています。

こうして信長は細川政権や三好政権が支配していた、四国から大阪そして京都に至る交易圏を独占しました。信長は畿内を制圧したかに思われました。

ところが元亀元年（一五七〇年）、いくつかの有力な戦国大名と石山の本願寺（大阪市）が、反信長の挙兵をしたのです。

四月に越前（福井県）の朝倉義景《あさくらよしかげ》と彼に味方する北近江（滋賀県）の浅井長政《あざいながまさ》。八月には摂津（兵庫県南東部）で三好三人衆の挙兵、そして九月には伊勢湾に面する長島（三重県）で、石山の本願寺に属する願証寺《がんしょうじ》を中心に、一向宗門徒による大規模な一向一揆が始まったのです。もちろん敵とするのは信長です。

こうして信長は、多くの敵と交戦状態となっていきます。その状態は一五七一年になっても続きます。ところで反信長の挙兵が連続して起きたのはなぜか。将軍の義昭がひそかに扇動していたという説が有力です。

義昭は自分を将軍にしてくれた信長に、最初のうちは感謝していました。しかし自分の権威を尊重してくれない信長に、不満を抱き始めます。露骨にいえば、自分勝手にやりたくても許してくれない信長を困らせてやれ、その勢力を削り取ってやれと、思ったのでしょう。そう思っての気まぐれな行動が、「信長打倒」の呼びかけだったのではないか。

しかし戦国大名の時代です。みんな自分の領国を強く大きくしたいと考え、天下取りを目指す大名もいましたから、時の将軍が「信長打倒」を呼びかければ、これを飛躍するチャンスと考える勢力も、存在して当然です。

義昭と信長の関係は不穏になっていき、信長と浅井・朝倉連合軍との戦いは小競り合いが続いていました。そんな状況の中で、信長は一五七一年の九月、自分に対する敵意が露骨になり、新たな脅威となった比叡山延暦寺を焼き打ちにしています。次いで一五七二年になると、義昭の信長に対する反抗は過激になっていきます。ついに九月、信長は義昭に対する「異見《いけん》十七カ条」を、公表しました。それは意見書というよりも、糾弾する十七カ条でした。

その内容は、義昭は朝廷への勤めを怠り、遊興や賭博に耽り、賄賂ばかり取っている、といった非難、さらには義昭は悪業ばかり重ね、暗殺された六代将軍の義教と同じようだと、脅迫めいたことも書いています。

そして信長は、この文書を官庁や有力者に配布したのです。彼は義昭を見捨てました。

一方で戦国大名の雄、甲斐（山梨県）の武田信玄《たけだしんげん》は一五七二年の十月に甲斐の甲府から出陣し、遠江（静岡県）に侵略の軍を進めていました。

この地方は織田・徳川の連合軍の管理下にあり、家康が支配していました。しかし武田軍の前に、家康側の城は、次々と落とされます。ついに信長の援軍も加わるのですが、十二月に至り、三方原《みかたはら》（現在の浜松市）の戦いで、織田・徳川の軍勢は大敗し、家康は九死に一生を得て、居城に逃げ帰りました。

一五七三年に武田軍は、さらに西へ進軍し三河（愛知県）へ侵入。ここでも織田・徳川軍は敗北します。ところが四月に信玄は三河の陣中で病気となり、武田軍はひそかに撤退を開始し、信玄はその途上で病死。信長は好運でした。

一方で正親町天皇は信長と将軍の義昭に、和睦するように勅命を出しています。これも四月のことでした。しかし和睦はうまくいかず、義昭は小さな抵抗を繰り返していましたが、七月に至り山城（京都府）の槇島《まきしま》城で反信長の挙兵をしました。しかし城は破られて義昭は敗戦し、京都から追放されました。室町幕府の終幕です。

義昭は信長に河内へ追放されたあと、備後（広島県）へ逃れ、毛利輝元《もうりてるもと》を頼ります。晩年には秀吉から一万石を与えられ余生を送り、一五九七年に死去しました。

第五節　「織田政権」の時代から「信長の時代」へ

織田信長の登場について、少し復習させてください。

室町時代の末期になると将軍の権威と権限は衰え、幕府の権力は細川政権と三好政権に奪われました。下剋上の風潮が広まり、戦国時代に突入していきます。三好政権に次いで三番目に登場したのが、織田政権でした。

そして信長は織田政権に抵抗した十五代将軍の義昭を追放し、独自の政権を立ち上げました。時代は信長時代に入っていきます。したがって日本史の時代区分は、室町時代から織田・豊臣の安土桃山時代になるのではなく、細川政権と三好政権が介在したことに留意することが、歴史の流れに沿っている、そのように指摘して話を進めてきました。

さて戦国時代の三傑は信長・秀吉・家康といわれます。三人とも十数年、時代を支配しました。信長は一五六八年の上洛から一五八二年の暗殺死まで、秀吉は信長の暗殺死から一五九八年の没年まで、家康は一六〇〇年の関ヶ原の勝利から一六一六年の没年までです。

信長という人物について思うことは、とりわけてリアリズムの能力にすぐれており、具体的に物事を見る能力があったことです。彼の少年期から青年期については、お話ししました。しかし彼が無頼な日々を送ったという尾張は、商売の中心地でした。マーケットが栄えていた地域で育ったのですから、リアリズムで生きることを学ばなければ、後れを取ります。事実を見極める能力を磨かないと、商売には勝てません。

信長が天下人に至る重要なポイントを振り返ってみましょう。それは三段跳びにたとえれば、ホップが桶狭間の戦い。上京しようと進軍してきた今川義元を破ったこと。ステップが斎藤道三の孫、龍興を倒し、居城の稲葉山城を得たこと。その城下町を岐阜と改名し、京都への拠点としたのでしたね。そしてジャンプが足利義昭を奉じて入京したことでした。

そして反乱を起こした義昭を追放した信長は、権力の頂点に立ち、さまざまな政策を展開しつつ、全国制覇を目指したのです。

第六節　信長の経済政策は貨幣経済の確立へ向かっていた

入京した信長は商業の重視を、具体化しました。歴史上で有名なのが楽市・楽座です。しかし楽市・楽座は、信長の専売特許ではなくほかの大名もやっていました。特に近江（滋賀県）の六角氏がいち早く、実施しています。

市は商品（諸物資）の交換や売買をする場所（マーケット）です。座は特権的な同業組合でほかの商人を排除し、利益を独占する組織です。市においては有力大名や寺院の庇護を受けた一部の商人が座を形成し、ほかの商人を排除することが慣例化していました。これに対し新興の戦国大名たちは、自国の城下町が繁栄し人が集まってくることを目指し、閉鎖的な座を廃止し、商取引の自由化を実現したのです。

楽市・楽座が特に近江で先行的に実現したのは、東海道や北陸道そして琵琶湖の水路もあり、交通の要所だったことで、京都へ運送される物品が集結する拠点となっていたからです。比叡山延暦寺も大津で盛んに商売をやっていたのです。近江の地は経済には敏感であり、大津は一揆も起こりがちでした。

信長は尾張から美濃そして近江と上ってきて、商売の重要性を実感しました。このことは信長の政策における、大切なポイントになります。というのも家康が登場してくると、商売から土地へ、経済の中心が戻ってしまいますから。

信長の貨幣政策、びた銭の公認・三貨制度の確立・マネーサプライの供給

清盛の章でも触れましたが、日本で使用されていた貨幣の大部分は中国の銅銭です。その中心は宋銭でした。日本には大量の銅銭を生産する技術が、なかったのです。宋や大元ウルスの時代には、充分に銅銭が輸入できたので問題はありませんでしたが、一三六八年に明を建国した朱元璋《しゅげんしょう》は、海禁をしました。鎖国です。しかも彼は商業が嫌いだったのです。それで日本は十分に銅銭を輸入できなくなりました。

貨幣は便利です。一回、流通したら、また物々交換に戻るなんて嫌ですよね。それではどうしたか。中国の貨幣を真似たお金が、勝手につくられ始めました。これをびた銭と呼びました。悪銭です。

そうするとマーケットに流れるお金はふたつになります。中国の貨幣とびた銭です。そこで最初に撰銭《えりぜに》が起きます。お金を選ぶ。たとえば何かを売り、五枚の貨幣を渡されたとします。

「この二枚は中国のお金やから受け取るけどな、この三枚は偽物やないか」

というわけで本物を選んで偽物を返す。そのようになるのですが、ところが本物は絶対量が少ないのですから、撰銭ばかりしていたら貨幣の流通が止まってしまいます。そこで「びた銭五枚で中国銭一枚」とか、比率を決め始めます。

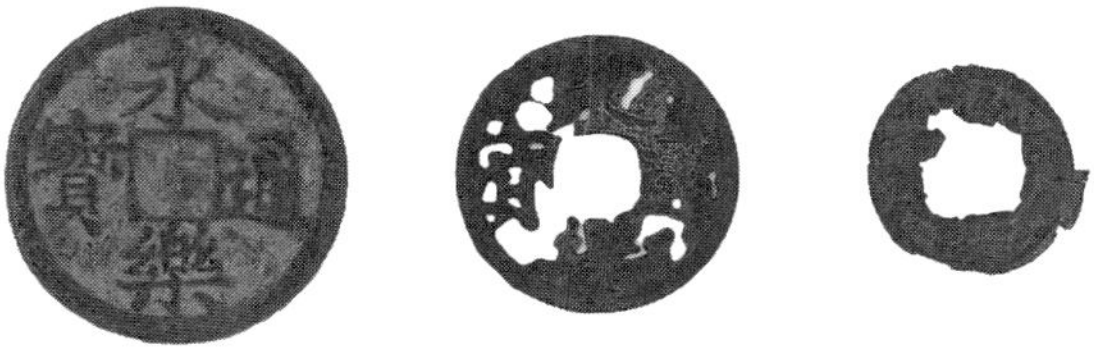

流通していた銭を粘土で型取りし、鋳造した鋳写銭(いうつしせん)。
写真：日本銀行貨幣博物館

「中国のお金は一枚一文。びた銭は五枚で一文」

こうしてマーケットを成立させました。不安定ですが、みんな納得せざるを得ません。

信長も最初はびた銭の比率を決めていました。しかし中国銭の絶対量はいつも少ないのです。そこで信長はびた銭を公認しました。公認することで比率も安定し、貨幣の流通は改善されました。

もうひとつ信長は貨幣の流通に関して、英断を下しています。金・銀・銅という三貨体制をつくったのです。当時の日本は金と銀の産出量が豊富でしたから、可能だったのです。金・銀・銅という三貨体制となれば、貨幣の流通も円滑になります。

貨幣経済について信長は、もうひとつ卓抜なセンスを発揮しました。

上洛後の信長は天下人として、多くの大名たちから多額の金銀を献上されました。その金銀を惜しげもなくばら撒いて、足利義政を始めとする歴代の将軍たちが収集した東山御物《ひがしやまぎょぶつ》の高価な茶道などのさまざまな調度品を、次から次へと買い求めたのです。これは有名な史実です。

この信長の行動は、成り上がり者の田舎侍が京都に来たので、貴族が持っていた贅沢品を欲しがったのだ、という解釈で考えられてきました。しかしいまでは解釈が違っています。

信長は京都の好き者たちから、高価な茶道具を買い求めることで、畿内に資金を投下したと考える学説が登場しています。それは日銀が国債を買い上げて、市場に資金を供給するのと同等の行為だった、という主張です。信長は現代のマネーサプライ（通貨供給量）を、考慮に入れていたのです。そのために自分の手元に溜まった金銀を放出したわけで、彼は市場の活性化には金銀の流通が大切なことを学んでいました。

信長の貨幣経済に関係する政策は、秀吉にも受け継がれ、そのまま江戸幕府に引き継がれました。

第七節　信長は宗教に対して過酷だったのか

ひとつの教えを信じて活動している宗教団体は、時の支配者にとってどんな存在でしょうか。その宗教を自分が信じているか、自分の敵対勢力となっているか、またはその宗教が反社会的な行動に出ない限り、敵でも味方でもありません。しかしひとつの宗教を熱烈に信じた人は、その教えを守るために、相手を倒すことも辞さず、自分の死も恐れなくなります。

そのようなイデオロギーにも似た爆発力を宗教は内包しています。宗教にかかわる歴史的な事件を見るとき、このことは認識しておくことが大切だと考えます。宗教の愛や慈悲を尊重することも、もちろん必要なことですが。

信長は宗教について、特に信仰していた宗教は不明です。キリスト教についても西洋の文化や文明に興味を持ち、学ぶことはあっても、宗教として信仰したわけではありません。キリスト教にかぶれて、信長は神社や仏閣を破壊したとの説もありますが、風説に過ぎません。

信長は安土の城下町で法華宗（日蓮宗）と浄土宗の宗論を、開かせたことがあります。この討論会は信長によって仕組まれた、との説もありますが、浄土宗が勝利しています。開かれた理由は、宗論が行われる数日前に、法華宗側が浄土宗に宗教論争を仕掛け、騒動になったことがきっかけになっています。

信長は法華宗に対し、織田家の領内で他宗を論難することがあったら、法華宗の信者を皆殺しにすると宣告し、他宗を論難しないと誓う起請文《きしょうもん》を書かせています。自分の居城がある安土の城下町で、無用な宗教的なトラブルが起きることを、信長は避けたかったのでしょう。法華宗を否定したのではありません。

信長は宗教を、ことさらに敵と考えていたのではありません。味方にすればよいと考えていたのです。しかし敵対してくる宗教とは、徹底的に戦いました。信長の宗教迫害の例として比叡山延暦寺の焼き打ちが、よく強調されます。歴史的にあまりにも有名な延暦寺なので、信長の宗教弾圧を強く印象づけています。

しかし焼き打ちがあった一五七一年九月の信長は、深刻な窮地に立たされていたのでした。あの十五代将軍の義昭が仕掛けた信長打倒の軍勢に押され、京都に包囲されそうな状況だったのです。京都と近江の境界にある八百数十メートルの比叡山は、古くから都を守る戦略的な要地でもありました。その比叡山延暦寺が強敵である越前の浅井氏や近江の朝倉氏に味方して、比叡山からの進撃を認めたら信長に逃げ場はなかったのです。京都の南西部では、大和で三好政権の生き残りの松永久秀が、河内には石山の本願寺が、信長打倒の挙兵をしていたのです。

信長は延暦寺の姿勢に危険を感じ取っていたのでしょう。焼き打ちに出る前に、手紙を出しています。仏門にある身として延暦寺が、信長と浅井・朝倉との戦いに中立であること、具体的には浅井・朝倉軍に比叡山を利用させぬことを、要求したのでした。しかし延暦寺はこれを黙殺しました。それは信長に対する拒絶です。

ここに至って信長は、敵として比叡山を焼き打ちにしました。戦略的な判断です。

信長の強敵として存在した宗教集団が一向宗（浄土真宗）でした。ふたつの大きな戦いがありました。長島一揆と石山合戦です。

長島一揆は石山本願寺の十一代門跡《もんぜき》、顕如《けんにょ》の命令で、伊勢長島（三重県桑名市）の一向宗門徒が、願証寺の門徒を中心に信長と戦いました。一揆は一五七〇年から一五七四年まで断続的に続き、信長は実弟を含む多くの武将を失っています。しかし最後の総攻撃ではほぼ二万人の門徒を殺害しています。

石山合戦と呼ばれる石山本願寺をめぐる攻防戦で信長と顕如は、こちらも断続的に一五七〇年から一五八〇年まで戦い続けました。

石山本願寺の強力な援軍が、備後（広島県）を中心として中国地方の大半を領有していた大戦国大名の、毛利輝元でした。彼は信長に将軍の座を追われた足利義昭を援護したように、信長と敵対していたのです。毛利軍は当時の淀川の、河口近くにあった石山の本願寺に、瀬戸内海から船便で武器や食料、そして軍兵も送り届けていました。

毛利側には強力な毛利水軍（村上水軍）があり優勢でした。そこで信長は志摩（三重県）の鳥羽を拠点とする水軍、九鬼《くき》氏を味方に引き込みます。最初は敗れますが、信長はキリシタンの宣教師から知恵を借りて、九鬼水軍の船を鉄板によって覆い防備を固め、毛利水軍に勝利します。補給路を断たれた本願寺は信長との妥協の道を探し始めます。

このとき信長は巧妙に正親町天皇を担ぎ出し、勅命による講和を実現します。本願寺の門徒、顕如は大坂を退去しました。信長は勝勢を利用して戦いを続けずに、これ以上の損失を懸念し、勅命による迅速な休戦を意図しました。信長は押し潰すべき相手と柔軟に対処すべき相手を、冷静に分けていたのです。ですから物事を見切る判断は早かった。次のような事例もあります。

越前（福井県）の朝倉義景を攻撃していたとき、信長は北近江（滋賀県北部）の浅井長政に裏切られ、背後を挟撃されたことがありました。敵地にあって前後に敵。この危機に信長の決断は早く、ただちに北近江から山峡に分け入り、狭く険しい道を京都まで逃走し、九死に一生を得ています。

信長の宗教に対する考え方は、敵となったら徹底的に滅ぼす。敵でも味方でもなければ相手とせず、宗教として道理に従っている限り、干渉はしない、そのような姿勢だったと考えます。信長は戦国武将として、宗教と向き合っていたのです。

第八節　家臣の登用は巧みだった、厳しいけれども非情ではなかった

信長が本願寺と戦っていたとき、重臣の佐久間信盛《さくまのぶもり》は重要な戦機に遅れ、被害を大きくしたことがありました。彼の怠慢は厳しく咎められましたが、死罪となることはなく、高野山に追放され余生を送っています。

ポルトガル出身のイエズス会（カトリック教会の修道会）の宣教師で、信長と親交があったルイス・フロイスは、その著書である『日本史』の中で、信長を絶対君主であり、部下には強圧的だったと著述しています。ルイス・フロイスが語る信長像は、後世まで強い影響を残しています。しかし信長が部下を殺した例は少なく、ほとんどは追放でした。

信長は部下を有効に生かすことを優先させました。百姓の息子から登用した秀吉、各地を転々とし足利義昭に仕え、さらに信長に仕えて大名になった明智光秀《あけちみつひで》は好例です。織田家に古くから仕えていた武将の柴田勝家《しばたかついえ》は、信長と後継者争いをして敗北した弟、信勝を支持していました。しかし信長は臣従してきた勝家を家臣として重用しました。武将としての力量を評価したからです。

さらに信長は全国制覇のために、自分が前線に出征せず、稲葉山城そして安土城から総指揮を執る体制を確立することを考えていたようです。関東は滝川一益《たきがわかずます》、北陸は柴田勝家と前田利家《まえだとしいえ》、そし

て中国は羽柴秀吉、四国は三男の信孝《のぶたか》と丹羽長秀《にわながひで》。本能寺で暗殺される前後に、そのような布陣を固めつつありました。この構想を実現するには、部下との相互信頼が不可欠です。

戦国時代、「主君に忠節を誓う」武士なんて存在しませんでした。あの思想は明治時代にアメリカに渡った教育学者の新渡戸稲造《にとべいなぞう》が、アメリカ人のために英文で著述した、『武士道』の中で強調した概念でした。

誰が制作したのか？　信長は「鳴かぬなら殺してしまえホトトギス」、これに対して秀吉は「鳴かぬなら鳴かせてみせようホトトギス」、家康は「鳴かぬなら鳴くまで待とうホトトギス」です。三句の対比が絶妙なので、史実とは関係なく信長は怒りやすいという印象が出来あがってしまった。そんな感じもします。

僕は上司として仕えるのであれば、信長に仕えたいと思っています。なぜなら彼は合理的なんです。彼は機嫌がいいとき意見を持っていったら、話を聞いてくれると思うのです。機嫌が悪かったら近づかない。なによりも安心なのは失敗しても殺されないこと。追放されるのだったら、「自由にせい」ということですからね。あの時代だったら、御の字じゃありませんか。

秀吉に仕えたら彼の甥の秀次《ひでつぐ》のように、突然と本人は切腹、一族は三条河原で処刑、となるかもしれない不安があります。家康は何を考えているか、わからない人で、なんだか頼りない。働き甲斐がないように思えます。

第九節　光秀はなぜ信長を襲撃したのか

信長は近江の安土に安土城を築く構想を抱き、一五七六年、部下の丹羽長秀を担当奉行として築城を開始させています。そして同年中に安土にあった譜代家老の佐久間信盛の屋敷を、当面の在所として、安土に居住しています。そして一五七九年、安土城は天守閣を持つ地上六階・地下一階の全容を完成し、信長は移転しました。

京都に隣接する近江に、岐阜の稲葉山城から転居した信長は、この城を京都支配と全国制覇の拠点としたのでした。しかし一五八二年（天正十年）、京都の本能寺に宿泊中、明智光秀の襲撃を受けて自死しました。この惨劇に至るまでの、信長周辺の出来事を追ってみましょう。

◆三月、甲斐の武田氏を滅亡させた

武田信玄は天下取りを目指し、京都へ進軍中に病死しました（一五七三年）。その後継者の武田勝頼《かつより》は長篠の戦い（一五七五年）で織田・徳川連合軍に大敗し、領国再建を図っていましたが、一五八二年に信長は尾張の徳川家康を始めとする関東の戦国大名に、武田家征伐の動員令を出しました。その先陣部隊として、長男の信忠《のぶただ》と滝川一益を派遣しています。続いて信長は数日後に出陣しますが、明智光秀も参加していました。

戦いは信忠と滝川一益の軍勢が、武田勝頼と信勝父子を甲斐南部の都留《つる》郡（現在の都留市）で自

殺に追い込み、早々に大勢は決まりました。さらに武田家につながる残党も一掃され、大戦国大名の武田家は滅亡しました。領国は甲斐や木曽の国人たちや信長傘下の家康や滝川一益などに、与えられました。光秀は戦功を立てる機会もなく、恩賞も受けていません。

◆五月、三男の信孝の四国出陣を決定

信長が四国で倒したかったのは、四国の大半を征服していた土佐（高知県）の戦国大名、長宗《ちょうそ》我部元親《かべもとちか》でした。彼と信長は友好関係の時期もありましたが、領土割譲をめぐって対立関係になったのです。信長は明智光秀を元親の取次（外交担当者）に任命していました。しかし四国出陣の構成員から、光秀は除外されています。

◆同じく五月、徳川家康が安土城へ。羽柴秀吉、備中より信長に援軍を要請

家康は甲斐の武田氏を滅ぼした戦いの軍功として、駿河国を加増されました。家康はその返礼をするために安土城を訪問したのです。信長にとって家康は、同盟関係にある部下です。信長は接待役として重臣の一人である光秀を指名しました。数日間、光秀は家康を手厚く饗応します。ちょうどそのときに、備中（岡山県）で毛利輝元と戦っていた羽柴秀吉から、援軍を要請する使者が、安土城へ到着。

秀吉は備中高松（岡山県高松市）で、毛利配下の清水宗治《しみずむねはる》が守っていた高松城を、大規模な水攻めで攻撃していたのですが、輝元の本隊を含め、大軍が参戦してくるとの情報を得て、信長に援軍

を要請したのでした。

信長はただちに光秀を家康の接待役から解くと、援軍の将に指名しました。さらに自分自身も備中へ出陣することを、秀吉の使者に伝えています。

光秀の接待役の解任について、光秀の接待に不手際があり、それを咎めての解任だったとの説もあります。これを光秀は不服として、信長に怨念を抱いたと。しかし典拠となる資料は信頼するに足りず、否定されています。

「応仁の乱」を斬新な視点で説き起こした『応仁の乱』（中公新書）で大きな話題を集めた呉座勇一さんは、『陰謀の日本中世史』の中で、次のように著述しています。

「家康の接待は光秀でなくてもできるが、万の軍勢を指揮できる武将となると、京都周辺には光秀以外にはいなかった。信長が光秀の饗応役を解いたのは当然だろう」と。

光秀の秀吉援護の軍団は、毛利軍を備中の北側から攻撃することを命ぜられ、光秀は領国の近江坂本を出陣しました。

一方で信長は、五月二十九日に、安土城を出て京都に向かいました。畿内はすでに信長の支配下にあります。信長は少数の近習だけを引き連れて、定宿としている本能寺へ向かいました。長男の信忠も父の上洛に合わせ、京都二条の妙覚寺に宿泊します。

◆一五八二年六月二日未明、信長自死

六月一日夜、信長は本能寺に前太政大臣や左大臣を始めとする朝廷の要人たちを招き、歓談のと

きを過ごし、就寝しています。

この日、光秀の軍勢は丹波の亀山（兵庫県中東部）まで西下していました。しかしその地で進軍の方向を逆転し、東方へ、京都に向かわせたのです。そして六月二日の未明、光秀の軍勢は本能寺に夜襲をかけました。

信長みずから弓矢と槍で応戦しましたが、圧倒的な多勢に無勢で防戦もままならず、本能寺に火を放ち、自死しました。時に信長は四十九歳。彼の遺体はおびただしい焼死体にまぎれ、発見できませんでした。

嫡男の信忠は宿泊していた妙覚寺を襲われ、隣接する二条御所で防戦しましたが敗れ、自死しています。

後継者として家督を相続していた信忠は二十五歳でした。

◆六月十三日、光秀は秀吉に敗北

光秀は信長父子を暗殺しましたが、彼に味方する有力大名はありませんでした。一方で備中高松で信長の死を知った秀吉は、ただちに毛利輝元と講和条約を結びました。そして現在の岡山市付近から、騎馬武者を先行させる形で驚異的な速さで畿内へ引き返しました。秀吉の光秀討伐軍が、山城国の山崎（京都の大山崎）、天王山の麓まで進軍してきたとき、光秀軍は防戦態勢も整わぬまま応戦しました。

敗北した光秀は、逃走中に山城国小栗栖《おぐるす》で落ち武者狩りに襲われ、自刃します。

明智光秀は魔が差したのか？

備中に向かって一万数千の軍団を率いて、丹波街道を進軍しながら、光秀は考えたのかもしれません。いま我らが主君の信長は少数の配下とともに京都にいる。自分は一万人以上の軍団を率いて京都近郊を進軍している……。

光秀が現代人でカードギャンブルのポーカーに参加していたとすれば、たとえば手札がスペードのストレートフラッシュになったような心境でしょうか。勝負してみようか。光秀はそう思ったのかもしれません。

「俺も天下人になれるかもしれない」

光秀も下剋上の時代の戦国武将です。信長に恨みはなくても、そう考えることは不思議ではありません。それを実行してしまったのは、魔が差したとしか考えられません。そうでなければ、本能寺に夜襲をかけた以後の行動があれほど杜撰にならないでしょう。

『陰謀の日本中世史』の著者、呉座勇一さんは光秀が暗殺を実行した理由について、「信長に対する光秀の怨恨説」も「光秀を扇動した黒幕の存在説」も、信頼できる学説は登場していないと指摘しています。光秀自身の発言や記述も、光秀の重臣や縁ある人々の記録も残っていないのです。

織田氏が信長と家督を相続していた長男の信忠も失ったことで、権力に大きな空白が生まれました。次男の信雄《のぶお》（のぶかつとも）と三男の信孝が跡目相続を狙い、この騒動に信長の重臣たちの思惑も加わって、相続争いが激化します。このとき羽柴秀吉は、亡くなった信忠の忘れ形見である幼児の三法師《さんぼうし》を立て、自分がその後見人になると宣言しました。奇策ですが、三法師がもっとも後継者の権利を有することは明白です。

こうして信長が築いた権力の座を、秀吉は掌中にしました。さらに一五八三年四月、秀吉は北近江の賤ヶ岳《しずがたけ》で、信孝と組んだ柴田勝家を倒し、次いで一五八四年に小牧・長久手（愛知県）で、徳川家康と組んだ信雄と戦いました。戦局そのものは家康が優勢でしたが、大局的には秀吉の軍勢が大勢を握っている現実を認め、家康は譲歩しました。秀吉に臣従したのです。

信長は戦国時代に終止符を打つ寸前に暗殺され、新しい時代へ半歩を踏み出す段階で、世を去りました。彼の構想を引き継ぐ形で、秀吉の時代になります。

流星のように消えた信長について、いくつかのことを考えてみたいと思います。

第十節　信長についての五問五答

三好長慶と織田信長の相違点は？

信長は京都に政権の拠点を設けず、京都に対して東方の流通の中心地となる近江に、安土城を築きました。同時に京都の西側では物流の中心だった港湾都市の堺を押さえました。このように京都に常駐せず、距離を置いてコントロールする体制を構築することは、三好政権から学んでいます。

さらに三好政権は流通業や金融業を重視し、キリスト教の布教も許可し、いち早く鉄砲も利用しています。長慶は先駆的と評される信長の諸政策を、ほとんど手がけています。

信長は、多くの政策で長慶と同様の道を進みましたが、両者の相違は次の点にあると考えます。

長慶は一族内の派閥争いを制し、京都および畿内と四国の一部を押さえることを念頭に、政治と軍事を進めてきました。斬新な企画も戦術も、その過程で生まれ、終わっていきました。畿内をコントロールする方法論の範囲でした。

対して信長はビジョンを持っていた。ひとつひとつの政策は、戦国の世を統一して支配する天下人の構想に結びついていたのです。

統一国家の基本は商業（交易）であること、国は世界に向けて扉を開きオープンであること、外国人を無用に恐れないこと、話せば理解し合えることなど。信長は当時の日本が大量の銀に恵まれ、世界でも有数の豊かな国であるという、世界史的な認識を持っていました。そのようなビジョンの有無が、三好長慶との決定的な相違点だったと思います。

どういう政権を目指していたのか？

天正十年四月のことですから、一五八二年四月、信長が襲撃される六月の少し前のこと。朝廷の使者が信長の家臣を訪問しました。そして朝廷としては、信長を太政大臣か関白か将軍に推任したいと考えていることを話したのです。信長の家臣、村井《むらい》貞勝《さだかつ》はそのことを信長に報告しましたが、信長は具体的に回答しないまま、本能寺で自死しています。

前例から考えれば、武家政権を目指すのであれば将軍（征夷大将軍）、室町幕府を継承し貴族の上に立つのであれば太政大臣、それから天皇の外戚になるのであれば関白が、ふさわしい官職といえるでしょう。しかし信長のグランドデザインがわからないので、朝廷としては推任できないまま、終わりました。

信長は三好政権のように無官のままで、全国制覇すればよいと考えていたのかもしれません。実力で押さえて織田時代をつくればよいと。彼の青写真は何だったのでしょう。

信長が天皇を超えようとした、という説もあります。この時代の天皇は精神的なシンボルではありましたが、世俗的な政治権力も軍事的な実力もありません。すでに上皇になって院政をする経済力もありませんでした。時の権力者にとって、保護することはあっても地位を奪う必要はなかったのです。逆に天皇制が長続きしたのも、そのためでした。

足利義満や織田信長など、時代の転換点に立った人物には、必ず「天皇を超えようとした」との説が浮上してきます。しかしそれは天皇にある程度の権力があったということを前提とした議論なので、それはないと考えます。

中世の人？　近世の人？

信長は明らかに中世の人です。しかし僕は古代、中世、近世とか、あんまり意味のない概念と考えています。もともとはヨーロッパでつくられたものです。

西ローマ帝国が滅亡する四七六年までを古代、東ローマ帝国の滅びる一四五三年までを中世とし、それ以後を近世としたものです。要するにローマ帝国の興亡を後づけしただけの区分です。『人類5000年史』Ⅰ～Ⅵ（ちくま新書）という題名で世界の歴史を、僕は書き終えたのですが、そこでは古代・中世・近世という三区分を使用していません。しかし日本史では、けっこう使用される区分なので、使用しました。

日本の古代は後三条《ごさんじょう》天皇が摂関政治を止めた一〇六八年で終わり、織田信長が入洛した一五六八年で中世が終わり、明治維新が始まった一八六八年に近世が終わる。中世は五〇〇年、近世は三〇〇年。そのように考えると覚えやすいですね。六八年が節目となっています。

さて摂関政治というのは、有力な貴族が自分の娘を天皇に娶《めと》らせて、男子が生まれたら幼いうちに天皇に即位させ、自分が天皇の外戚となる。そして摂政や関白となり、政権を掌握してしまう制度でした。天皇の奥方は何人いてもよい時代でしたから、自分の娘をどんどん後宮に送り込むのです。この制度と呼ぶにはあまりにも原始的な方法が摂関政治でした。この摂関制度は中国では漢の時代、西暦二〇〇年頃に終わっています。日本より八〇〇年以上も前に、摂関政治を卒業しています。

次の中世を特徴づけるのは権門勢家《けんもんせいけ》の存在でした。天皇家、摂関家、大寺社、武家（幕府）など、荘園や公領の支配を通じて権力を行使する集団が、競い合いながら、存在していました。このような状況を武士勢力が戦国時代を経て打破し、全国支配の頂点に立ちました。その前段階を構成した勢力を、権門勢家として捉え、一九六〇年代に学術用語として命名されたものです。権門勢家の財力である荘園を奪取し、彼らの息の根を止めたのが信長と秀吉だった、とも考えられます。近世の幕を開いたのが信長でした。

天皇をどのように考えていたのか？

信長はライバルとなった弟を倒して尾張を制覇したのですが、尾張は足利時代には名門の斯波氏の領国でした。信長は天下を取ったあと、この斯波氏の子孫を護っています。権力は与えませんが、尾張での生活を保護していたのですね。信長の政策は経済的には斬新であり、思想的には革新的でした。しかし皇族や貴族に対しては、彼らが敵対的にならない限り存在を尊重し、認めています。斯波氏の子孫の場合、彼らの側が信長に反抗的になったので追放していますが。しかし追放で終わっています。

信長は天皇家に対して、領地を寄進したり、邸宅建築や年中行事の援助など、積極的に行っています。天皇家は貧しかったのです。

敵となる存在、敵にも味方にもならない存在、味方となる存在、それらを具体的に区分するリアリズムの能力に、信長はすぐれていました。と同時に天皇家や摂関家が果たしてきた役割に対し、一定の敬意を払う姿勢がありました。それも含めて、新しい天下のビジョンを考えていたのだと思います。

信長は近世の扉を開きました。たとえば秀吉の業績といわれる検地は信長も始めています。秀吉は信長が着手したことを、すべて具体化した人、家康はそれをそのまま組織化し定着させた人、そのように三者の関係を考えると、わかりやすい気がします。さらにいえば、この三者関係は清盛と頼朝の関係に似ています。頼朝の政策も、ほとんど清盛から学んだものでした。

信長の妹、お市の方はどんな女性？

中世の歴史に登場する有名人の系譜は、父系の先祖や兄弟の名前なら、残されている例が多いのですが、母系や姉妹の名称は、記録に残るような事件にかかわっていないと、ほとんど名前が残っていません。男尊女卑の思想が一般的だったからです。

お市の方は、信長の妹の一人でした。北近江の戦国大名、浅井長政の正室となっていました。というのも、信長は近江の北方である越前（福井県）の強者、朝倉義景を警戒していたので、浅井長政と同盟を結んでいたからでした。お市の方は織田家の武将たちにも評判の、魅力的な女性だったとの伝承もありました。

ところが浅井長政は朝倉義景と結び、信長に反旗をひるがえし、信長を危機に追い込みました。このとき信長は九死に一生を得たのでした（一五七〇年）。信長と浅井・朝倉連合軍は、その後も交戦状態にありましたが、一五七三年、敵側に内応者が出たことを契機として、信長はみずから陣頭に立ち、浅井と朝倉の本拠地に総攻撃を仕掛けます。信長は迎撃してきた朝倉義景軍を、居城である一乗谷《いちじょうだに》（福井県福井市）に追い詰め、自死させました。一方で浅井長政の居城、北近江の小谷城（滋賀県長浜市）は羽柴秀吉の城攻めで、浅井長政は自害しています。このとき長政の正室であったお市の方は、秀吉の配下によって落城寸前に、長政とのあいだに生まれた三人の娘たちと一緒に救出されました。妹の生還を信長は喜んだとの、伝承もあります。その後、お市の方は織田家の重臣である柴田勝家の正室となり、三人姉妹も同道しています。

しかし柴田勝家は信長の死後、織田家の継承者をめぐって、羽柴秀吉と対立し合戦となりました。

賤ヶ岳の戦いです（一五八三年、北近江）。戦いに敗北し居城の越前北庄《きたのしょう》（福井県福井市）に退去した勝家は、自害しました。このとき勝家はお市の方に、生き延びるように説得しました。しかしお市の方は、三人の娘たちを逃れさせると、自分は勝家とともに自死することを選びました。

その後の三姉妹の話です。長女の名前は茶々《ちゃちゃ》。秀吉の側室に所望され淀殿《よどどの》となり、秀頼《ひでより》の母となりましたが、家康と戦った大坂夏の陣に敗北し、大坂城に火をつけ、秀頼と一緒に自害しました。次女の名前はお初《はつ》です。秀吉の家臣となった京極高次《きょうごくたかつぐ》の正室となりました。なお高次は関ヶ原の戦いでは東軍（家康側）についています。三女の名前はお江《ごう》といい、徳川幕府の二代将軍、秀忠《ひでただ》の正室となりました。秀忠は家康の三男でした。お江の方は三代将軍、家光の母となっています。

秀吉亡きあとの天下争奪戦で、信長の妹の血を引く女性たちが、東西陣営の中枢に存在したのですね。織田の血を引く彼女たちは、貴種として戦国武将の憧れだったのでしょう。

なお徳川家光は鎖国の断行や参勤交代の制度化、そして島原の乱も関連するキリシタン禁止政策など、彼の政治は評価は別にして、明快で断固とした意志を感じさせます。このあたりは織田家の血であると思います。家康や秀忠のように、何を考えているかわからない、まるで伝説上の怪獣、鵺《ぬえ》のようにのらくらして、権力を取ってしまうようなタイプと家光は違っています。

彗星のように登場して消えてしまった信長。時代を超えた世界観を持っていたリアリストだった、怒りっぽかったけれど、わかりやすかった織田信長。本能寺の変がなかったら、どんな日本になっていたのか、などと、いまだに考えることがあります。

第八章

阿部正弘

第一節　なぜ日本は鎖国をしたのか

一八五三年にアメリカの東インド艦隊司令官ペリーが、四隻の軍艦を率いて浦賀に入港しました。彼はアメリカ大統領フィルモアの国書を携えており、鎖国していた日本に開国をさせることを主要な目的として、来日したのです。このとき幕政運営の中枢にいた人物が、老中首座の阿部正弘《あべまさひろ》（一八一九―一八五七）だったのです。彼の生涯は日本を鎖国から開国へ導くことに、ほとんど費やされました。

ところで、鎖国とは何だったのか。

江戸幕府が外国との交流をネーデルラント（最初はポルトガル）・中国・朝鮮の三カ国に限定し、それ以外の国々との交易は禁止したこと、日本人の海外渡航も禁止したこと、さらにキリスト教を禁止するなど、幕府が外国との交流を極度に制限した政策を、鎖国と呼びました。

幕府が国を閉じるために公布した一連の法令を、鎖国令と呼んでいますが、それは五次にわたって出されています。いずれも三代将軍家光《いえみつ》の時代でした。

①一六三三年　老中奉書（許可証）を持たない交易船の海外渡航を禁止する。
②一六三四年　海外との往来や通商を制限する。長崎にポルトガル人を居住させるため出島を建設する。
③一六三五年　日本人の海外渡航および帰国を全面禁止。

④一六三六年　日本に在住していたポルトガル人とその妻子をマカオに追放する。
（一六三七〜三八年、島原の乱）
⑤一六三九年　ポルトガル船の来航を禁止。
幕府は島原の乱におけるキリシタンの、命を惜しまぬ強烈な抵抗運動に恐れを抱き、キリシタン禁圧を強化していきました。そのために市民や農民一人一人が、どこの寺院の信徒であるかを明確にする、宗門改帳を作成させています。

こうして日本の鎖国体制は一六三九年からペリー来航の一八五三年まで、二百年余の長期間にわたり継続しました。

ネーデルラントとポルトガルは両国とも、キリスト教を国教としています。しかしネーデルラントがプロテスタントと呼ばれる新教の国であるのに対し、ポルトガルはカトリックと呼ばれるローマ教会を国教としていました。ルターがローマ教会を批判したのが一五一七年であり、日本が鎖国を始めた徳川家光の時代（在任一六二三―一六五一）は、ヨーロッパのプロテスタントとカトリックの宗教戦争は、まだまだ過激な状態にありました。

ポルトガルは一五四三年、日本に鉄砲を売り込んで以来、日本と交易関係を結び、当時は豊富だった日本の銀を得ていました。鹿児島にキリスト教を伝えたザビエルは、カトリックの宣教師です。新興のプロテスタントに信者を奪われ始めていたカトリックを救うために、イエズス会という修道会の設立に参加した一人でした。イエズス会は妥協なく戦闘的に布教を推し進め、ザビエルは東南アジアに布教の新天地を求める活動中に、来日する機会を得たのでした。

一方でネーデルラントと日本の関係はどうだったのでしょうか？

一六〇〇年にネーデルラントが東洋に派遣した船団の一隻、リーフデ号が豊後臼杵《うすき》（大分県臼杵市）に漂着したことから、日本との交易が始まりました。同船の乗組員だったイングランド人のウイリアム・アダムス（三浦按針《みうらあんじん》、一五六四―一六二〇）、ネーデルラント人のヤン・ヨーステン（耶揚子《やようす》、一五五六？―一六二三）の二名は、日本名に改称し徳川家康の家来になりました。二人は多くのヨーロッパ情報を、幕府に流しました。しかしプロテスタントであり、ネーデルラント船の乗組員であった両名の情報は、カトリックを国教とするポルトガルにとって、有利なことは少なかったと推察できます。

なお「鎖国」という言葉は、十七世紀の長崎に滞在していたドイツ人の医師、ケンペルが著述した『日本誌』の一章を、一八〇一年に長崎でネーデルラント語の通訳だった志筑忠雄《しづきただお》（一七六〇―一八〇六）が翻訳したとき、題名を『鎖国論』としたことから、生まれた言葉です。したがって幕府の鎖国令という言葉も、後世になって使われた呼び方でした。当時の幕府はそれぞれの法令を、命令書として長崎奉行に出していたのです。

実際に鎖国という言葉が使用され始めたのは、日本の開国が現実となる幕末に近づいてからです。開国に対比する用語として、広まりました。

付記します。ネーデルラントは「オランダ」のことです。オランダという呼び方は日本のみで通用する特殊な表現ですので、なるべく使用を避けています。国際的に使用されている正式名称の、ネーデルラントと表記しました。

第二節　鎖国は明の真似だった

三代将軍の家光と彼のブレーンたちが、鎖国を決行しました。その手本にしたのは、漢民族の王朝、明を建国した朱元璋《しゅげんしょう》（一三二八―一三九八）の国策でした。彼はモンゴル民族の帝国、大元ウルスを北方のモンゴル高原に追って、明を建国したのです。

朱元璋が鎖国した理由は明快でした。彼は商売が嫌いだったのです。彼は中国の南部、長江に近い農村に生まれ、極貧の家に育ち、教育も受けず文字も知らないまま働き続けました。彼には商人たちの行動が、何も自分は苦労せず農産物や絹を、買い叩くように見えたのかもしれません。奴らは俺たちに損ばかりさせる、彼はそう信じていました。

同時に彼は知識人、インテリたちを憎んでいました。「汗かくこともなく、口先だけで人をごまかし、生きている連中だ」と。

彼は農家を出ると、修行僧のように経を唱えて家々を巡回する物乞いとなったあとで、宗教結社が指導する紅巾集団に入りました。朱元璋は紅頭巾をかぶって反体制的行動を取る、この集団の中で頭角を表したのです。ついに自分を信奉する勢力を強大化し、大元ウルスを、彼らの高原へ追放しました。

そして明朝の創始者、洪武帝となった朱元璋の取った国策が鎖国なのですが、この鎖国は日本でつくられた漢語です。中国では外国との交流を絶つことを「海禁」といいました。

交易中心の世界帝国だった大元ウルス

ところで朱元璋にとって皮肉なことに、彼が撃退した大元ウルスは、交易重視の世界帝国だったのです。

十三世紀の初め、モンゴル高原にチンギス・カン（一一五五?―一二二七）が出現し、満洲（中国の東北地方）、中国、中央アジア、東イスラム世界、ロシアに至る広大な版図の多民族世界帝国を築きました。

チンギス・カンの死後、この世界帝国はゆるやかな連邦形態となっていきます。その第五代の帝王となったクビライ（一二一五―一二九四）は、中国北東部のモンゴル高原と連絡しやすい場所に、大規模な都市を築きました。この北京と名付けた都市を首都に、中国支配を重点とする王朝政府を樹立しました。その国が大元ウルスだったのです。

大元ウルスは世界各地のモンゴル帝国にとっては、宗主国に近い存在です。各国は折に触れて、貢物を持って挨拶に訪れます。たとえばフレグ・ウルスです。すると初代皇帝だったクビライは、返礼として2キロほどの重量がある銀塊（銀錠《ぎんじょう》）を、フレグ・ウルスの使者に下賜します。拝領した銀錠を使者たちは、どうしたでしょうか。

フレグ・ウルスの皇帝は、オルトクと呼ばれた商社のような大商人に銀錠を貸し出しました。するとその銀でオルトクたちは中国の名産品、世界が求めている陶磁器やお茶、そして絹を買いつけて売りさばき、ビジネスとしたのです。こうして中国の銀が、世界を循環し始め、ユーラシア全域で景気がよくなりました。

大元ウルス時代の銀錠。
写真：日本銀行貨幣博物館

付言しますと、クビライは国境や港に関所をつくり、税を徴収することを禁じました。織田信長と同様に楽市・楽座を実施し、交易を自由化しています。

ところが大元ウルスを撃退した朱元璋から見れば、大元ウルスの政策は次のように思えたのです。百姓たちが苦労してつくったお茶や絹が、すべて外国に流れてしまう。商人たちばかり儲けて、国も俺たちも貧乏になるばかりだと。朱元璋は大元ウルスを北方のモンゴル高原に追い払い、一三六八年に明を建国しました。ただし次のような説もあります。彼らがモンゴル高原へ退却したもうひとつの原因は、ペストの流行で国が衰弱したからだ、という指摘です。

国際都市となった北京に、中央アジアからの交易商人たちによってペストが持ち込まれ、感染者が続出したのです。それでモンゴル高原へ退却したのだという、新しい学説です。

「文字の獄」、インテリ殺しだった朱元璋

朱元璋が理想としたのは、中国の古代政権である漢や唐の時代です。商業それ自体が未発達状態でした。税はどうするか。米や麦そして絹を、農民が役所まで運んで納めるのです。貨幣経済は一切なしの国をつくり、中国の生産物が世界に出ていくのは許さん、という発想です。当然、貨幣の製造は止めました。こうして朱元璋は海禁をしたのでした。

さらに彼は憎しみを感じていた商人や、特に知識人を殺しました。それは「文字の獄《もんじごく》」と呼ばれていますが、一緒に明を建国してきた将軍や功臣の謀反も疑い、次々と殺していきました。朱元璋が死んだとき、彼らの中で生き残っていた数名は、早く引退して田舎に息をひそめて閉じこもっていたのです。殺された人数はは十数万を超えていたともいいます。たとえていえば霞が関の役人を一〇万人、殺すような行為でした。

朱元璋は字の読める宦官《かんがん》も殺しました。宦官は男性機能を奪われた男性です。皇帝や有力者の側近や後宮の女性たちを守る役割で、存在していました。イスラム諸国やアジア遊牧民にあった風習でした。幸いなことに、日本には入ってきませんでした。権力者や後宮に仕えていましたから、宦官の謀反は重大です。彼らは側近として、機密の文書に触れることも多いのです。そこで朱元璋は、宦官にさりげなく漢字について読み方を尋ねるなど、さまざまな方法で文字の読める宦官を見つけ出し、問答無用に殺していきました。

朱元璋の死後、後継者となった孫の建文帝《けんぶんてい》が、後に成祖《せいそ》と呼ばれる永楽帝《えいらくてい》と争ったとき、永楽帝の軍勢は数千人、建文帝側は十倍に近い軍勢にもかかわらず、将軍も参謀も人材が存在せず、大敗しています。この戦いのとき、建文帝に仕える宦官たちが、ひそかに永楽帝に味方し、情報を流したとも伝えられています。

第三節　幕府が鎖国を断行した真意は？

三代将軍の徳川家光は朱元璋の海禁を真似て、鎖国しました。しかし彼は朱元璋の政治そのものまで、真似はしていません。徳川家光は、参勤交代の制度化や幕府役人の職制整備など、幕藩体制を確立させる多くの政策を打ち出しています。彼が鎖国を断行した大きな理由は、キリスト教の禁止を徹底させるためだったと考えられてきました。

しかし既述しましたが、いわゆる五次にわたって発令された鎖国令は、一六三九年のポルトガル船の来航禁止で完成しています。その前年一六三八年、キリシタンを徹底的に弾圧した島原の乱がありましたが、鎖国以前からキリスト教の禁止と弾圧は存在したのです。

徳川幕府は朱元璋のように商売を憎んでいたわけでもなく、自国の産物が海外に出ていくことを許せないとも、考えていなかったのです。ではなぜ、三代将軍の家光は鎖国という荒業に踏み切ったのでしょうか。

鎖国した理由について、最近、明快な説が支持を集めています。

米穀の容積を計量する単位として、「石《こく》」という用語があります。一石は十斗《と》、約一八〇リットルです。石は領地の単位として使用されました。江戸時代、日本全体の領地は三〇〇〇万石と試算されています。

徳川家は直轄領が四〇〇万石、旗本のような身内に近い家臣の領地を加えると、八〇〇万石あったそうです。第二位の領地を所有する大名は、加賀藩（石川県南部）の前田家で、一〇〇万石でした。ということは、前田家が海外との大規模な交易でも実行して、積極的な資産形成でもしない限り、徳川と前田の格差は永遠に続くことになります。

しかも徳川政権は大名同士が、幕府に無断で婚姻関係を結んだり、同盟を組んだりすることも許していません。幕府の許可が必要でした。大名たちが手を組んで、徳川家に反抗するのは至難の業だったのです。それでも、徳川時代の初めから、腹に一物ある人物は天下を狙ったり、海外交易で一儲けしたりすることを考えていました。

たとえば現在の福岡と豊前中津藩のキリシタン大名、黒田官兵衛孝高《よしたか》（一五四六―一六〇四）です。軍事的才能にすぐれ、秀吉の参謀として活躍しましたが、秀吉の死後は家康に仕えながらも、天下取りの野望を持ち続けていた武将でした。もう一名を挙げますと、伊達政宗《だてまさむね》（一五六七―一六三六）です。東北の雄藩、仙台藩六二万石の初代藩主でした。彼は一六一三年、家康の許可を得ていますが、スペインとの通商を求めて、スペイン国王とローマ教会の最高首長であるローマ教皇との謁見《えつけん》を実現するため、遣欧使節団を送り出しています。その使節となったのが仙台藩士、支倉常長《はせくらつねなが》（一五七一―一六二二）でした。しかしスペインとの交易は実現できませんでした。

三代将軍家光は黒田官兵衛や伊達政宗のような人物が、万が一にも、登場することを恐れました。そして彼は徳川家と諸大名との圧倒的な実力差を、「現状のまま凍結させる鎖国に踏み切った」という説が注目を集めています。

ところで支倉常長は交易を実現できず、仙台へ帰ってきました（一六二〇年）。このときすでに我が国では、一六一二年、二代将軍の秀忠《ひでただ》の時代に、キリシタン禁令が出されていたのでした。

鎖国した日本の閉じられたドアを誰も叩かなかった

もしも新宿に三越伊勢丹のような大きなデパートが一軒しかなくて、気まぐれな店主が扉を閉めてしまったらどうなるでしょう。市民は押しかけてきて、ドアをドンドン叩き、叫ぶことでしょう。

「ふざけんな！　店を開けろ！」

このドアを叩く人たちが、北虜南倭《ほくりよなんわ》でした。その行動は「海禁を止めろ！」という、切実な抗議行動でもあったのです。

北虜とは大陸北方のモンゴル系やトルコ系の遊牧民族、オイラート人やタタール人を指します。遊牧と狩猟で生きる彼らは、明のような漢民族の市場に農作物や衣類そして陶磁器を求めて、交易に来ていたのです。しかし明が鎖国して市場を閉じたので、実力で必需品を奪取するようになったのでした。

南倭とは海禁されて、船による貿易や輸送の仕事を奪われた船乗りたちが、密貿易の集団や海賊になった集団を指しています。したがって南倭は十四世紀の日本人が中心だった倭寇と異なり、中国人が中心でした。

しかし北虜南倭も十五世紀の半ばに、徐階《じょかい》という宰相の巧みな政策によって、海禁は緩和され交易を条件つきで実現し、明王朝のドアは叩かれなくなりました。

一六三九年に鎖国を実現した日本の場合、「ドア・ドンドン」はありませんでした。なぜかといいますと、その頃の日本は世界商品である金銀の採掘量が激減し始めており、諸外国から見れば、店を開けていても閉店しても、どうでもよかったのです。

「もう買うもん、ないで。あそこには」と。

そういう幸運?もあって、日本の鎖国は長続きしたのでした。ところが十八世紀の後半にヨーロッパで、産業革命とネーションステート(国民国家)の登場という大変革が起こり、ヨーロッパが最強になる時代が始まりました。

この二大イノベーションは国を閉ざしていた日本に、次のような影響を残しています。

鎖国前に日本のGDPは、世界の市場占有率(マーケットシェア)で四%を超えていましたが、二百数十年後の明治維新の頃には約二%に半減しました。当時の日本の世界における人口比がおよそ一%強でしたから、人口比と近い数字に落ちたのですね。このように世界から置いていかれたのは、海禁を続け、ヨーロッパを軽視していた中国の明も同様でした。

世界に乗り遅れた大国、中国を象徴するのがアヘン戦争(一八四〇―一八四二)の敗北でした。その影響は日本にも大波となって押し寄せます。そして阿部正弘が二十五歳の若さで、幕府常置の最高職、老中に就任したのが一八四三年だったのです。

第四節　阿部正弘が「安政の改革」を断行するまで

阿部正弘は一八一九年、備後国福山藩(広島県福山市)の江戸屋敷に生まれました。

阿部家は関ヶ原の戦い以前から徳川家に仕えていた譜代大名の名門です。福山藩を任されたのも、中国や四国そして九州に多い強力な外様《とざま》大名たちの動向を、監視する役割もあったからでした。外様とは信長や秀吉の時代には、家康と同じく信長と秀吉に仕える武将だったのですが、関ヶ原で家康が勝利したあと、徳川家の臣下となった大名たちです。幕府に反旗をひるがえすとすれば、要注意なのは彼らです。そのこともあって阿部家は名門の譜代大名として福山藩主となり、多くの老中を輩出しています。

阿部正弘は十八歳のとき、福山家の家督を継承していた兄が病弱を理由に隠居したために、福山藩主を継承しています（一八三六年）。そして一八四〇年に寺社奉行見習いとして出仕し、英才ぶりを注目され、同年のうちに寺社奉行となりました。二十二歳でした。

江戸幕府は家光の時代に、寺院や神社を統括する寺社奉行や幕府の財政と行政を担当する勘定奉行、そして江戸の市政を担当する町奉行を置きました。寺社奉行は三奉行の中でもっとも地位が高い存在でした。阿部正弘は就任した翌年の一八四一年、大きな仕事をします。

下総国市川（千葉県市川市）の法華経寺の日啓《にっけい》ほか数名の僧が、江戸城の大奥に出入りし、奥女中たちと密会を重ねているというスキャンダルが、露見したのです。

寺社奉行になったばかりの阿部正弘は、冷静に事件を取り仕切り、日啓を島流しの刑に処しました。さらに日啓が妻女同然にしていた農婦に、押込《おしこめ》の刑を与えました。自宅に軟禁したのですね。しかし阿部正弘は大奥の女中たちは、すべて不問にしました。

なぜか。日啓の娘が、先代の十一代将軍、家斉《いえなり》の愛妾だったのです。家斉は五十五人も子どもがいたという、ガールフレンドが大好きな将軍でした。しかも当代の十二代将軍、家慶《いえよし》の父でもありました。

日啓たちが大奥に出入りしたのは、その娘が手引きしたからです。しかしこのことを追及すれば、幕府に対する批判も起こります。そのことを考慮に入れての処断だったのです。阿部正弘が将軍にゴマをすったのではなく、徳川政権に批判が集中することを回避するための処置でした。

将軍の家慶と大奥の女性たちは、阿部正弘を高く評価し感謝もしました。そして一八四三年に、二十五歳の正弘を老中に抜擢、さらに一八四五年、老中首座としています。

海岸防禦御用掛（海防掛）を強化した阿部正弘

ところで江戸幕府は、阿部正弘を老中に指名する前年の一八四二年、異国船への薪水給与令《しんすいきゅうよれい》を出しました。この法令は一八二五年に出された異国船打払令《うちはらいれい》を、改定したものです。十九世紀に入る頃から、大英帝国やフランスやロシアそしてアメリカなどの外国船が、長崎だけでなく、日本沿岸に来航することが急増していました。その多くは捕鯨を目的とする遠洋漁業船でしたが、燃料や水の補給を求めるだけでなく、無断で上陸する例も多かったのです。はっきりと交易を求める武装した船も存在しました。

幕府の首脳部は鎖国の大原則がありますから、異国船打払令を出しました。問答無用で大砲で追い払え、という乱暴な命令です。

ところが一八四二年にお隣の中国では、清王朝がアヘン戦争に敗北し、屈辱的な南京条約を結ばされ、植民地化される第一歩を踏み出したのです。

アヘン戦争の情報は鎖国中の日本にも、長崎出島のネーデルラント人から、入ってきました。日本がもっとも恐れつつも、文化も文明も学んできた中国の敗北は、大きな衝撃でした。しかも中国も海禁（鎖国）をしていたのです。幕府は外国船との対応を、誤ることを恐れました。武力で追い払ったりして、軍事的侵略の口実とされたら一大事です。

そこでおだやかに要求に応じ、燃料や食料や水を手渡すことを徹底するように、方針を変えて薪水給与令を出したのです。薪とは焚木《たきぎ》、木材燃料のことです。

薪水給与令が発令された翌年、一八四三年に阿部正弘は老中に就任したのですが、彼はそれまで臨時の役職だった海岸防禦御用掛《かいがんぼうぎょごようがかり》（海防掛）を常設化しました。次いで四四年に、その構成員に老中・若年寄・大小目付・勘定奉行などの要職も参加させ、強化させたのです。ただし諮問機関（相談役）であり、実務権限はありませんでした。ところで海防掛が置かれたのは、次の事件があったからです。

大黒屋光太夫《だいこくやこうだゆう》（一七五一―一八二八）は、伊勢南若松村（三重県鈴鹿市）に生まれた船乗りでした。江戸へ向かう船が暴風雨で遭難し、当時はロシア領だったアリューシャン列島に漂着しました。それは一七八二年のことです。日本が鎖国した一六三九年から、一四〇年以上が経過しています。

大黒屋光太夫はロシア本土に連れていかれ、バイカル湖に近いイルクーツクにも連行されました。さらにバルト海に港を開いているロシアの首都、ペテルブルク（現在のサンクトペテルブルク）で、当時の女帝エカテリーナ二世に謁見しています。そして帰国を許されました。

一七九二年、光太夫はロシア陸軍士官のラクスマンに護送され、根室に帰ってきました。遭難してから十年の月日が過ぎています。ラクスマンはエカテリーナ二世からの、修交を求める国書を持参していました。その翌年、ラクスマンは北海道の松前で幕府と交渉しましたが、修交の要望は拒否され、長崎へ寄港することは認められました。彼は長崎には行かず、そのまま帰国しています。光太夫は江戸に留め置かれ、江戸で死去しています。彼のロシア見聞談は『北槎聞略《ほくさぶんりやく》』という書物になって、残されています。

突然にロシアの軍艦が国書を携えて、根室に入港したことは、幕府を動揺させました。老中の松平定信《まつだいらさだのぶ》はただちに、日本の海岸線防御の対策を立てたのです。そのひとつが海防掛の設置でした。

この一七九二年から約五十年後の一八四四年、鎖国をおびやかす外国船の来航が急増する状況下で、阿部正弘は海岸線の監視と主要港の自衛力を強化させるため、海防掛を実務的に強化しました。そのことを皮切りとし、彼は鎖国と正面から向き合います。その政策展開が「安政の改革」だったのです。

第五節　安政の改革とペリーの来航

一八〇〇年代のアジアは産業革命とネーションステート（国民国家）の設立で、国力を増大させた西欧列強が、アジア侵略を本格的に開始した年代でした。大英帝国はインドと中国を、フランスはベトナムを植民地化していています。ネーデルラントはすでにインドネシアのジャワ島を確保していました。さらに西アジアでは、陸の大国であるロシアが地中海への進出を狙って、クリミア半島と黒海の支配に露骨な行動を取り始めていました。

ネーションステート（国民国家）という発想が、西欧を強くした理由です。それはアメリカ独立戦争とフランス革命によって、それまで意識されなかったネーション（国民）という概念が、生まれたからです。

アメリカ独立戦争は新大陸で自立した大英帝国の人々が、母国の無茶な課税に反対して起こした独立戦争でした。

フランス革命はパリ市民が中心となり、ブルボン王朝を倒した戦いでした。当時のヨーロッパの国々は、すべて王朝国家です。そのために、ただ一国のみ市民国家となったフランスは、全ヨーロッパの王朝国家を敵とすることになりました。これに対して、「祖国フランスのために戦え」とアピールし、フランス人に国民意識（民族意識）を自覚させ、第一帝政の皇帝となったのが、ナポレオンでした。

こうして、本来は縁もゆかりもないマルセイユとパリの人が「国」（ネーション）という架空の集合体により、共鳴し合える連帯意識を持つようになっていました。それが近代以後、国家を支える理念となりました。

このようにヨーロッパを時代の先駆者に押し立てた「国」の存在を、「ネーションステート（国民国家）」という概念にまとめたのは、アメリカの政治学者、ベネディクト・アンダースン（一九三六―二〇一五）です。その著書『想像の共同体』に登場しました。この本は世界の二〇カ国以上の言語に翻訳されています。

ネーションステートである列強の来航が激化する中、阿部正弘は一八五二年を迎えました。五二年の六月、長崎の出島から幕府にネーデルラント商館長が知らせてきました。一年後にアメリカから開国を求める使節が、来航するというのです。出島のネーデルラント人たちは、江戸幕府ただひとつの西欧と結ばれた情報網だったので、さまざまな情報を幕府に伝え、便宜を図り、巨額の利益を得ていたのです。幕府の中心にいる老中の阿部正弘は、積極的に世界の情報を把握しようとしていました。

したがって阿部正弘は来日する使節は、アメリカの東インド艦隊司令官のペリーであることも、把握していたことでしょう。そしてペリーが何を求めて来航するかも摑んでいたでしょう。

ひと昔前まで、ペリーの来航目的は捕鯨船の食糧や避難港を求めることだと、授業では教わりましたが、それだけではありませんでした。

当時のアメリカは中国との交易を本格化させることを、目指していました。その当時、欧米から東南アジアへの海洋ルートは、大西洋から喜望峰を回り、インド洋へ抜ける航路でした。しかしこのルートを使用する限り、アメリカはニューヨークからロンドンに至る海路が余分な存在になります。中国との交易は大英帝国より費用が多額になるので、不利になるのです。アメリカから中国への最短距離は、太平洋を東から西へ横断する海路です。

アメリカの捕鯨船は北太平洋の東部海域まで出漁して、海難事故で日本列島へ避難することもあ

ペリーが率いる黒船を描いた「黒船の図」。安政二年（1855）頃作成。
写真：UIG/時事通信フォト

りました。しかし太平洋を横断し中国へ渡航するために、日本列島を中継地点とするのであれば、日本が鎖国しているのは困ります。

「日本に開国を求めよ」

それがアメリカの戦略だったのです。そのことについては、阿部正弘も概略は承知していたでしょう。

ペリー来航を的確に処理した阿部正弘

一八五三年六月、長崎出島のネーデルラント商館長の情報どおり、ペリーは四隻の軍艦を引き連れて浦賀の沖に姿を現しました。二隻が最新鋭の蒸気式軍船、二隻が帆船でした。旗艦のサスケハナ号は二五〇〇トンの蒸気式軍船でした。その当時、日本の船は帆船中心であり、最大でも一五〇トンでした。

四隻は浦賀の沖に日本に対して横並びに停泊し、搭載した大砲はいつでも陸に向かって砲撃できる状態にしてありました。そしてペリーは幕府が開港している長崎に向かうことを拒否、大統領の親書を江戸で渡すことを要求し、それを拒絶するのであれば容赦なく上陸すると警告しています。

幕府はペリーの久里浜上陸を認め、浦賀奉行がアメリカ大統領フィルモアの親書を受け取りました。しかし親書の内容である開国および外交と通商に関しては、一年間の返答猶予を要求、ペリーはこれを受諾します。六月十二日に日本を去り、琉球王朝（沖縄）を訪れたあと、インド洋経由で帰国しました。東インド艦隊司令官のペリーは来日するときも、大西洋からインド洋を経由する航路を利用しています。

ペリーが浦賀に来航した五三年の六月、病気がちだった十二代将軍の家慶は、二十二日に病死しました。ペリーが日本を去って十日後のことでした。一カ月後の七月二十二日に家定《いえさだ》(家慶の四男)が十三代将軍になりました。家定は病弱だったこともあり、政務の中心は老中首座の阿部正弘に託されました。

来年度、アメリカ大統領の親書に対応することも含めて、二百数十年も続いてきた日本の政治体制である鎖国制度の検討という大きな課題が、老中首座の双肩にかかってきました。一八五三年に、阿部正弘が打ち出した政策を追ってみましょう。

まず諮問機関だった海防掛を常設の行政機関とし、有能な若手官僚を身分を問わず登用し、実務的に強化しました。また徳川御三家のひとつ水戸藩の藩主、徳川斉昭《なりあき》を海防参与としました。斉昭はすぐれた藩主ではありましたが、将軍を継嗣できる御三家でありながら、排外思想である攘夷論と天皇の権力と権威を重んずる尊王論を重視する尊王攘夷論者であり、幕府と対立しがちでした。諸藩の大名の中には、斉昭を支持する者も少なからず存在していました。

アメリカの強硬な開国要求があるとき、阿部正弘は斉昭を幕府内に取り込むことを考えたのです。阿部正弘はすでに一八四七年、斉昭の七男で俊才の評判が高かった慶喜《よしのぶ》を、八代将軍吉宗の血を引く名門の徳川一族、一橋家に婿養子という形で家督を継承させています。このことには斉昭も喜んでいます。徳川斉昭工作は、意図する政策実現を狙った阿部正弘の深謀遠慮を感じさせます。

次に阿部正弘が登用した代表的な人材については、以下のような人物です。川路聖謨《かわじとしあきら》、井上清《いのうえきよ》直《なお》、江川英龍《えがわひでたつ》、勝海舟《かつかいしゅう》、永井尚志《ながいなおゆき》（なおむねとも）、高島秋帆《たかしましゅうはん》。彼らはその後急逝する阿部正弘の遺志を受け継いで、江戸から明治へ、日本を最小の犠牲で導いた才覚ある実務家たちでした。

一八五三年、阿部正弘はもうひとつ、思い切った行動に出ています。ペリーから渡されたアメリカ大統領の親書を全大名と旗本そして有力な市民に公開し、対応策について意見を求めたのです。これに対し寄せられた七百通を超える意見の内容は、開国論も含み多彩な内容でした。阿部正弘はこのようにして国の一大事に対し、人々の真意を知って、国策に反映させようとしました。

彼は、明治新政府が世に示した新政方針である「五箇条の誓文」の第一条、「広ク会議ヲ興シ万機公論ニ決スベシ」を、いち早く実行していたとも考えられます。

「阿部はどうしていいか迷って、意見を求めた」

という説もあります。それは阿部正弘という人物に対する、皮相的な見解にすぎません。

すでに彼は一八四八年（嘉永元年）、海防に関する意見を求めているのです。対象は海防掛や三奉行（寺社・勘定・町）、長崎・江戸湾警備の諸大名と長崎奉行そして浦賀奉行、さらに数名の学識経験者でした。この年は三月から四月にかけて、対馬・五島・陸奥や蝦夷の沿岸を航行する外国船の数が、異常に多かったのです。集められた意見の中で目立ったことがありました。それは鎖国を、「祖先が定め置きたる法」として、「絶対に守らねばならぬ」といった考え方、「祖法観」を意外にも柔軟に考える指摘が、存在したことです。

たとえば家康の時代には外国貿易が活発に行われていたと、指摘する意見もありました。(藤田覚著『幕末から維新へ〈シリーズ日本近世史⑤〉』岩波新書)

阿部正弘はこのような結果を認識した上で、一八五三年に意見を聴取したのでした。七百通に及ぶ意見を対極的に類別すれば、「鎖国攘夷」か「開国交易」のいずれかの国策を求めているものでした。幕府自体も含めて割れている考え方を、阿部正弘はどのように収束しようとしたか。彼の行動を追ってみましょう。

阿部正弘はペリーが日本を去った一八五三年の九月、諸藩に対して出していた大型船の建造禁止令を解除しました。この禁止令は諸藩が軍事力を大量に輸送できる大型船を所有することを、防ぐ目的で存在していました。しかし封建体制である江戸幕府の支配下では、海に面する諸藩を防衛するのは、それぞれの藩です。諸外国から侵略に対応できる海軍力を、各藩に持たせるために、建造禁止令を解除したのでした。それは各藩に自衛力を強化せよと、命じるのと同等だったでしょう。

さらに同じく九月、幕府自体がネーデルラントに軍艦七隻、鉄砲・兵書などを注文しています。

そして同年の十一月、阿部正弘はアメリカに返答する対応方針を発表しています。

アメリカの開国要求に対しては柔軟に対応していくこと。しかし理不尽な侵略行為があれば、断固応戦する覚悟であること。そして百姓・町人を含めて、次のことを認識せよと強調しています。

国を開き、交易をすることで国を豊かにし、軍事力を強化することが肝要であると。

阿部正弘は、国を閉ざし産業革命とネーションステートを拒絶し、アヘン戦争で敗北した中国の失敗だけは、どうしても避けたいと考えました。鎖国という主張は、欧米の列強には通じない、軍事力で潰される、と冷静に現実を見極めていました。そして「開国・富国・強兵」というグランドデザインを描いていたのです。「富国強兵」、国を豊かにして強力な軍事力を持つこと。このような発想は日本にもありました。

太宰春台《だざいしゅんだい》（一六八〇―一七四七）が著書の『経済録』の中で、交易で国を豊かにし、そのお金で軍事力を強化し国を守ることを説いています。なお彼の言った「経済」とは、「経世済民」という意味であり、エコノミー的な側面よりも、ポリティカルな側面で使用された言葉です。また米沢藩主だった上杉治憲《うえすぎはるのり》（上杉鷹山《ようざん》、一七五一―一八二二）は、「富国安民論」を主張しています。ここでいう富国とは豊かな藩を指しており、藩がお金を増やして百姓や町人が安心して生活できたら、その藩は安泰であると説いています。彼は米沢藩（山形県）を、天明の飢饉から救った名君として有名です。

このような先人が存在したことが、阿部正弘に「開国・富国・強兵」に確信をもって踏み切らせた、一因になっていたと考えます。

第六節

日米和親条約を結んだ阿部正弘のリアルな決断力と日本の幸運、そしてクリミア戦争

一八五四年の一月、ペリーは蒸気式軍船三隻と帆船四隻を従えて、再び来日しました。大船団で再来したことは、「日本を開国させる」というアメリカの強い意志を、物語っています。両国の交渉は東海道の神奈川宿（現在の横浜）で行われ、同年の三月、日米和親条約が締結されました（神奈川条約ともいいます）。

日米和親条約の内容は、主たる項目を挙げますと、次のようでした。①下田と箱館を開港すること、②領事を駐在させること、③漂流民を救済すること、④最恵国待遇を与えること。

最恵国待遇については、後に再度、お話しします。こうして結ばれた日米和親条約によって、日本はついに鎖国から国を開くことになったのでした。この交渉に当たり、阿部正弘は日本の全権大使として、林大学頭復斎《はやしだいがくのかみふくさい》を指名しました。林家は幕府で外交関係の交渉事に関係していた一門です。といっても、鎖国していましたから、主たる任務は朝鮮との外交です。しかし幕府内の開国に反対する保守派の顔を立てるために、阿部正弘は林復斎を全権大使にしたのです。英語を理解できない彼には、有能な若手官僚をつけ、彼らが実務を担当しました。

開国し日米和親条約を結んだ阿部正弘という人物は、考えてみれば勇気ある人物でした。阿部家

は先祖代々、徳川家に仕えてきた重臣の家柄でしたね。その阿部家出身の正弘が、神君家康公や家光公が決めた祖法を破ったのです。すごい決断力でした。

阿部正弘は私心も野望もなく、徳川幕府の将来あるべき姿を熟慮し、鎖国を停止させました。交易と貨幣経済を重視しようとした平清盛や、戦国時代に終止符を打ち、近世への第一歩を踏み出した織田信長と同様に、阿部正弘は社会を変えていく大きな現実を見極めていく、リアリズムの人物だったのだ、と考えます。

世界史の流れが日本と阿部正弘に味方した？

話が前後するのですが、一八五三年にペリーが浦賀に来航した一カ月後の七月、ロシアの海軍中将プチャーチンが日本の開国を求める全権使節として、長崎に来航しました。彼はロシアの宰相ネッセルローデの書簡を長崎奉行に提出、すでにアメリカ大統領の書簡を受理している幕府は、これも受理しました。

そして阿部正弘はプチャーチンとの交渉役を、筒井《つつい》政憲《まさのり》と川路聖謨を中心とする気鋭の人材に任せています。

しかし日露の交渉が開始された一八五三年の十月、黒海のクリミア半島を舞台に、ロシアと西アジアの年老いた帝国、オスマン帝国が戦争を始めたのです。しかも陸の強国ロシアの黒海から地中海へ進出したい野望を阻止するため、大英帝国とフランスそれにサルデーニャがオスマン帝国の援軍になり、強大な軍事力をクリミア半島に投入したのです。

クリミア戦争で使用された迫撃砲。1855年撮影。
写真：GRANGER/時事通信フォト

こうしてクリミア戦争は、最初の大規模な近代戦争となりました。世界中の耳目がクリミアの戦局に集中します。新興の強国ドイツなども、戦争の結果次第で、自分たちが甘い汁を吸えるか否かが決まります。

ところでクリミア戦争の勃発を、世界の緊張と緩和という視点からいえば、日本とっては幸運だったという見解が、最近の歴史学界では有力な理解になりつつあります。

中国という資源の豊かな大国が、西欧列強国の標的となっているとき、その隣国で二百数十年も国を閉ざしていた日本が、アメリカ大統領の開国を求める親書を受け取りました。

鎖国を宣言し国を閉じた頃の日本を見る世界の眼は、一八五〇年代になると一変していたのです。金も銀も出なくなった、あまり魅力ない存在になっていた徳川初期と比較すると、一八五〇年代の日本は、欧米列強が資産収集のターゲットとしている、中国の隣国として注目され始めます。この国は水も豊富で自然も豊か、良港が多くて南北に長く連なる国です。中国への中継地点として利用するには、絶好の条件を備えているのです。

もしも黒海で世界を緊張状態にする強国同士の争いがなければ、アメリカ大統領の開国を求める親書を受け取った日本に、西欧列強は軍艦を連ねて押し寄せ、開国と交易を強要したことでしょう。世界の情勢を緊張と緩和の力学で考えれば、日本は緊張の焦点とならざるを得ませんでした。

ところがクリミア戦争が起きたことで、世界の緊張は黒海に集中しました。アジアには世界の視点は集まらず、阿部正弘は緩和状態になっていた極東で、ゆっくりとアメリカへの回答を練り上げることが可能になったのです。同時に開国以後の日本をどうするか、幕府をどうするか、言い換えれば「開国・富国・強兵」というグランドデザインについて、クリミア戦争の情報を得る過程で、この構想以外に日本が生きていく方向はないと、確信を得たのかもしれません。

「鎖国を解け」という難題をアメリカが突きつけてきたとき、世界の緊張と緩和の関係が、アジアを緊張の焦点にしていたら、列強諸国は開国と交易を強要するために、次々と日本に押しかけてきたでしょう。もしそうなっていたら、いかに有能な阿部正弘であっても対応しきれたかどうか。しかし歴史の大波は黒海に起こり、世界の緊張はクリミア半島に集中したのでした。

「ペリーが来航したとき日本に阿部正弘が存在したこと、同時期に列強諸国がクリミア戦争を始めたこと。このふたつの事実が偶然にも重なったことで、日本は国を滅ぼすことなく開国できた」と。

ペリー来航から日米和親条約を結ぶまでの歴史の流れを、そのように理解する考え方が多くの支持を集めています。

第七節　日米修好通商条約の締結を目前にして病死した阿部正弘

ペリーは開国についての詳細は未定のままでも、下田と箱館の開港や領事の駐在を認めさせ、最恵国待遇を片務的に得るなど、日米和親条約を締結する成果を得て帰国しました。

その一八五四年（安政元年）から阿部正弘は、幕府と日本の明日を築くグランドデザインである「開国・富国・強兵」につながる政策を、推進し始めます。後世に「安政の改革」と呼ばれました。

①五四年。江戸の築地に講武所を設置。伝統的な武術と西洋式砲術を教授。陸軍の前身。
②五五年。長崎に海軍伝習所を設置。鎖国をしていたため海軍の知識は少なかったので、長崎のネーデルラント商館に軍人の教官と訓練船を依頼。海軍の前身。
③五六年。蕃書調所をつくる。蘭学（ネーデルラント語中心）の学問所だったが洋学一般を対象とする洋書調所となり、六三年に開成所と改称。東京大学の基礎となる。
④六二年。榎本武揚《えのもとたけあき》をネーデルラントに五年の留学に出す。西欧の兵制や万国法を学ばせる。
⑤年代は前後するが阿部正弘は領国の福山藩で、藩校の弘道館《こうどうかん》に洋学を取り入れて誠之館《せいしかん》と改称（一八五五年）。八歳から十七歳の全藩士の子、および優秀な庶民の子にも義務教育を実施した。

　阿部正弘がそのまま明治維新につながるような政策を推し進めているとき、世界ではクリミア戦争が、一八五六年三月パリで講和条約が結ばれて終結しました。ロシアの地中海への進出は止められました。ところが一八五六年の十月、こんどは中国（清）でアロー号事件が起きたのです。

　この第二次アヘン戦争とも呼ばれた事件は、広東省の広州湾で清の海上警察に、アロー号という不審な船がつかまったことで始まります。アロー号は大英帝国の船籍登録を所有していましたが、それはすでに期限が切れていました。したがって清の官憲の行動は正当でした。ところが大英帝国の広東領事館は、清の官憲の行動を大英帝国に対する悪意の侮辱であると、激しく抗議しました。ついに清に対し宣戦布告したのです。もちろん無茶な言いがかりです。

　アロー戦争を大英帝国が仕掛けた意図は、アヘン戦争による侵略で清から得た暴利を、さらに拡大させることが目的でした。この戦争にはフランス第二帝政の皇帝、ナポレオン三世（ナポレオン一世の従弟）も参戦しています。戦争は最終的に一八六〇年の北京条約で決着しました。アロー戦争で大英帝国が奪取した諸権利と賠償金は、次のようでした。天津の開港および九竜半島の先端の領有（香港）、中国領土の旅行自由、賠償金八〇〇万両《テール》の獲得などです。こうして中国の植民地化は激化しました。

　この当時、日本では阿部正弘が一八五五年に、老中首座の地位を堀田正睦《ほったまさよし》（一八一〇―一八六四）に譲っています。彼は下総国佐倉藩主（千葉県佐倉市）でした。開明的な藩主として名高く、佐倉領内に西洋医学の私塾、順天堂《じゅんてんどう》を開設しました。現在の順天堂大学の前身です。彼は一八一九年生まれの阿部正弘より年長です。この人事は阿部正弘が開国と交易開始の政策展開を、より具体化するために進めたものと考えられています。

アロー戦争は一八五六年十月二十三日に始まっているのですが、同じくこの年、日米和親条約の取り決めにより、アメリカの駐日総領事タウンゼント・ハリスが、下田に着任しました。

駐日総領事ハリスと阿部正弘の関係

総領事の日本駐在については、日米和親条約によって決められていましたが、いつ赴任するかについては、日米の解釈に相違があった、それは条約の細則についての解釈が食い違ったからだ、との説もあります。アメリカ側は和親条約が締結されてから十八カ月後と理解し、日本側は両国が協議し必要と考えた時点と理解した、というのです。しかし日米間の強弱関係でいえば、来航したハリスを拒絶する実力は、日本にはありませんでした。

そしてハリスは一八五六年の八月五日、伊豆下田の玉泉寺に総領事館を開きました。

ついで一八五七年五月、ハリスはアメリカ初の日本総領事として実務遂行上の必要もあり、下田奉行との間に下田条約を結んでいます。内容的には日本和親条約の追加項目的な性格でした。貨幣の同種同量交換、アメリカ側に有利な領事裁判権の不平等条約は、日米修好通商条約に引き継がれます。

同年の六月、阿部正弘の死が記録されています。死因は明記されていませんが、病死だったようです。彼は生来、病弱でした。本章の主人公が死亡したので、話はここで終わるところですが、阿部正弘が掲げたグランドデザイン「開国・富国・強兵」の行く末を、もう少し見届けてみましょう。
下田条約を結んだハリスは、かねてから要求していた十三代将軍、家定との謁見を実現しました。一八五七年十月のことです。ハリスはアメリカ大統領ピアースの親書を将軍の家定に献上し、西欧の政治情勢やアメリカの外交政策などを奏上しています。

さらにハリスは江戸城を退出したあと、老中の堀田正睦邸を訪問しています。ハリスは堀田に、大英帝国が清に仕掛けたアロー号事件という侵略戦争について話し、次に大英帝国は日本を標的にすると話しました。大英帝国の略奪を避けたかったら、我がアメリカと通商関係を結ぶことだ、アメリカは正義を愛する、大英帝国のような非道はしない、日本を守る、そのように半ば脅迫を交えながら、説得したと伝えられています。

江戸幕府はアメリカ大統領の親書とハリスの口上書を諸大名に示し、意見を求めました。この行動はペリー来航時、阿部正弘が全大名を中心に意見を求めたことを受け継いでいますが、大名の大半はアメリカとの交易開始を、「やむを得ない」と考えていました。

こうして一八五七年の十二月から、幕府側の全権大使となった下田奉行の井上清直と目付（政務監察役）の岩瀬《いわせ》忠震《ただなり》は、ハリスとの日米修好通商条約の交渉に入りました。この二名は阿部正弘が才能を見抜き、抜擢した人材でした。

交渉は難航しました。二百数十年も商人が自由に売買の前面に出る貿易は許されず、長崎を中心とする管理貿易を続けた幕府側には、開港を増加させる必要性と自由貿易の重要性が、理解しにくかったのです。それでも年が明けて一八五八年の一月、日米修好通商条約の原案は最終合意に至りました。

最終合意には至りましたが、幕府はアメリカと正式な調印をする前に、朝廷の勅許を求めようとします。

通商条約の調印を再検討するように求めた朝廷と孝明天皇

ハリスとの交渉で得られた通商条約の合意案について、堀田正睦が朝廷側の明確な支持を得ようとした理由は、鎖国を解くことを不安視する保守的な大名や、外国を敵視し交易を嫌う攘夷派の人々に、天皇も通商条約を認めていると主張したかったからです。

鎖国を断行した頃の幕府には、天皇の意図を考慮する必要はありませんでした。それだけ強大な権力と権威を、幕府は兼ね備えていました。しかし鎖国を放棄する時代を迎えたとき、自他ともに認められる大義名分が必要だったのです。それが天皇から勅許を得ることでした。幕府の権力は弱体化していました。

そして一八五八年二月、堀田正睦は川路聖謨や岩瀬忠震たちを従え、京都に向かいます。朝廷は孝明《こうめい》天皇（在位一八四六―一八六六）の時代でした。堀田は関白以下、朝廷の重責を担う公家たちに、条約締結を拒否すれば欧米列強と戦火をまじえる危険があり、勝利する確信は持ち得ないと、条約を結ぶ必要を説きました。これに対し関白以下、朝廷の首脳陣は三位以上の高位にある公卿たちの意見も聞き、必ずしも無条件で賛成ではないが、条約承認の調印は将軍に任せるという回答案を、堀田正睦に渡しました。一八五八年三月十一日のことです。堀田はほっとひと息です。

孝明天皇は攘夷思想の持ち主でした。外国人が苦手だった、と言うほうが適切かもしれません。外国人が自由に入ってくる開国は嫌だと思っていました。それでも朝廷の上層部が出した結論を、消極的ながら受け入れました。

攘夷の「攘」は、「追《お》い攘《はら》う」という意味です。夷は東方の未開人を意味し、転じて野蛮な外国人を指します。儒教的な華夷思想、中国は漢民族だけが優秀であるという、ほかの民族を蔑視する思想から生まれました。

ところで、日米修好通商条約の調印を一度は認めた孝明天皇でしたが、翌日の三月十二日、勅許を白紙に戻します。承認の是非について発言する機会がなかった公卿たち八十数名が、条約承認に反対する意見書を関白に提出したからです。さらに官位が低い朝廷の役人たち（地下人《じげにん》）一五〇名近くも、回答書の撤回を求めたのでした。朝廷内に巻き起こった開国反対の声に、孝明天皇は我が意を得たりと思ったのか、幕府の使者たちに、次のように言い渡したのでした。

「開国を認めることは国体にかかわることであり、尾張・紀伊・水戸の三家以下の諸大名と綿密な談合をなし、再度の提案を望む」と。

こうして日米修好通商条約の承認は保留となってしまいました。堀田正睦は幕府と大名そして朝廷が一致した協調路線に立つ、開国を目指したのですが、それは成らず、幕府と朝廷は意見が割れました。

第八節
日米修好通商条約の調印を決行した井伊直弼と安政の大獄

条約調印に天皇の賛同を得られなかった幕府は、この当時、次の将軍を誰にするかを巡る争いも抱えていました。十三代将軍の家定は生まれながらに病弱で、子供が望めなかったからです。

後継者候補の一人は一橋《ひとつばし》慶喜です。先代の水戸藩主、徳川斉昭を父とし、阿部正弘の推薦もあって一橋家の養子となっています。有力な外様大名である島津斉彬《しまづなりあきら》（薩摩藩主）や、松平慶永《よしなが》（越前藩主）ら、阿部正弘や堀田正睦など開国派の幕府重臣が支持しました。

もう一人の後継者候補は、紀州（和歌山）藩主の徳川慶福《よしとみ》（家茂《いえもち》）です。彦根（滋賀）藩主の井《い》伊直弼《なおすけ》を始めとする譜代大名、十三代将軍家定の生母を筆頭とする大奥の女性たちが、彼を強く推しました。

条約締結の問題そして将軍後継者問題と難局に直面した幕府は、譜代大名の実力者、彦根藩主の井伊直弼を幕府の最高職である大老に任命します。大老は常置ではなく、非常時に置かれる特別職です。井伊は一八五八年四月に就任しました。

大老となった井伊直弼は、早々に全大名の江戸城への登城を命じます。そして条約承認を拒否した天皇の勅書を回覧し、全員の見解を求めました。条約調印に反対する声はありませんでした。孝明天皇は条約を認めなかったとき、御三家を含む諸大名の意見を聞き、再度の提案をせよ、と言いました。その発言を受けての井伊直弼の行動だったのです。

大名たちの意見を根拠として、アメリカと修好通商条約の調印に勅許を得たあとに、改めて日米修好通商条約を結ぼうと井伊直弼は計画したのです。

一八五八年の六月、当時の暦では夏の終わりですが、アメリカの軍艦ポーハタン号が下田に来航、そこから得た最新の世界情報を持ってアメリカ総領事ハリスが井伊直弼との会合を求めてきたのです。終局を迎えつつあったアロー戦争に関することでした。

アロー戦争は一八五八年の六月上旬、清が英仏露米の四カ国に占領された天津で、調印させられた天津条約によって、一時的に休戦となりました。天津条約の内容は、外国人の内地旅行の自由化や長江沿岸の諸港を開港すること、さらに特に英仏への巨額な賠償金など、清の独立を侵す屈辱的な内容でした。そのために清国政府内にも反対の声があり、英仏に対しては条約批准を拒否します。しかし英仏に首都の北京を攻略され、一八六〇年に改めて北京条約が批准されたのでした。

ハリスが井伊に話したのは、天津条約のことだったと推察します。そしてアロー戦争で中国への侵略戦争が成功した大英帝国は、次の標的として日本を考えていると、アメリカが予測したとしても不思議ではありません。日本列島は大英帝国のライバルである陸の強国ロシアが太平洋へ進出する海路を、北から南へ封鎖しているのですから。

アメリカ政府がハリスに日米修好通商条約の締結を急ぐよう、指令を出していたとしても、これも不思議ではありません。

1860年、イギリス・フランス連合軍によって消失した北京郊外の庭園・頤和園。
写真：Avalon/時事通信フォト

「ミカドのOKを待っているうちに、大英帝国の侵略が始まりますよ」

ハリスは井伊を次のように説得したのでしょうか。大英帝国を脅迫の材料にして。

「将軍が我が国と修好通商条約を結んでくだされば、アメリカ軍は大英帝国が日本を武力的に侵略して、交易国にすることを阻止することが可能です。しかしながら現状のままで、アメリカが貴国をそこまで守る理由は成立しません。幕府は貴国を代表する国政機関として、条約の草案に同意しているのになにゆえの逡巡ですか。外国を敵視するミカドが日本を代表しているのですか」

井伊直弼は保守的な体制派です。開国派ではありません。しかし日本が直面している現実が、鎖国を無事に守りきれる状況ではないことを、きちんと判断できるリアルな視点は持っている政治家でした。彼は天皇の同意を漫然と待つあいだに、事態が急変することを恐れます。

彼は条約の締結に踏み切ります。一八五八年六月十九日、下田奉行井上清直と目付岩瀬忠震が下田沖に停泊中のポーハタン号で、日米修好通商条約に調印しました。アメリカに鎖国を解いた幕府は、それからの三カ月間にネーデルラント、ロシア、大英帝国、フランスの四カ国と、修好通商条約を結んでいます。

安政の大獄を引き起こす直接の原因は孝明天皇が出した「戊午の密勅」だった

日米修好通商条約が調印されてから数日後の一八五八年六月二十四日、攘夷派の前水戸藩主徳川斉昭を筆頭に、徳川慶篤《よしあつ》（水戸藩主）、徳川慶恕《よしくみ》（尾張藩主）、松平慶永（越前藩主）、一橋慶喜たちが強引に江戸城を訪れ、井伊大老の無勅許調印を非難します。さらに孝明天皇と和解するには、天皇が信頼している一橋慶喜を次代の将軍にすることが最適であると、進言したのです。

対して井伊直弼は彼らの進言を拒否します。幕府は朝廷から大政を委任されている、朝廷と見解が相違したら、決定権は幕府にある、そして大老は幕府の代表であり、勝手に登城して大老を批判するとは越権行為であると。そして数日後、井伊は彼らを謹慎や隠居・登城禁止処分としました。

なお京都で孝明天皇を説得できなかった堀田正睦は、この時期に罷免されています。また病弱な十三代将軍家定の後継者として、紀伊藩主の徳川慶福と定めたのも、この前後のことでした。同年の七月、十三代将軍の家定が病没。慶福が家茂と名前を改め、十四代将軍を後継することが決定されます。

京都ではアメリカとの条約が、無勅許で調印されたことに、孝明天皇は激怒します。そして同年の八月、水戸藩に勅書を出したのです。天皇の命令や意思を伝える文書です。通商条約を無勅許で調印したことを批判し、この難局を大老以下の全大名で審議を尽くして乗り切り、幕府と朝廷がひとつになって（公武合体して）、国内の平和を維持する努力をせよ、と命じていました。さらに次のことも記載してありました。

孝明天皇は水戸藩に、この勅書を①御三家の残りの二藩である尾張藩、紀伊藩、②徳川家の親族である御三卿の田安、一橋、清水家、③徳川一門の大名である越前松平家、会津松平家にも、筆写して送ることを命じていたのです。

この勅書は一八五八年（安政五年）が戊午《ぼご》の年だったので、「戊午の密勅《みつちょく》」と呼ばれています。戊午の密勅が重大だった理由は、天皇の怒りを伝えている内容もありますが、天皇が大名へ、幕府の頭越しに命令を出したことにあります。江戸時代、政務に関して天皇は幕府に全権を委任することが、大原則です。孝明天皇が水戸藩に命令を出したことは、幕府にとって許されない異例の行動でした。

幕府の大老として井伊直弼は、朝廷と大名が直接に政治的に結ばれることを、断固として弾圧する行動に出ました。孝明天皇が気に入っている一橋慶喜を支持する、一橋派と呼ばれる大名や幕臣、そして密勅に関係した水戸藩の関係者と公家、さらに尊王攘夷を主張する各藩の家臣や浪士を、徹底的に弾圧しました。安政《あんせい》の大獄《たいごく》です（一八五八―一八五九）。

特に水戸藩では前藩主の斉昭が国許永蟄居、藩主の慶篤が出仕禁止の自宅謹慎となったのを筆頭に、数人の藩士が切腹や死罪に処されています。また過激な人物として、橋本《はしもと》左内《さない》（開国論者）、頼三樹三郎《らいみきさぶろう》（尊王論者）、吉田松陰《よしだしょういん》（尊攘思想家）が死刑となっています。なお一橋慶喜は、隠居謹慎の処分を受けました。

この弾圧で百名を超える処分者を出した井伊直弼は五八年の九月、ひそかに老中の間部詮勝《まなべあきかつ》を上京させました。目的は孝明天皇から条約調印の承認を勝ち取ることです。

『戊午の密勅』に関係した公卿は、このままでは重い処罰は免れない。一方で、実は開国を本当に望む幕府の役人は皆無に近い。武力で脅されての開国であり、交易開始である。時を選んで鎖国は再開させる腹づもりであるから、とりあえずは条約調印の黙認を要求するものである」

このような主旨で間部詮勝は、朝廷側を説得し、いずれは鎖国を復活するという約束を孝明天皇と結び、条約調印の事後承認を得たのでした。

京都での談合において井伊大老は天皇に、水戸藩に下命した「戊午の密勅」を、返納するように命じて欲しいと、要求しました。しかし水戸藩は天皇が信頼して下命した戊午の密勅を、返却するように命じた幕府に激怒します。すでに水戸藩は安政の大獄で多くの犠牲を出しているのです。

ついに血気にはやる水戸の藩士たちを中心とする十数名は、降りしきる雪の中、登城を急ぐ井伊直弼を桜田門外で襲撃し、暗殺しました。一八六〇年三月三日のことでした。

日米修好通商条約に反対する攘夷勢力を弾圧して押し潰す、井伊直弼の政策は失敗しました。時代の流れは尊王攘夷派と開国支持派の対立から、朝廷と幕府の提携を目指す公武合体運動が台頭し、さらに争点は「尊王倒幕か幕府擁立か」となります。騒乱を経て十五代将軍慶喜の大政奉還によって、天下の政権は幕府から朝廷に返上されました。そして一八六八年、新しい日本を目指す明治政府が「開国・富国・強兵」を目指し、誕生します。

このように概観してみますと安政の大獄は、阿部正弘が打ち出した鎖国解消という大きな国策が実現されるための、「産みの苦しみ」とも考えられます。

阿部正弘は相手の話をていねいに聞くことを、決断の大きな材料とする人物でした。もしも、彼が外国人嫌いの孝明天皇の攘夷論を、聞く機会があったら、事態は別の方向に動いたかな、などと無用なことも考えてしまいます。阿部正弘の三十九歳の死は早すぎました。彼の話は、ここで終わります。

第九節　阿部正弘、余話三題

条約内容についてアメリカの言いなりだったのか？

日米修好通商条約には明らかに不平等な条項が、ふたつあります。領事裁判権を認めたこと（治外法権の承認）と、片務的最恵国待遇を認めたこと（関税自主権の消失）です。日本と条約を調印した五カ国（米・英・仏・露・蘭）の条文には、同様に含まれている条項です。のちに明治政府が改正に苦労しました。

「こういう不平等な内容を認めたのは、阿部がハリスに脅されて、条約の内容をきちんと検証しなかったからだ。阿部の不勉強の責任だ」と。

このような主張も根強くあります。しかし不勉強なのは、こういう主張を持っている側だったようです。

封建体制だった江戸幕府の仕組みでは、A藩の人間を律する権利と責任は、あくまでA藩にありました。彼がB藩で罪を犯しても彼はA藩で裁判され、罪に問われる定めになっていました。二百年以上も外国の人間が、地続きの場所に住んでいなかった日本です。突然に、国内における外国人の処罰をどうするると問われれば、「アメリカのことはアメリカで」と考えるのが普通だったでしょう。領事裁判権を認めたことで、元首や外交官など外交特権が認められる特定の外国人以外のすべての外国人が、自国の法律で裁かれることになったのですから。

関税自主権についても、日本の商業従事者は貿易活動など経験していません。長崎の出島で限られた貿易が実行されましたが、それは幕府による統制貿易でした。しかも鎖国を続けてきたので、日本には世界の関税率や銀貨と金貨の法定交換比の知識はありません。ですから「関税率は相談して決めましょう」と言われれば、提示された数字に納得せざるを得なかったでしょう。初めての経験なのですから。

中国で清がアロー戦争に敗れて結んだ北京条約には、外国人の中国国内での自由行動を認めることや、アヘンの輸出を認めさせる条項が入っていました。しかし、日米修好通商条約では、このふたつの項目を幕府は拒否しています。世界史的な視点から考えれば、それほど屈辱的な条約は結んでいない、というのが現在の評価になっています。

明治新政府と旧幕府軍との内戦、戊辰戦争の戦死者が少なかった理由

明治新政府軍と旧幕府軍で戦われた内戦の総称を戊辰《ぼしん》戦争と呼んでいます（一八六八年一月〜一八六九年五月）。この戦いに新政府軍が勝利して、明治維新は急速に進展していきました。この戊辰戦争における戦死者は一万三〇〇〇人と推定されています。

アメリカの市民戦争（南北戦争一八六一〜一八六五）では、六十二万人から六十三万人が戦死しています。戊辰戦争より三年近く長期の戦争でした。しかも戦死者の数が多いのに気づきます。この戦いは南北戦争とも呼ばれたように、アメリカ南部と北部の戦争でした。

南部は黒人奴隷の労働力で大規模な農地を経営し、生産物（綿・小麦・トウモロコシなど）をヨーロッパに売り、衣類や家具は輸入する自由貿易の国づくりを考えていました。農業立国です。一方、北部では工業立国を目指していたのです。マサチューセッツ州あたりを中心に、繊維産業を主とする軽工業を育成していこうと、保護貿易で関税をかけまくり、必死に頑張っていました。もしも自由貿易になり、ロンドンあたりの工場生産の衣服類を大量に輸入されたら、たいへんです。多くの工場が倒産するでしょう。北部では自由貿易など絶対反対でした。

南部は自由貿易で農業立国、北部の未来図は工業立国です。南北でアメリカの国家像を描く理念は、まったく異なっていました。両者は一歩も引けません。それゆえに時を費やし、多くの犠牲者を出して戦い続けたのでした。

戊辰戦争の場合、どうして犠牲者が少なかったか。

ペリーが来航し開国を求めたとき、老中首座だった阿部正弘は、鎖国を維持することは国を滅ぼ

すと判断し、「開国・富国・強兵」の道を選びました。西欧へ向かって唯一、開かれていた長崎の出島から、幕府には情報が入っていました。産業革命とネーションステート（国民国家）という二大革新が、西欧から君主国を消滅させ、強力な武力で他国を侵略し、植民地化していく強国を増加させたような史実に関連している情報が、中心だったと考えられます。たとえばアヘン戦争です。

このような情報もあり、阿部正弘は鎖国政策を捨てる決断をするのですが、この当時、京都の朝廷を始め、薩摩や長州は尊王攘夷の立場でした。彼らには幕府側のように、くわしい海外情報は入手できません。ですから欧米諸国の実力も知りません。尊王攘夷とはＩＳ（イスラミックステート）と一緒で、外国人は問答無用に斬り殺すという、偏見に満ちた野蛮な発想です。

そして薩摩と長州は、実際に攘夷をやってしまいます。薩摩は英国人を斬殺し、薩英戦争で鹿児島を徹底的に軍艦から砲撃されます（一八六三年）。長州は関門海峡を通航するアメリカほか四カ国の艦船を、下関から砲撃した報復を受けます。四カ国の軍艦は艦砲射撃で下関の砲台を破壊すると、上陸していました。長州の無惨な敗北です（一八六四年）。

こうして欧米諸国の軍事力に圧倒された薩長両藩は、「尊王攘夷はあかん」ということを悟るわけです。すると彼らの旗印はどうなるか。尊王倒幕となりますが、「開国・富国・強兵」も幕府側と同様に掲げることになります。

こうして戊辰戦争へ歴史は進みますが、ともすれば日本史のお話は、薩長史観になりがちです。つねに幕府は賊軍なので、鎖国を解いたという幕府の独自判断については、明確には語られません。

戊辰戦争の争点は？

戊辰戦争では、「尊王攘夷」という理念は対立軸から、消えていました。倒幕側と幕府側が争う理由は国政運営の主導権を、どちらが掌握するか、というメンツをかけた争いに転化していたのです。どちらが勝利しても「開国・富国・強兵」という両者に共通した理念が、戊辰戦争後の主題になることは明らかでした。アメリカの市民戦争のような、国民を二分する対立理念はなくなっていました。

一八六八年三月、倒幕側の新政府軍は東征大総督有栖川宮熾仁親王《ありすがわのみやたるひと》の命令によって、江戸城総攻撃をしようとしました。このとき幕府側を代表して、陸軍総裁だった勝海舟が、新政府軍の参謀の西郷隆盛《さいごうたかもり》と談合、江戸城の無血開城を実現させ、江戸を焼き打ちにするという戦略を阻止しました。この結果を生み出したのは、両者の根本理念が、日本の明日は「開国・富国・強兵」しかない、ということで一致していたからです。そうするのであれば、江戸という日本でいちばん大きいマーケットを燃やしてはならない、それが両者の合意点でした。

勝海舟を登用したのは阿部正弘でしたが、江戸を舞台に新政府軍と旧幕府軍が、全面的な対決を避けたこと。このことが戊辰戦争の死者が少なかった、大きな原因だったでしょう。

徳川家を維持するのは将軍となれる尾張・紀伊・水戸の御三家ですが、攘夷に走った水戸家を除く尾張・紀伊の両家は、迷うことなく新政府軍を支持しています。

将軍直属の武士である旗本たちが将軍を支持し上野の寛永寺に立てこもり抗戦しましたが、事態を動かすには至らず鎮圧されています。

戊辰戦争の最後は仙台藩主を盟主とする奥羽越列藩同盟《おううえつれっぱんどうめい》と新政府軍との戦いでした。この戦いについては、次章「大久保利通」でお話しします。

明治維新と阿部正弘

明治維新は日本という国の大きな変革でしたが、変革の内容は日本の専売特許ではありません。世界史の大きな流れが、ひとつの国に土着するときに起こる変動、それが維新だったのです。

ここでいう大きな変動要因は、産業革命とネーションステートのことです。このふたつは西欧諸国を強国とし、それらの諸国が世界の後進諸国に進出する際に利用されました。その際に必ずしも、平和的に維新が進行するとは限らず、軍事力を背景とする侵略になりがちです。メキシコや南アメリカ大陸の諸国や東南アジアの国々、そして典型が中国でした。

日本においては維新が土着していくとき、阿部正弘という人物が存在し、「開国・富国・強兵」という国策を打ち出しました。このことで国民の意見は統一され、武力による侵略も食い止めたのでした。アメリカのペリーが来航時に、世界史はクリミア戦争という緊張を抱えており、極東は世界の注視が届かない緩和状態にありました。

このような世界史の緊張と緩和の配分が、日本に味方しました。さらにその日本に、国の大きな分かれ道に立って、現実を冷静に見つめるリアリストであり、明日へつながる道を選択できる阿部正弘が存在したのです。明治維新は幸運でもありました。

なお『日本の中の世界史〈全七巻〉』（岩波書店）の第一巻が、明治維新から著述されています。

その中で「緊張と緩和」というフレーズで、このあたりの事情が詳述されています。

維という漢字は太い綱という意味です。維新という熟語には、世界をつなぐ大きな綱がすべて新しくなる、という意味があります。その綱を編んだ男、阿部正弘のお話でした。

第九章

大久保利通

第一節　維新の三傑

西郷隆盛《さいごうたかもり》（一八二八―一八七七）、大久保利通《おおくぼとしみち》（一八三〇―一八七八）、木戸孝允《きどたかよし》（桂小五郎　一八三三―一八七七）の三人は維新の三傑と呼ばれています。

幕末から明治初期を迎えるまでの、政治的、経済的、社会的変革の過程を、明治維新と呼んでいます。その期間はアメリカの東インド艦隊司令官のペリーが浦賀に入港した一八五三年から、鹿児島の士族が起こした反乱、西南戦争によって封建的な勢力が一掃された一八七七年までと考えるのが明快な区分です。

この歴史の曲がり角に、最初に現れた人物が阿部正弘《あべまさひろ》でした。彼は「開国・富国、強兵」というビジョン（未来像）を掲げ、その実現に政治の舵を切りました。この壮大なビジョンを、倒幕を目指した代表的な強力藩、薩摩と長州の志士たちも、支持しました。

王政と封建的な特権を廃し、近代的な所有権を確立させるブルジョワ革命だったフランス革命は、十九世紀半ばまでおおよそ六〇年ほど続き、その間に二〇〇万人ともいわれる多くの貴重な人材が失われました。アメリカでは市民戦争（南北戦争）が起こり、わずか三年間で六三万人の命が失われました。二十五年近く動乱が続いた明治維新でも、貴重な人材が命を落としています。でも、「維新」の割には、圧倒的に死者が少ないのです。これが日本の「明治維新」の特徴です。なお、戊辰戦争の死者は約一万三千名です。

明治維新に終止符を打ったのは、一八七七年の西郷隆盛の切腹。それ以前の五月十六日に木戸孝允は病死。そして七八年の五月十四日、大久保利通のテロリストによる死でした。なお長州藩とは現在の山口県です。

彼らはどんな履歴の人物だったか

西郷隆盛と大久保利通は、二人とも薩摩藩の下級藩士の家で成長しました。同郷の若者集団、「精忠組《せいちゅうぐみ》」で多くの仲間と武道と学問に打ち込み、時を過ごしました。

西郷は十一代藩主、島津斉彬《しまづなりあきら》（一八〇九―一八五八）に見出され、側近く仕える身となります。斉彬はペリー来航時からの開国支持者でした。西郷は斉彬に心酔し、明治維新の動乱に積極的に参加していきました。

大久保は薩摩藩十二代藩主、島津忠義《ただよし》の父である島津久光《ひさみつ》（一八一七―一八八七）に見出され、出世の階段を昇っていきました。なお久光は斉彬と十一代藩主の座を争って敗北し、我が子が十二代藩主となったという経緯を持ちます。そのことが関係していたのか、やがて国父と呼ばれるようになり、幕末の政局に積極的に参加していきます。なお西郷の幼名は吉之助《きちのすけ》、大久保の幼名は一蔵《いちぞう》でした。

木戸孝允は長州藩の藩医、和田家の生まれで幼名は小五郎。五歳のときに藩士である桂家の養子となり、桂小五郎となりました。二十歳前後に江戸へ留学。神道無念流の剣道を学んで免許皆伝となり、江戸市中に剣客「桂小五郎」の名前を高めました。さらに江戸滞在中に洋式の砲術や兵術、蘭学や英語も学んでいます。

彼は一八六五年に帰郷し、藩主の毛利敬親《もうりたかちか》から「木戸」の苗字を賜り、それ以後は木戸孝允と名乗るようになります。高杉晋作とともに長州藩の方向を「尊王倒幕」にまとめるため、指導的な立場になっていきます。

西郷隆盛と大久保利通の関係

西郷隆盛が自分と大久保利通を比較して、次のようなことを語っています。原典は『甲東逸話《こうとういつわ》』(勝田孫弥著、冨山房)ですが、要点を現代文に意訳しました。

「私と大久保君の関係を建築物にたとえてみれば、それを建てることも破壊することも、圧倒的に私がまさっている。しかし建築された家屋の内部を仕上げたり、室内を装飾したりすることにおいては、私は大久保君にとても及ばない。できるのは、洗面所の片隅を修理することぐらいである」

この彼の独白を的確に裏付ける人物評を、半藤一利先生が語っています。

「西郷隆盛は詩人であり毛沢東《もうたくとう》である。大久保利通は鄧小平《とうしょうへい》である」と。

毛沢東(一八九三―一九七六)は中華人民共和国を建国しました。中国共産党の最高指導者であり、彼の思想は中国共産党の公認イデオロギーとなっています。彼は多くの漢詩を残しており、詩人の才能にも恵まれていました。しかし、いかにも詩人らしい、現実から離れた夢の多い発想が国の政策に反映され、多大な弊害を生むこともありました。

一九五八年から毛沢東は、全国の農村に人民公社を設置し、人間資本と精神主義によって、非科

「大躍進」運動を受けて、農地を開発する様子。
写真：UIG/時事通信フォト

学的な鉄鋼生産や農業増産を目指す「大躍進」運動を、五カ年計画で開始したのです。しかし六〇年の初頭、計画の失敗は明らかになり、約二千万人といわれる餓死者を出しています。

一九六六年に始めた「文化大革命」は、大規模な思想と政治の闘争です。毛沢東は腹心の林彪《りんぴょう》に学生を中心とする紅衛兵や軍人を動員させ、劉少奇《りゅうしょうき》国家主席や共産党や行政府の幹部を、「資本主義の道を歩む実権派」として、激しく攻撃しました。そして多数の党員や一般市民も粛清されました。文化大革命は林彪の失脚などの内部対立もあって、一九七六年秋の毛沢東の死や彼の側近だった四人組の逮捕により終息しました。

鄧小平（一九〇四―一九九七）は文化大革命で実権派として批判され失脚しましたが、毛沢東に再評価され復活。しかし一九七六年四月、亡き周恩来《しゅうおんらい》首相を追悼するため天安門広場に大群衆を扇動して集めたと疑われ、またも失脚しました。

しかし毛沢東の死後、四人組が逮捕された翌年の一九七七年に再び復活。そして七八年には中国共産党の全国大会において、最高実力者となり、中国を現代化路線に切り換えました。

毛沢東は革命によって貧しい農民や市民を解放しました。しかしさらに人民を豊かにするために、資本主義によって発達した生産手段を活用せず、現実とかけ離れた手法を選んで失敗しました。鄧小平は毛沢東の理想は生かしつつ、実利主義（白猫黒猫論）と漸進主義（実事求是）で生産力を重視したのです。白猫黒猫論とは「白い猫でも黒い猫でも、ねずみを捕るのはよい猫だ」という意味です。そして鄧小平は中国を経済大国に導きました。

中国の悲劇は毛沢東が少し長生きしすぎたことだ、と考えられます。逆に日本から考えると、毛沢東が「大躍進」運動や「文化大革命」をやる前に死んでいたら、果たして我が国は中国を足場として、世界の経済大国に成長できたかどうか？　不可能だったかもしれません。

さて半藤先生が指摘する、「西郷は毛沢東であり大久保は鄧小平である」に戻ります。

西郷の活躍の場は、明治新政府軍と旧幕府軍との最終決戦、鳥羽・伏見の戦いに始まる戊辰戦争です。この内戦は一八六九年五月の箱館戦争で終わりました。新政府軍の総大将である西郷は現地を訪れ、勝利を確認しました。東京に戻った西郷でしたが、六月になると鹿児島に帰郷しました。そしてそのまま一八七〇年になっても、東京に戻りませんでした。彼の「詩人の魂」にとって、「戦いは終わった」のです。

しかし成立したばかりの維新政府にとって、全国の士族から絶大な信頼を集めている西郷の引退など、あってはならぬ事態です。

岩倉具視と大久保利通が鹿児島に駆けつけ、帰京の要請をしました。さらに隆盛の実弟である西郷従道《つぐみち》（後の海軍大将）も、引退を思いとどまるよう説得したのです。西郷隆盛は一八七〇年の十二月、上京することを承諾しました。

この西郷らしいエピソードは、次の問いかけを思い起こさせます。

「ひとつの事業を起こす（創業）のと、それを守り固める（守成）のと、どちらが難しいか」

創業することは華やかですが、持続できなければ終わりです。それが守り育てられて初めて、創業者の存在が評価され、後継者の存在は背後に置かれていきます。

明治維新という大事業の創業者は、阿部正弘でした。江戸幕府を壊すという大掛かりな工事は、詩人で革命家だった西郷隆盛が実行しました。その明治維新の大事業を、守成したのは大久保利通でした。彼が冷静沈着に伊藤博文《いとうひろぶみ》を使いながら、仕上げたと考えます。

大久保利通と木戸孝允の関係

「木戸さんは国に誠忠を尽くし、知人には情に厚く、人と接するとき分け隔ても無かった。その代わり感情の起伏が激しく、喜ぶことも怒ることも多かった」（大隈重信の言葉。岩崎徂堂著『大隈伯演説座談』）

「人間は心が狭くては駄目である。残念ながら木戸公は（大久保利通と比較すると）、心が広く大きくなかった。むしろ狭い方であった」（伊藤博文の言葉。勝田孫弥著『甲東逸話』）

維新の三傑を引き継いで戦ってきた人たちの、木戸を評した言葉の意訳です。最近の歴史学会においても、維新の三傑といった特別の評価には、肯定的ではありません。洋学にくわしく英会話も可能な木戸の存在は貴重でしたが、感情に流されがちなことが政治的な判断を狭くさせ、政務に影響しがちでした。激変する政治情勢の中で、病気に倒れることも多くなります。地元の山口では強い支持もありましたが、明治政府内では冷静に政治的課題を解決していく大久保に、水をあけられていき、長州出身の伊藤博文や井上馨《かおる》も大久保に接近していったのです。

そういうわけで「維新の三傑」という言葉は、次のように解釈すべきかと、考えます。

「近代日本への大転換期の時代には、詩人であり革命家だった人物（西郷）、理性と意志で推し進んだ政治家（大久保）、博学ではあるが感情に流されがちな政治家（木戸）、そのような三人がいつも舞台の中央に立っていた」と。

第二節　大久保利通の存在をクローズアップさせた島津久光の存在

大久保利通の父は薩摩藩の下級藩士、大久保利世《としよ》です。母は蘭学医の娘、ふく子です。利通は長男として生まれています。大久保利通は、前述しましたが、薩摩藩に存在した政局に強い関心を持つ藩士の集団（「精忠組」）に、属していました。彼がそのリーダー格になったのが、井伊直弼による安政の大獄から桜田門外の変が起きた、一八五八〜一八六〇年の頃でした。さらに十二代藩主、島津忠義の父である島津久光に、政治的な建言をして接近し、その才能を認められます。

島津久光は藩主の実父として国父と呼ばれ、藩政を左右する実力者でした。公武合体を主張していました。公（朝廷）と武（幕府）の提携により、政局の安定を図ろうと考えたのです。当時の島津家は徳川家や摂関家である近衛家と、ともに姻戚関係にあり、孝明天皇も久光を頼りにしていました。

島津久光は孝明天皇の妹である和宮《かずのみや》を、十四代将軍家茂に降嫁させることを成功しています。続いて一八六二年の四月、久光は千名を超える藩兵を従えて上京しました。大久保利通も同道しています。

久光の上京目的は「公武合体、皇威振興、幕政変革」を朝廷に上申するためでした。その主たる内容は、安政の大獄で有罪となった公卿や公家たちを許し、近衛忠熙《このえただひろ》を関白とする朝廷人事の具体化、松平慶永《まつだいらよしなが》（春嶽・前越前藩主）を大老、一橋慶喜を将軍「後見」にするなどの幕政改革の実施。さらに「浪人」の取り締まりを厳しくすることや、「公武合体」による「永世不朽」の国家体制の樹立でした。

なお上申書の内容は久光の意図を踏まえながら、大久保利通が作成したと考えられています。久光の建白書を孝明天皇は受け取り、次のような要請を久光に伝えています。

「しばらく京に滞在し、浪士たちの不穏な動きを取り締まるように」

安政の大獄に続いて、一八六〇年の三月に大老の井伊直弼が暗殺されたあと、京都には尊王攘夷を主張する過激派の武士たちが全国から集結、開国を支持する論客や公家を、暗殺することが目立ち始めていたのです。

孝明天皇は軍事力で圧迫されながら外国に開国するのを、嫌っていました。しかし尊王攘夷過激派の浪士たちが、開国を支持する武士や公家たちを、問答無用で斬殺するに及ぶことには、強い拒絶反応を示していました。

島津藩は十一代藩主の斉彬が、当時の老中首座だった阿部正弘と交誼が深い関係にあったこともあり、積極的な開国・通商の支持者でした。島津久光も開国否定論者ではありませんでしたが、外国人が苦手な孝明天皇が、欧米先進国に押しまくられての開国・通商に否定的である心情も理解できたのでしょう。

孝明天皇の意を受けて尊王攘夷過激派の浪士の鎮圧を開始した久光の藩兵たちは、一八六二年の四月二十三日、伏見の船宿で乱闘事件を起こしています。寺田屋事件と呼ばれています。

薩摩藩の尊王攘夷過激派が伏見の寺田屋に集結し、久光が滞在する時期を狙って、京都所司代を襲撃する計画を立てていたのです。このことを知った久光は四月二十三日、寺田屋に集結した過激派たちに藩兵を向けて、行動中止を説得します。しかし受け入れられず、藩士たちは過激派を斬殺しました。

この事件で薩摩藩の尊王攘夷派はほとんど壊滅しました。

公武合体を目指す島津久光が画策した幕政改革と生麦事件

寺田屋事件後の一八六二年五月、久光は公武合体に積極的な方向へ幕政改革を進めるために、江戸幕府に勅使を派遣するよう、朝廷に提案します。その草案は大久保利通が作成し、有力公卿たちが完成させています。

そして天皇の勅使となった大原重徳《おおはらしげとみ》に島津久光が随行し、大久保も同行する形で、勅使団は五月二十二日に京都を出発しました。

江戸における勅使側と幕府側の交渉は、六月に入って開始されました。焦点はふたつ存在しました。松平慶永を大老にすること、一橋慶喜《ひとつばしよしのぶ》を将軍「後見」にすること。幕府にとっても重大な人事問題です。交渉は難航しました。このとき大久保は交渉の困難さに弱気になりがちな勅使の大原重徳に、次のように告げたと、大原自身が語っています。

「もしも老中が案件を拒否したら、お返し申すまじく、決心している」と。

すなわち「お命頂戴する覚悟です」と、大久保利通が言ったというのです。

この大久保の発言を交渉時に知らされた幕府の老中側は激しく動揺し、七月六日に一橋慶喜を将軍後見役に、九日に松平慶永を大老と同格の権限を有する、新設の政事総裁職に就任させました。

以上のことは勝田政治さんの『大政事家　大久保利通　近代日本の設計者』（角川ソフィア文庫）に詳細が語られています。大久保利通に関しては、もう一冊、『大久保利通　維新前後の群像５』（毛利敏彦著、中公新書）を、定本として推薦します。

幕政改革を実現し、八月二十一日に帰途についた久光たちの隊列に、神奈川宿の近郊生麦村で、大英帝国の数名の騎乗者が、行列の先頭と接触する事件がありました。薩摩藩士たちは、故意ではないがこの非礼な行為を咎め、騎乗者たちの一人を、その場で斬殺したのです。彼らは貿易商人でした。このとき久光は幕府へ、薩摩藩の事件に関する「趣意書」を提出しています。

その文書は大久保利通が制作しました。

「大名の行列はくわしい作法に基づいて行われ、定められた禁忌もある。それを犯す者があれば、これを処罰するのは当然である。ましてや行列の先頭を横切ろうとすれば、日本人であっても斬殺されるであろう。またその日に薩摩藩の行列が通過することはすでに通達済みであった」と。

以上のような大意を述べた大久保の作成した「趣意書」は、非は大英帝国にあり、犯人の処罰と賠償金の支払いは拒否する、と明快に主張しています。この段階で賠償金は幕府が払っています。しかし翌年、一八六三年の鹿児島湾における薩英戦争で、手痛い報復を受けた薩摩藩は、賠償を支払い、大英帝国と和解しています。この戦争で大久保利通は、鹿児島において、すさまじい大英帝国の艦砲射撃を体験しました。彼は西欧諸国の強大さを知り、安易な攘夷思想を反省します。

久光の一行は幕府へ「趣意書」を提出し、京都に戻ります。ところが京都では尊王攘夷過激派のテロ行為が、ますます激化していました。彼らは「天誅」と称し、開国を支持する公家や武士を襲撃していたのです。

このような京都にしばらく滞在していた久光でしたが、閏八月に至り、朝廷に意見書を提出すると、大久保利通を伴い鹿児島に戻っています。意見書の内容は概略、次のようなものでした。文案作成は大久保利通と推察されます。

「幕府の政治に、天皇の意向に理解が深い一橋慶喜と松平慶永が、参画することになったのであるから、朝廷は過激派の意見に動揺せずに、幕府の改革の進展を見守るように」と。

第三節　十四代将軍、徳川家茂の上洛に際して大久保利通が取った行動

一橋慶喜を将軍後見職、松平慶永を大老と同格の政事総裁職に任命した幕府は、さらに朝廷の意に沿う政治改革を進行しました。会津藩主の松平容保《かたもり》を京都守護職に任命し、会津藩士千名を朝廷の警備に当たらせました。また参勤交代を三年に一度に軽減、大名の妻子にも江戸からの帰国も許しました。朝廷と幕府の力関係は激変したのです。

一方で朝廷の側では、久光と大久保が文書を残して忠告したにもかかわらず、尊王攘夷過激派の言動に振り回されていました。その中心勢力は三条実美《さんじょうさねとみ》を筆頭とする過激派の公卿たちと、彼らと手を結んで京都で活動する長州藩の中下級の藩士たちでした。

ついに彼らは久光たちが鹿児島に帰郷するのを待つように、一八六二年の九月二十一日、三条実美を勅使として、幕府に派遣したのです。攘夷決行を督促するためです。三条たちは幕府の武力をもって、具体的に欧米列強の勢力を追討しようと、本気で考えていたのですね。朝廷には直属する軍事勢力はありません。

幕府の将軍は十四代の家茂《いえもち》です。公武合体運動によって、孝明天皇の妹だった和宮と結婚していました。天皇と将軍は義兄弟の関係にありました。

将軍の家茂は勅使の三条実美に、攘夷の実行を受け入れることを表明します。しかし具体的な内

容は、自分が上洛し、直接に天皇に提出すると回答しました。朝廷は攘夷実行のために組織を強化し、一八六二年の十二月から国事御用掛を始めとする役職を新設し、尊王攘夷派の公家たちを増強しました。

一方で鹿児島において将軍が上洛を決意したと聞いた久光は、危機感を抱きました。

武家政治の中心である江戸幕府の将軍が上洛し、天皇に政治に関して報告するのは、一六三四年以来、ほぼ二百三十年ぶりでした。その当時は三代将軍家光が、その威勢を天下に示すように、三十万人を引き連れての上洛でした。しかし家茂の上洛は、尊王攘夷派の勢力に利用され、幕府の権威を貶めるだけになることを、久光は恐れたのです。

久光は腹心の大久保利通を、将軍の上洛を阻止するため、ひそかに京へ派遣しました。

大久保は一八六二年十二月九日に鹿児島を出発し、十二月二十日に京都着。関白近衛忠熙以下、朝廷の要人たちと会合。さらに十二月二十五日に江戸へ下向、翌一八六三年の一月三日に到着。翌日から幕府の政事総裁職松平慶永や、幕府参与である前土佐藩主だった山内豊信《やまうちとよしげ》（容堂《ようどう》）と、会談しています。

ところが大久保が江戸に滞在中に、京都では尊王攘夷過激派の言動が激化する一方であるとの情報が入ってきました。

大久保はこれに対して、薩摩藩に将軍の上洛を阻止する意図があるとの情報は、京都の過激派を刺激するだけだと、判断します。そして久光が意図する将軍上洛阻止を断念、幕府側と次のような対策を考えました。

将軍の上洛予定日、一八六三年二月七日を三月上旬に延期する。その代わり一八六三年二月下旬、京都で松平慶永と山内豊信および島津久光で、将軍が天皇と謁見する際の対応について会合を持ち、将軍の上洛を迎えるという案です。

一八六三年の三月四日、家茂は上洛しました。その行列は三千人前後の小規模なものでした。将軍を警護する目的で浪士組が組織されていました。彼らはそのまま京都でも、ボディガードとなり、やがて新撰組となっていきます。なお将軍の後見職となった一橋慶喜も、家茂に先行して上洛しています。

島津久光が意図した将軍の上洛阻止はできませんでしたが、尊王攘夷の渦中に将軍を孤立化させることは、大久保利通の奮闘で防御しました。このなりゆきは薩摩藩に大久保利通ありと注目される大きな契機となり、久光の信頼も盤石になっていきます。

上洛した十四代将軍の家茂を待ち受けていたこと

さて一八六三年の三月四日に上洛した家茂は、三月七日に孝明天皇と会見します。孝明天皇は家茂に征夷大将軍としての役割、すなわち無法な外国勢力の排除を、期待していると述べます。一方で過激な尊王攘夷を主張する三条実美を筆頭とする公卿たちは、攘夷の決行日を具体化せよと、そのことを強要する姿勢が目立っていました。彼らはそれを機会として、朝廷が政権を奪取する王政復古の足掛かりにしようと、考えていたのです。

そして彼らの主張によって、三月十一日に孝明天皇の鳳輦《ほうれん》（天皇の乗物）に家茂が騎上で従って、賀茂別雷《かもわけいかずち》神社（上賀茂神社）と賀茂御祖《かもみおや》神社（下鴨神社）への行幸がありました。平安遷都後は王城鎮護の神社として、天皇もしばしば行幸していたのです。もちろん今回の参拝は尊王攘夷過激派の公卿たちが、自分たちが政局の主導権を握っていると、世に知らしめる目的だったのですが。

しかし将軍の家茂は上賀茂・下鴨神社で、朝廷側が「攘夷」の祈願を行うことに、うんざりします。さらに四月十一日には石清水八幡宮への行幸も計画されていました。しかし源氏の氏神である八幡宮で、徳川幕府の将軍である自分が「攘夷」の祈願を行うことは避けて、病気と称して欠席しています。

将軍の家茂はなかなか江戸へ戻れません。過激派の公卿たちが、その権威を利用しようとしていたからです。「攘夷決行の時期を明快にせよ」との、過激派の声に圧迫され続けて、ついに家茂は一八六三年の四月二十日に次のように表明したのです。

「五月十日をもって攘夷決行の期限とする」と。

そして五月九日、幕府は大英帝国との生麦事件の賠償問題を完了させると同時に、攘夷決行を朝廷に表明したことも大英帝国側に知らせたのでした。次のような内容で諸藩に対し、攘夷決行の通達をしたことも、大英帝国に伝えています。「外国船が藩の港を襲撃したら打ち払うように」と。

次いで五月十日、攘夷を決行したのは長州藩、ただ一藩でした。関門海峡に面する下関の砲台から、十日には米国商船を砲撃。さらに二十三日にフランス艦を、二十六日にネーデルラント艦を砲撃しました。五月三十日、江戸幕府の老中、小笠原長行《おがさわらながみち》が二千名の兵を引き連れて、海路より大坂に上陸。大坂城に入ります。続いて小笠原は京都に進軍しようとしました。三月四日に上京したまま、江戸に戻れぬ将軍を案じての行動だったのです。しかし将軍の家茂は小笠原の上洛を許さず、大坂城へ戻ることを命じています。

一方で下関では、六月一日、米国の軍艦が報復砲撃。さらに五日にはフランス軍艦も下関を砲撃、陸戦隊が上陸し砲台を占拠しました。次いで仏英米蘭四国は、長州総攻撃を決議します（六月十日）。この時期に長州では、やがて尊王倒幕に立ち上がる高杉晋作が登場し、鉄砲部隊を中心とする最新鋭の軍団「奇兵隊」を組織しています。

そして長州へ衆目が集中する中で、六月十三日、将軍の家茂は大阪湾から出航し、江戸に帰りました。なお七月二日に鹿児島では大英帝国艦隊による、生麦事件に対する報復砲撃が開始されています。

第四節　一八六三年八月十八日の政変

長州藩が関門海峡で米国商船を砲撃した一八六三年五月十日前後から、孝明天皇は薩摩藩の島津久光に上洛を求めていたようです。孝明天皇は三条実美を筆頭とする尊王攘夷の過激派が、朝廷の政務を独占し、天皇の権威をないがしろにしている現実を「なんとかしてくれ」と、島津久光に要求していたのです。

久光は大久保利通に対策を尋ねました。大久保は開国を否定する攘夷思想に妥協しない条件下で、孝明天皇を援助する方法を久光に提案しています。どんな策略であったか。それが実行されるまで

1863年の尊皇攘夷運動

3月	徳川家茂の上洛	7月	薩英戦争
4月	幕府が攘夷決行を表明	8月	八月十八日の政変、 天誅組の変
5月	長州藩外国船砲撃事件	10月	生野の変

の推移を、史実に沿って追ってみましょう。勝田政治さんの前掲書『大政事家　大久保利通　近代日本の設計者』を、参考資料とさせていただいています。

尊王攘夷の過激派たちに、長期にわたって京都に留め置かれていた十四代将軍の家茂は、六三年の六月に、ようやく幕府の軍船で江戸に戻りました。

八月に至り攘夷過激派は孝明天皇に、奈良への行幸を決意させました。目的は神武天皇陵（橿原宮《かしはらのみや》）と春日《かすが》大社に参拝し、天皇みずから幕府を倒す攘夷戦争の指揮を執ると、表明するためです。江戸時代に天皇に直属する軍団は存在しません。彼らが想定する軍事力は、尊王攘夷と倒幕を主張していた長州勢力を中心とする勢力です。

この無謀な計画は全国の尊王攘夷派たちに、かなりの影響を与えました。いくつかの反乱が勃発しています。大和五条（奈良県）で天誅組の変、但馬生野《いくの》（兵庫県北部）で生野の変、筑波山（茨城県）で天狗党の乱、などに代表されます。いずれも幕府側に鎮圧されました。

ところで孝明天皇の大和行幸計画が発表される前後から、薩摩藩の使者が孝明天皇を支持する皇族の朝彦《あさひこ》親王をひそかに訪れ、密談を交わすことが重なっています。クーデターの相談でした。立案の首謀者は大久保利通。内容は孝明天皇もすべて承知していたと、伝えられています。

主力となるのは薩摩藩・会津藩・淀藩の藩兵たちです。薩摩藩の首領は、もちろん西郷隆盛です。会津藩は京都守護職の立場にあり、藩主は松平容保。攘夷過激派と激しく対立する立場でした。大坂以西から京都への重要水路である淀川の、京都側の起点となる伏見南西部を占めるのが淀藩です。幕末における幕府側の、通商的にも軍事的にも重要な拠点となる地域でした。

一八六三年八月十八日、クーデターは実行されました。当日の朝、突然に三藩の兵が御所の門を封鎖し警護するなかで朝廷の会議が開かれ、次のことが決議されたのです。大和行幸の中止、過激派公卿の御所立ち入り禁止、長州藩士の京都追放。

こうして大和行幸という暴挙は阻止されました。さらに三条実美ほか七名の公卿は京都を追われ、長州に逃れました。後世に「七卿落ち」と呼ばれました。

第五節　一会桑政権の成立と薩摩藩の失意

八月十八日の政変後、朝廷では十二月に朝議参予《ちょうぎさんよ》を設定。大名に朝廷の議事に参加する資格が与えられる役職です。松平慶永（春獄《しゅんがく》）、松平容保、伊達宗城《だてむねなり》（宇和島藩主）、山内豊信（容堂）、一橋慶喜（将軍後見職）の五名でした。さらに一八六四年（元治元年）一月に島津久光も参予となります。

参予認定の目的は、過激な尊王攘夷運動に動揺しない国体を形成すること、それが孝明天皇の主たる意図だったと思われます。そして一月中旬から参予も加わった朝議が、天皇の御前で開催されました。

しかし将軍後見役である一橋慶喜は、有力大名たちを警戒します。彼は薩摩藩や有力な諸大名が、自分を支持していたことは承知していました。しかし彼らが公武合体と開国を主軸に置くことで、徳川幕府が劣勢となることを恐れたのです。一橋慶喜は参予会議を潰すことを意図しました。

慶喜は開国を主張する有力大名たちに、「横浜港を鎖港することを、天皇が望んでいる」と強引に主張。立腹した島津久光は辞表を出して免職となり、三月十四日に、ほかのすべての参予も辞職しました。

一八六四年三月二十日、慶喜は将軍後見職を辞任、朝廷の新役職である禁裏守衛総督・摂海防御《せっかいぼうぎょ》指揮《しき》に就任します。幕府の軍事力で朝廷を固めて、諸藩の反幕勢力を畿内から遠ざけるための、慶喜の戦略です。具体的には一橋慶喜が率いる幕府軍、京都守護職の松平容保（会津藩主）、京都所司代の松平定敬《さだあき》（桑名藩主）、以上の三者によって孝明天皇を囲い込む体制を固めたのです。この体制を一会桑《いちかいそう》政権と呼んでいます。なお松平容保と松平定敬は兄弟の関係にありました。こうして幕府の体制は征夷大将軍である将軍が支配する江戸に、天皇を囲い込む一会桑政権が京都に、二重政権の形態で、存在することになりました。

大久保は慶喜に対し、将軍の後見職としての大所高所から広い視野に立つ見解を期待していたと思われます。しかしここに至り、なによりも慶喜には徳川家の権力維持しかない？　そのような疑念を大久保は持ったのです。

第六節　幕府を滅亡へ大きく傾けた第一次・第二次長州征討

一八六三年八月十八日の政変で京都を追われた長州藩ですが、尊攘過激派の勢力は健在でした。一八六四年の六月五日、京都守護職（松平容保）の指揮に入っていた近藤勇《こんどういさみ》の新撰組が、京都三条小橋の旅館池田屋で十数名の尊攘派の志士を殺傷する事件がありました。長州藩士も含まれていたのです。これに対して長州藩は松平容保の追討を掲げ、京都に攻め上りました。長州軍一五〇〇名と薩摩藩と会津藩を主力とする幕府軍が、激突します。京都御所の禁門《きんもん》（蛤御門《はまぐりごもん》）から御所突入を狙う長州軍と、防御する幕府軍の攻防。六四年の七月九日のことでした。長州軍は惨敗しました。

この騒乱は禁門の変（蛤御門の変）と呼ばれています。

七月二十三日、一会桑政権は朝廷に、長州藩を朝敵とする追討令を出させました。ところが八月五日、英米仏蘭の四カ国艦隊が下関を砲撃し、六日には陸戦隊を上陸させて下関を占領しました。六三年の五月十日、関門海峡において長州藩から砲撃されたことへの報復です。禁門の変で長州藩が朝敵とされたことで、好機と考えたのです。

禁門の変を起こした長州藩に対する大久保利通の見解

大久保利通は禁門の変が起きたとき、鹿児島にいました。京都で薩摩藩兵を束ねていたのは西郷隆盛でした。

大久保は朝廷から、長州藩追討の勅命が下され、さらに勅命に乗じるように四カ国艦隊の下関砲撃事件が起きたとき、朝廷や幕府に向かって意見書を公表しています。

「長州藩の反乱罪は明白に存在する。しかし幕府が支配する長州が外国の攻撃から敗走している状態で、幕府の優先すべきことは、長州と四カ国との衝突を解決することである。長州の外国砲撃は、幕府と朝廷の意思も反映したものであった。この状態で幕府が外国と一緒になり長州を討つのではなく、四カ国との紛争を、まず解決すること。それが後世において評価されることになるのではないか」と。

彼の主張の大意は、そのような内容でした。

第一次長州征討の展開と終結

長州藩は六四年八月十四日、四カ国の艦隊と講和五条件を結び停戦しました。また幕府も八月二十二日、四カ国との下関事件取扱書に署名しました。しかし幕府の長州征討の決意は不変でした。長州征討軍を結成したのです。

征長総督は元尾張藩主の徳川慶勝《よしかつ》、参謀に西郷隆盛が任命されました。西郷は大久保の長州征討に反対する意見書の内容を知っていました。さらにその当時、西郷は幕府の軍艦奉行だった勝海舟と会談する機会があり、勝が雄藩同士が敵対することに否定的であることも知りました。

西郷は長州藩で、攘夷過激派に反対する幕府恭順派の勢力が実権を握りつつある事実を知ると、これを利用しました。攘夷過激派の家老三名を切腹させることで、幕府に対する謝罪とさせたのです（一八六四年十二月）。征長総督の徳川慶勝も謝罪を受け入れ、十二月二十七日、追討軍の解散を命じます。第一次長州征討は、実際の戦闘なしに終結しました。

第二次長州征討は強引な形で始まる

第一次長州征討の決着はついても、長州が朝敵であることに変わりはありません。長州征討の主導権をめぐって、幕府・朝廷・薩摩藩を筆頭とする雄藩のあいだで、衝突が起こります。

一八六五年一月、朝廷は長州藩処分について話し合うため、将軍の上洛を命じます。しかし幕府はこれを拒否、二月になると長州藩主父子と都落ちした三条実美以下の公卿に、江戸召喚の幕令を出したのです。

このことを知った薩摩藩では島津久光が、幕府の行動を放置すれば天皇の権威が失われると憂慮します。そして大久保利通に上洛し朝廷に働きかけ、幕府に対し長州藩主父子の江戸召喚を中止させる勅命を出させるよう、説得することを命じました。大久保は二月に上洛し、長州藩処分は朝廷が決することで人心は納得するところであると、関白以下の主要公卿を説得します。そして朝廷から京都所司代に、長州藩主父子および三条実美以下を江戸へ召喚することを禁ずる勅書を、下付させました。朝廷との交渉は成功したのです。

ところが長州藩の内部では、次のような状況が生まれていました。第一次長州征討のときは幕府に対する恭順派が、勢力を掌握していましたが、「武備恭順派」と呼ばれる勢力が台頭してきたのです。

「幕府に従ってもいいが、納得いかなければ抵抗します。そのために軍備も整えますよ」
そのように考える一派です。具体的には高杉晋作や桂小五郎（木戸孝允）です。特に高杉晋作が組織していた軍団の奇兵隊は、銃を装備した歩兵部隊を含めて強力であり、すでに幕府を支持する藩の正規軍団と衝突し、圧勝していました。しかも藩主の毛利敬親は、武備恭順派の存在を、否定しませんでした。

毛利敬親という藩主は海上交通の拠点である下関を有効活用し、商業的利益を拡大させました。朝鮮半島を中継地点とする密貿易でも、多大な利益を得ていました。長州を豊かにした藩主として、家臣や農民や市民からの信頼は絶大だったのです。

なお密貿易による利益獲得という点では、琉球王国を属国化し、中国大陸との密貿易の拠点としていた薩摩藩も同様でした。

さて幕府はこのような長州藩を黙認することなど論外です。六五年の四月、西南諸藩へ第二次長州征討の出兵を命じました。大半の藩に反対されます。その代表が薩摩藩です。

この状況に対して将軍家茂は上洛し、孝明天皇から長州征討の勅命を得ようとします。そして一八六五年の五月、禁裏守衛総督の一橋慶喜の協力もあって、将軍家茂は勅命を獲得しました。これによって長州は賊軍となり、幕府の大義名分は立つことになります。しかし幕府の第二次長州征討軍は、幕府側と一会桑政権および孝明天皇側との対立、さらに薩摩などの長州征討に反対する勢力も介入して、出陣は長引くばかりでした。

一八六六年の六月、幕府側は征長総督を紀州藩主の徳川茂承《もちつぐ》と定め、征長軍の陣容を整えました。

しかし出兵に応じたのは、紀州藩・彦根藩（滋賀県）・越後高田藩（新潟県）・豊前小倉藩（福岡県）・石見浜田藩（島根県）などの、御三家と譜代の親藩でした。数ある西国や九州の雄藩は出兵しなかったのです。そして薩摩藩は征長総督府に、大久保利通によって作成された、出兵拒否の意見を提出しています。

第二次長州征討の裏側でひそかに結ばれた薩長同盟

幕府の長州征討の出陣がなかなか決まらず、いたずらに時が経過している隙を突いて、薩摩藩は長州藩に接近していました。長州藩は下関→上海のルートで武器を密輸入していたのですが、これを幕府に取り入っているフランス公使ロッシュが妨害し、ルートを絶ったのです。

このとき薩摩藩は親しい関係にあった大英帝国の武器商人、長崎在住のグラヴァーから武器を購入すると、土佐藩を脱藩した中岡慎太郎《なかおかしんたろう》と坂本龍馬《さかもとりょうま》を仲介に立てて、長州に売り渡しました。それは一八六五年七月のことでした。

中岡慎太郎（一八三八―一八六七）は脱藩後、長州藩の尊攘派の志士と一緒に活躍し、後に土佐藩の尊攘倒幕派の有志隊、「陸援隊」の隊長となっています。坂本龍馬（一八三六―一八六七）は江戸の千葉道場で剣術を学び、免許皆伝の剣士となったあと、長崎に土佐藩の同志を集めて、運送と貿易の結社「亀山隊」を結成。薩摩藩とも関係をつくり、外国製武器の調達も手がけていたようです。この「亀山隊」は一八六七年に土佐藩の重臣、後藤象二郎《ごとうしょうじろう》の公認を得て「海援隊」と呼ばれるようになります。なお中岡慎太郎と坂本龍馬は一八六七年十二月、京都河原町の旅館近江屋で、幕府の京都見廻組に暗殺されました。

中岡と坂本の仲介で薩摩藩から長州藩へ、最新型の元込め式ライフル銃、七千挺が売り渡されたとの記録が残っています。この鉄砲の調達を契機に、両藩の関係は急速に接近します。一八六六年一月、両藩は前回同様、中岡と坂本の仲介で、京都の薩摩藩邸を中心にして会談を重ねました。長州側の代表は桂小五郎（木戸孝允）、薩摩側は小松帯刀《こまつたてわき》、西郷隆盛、大久保利通でした。そして両者は六カ条の盟約を交わしました。

薩長同盟の目的は「倒幕」だったとすることが定説でした。しかし勝田政治さんは前掲の『大政事家　大久保利通　近代日本の設計者』で、最近は青山忠正さんの『明治維新と国家形成』（吉川弘文館）で語られている、次のような学説に代表される考え方が、支持を集めていることを指摘しています。以下のような内容です。

「薩摩藩は長州に『朝敵』の烙印が押されることを、なんとしても防ぎたかった。そのためには一会桑政権が、あくまでも第二次長州征討に固執するのであれば、薩摩藩は一会桑政権と戦い抜く覚悟である。それが薩長同盟における薩摩藩の考え方だった」と。

倒幕だけを目的としない雄藩同士の連帯感が、薩長同盟の根底にあったとする考察です。

第二次長州征討は十四代将軍徳川家茂の死で終結へ

一八六六年六月、征長総督の徳川茂承の軍勢は、ようやく長州攻撃を開始しました。幕府の直属軍だけでも二万、さらに動員された諸藩の兵も加わる大軍です。圧倒的に優勢な幕府軍でしたが、寄せ集め軍のため統制が取れません。なによりも兵士の戦闘意欲が不足していました。いやいやながらの参戦だったからです。

対して長州軍は最新式のライフル銃で武装した歩兵部隊を含む、奇兵隊が強力でした。なによりも「我が藩を守る」という、激しい戦闘意欲が幕府軍を圧倒していました。

さらに六六年七月二十日、幕府軍を激励するために大坂城に陣取っていた将軍の徳川家茂が病死したのです。このとき次代の将軍職を継承すべき立場にある一橋慶喜は、孝明天皇の支持もあり、みずから出陣し戦争を継続させると言明します。

ところが関門海峡を隔てた北九州で、長州軍と交戦中だった幕府軍は、将軍家茂の死を聞くと兵を引き、戦線を離脱しました。自分たちの総大将が死去したからです。慶喜はこの事実を知ると、前言を一転させ、休戦勅令と善後策を協議する諸藩主への召集勅令の発令を、孝明天皇に願い出ました。

こうして家茂が病死したあと、六六年の七月から一カ月後の八月、休戦の勅命が出され、次いで九月に幕府と長州は休戦協定を結びました。休戦であり、終戦ではありません。長州は休戦を認めましたが、戦闘体制は維持しています。幕府側、特に一会桑政権の一橋慶喜は、休戦後の長州との関係をどうするか、諸藩も加えて談合する必要がありました。もちろん幕府側が有利になる結論を、導き出すためです。一方では大久保利通を論客とする薩摩藩を始めとして、各藩も召集される諸藩会議に対し、態勢を整えようとします。

その諸藩会議に話を進める前に、一八六五年の五月、将軍の家茂が長州再征の勅命を得るために上洛してくる前後まで、時間を戻させてください。

英・米・仏・蘭の四カ国が孝明天皇に条約勅許を認めさせた

一八六五年の五月、家茂は長州再征の勅命を得ました。ところが九月に孝明天皇は、次のような事件に直面します。

幕府は欧米諸国と修好通商条約を結び、一八五八年に鎖国を解きました。しかしこのとき孝明天皇は、正式に条約を認めていません。

幕府が天皇に、「開国を拒否すれば侵略されるから」と言上し、いずれ鎖国に戻すからと約束をして、条約締結を黙認してもらったのでした。しかし欧米諸国も我が国の幕府と天皇および朝廷との関係を熟知してくると、天皇の勅許がないまま条約締結を放置することの危険を感じ始めたのです。たとえば幕府が倒されたら、どうなるのか？

そして幕府の長州征討が不首尾だったことを重視し、四カ国の連合艦隊は「条約勅許と兵庫開港」を要求し、兵庫沖（神戸湾沖）に結集すると、大掛かりな示威航海をしたのでした。次のような意思の暗示だったのでしょう。「勅許を得られぬなら、京都まで進軍しますよ」。一八六五年九月に起きた事件でした。

四カ国艦隊の行動を知った大久保利通は、概略すると次のような意見を朝廷に提出しています。

朝廷が雄藩を召集して朝議を開催し、朝廷として、条約勅許と兵庫開港に関して、衆議一決した見解を作成する。そして朝廷が外交権を主導し、条約承認を発表すべきである。あくまでも一会桑勢力（一橋慶喜の思惑）に左右されず、朝廷自身の意思を四カ国に伝えるべきである。そのような大久保の主張でした。

しかし大久保の動きを察知した慶喜は、強引に朝廷と孝明天皇を説得し、幕府から四カ国に回答したのです。「朝廷は条約締結を正式に勅許するが、兵庫の開港は延期する。そのような宣旨を発表した」と。

四カ国は条約締結の勅許を確認し、兵庫の開港を約束させると、艦隊の示威行動を中止しました。

しかし四カ国に対する条約承認問題を、あくまで幕府の主導権で決着しようとした慶喜の発想は、薩長同盟の結成に大きく影響を与えたと考えられます。尊王・開国という、大きな未来図を描きつつある大久保は、徳川家の安泰だけを思い描く一橋慶喜とともに進むことはないと、思い極めたとも推察されます。

意外な結末を迎える諸藩会議の開催

第二次長州征討が休戦になった大きな理由は、将軍家茂の死去にありました（一八六六年七月二十日）。次の将軍としては慶喜が第一候補でしたが、彼は幕府内の情勢を考慮に入れ、就任を辞退します。しかし徳川宗家を相続することは認め、一八六六年の八月二十日に徳川慶喜となります。このとき孝明天皇は征夷大将軍となっていない慶喜を、前将軍と同様に信頼すると言明しました。

そして八月二十一日に休戦の勅令が出されます。さらに八月二十八日、慶喜が提唱していた藩主召集も、慶喜の意図する方向での開催を明確にしました。あくまでも「朝敵」として位置づけした長州藩を、いかに罰するかを前提とする会議となったのでした。

ところが八月三十日、朝廷において二十二人の公家が参内し、いくつかの朝政改革を訴えました。「二十二卿列参」と呼ばれました。

主たる内容は①朝廷による藩主召集、②長州再征中止、③幽閉公卿の赦免、④朝政改革（具体的には関白二条斉敬《にじようなりゆき》と朝彦親王の退陣要求）の四項目です。

この直接訴求の首謀者は岩倉具視《いわくらともみ》でした。彼は公武合体派の公家で、幕府と天皇家の融和を目指し、孝明天皇の妹である和宮と将軍家茂の結婚を、実現させた人物です。しかしその後、長州と朝廷の尊王攘夷過激派によって幽閉されていたのです。その状況下で岩倉は、二条関白と朝彦親王が慶喜と癒着していると、強く批判したのでした。

「二十二卿列参」という直接行動は、孝明天皇を激怒させ、結局は黙殺されました。しかし朝廷側の動揺もありました。二条関白と朝彦親王は一時的にもせよ、政務を離れます。また藩主召集は朝廷主導に変更され、議題から長州藩の再征討問題は外されました。

この問題が起きたとき、大久保利通は慶喜が将軍になっていないことを重視し、この機会に開催される藩主会議を活用し、天皇の権威を拡大し、その上で雄藩連合政権構想を進めようと、西郷隆盛と計画していました。

しかし一会桑政権もしたたかであり、孝明天皇の慶喜に対する強力な支援もあって、大久保利通たちの画策は成功しませんでした。

慶喜は一八六六年の十二月五日、十五代将軍に任命されます。このとき孝明天皇は慶喜を朝廷の内大臣にしました。天皇と幕府が合体したような状態になったのです。大久保たちの雄藩連合構想は、大きな壁と向かい合うことになりました。

しかし十二月二十五日、孝明天皇は悪性疱瘡（天然痘）で急死しました（一八六六年）。三十六歳でした。毒殺との説もありましたが、近年に至り否定されています。翌一八六七年一月九日、睦《むつ》仁《ひと》親王が即位し明治天皇となりました。このとき睦仁親王は十六歳。若年だったので関白の二条斉敬が、史上最後の摂政となりました。

第七節　一八六七年十月十四日大政奉還、そして王政復古から幕府滅亡へ

六六年の十二月に孝明天皇が死去したことで幽閉されていた多数の反幕的な皇族や公卿が、恩赦によって自由の身になりました。

六七年には重大な外交問題がありました。諸外国と約束していた兵庫港（神戸港）の開港期日が六七年の十二月だったからです。

十五代将軍となった慶喜は、朝廷に開港勅許を求めました。しかし明治天皇の時代となった朝廷は、開港の可否については、改めて諸藩に諮問したいと表明したのです。そして次のような大名を具体的に挙げました。松平慶永、山内豊信、伊達宗城、島津久光の四名です。すでに本書に登場し

てきた人物です。藩政改革や幕府政治への貢献により、四侯と呼ばれ、「賢侯」とも称されてきた大名たちです。

一八六三年八月十八日の政変で、過激な尊王攘夷の長州藩と公卿たちが追放されたとき、事件後の政局を定める朝廷の会議において、孝明天皇の御前で「将軍後見役」の一橋慶喜と激論を交わしたのも、この四名でした。このときは慶喜の巧妙な論理展開に、四侯が要求した開港勅許は否定されています。今回の兵庫開港問題で「賢侯」たちは、大久保たちが望むように、朝廷主導による兵庫開発を実現できるでしょうか。

その「賢侯会議」は一八六七年五月に開催と決定しました。

大久保と西郷が考えていた雄藩連合政権構想

勝田政治さんは前掲書の『大政事家　大久保利通　近代日本の設計者』で大久保と西郷の「諸藩連合政権構想」について語っています。

この発想は一八六四年の第一次長州征討軍の参謀に西郷が選ばれたとき、幕府の軍艦奉行だった勝海舟から聞いた構想でした。この発想に西郷は強く共感するものがあり、その内容を大久保に伝えていたのでした。

勝海舟が語った諸藩連合政権の構想とは、天皇を国王とする朝廷に徳川幕府は国の支配権を返上し（大政奉還）、徳川家も諸藩連合政権の一藩主の立場に戻る、という構想です。

勝海舟は「開国・富国・強兵」の発想に道を開いた阿部正弘が、見出した人材の一人です。勝海舟が語るところの諸藩連合政権のイメージは、阿部正弘が幕府政治で目標にしていた、ヨーロッパの二大潮流、産業革命とネーションステート（国民国家）、特に後者を想定していたとも、推定できます。一人の国王の下に、全国の小国（大名たち）が統一されて強力な国民国家になる、という発想です。

大久保利通と西郷隆盛は一八六七年五月に開催される「賢侯会議」において、兵庫開港問題における幕府と朝廷の主導権争いで、この雄藩連合政権を武器として、将軍徳川慶喜を政権返上に追い込むことを画策していました。

そして薩摩藩から「賢侯」の一人として参加する島津久光は、大久保と西郷からの画策を胸に秘めて、一八六七年五月に予定されていた「賢侯会議」に向けて、京都へと出発したのでした。

ところで「賢侯会議」が開かれる一八六七年前後の時代、日本の社会はどのような状態だったでしょうか。

十四代将軍の家茂と孝明天皇が死去した六六年、幕府は第二次長州征討戦の軍資金を確保するため、大坂の大商人から二十五万五千両を献上させます。不況が続き、大坂や兵庫そして江戸でも商家を襲う打ち壊しが続発しました。さらに天候不順が続き、関東や陸奥では、大規模な農民一揆も重なりました。

次いで一八六七年になっても政情を反映するかのように、乱れた世情が続きます。さらに五月に、兵庫開港問題を中心とする四侯が参加した「賢侯会議」が開かれましたが、八月には、時代を象徴するような事件が起きます。

名古屋で伊勢神宮の御札が降ってきた、という騒ぎを契機に、「ええじゃないか」と歌いながら踊り狂う老若男女が大集団となり、街道で打ち壊しを続けながら伊勢神宮を目指しました。さらに北陸路から京都を、西海道《さいかいどう》から大坂を目指す乱舞集団も激増。この騒乱状態の中で「賢侯会議」は慶喜の完勝に終わります。「ええじゃないか」の狂乱は、この年の十二月に燃え尽きました。

慶喜は四侯に対して幕府将軍として一歩も譲らず、四侯は慶喜に対して彼の失政を糾弾しきれませんでした。また朝廷の側も若き天皇を守るべき摂関体制が非力であり、兵庫開港の許可も長州藩処分の問題も、すべて慶喜主導で決定されたのです。兵庫港（神戸港）は無条件で開港されましたが、長州藩処分はあくまでも長州藩からの嘆願書を前提としており、長州藩の有罪認定が条件だったのです。

「賢侯会議」が幕府側の完勝に終わった結果に対し、大久保と西郷は家老の小松帯刀と話し合い、幕府には日本を天皇中心とする姿に戻す意志はないと、結論づけました。そして長州とともに幕府に対し、軍事行動に出ることを決意しました。

一方で朝廷の側でも、強引な慶喜に主導される幕府の行動は、もはや「朝敵」として倒すしかない。そのような声が、岩倉具視の耳に数多く聞こえてくるようになっていました。

このような状況下で一八六七年の半ばから、大久保と西郷は本格的に、朝廷勢力も包含する形で、長州との反幕の挙兵体制へと、動き始めます。

ところが同時期に土佐藩では大政奉還建白運動が動き出します。四侯の一人でもある前土佐藩主の山内豊信が、後藤象二郎の献策に基づき、始めた運動です。将軍の慶喜が政権を朝廷に返還することで、王政復古を実現する。同時に徳川氏は一藩主に戻るのです。

この発想は大久保たちが断念した雄藩連合政権論と同じ発想ですが、「公議政体論」と呼ばれています。献策した後藤象二郎は、大政奉還を要求するには背景として軍事力が必要になると考えましたが、山内豊信は軍事力の利用は、断固として否定したと記録されています。

薩摩藩のクーデターによる幕府打倒計画と土佐藩の大政奉還建白運動

薩摩藩は土佐藩の大政奉還建白運動も、朝廷の政権獲得につながる点で利害の一致があるので支持し、「薩土盟約」を締結しました。しかし土佐藩が大政奉還に軍事力の利用は認めないと知って、盟約は解消しました。ただし友好関係は維持します。

一方で大久保は長州藩と積極的に軍事協力を深め、さらに長州に隣接する安芸藩（広島県）も含めた、三藩による王政復古クーデター計画を立案しています。

さらに大久保たちは朝廷の王政復古を目指す公卿たちも、クーデター計画に引き入れました。岩倉具視を筆頭に中御門経之《なかみかどつねゆき》、中山忠能《なかやまただやす》、正親町三条実愛《おおぎまちさんじょうさねなる》に代表されます。

さらに大久保たちは岩倉に託して、次のような内容の要望を明治天皇に訴えました。

「私たちは全力で奸賊を討ち、王政復古を遂げる覚悟です。願わくば天皇のお言葉を賜りたく存じます」と。

この要望に対して「倒幕の密勅」が、岩倉から大久保に手渡されています。一八六七年十月十三日付でした。薩摩藩は武力倒幕の勅命を得たことになります。この「倒幕の密勅」については、明

大政奉還と討幕の密勅（1867年）

	大政奉還の動き	討幕の密勅の動き
10月3日	山内豊信が奉還を建白	
10月8日		大久保らが倒幕の宣旨を申請
10月13日	徳川慶喜が重臣に諮問	島津久光・茂久あてに 密勅の交付
10月14日	政権の奉還を朝廷に上表	毛利敬親・広封あてに 密勅に交付（安芸藩は除外）
10月15日	朝廷が受理	
10月21日		密勅の見合わせ指示

治天皇に上奏されていない偽勅だったという説が主流だったのですが、近年になって天皇も関与していた、という説も有力になっています。

ところが大久保たちが「倒幕の密勅」を受け取るよりも十日ほど早く、一八六七年十月三日に土佐藩は江戸幕府に大政奉還建白書を提出。慶喜は山内豊信の「公議政体論」に同意しました。

内戦を避けて平和的に政権を天皇に返上し（大政奉還）、新政府の諸藩会議に、一藩主として参加する道を選んだのです。

そして慶喜は一八六七年十月十三日、京都の二条城に在京藩主と重臣たちを招集し、天皇に奏上する大政奉還上書を諮問します。

以上に列記した過程があり、薩長両藩が企てていた十月蜂起を目指す、将軍慶喜の暗殺クーデターは、水泡と帰しました。本人が朝廷への政権返上を、明言したからです。

慶喜の大政奉還に薩摩藩はどのように対処したか

薩摩藩にとって慶喜の大政奉還は意外でした。しかしいままで大久保たちは、巧妙に朝廷を支配してきた慶喜の権謀術数に、苦い汁を飲まされてきました。彼の政権返上を率直には信じません。武力倒幕の意志を放棄しませんでした。打倒慶喜の軍事力を発動する戦術と、大政奉還を王政復古に結びつける戦術のふたつを用意する方向を選択したのです。

武力倒幕は大久保と西郷が中心に、大政奉還から王政復古への道は家老の小松帯刀が、担うことを決定しました。

六七年十月十五日に大政奉還が勅許されました。すると十月二十一日、岩倉具視から京都の薩摩藩邸に、次のような朝廷の沙汰書（命令書）が大久保に届いたのです。

「倒幕の密勅の行使は、慶喜の大政奉還が確定されるまで見合わせるように」と。

しかし大久保は大政奉還が勅許された頃には、鹿児島に帰郷しており島津茂久《しげひさ》（島津久光の嫡男）に、京都出兵を決意させ、さらに長州藩に行き、「倒幕の密勅」を旗印とする薩長両藩の出兵計画を結んでいたのです。通信手段の発達していない時代でした。上洛した大久保が岩倉具視からの沙汰書を知ったのは十一月中旬、藩主の茂久や西郷たちの上洛は、十一月二十日を過ぎていました。

大久保と西郷は藩主の茂久も交えて、新たなクーデター計画を立案します。

今回のクーデター計画には、ひとつの条件がついています。もしも慶喜が無条件で大政奉還し一藩主となり、勅命に従うのであれば、武力での倒幕はしないことが条件づけられたからです。それでは大久保たちはどのようなクーデター計画を考えたのでしょうか。

これまで再三再四にわたり、引用させていただいた『大政事家　大久保利通　近代日本の設計者』では、次のように著述しています。それは大久保が王政復古を目指している公卿たちに話した内容である、ということです。引用します。

「慶喜が『改心』するならば、武力倒幕延期方針に沿って行動する。慶喜に将軍を辞職させ、一藩主に降し謹慎させ、勅命に従えば寛大な処遇をする。会津・桑名両藩主は、罷免し帰郷させる。王政復古クーデター実行日を早急に決定し、それに向けて同志公家は尽力されたい。御所警備は薩摩藩が手配する。クーデター後に太政官を置き、議事院を開催する（『嵯峨実愛手記』）」

そしてクーデター決行日が一八六七年十二月九日と決定されたのは、十一月下旬と推定されます。

第八節　戊辰戦争で徳川幕府が敗北するまで大久保は事態の中枢にいた

大久保利通は、慶喜が真に大政奉還したか否かを、何をもって判断しようとしたのでしょうか。大政奉還によって天皇が唯一の国王となり、雄藩連合政権が成立したとき、徳川藩が本当に無条件で、ほかの雄藩と同列に並ぶか否か。そのことに慶喜の本心は出てくると、大久保は考えていたのです。具体的には「辞官納地《じかんのうち》問題」です。慶喜は大政奉還を申し出て、徳川将軍の地位は辞退しました。しかし二百年以上の支配を確立させてきた八〇〇万石の領地や、朝廷の権力を掌握している内大臣の地位を、慶喜は納地（土地を官に納めること）も辞官（官を辞退すること）も明言しません。

また大政奉還を助言した前土佐藩主の山内豊信は、慶喜に苦言は呈しますが、支持していました。彼の行動が王政復古を主張する薩摩や長州の矛先をかわす手段としての、大政奉還の提案であることも、充分に考えられます。

徳川家の領地が八〇〇万石、二番目に多いのが加賀の前田家一〇〇万石でしたね。かかる領地の格差のまま、雄藩連合が成立したらどうなるのか。そのリーダーになるのは、実力者の徳川慶喜です。そうなってからでは遅いのです。

大久保たちの王政復古のクーデター計画は、慶喜の権謀術数に対し機先を制するために、不可欠な陰謀でもあったのです。

では一八六七年（慶応三年）十二月九日、クーデターの展開を追ってみましょう。

前日の八日、朝廷は夜半に至るまで会議し、多くの議決をしました。ひとつは長州藩の復権（藩主父子の官位復旧と上京の許可）、さらに処罰されていた公家たちの復権でした。

八日の夜が明け九日の朝になり、会議を終了した摂政の二条斉敬たちが退出。すると西郷隆盛が指揮する五藩の兵（薩摩・土佐・安芸・尾張・越前）が、すべての門を軍事封鎖したのです。

六七年十二月九日の朝、復権を遂げた岩倉具視が、「王政復古の大号令」の文書を献上するために参内します。そして明治天皇が「王政復古の大号令」を発しました。こうして大久保たちが計画していたクーデター方式の倒幕は実現しました。無血クーデターです。

「王政復古の大号令」は慶喜の徳川幕府はもちろん、朝廷の摂政・関白も廃止した新政府を発足させると宣言したのでした。具体的には次のような構成による政府です。

天皇のもとに総裁と議定《ぎじょう》と参与を置く。総裁には有栖川宮熾仁親王《ありすがわのみやたるひと》。議定には皇族と公家から数名と松平慶永、山内豊信、島津久光を含めて諸侯から数名で合計十名。参与には公家から岩倉具視、雄藩の代表として西郷隆盛、大久保利通、後藤象二郎、木戸孝允ほか数名が選ばれました。

このような構成で成立した雄藩連合政権の初めての会議が、「王政復古の大号令」が発せられた夜、言い換えれば大久保たちのクーデターが成功した夜に、開かれたのでした。一八六七年十二月九日の夜です。開かれた場所が御所内の小御所だったので、小御所《こごしょ》会議と呼ばれています。明治天皇も臨席しました。

大久保たちは小御所会議で慶喜支持派にまたも一杯食わされた

小御所会議は最初から、議定である山内豊信を中心とする勢力と、大久保利通や岩倉具視を中心とする参与の、激しい論争となりました。山内豊信は慶喜の雄藩連合政権への参加を要求し、大久保たちは慶喜の「辞官納地」が会議の主題であると反論しました。そして九日の夜の論争は「辞官納地」を決定しました。翌日の十日、山内豊信たちは慶喜に「辞官納地」を朝廷に申し出るように伝えたのです。

しかし慶喜は諾否を明らかにせず、十一日に京都の二条城から大坂城に移ってしまいます。「辞官納地」のことで激怒している会津と桑名の藩兵たちの、武力蜂起を防ぐためと理由づけて。

次いで十二月二十三日・二十四日、新政府は「辞官納地問題」の会議を開きました。この会議において慶喜を支持する山内豊信たちは、暴挙に出ました。大久保たちのような各藩の藩士たちを、身分が低い「下参与」であると、三職会議への出席を禁じたのです。会議の結果は無惨でした。「辞官納地」は見事に骨抜きされ、慶喜の議定就任だけ確実になりました。

ここに至り、薩長勢力は慶喜と徳川幕府を打倒する軍事行動に、踏み切る決断をします。

戊辰戦争の展開から終結まで

一八六七年十二月下旬、薩長勢力が旧幕府軍を打倒する旗揚げを決意する前後に、十二月二十五日、江戸の品川にあった薩摩藩邸が、徳川側の武士によって焼き打ちされました。それは薩摩藩が浪人を雇って、江戸市中を騒がしたことへの報復でした。

この情報が大坂城に届くと、場内の旧幕府軍そして会津藩と桑名藩の武士たちは、「俺たちも」とばかり、京都の新政府に対し立ち上がりました。これまでは沈黙を続けていた慶喜も、彼らに押されて薩摩軍に宣戦布告し、京都に向かって進軍したのです。

年が変わり六八年の一月三日、京都の南部で迎撃した薩長軍の先制攻撃から、戦いが始まりました。「鳥羽・伏見の戦い」です。戦いは新政府軍の勝利に終わり、慶喜は大坂城に逃げ帰りました。そして六日、慶喜はひそかに重臣だけを引き連れて、幕府の軍艦・開陽丸で大坂を脱出し、十二日に江戸に帰着しています。

新政府側は一月七日に慶喜追討令を出し、賊軍とします。さらに一月十日、慶喜以下の旧幕府首脳陣の官位を剥奪し、将軍の領地返納も決定しました。大久保たちが要求した「辞官納地」が実現したのです。

一八六八年（明治元年）一月三日に始まった「鳥羽・伏見の戦い」が、旧幕府軍と明治新政府軍の総決算となる戊辰《ぼしん》戦争の初戦となります。戊辰戦争は六九年の五稜郭の戦い（北海道函館市）まで続きます。

新政府軍は関東以北の旧幕府軍を倒すために、六八年一月十五日、京都から東征軍を東海・東山・北陸の三道に派遣します。東征大総督は有栖川宮熾仁親王、参謀は西郷でした。

同年の三月十四日、江戸の高輪で東征軍参謀の西郷隆盛と旧幕府の陸軍総裁、勝海舟が江戸の開城をめぐって会談し無血開城を決定。同じく三月十四日、京都では明治天皇が群臣を従えて「五箇条の誓文」を表明し、新しい政治方針を天下に発表しました。「広ク会議ヲ興シ万機公論ニ決スヘシ」を第一条とする誓文の最終文には、木戸孝允と大久保利通の加筆と修正があったと推定されています。

同年四月十一日、新政府軍が江戸城を接収。江戸は新政府の支配下に。大坂城から江戸へ逃亡し、上野の寛永寺に謹慎していた徳川慶喜は、出身地の水戸へ退去。さらに五月、徳川家は親族である田安家の家達《いえさと》が相続し、駿河・遠江・三河の七〇万石の大名となりました。慶喜もこの地に移住させられます。

同年五月三日、奥羽諸藩と越後諸藩が新政府軍に対し、奥羽越列藩同盟《おううえつれっぱんどうめい》を結成しました。次のような理由があります。会津藩主の松平容保が京都守護職だったとき、多数の攘夷過激派の武士を逮捕、斬殺しています。特に長州藩士に多数の犠牲者が出ています。その報復も計算に入れて、新政府軍は会津藩征伐を奥羽と越後方面の諸藩に命じたのです。しかし諸藩は次のように理由づけて、出陣命令の撤回を求めました。「会津藩の松平家は誠実な尊皇の家風であり、天皇に弓を引いたのではない。藩それ自体を攻撃するのは不当である」と。この請願を新政府軍が拒否したことから、奥羽越列藩同盟は抗戦態勢に入ったという説が、最近では有力になっています。

両軍の戦いは八月二十三日に至り、列藩同盟は全敗し、会津若松城のみ新政府軍に包囲されます。白虎隊の少年兵二十名も自刃。九月に至り会津藩は開城し、降伏しました。

同年の七月十七日、江戸を東京と改名。最初はトウケイと呼びましたが、不評でトウキョウとなりました。さらに九月八日に明治と改元され、一世一代の制が定められました。

一八六九年（明治二年）五月十八日、箱館の五稜郭を占領していた、旧幕府軍の榎本武揚《えのもとたけあき》が無条件降伏。戊辰戦争が終わりました。榎本武揚は旧幕府の海軍副総裁でしたが、一八六七年八月十九日に幕府の戦艦八隻を率いて品川より出奔《しゅっぽん》し、奥羽を経て箱館に新天地を求めたのでした。

第九節　明治新政府となって最初の大久保の大仕事は「版籍奉還」と「廃藩置県」

明治時代になって王政復古しましたが、全国の体制は徳川家の領地だった土地と諸藩の領地、および小規模な天皇家の土地で構成されていました。

徳川家から没収した土地は、拠点となっていた東京、大坂、長崎などは「府」とし、それ以外は

「県」とする「府県制」にしていました。一方で全国の各藩は徳川幕府が成立してから二百数十年間を、藩主は殿様となって支配を続け、明治の世を迎えたのでした。殿様たちは明治になっても一国一城の主人であり、必ずしも明治新政府に協力的ではありません。

王政復古になったけれど、地方政治はいまだに殿様が支配している。「欧米列強に追いつき追い越せ」を旗印にして、天皇を中心とする統一国家を目指す新政府にとって、藩体制をどうするかは解決すべき重大な課題でした。六七年からは、薩長両藩でも大久保利通や木戸孝允を中心に、「版籍奉還」問題が議論されています。

その主旨は、「すでに徳川将軍は朝廷に大政奉還して退位しているのだから、諸大名も土地と人民を朝廷に返還しなければならない」という論理です。「版籍奉還」の版とは土地を指し、籍は人民を指す言葉です。しかし各藩に対して、このような正論だけで説得しても、各藩からの反発を招くだけです。

そこで一八六九年の一月、大久保は一計を案じました。まず京都に新政府を構成する主要な藩の代表者を集めて談合し、それぞれの藩主に「版籍奉還」を説得する論理を構築したのでした。主要な藩とは薩長土肥の四藩です。

「王土王民思想と言いますが、この国はもともと天皇様のものでした。王政復古しましたから大政奉還されて、土地も人民も天皇様に戻ってきました。ですから殿様も我が藩も土地も人民も奉還なさってください。しかし版籍を奉還なさっても、この藩と人民はいままでどおりに、治めていただけるのです」と。

版籍を奉還しても藩そのものは従来どおり統治できるのだと、大久保は断言しました。彼は全国の藩主たちが幕末の動乱もあって困窮しており、藩主の立場を追われることを恐れていることも、考慮していました。

大久保たちは新政府の中心となっている雄藩、薩摩（鹿児島県）・長州（山口県）・土佐（高知県）・肥前（佐賀県）の藩主たちを、練り上げた理論で説得し、版籍奉還を決意させることを考えました。さらに四藩主が連署して朝廷に申し出る作戦も立案していたのです。雄藩に率先されて版籍奉還されたら、ほかの諸藩も奉還に踏み切らざるを得ません。迷っていたら新政府から睨まれる危険もあります。それに思いきりよく奉還すれば、天皇にも喜ばれるでしょう。しかも統治者としての権利は、残されるのです。

大久保たちの作戦は功を奏して、藩の土地と人民は天皇のものとなりました。諸藩主たちは朝廷に版籍奉還すると、公式には知藩事《ちはんじ》と命名され、地方自治体の長となったのです。一八六九年の六月のことでした。

しかし名称は変化しても藩主たちの自己意識は一国一城の殿様です。特に実力ある有力藩においては、そのことが目立ちました。新政府の方針に対して反抗的だったり、自藩の財政や軍備を優先したりするようになっていきます。このような藩主（知藩事）の存在が、新政府を脅かす存在になることを首脳陣は恐れました。特に薩摩藩では藩主の父である、国守と呼ばれた島津久光の行動が目に余り、大久保の諫言《かんげん》も聞き入れません。

ここに至って新政府は、まず新政府の軍事力強化に踏み切りました。薩摩・長州・土佐の三藩から、合計一万名の兵を上京させ、政府直属の御親兵としました。一八七一年二月のことでした。次いで七月に至り、若手官僚を中心に廃藩断行論が提起されたのです。

これに呼応して、薩長両藩の秘密会議が開かれ、七月十日に廃藩置県の詔書（天皇の命令を伝える文書）が出されました。一気に藩は廃止され県が置かれたのです。そしてこれまでの藩主（知藩事）は罷免され、東京居住を命ぜられ、華族となっていきます。廃藩置県で苦労したのは、ほぼ薩摩藩だけであり、全国的に目立った紛争はありませんでした。大多数の藩主（知藩事）たちも、時代の変還を理解せざるを得なかったのです。

第十節　新生日本の命運をかけた岩倉使節団の派遣

廃藩置県が断行されてから十日後の一八七一年七月二十三日、中央官制が改革され、新しい職制が決定されました。いままで神祇・太政の祭政一致の形式だったものを、正院（司法と行政）・左院と右院（立法）の三院で構成する、中央集権体制となりました。

正院には太政大臣・左大臣・右大臣・参議を置き、天皇が臨席して裁決するという立法・行政・司法の最高決定権を持ちます。

太政大臣には三条実美、右大臣に岩倉具視、参議には西郷隆盛、木戸孝允、板垣退助《いたがきたいすけ》、大隈重信《おおくましげのぶ》が就任しました。さらに正院には行政機関として神祇省も含め、大蔵省などの十省が存在し、各省の長官は参議と同様に、薩長土肥の四藩の士族が、ほとんど独占していました。皇族と華族（公家と旧藩主）からは、三条と岩倉の二名だけでした。この官制改革で大久保が直接に統括したのは、大蔵省と宮内省でした。

廃藩置県が断行された一八七一年は、幕末に日本が欧米列強と結んでしまった不平等条約の改正交渉が始まる、一八七二年の前年となります。そこで明治政府は七一年中に、条約改正の予備交渉と、欧米列強の国勢視察団の派遣を決定していました。当初は全権大使には太政大臣の三条実美が予定されていましたが、それが難しくなり、右大臣の岩倉具視が全権大使に、大久保利通と木戸孝允が副使となりました。なお最終段階で副使には伊藤博文と山口尚芳《やまぐちなおよし》が加わっています。

この使節団の構成員は四十七名ですが、大使や副使の随員や留学生も含めると、総勢は百七名という大集団でした。

日本が欧米列強に追いつき追い越すためには、日本文明の西洋化しかない。そのためには欧米諸国から直接に学ぶしかない。そのような明治政府の意気込みの具体化が、岩倉使節団の派遣でした。使節団は一八七一年十一月十二日に横浜港を出発し、一八七三年九月十三日に帰国しました。なお大久保利通はひと足早く、五月に帰国しています。

使節団の派遣を実現させたのは大久保利通の太っ腹な決断だった

ところで岩倉使節団の派遣は、明治政府がつくられて三年後のことです。たとえていえばベンチャー企業を立ち上げた社長が、会社の体制も確立していないのに、幹部社員を連れて海外研修に行ってしまい、二年近くも帰国しないのと同様の行為です。もちろん大久保は留守中のことは、西郷

左から木戸孝允、山口尚芳、岩倉具視、伊藤博文、大久保利通。
写真：UIG/時事通信フォト

隆盛に頼んで出発しました。

しかし突然にロシアが北海道へ侵入してくるとか、新政府に不満な勢力が決起するとか、そのような危険を度外視してまで決行するには、たいへんな覚悟を必要としたと思います。このような決断を、大久保に促したのは何だったのでしょうか。

岩倉使節団は出発に際し、岩倉全権大使と幹部クラス五名の写真を撮っています。大久保以下の四名は西洋風のスーツでありヘアスタイルです。ただ一人岩倉具視のみ、羽織袴に丁髷《ちょんまげ》なのです。

大久保利通や伊藤博文など薩長出身者は、薩英戦争や下関戦争で欧米列強と戦って惨敗し、彼らとの国力の格差を実感しています。それだけに新政府の多くの人たちは、日本が明日を築くには、彼らの文化文明を学び取って、「開国・富国・強兵」に徹すしかないと、覚悟をしていました。しかし大事業です。明治政府の全員が、腹の底から欧米列強から支配されず学び取る覚悟がなければ、国の維新もおぼつかないのです。

大久保は、そのような時代の大局が見えない政府首脳に、欧米列強の強さと怖さを、しっかり腹の底からわかってもらう必要を、感じていたのではないか。そんな彼の気持ちを象徴するのが、丁髷の岩倉だったと思うのです。「俺は日本男児だ。丁髷・羽織袴で行くのだ」と、岩倉は主張していたのでしょう。それは二百数十年の鎖国が生み出した、狭量な排外主義に過ぎません。

しかし岩倉も外国を視察する過程で、羽織袴と丁髷を捨てています。そういう格好をしていても、別に益することはないと気づき、服装も髪型も洋風になって帰国しました。このことは岩倉使節団の全員だけでなく、彼らの帰国後、時代に遅れていた政府首脳も、鎖国を引きずる尊王攘夷の思想から足を洗う、大きな契機になったと思われます。

思い起こしてみれば大久保利通は、大政奉還を隠れ蓑にして徳川幕府の延命を図ろうとした慶喜の陰謀を、無血クーデターを起こし王政復古の大号令を出すという大芝居を打って、潰してしまいました。慶喜の領地を召し上げる「辞官納地」を提案したのも大久保でした。大久保は慶喜に勝るとも劣らない策謀家でもあったのです。

そのような視点で考えると岩倉使節団の派遣も、大久保が打ったもうひとつの大芝居だったと考えてみるのも、許されると考えます。

執務中の大久保利通は、人の話をじっと聞いていて、発する言葉は三つだったと伝えられています。関西弁で言うなら、「ええやんか」「あかん」「考えとくわ」です。「ええ」と言えばＯＫ。「あかん」と言えばNO。「考えとくわ」と言えば、「すぐには結論は出ない」または「時間がかかる」、という意味だったそうです。「深謀遠慮」と「即断即決」が表裏一体となって、彼には備わっていたのでしょうか。

岩倉使節団はアメリカと大英帝国（イングランド）に注目していた

明治政府はドイツかぶれだったという説があります。欧米列強国に出遅れた日本は、同様にドイツ諸邦から抜け出して米英仏を追いかけて強固となったプロイセン王国（後のドイツ）から、憲法を初めとして多くを学んだという説です。しかし岩倉使節団が派遣された当時、ドイツはさほど重視されていません。

岩倉使節団はアメリカ、イングランド、フランス、ドイツの順で回っています。アメリカをいちばん最初にしたのは通商条約を最初に結んだ国だったからでしょうか。この歴訪の順番は、当時のGDP（国内総生産）の順になっています。フランスとドイツは普仏戦争（プロイセン・フランス戦争一八七〇―一八七一）でプロイセンが勝利した直後でしたが、フランスにはナポレオン三世時代の余波が残っており、フランスのGDPが上位でした。

それでも明治時代のエリートの多くは、ドイツに留学したように思われています。森鷗外《もりおうがい》が留学していたドイツを舞台に、国際恋愛小説『舞姫』を書いたことが影響しているようです。しかし現実には当時の留学生の数は、アメリカが群を抜いており、順番も米英仏独でした。

大久保はドイツ派と呼ばれることもありますが、むしろ国王が存在し議会制度が発達しており、しかも大陸に近い島国である大英帝国に、もっとも学ぶべきものを見出していたようです。

さて大久保と木戸は使節団よりも、数カ月早く帰国しています。太政大臣である三条実美から岩倉全権大使に、政局が混乱しているので、実力者二人を帰国させるようにとの、要請があったからです。大久保が一八七三年の五月、木戸が七月、岩倉たちの本体は九月に帰国しました。

第十一節　明治政府を分断し西郷を鹿児島に去らせた征韓論の政変

岩倉使節団の外国訪問中に、明治新政府にとって、もっとも火急の問題となっていたのは、朝鮮に対して武力を背景とする侵略的な外交関係を強要する、征韓論の登場でした。

当時の朝鮮は鎖国体制を取り続け、とりわけ日本の姿勢に不信を抱き、国交要求を拒否し続けていたのでした。そこで登場してきたのが征韓論だったのです。主張したメンバーは西郷隆盛、板垣退助、後藤象二郎、江藤新平《えとうしんぺい》、副島種臣《そえじまたねおみ》たちです。もっとも強硬に出兵を主張したのが板垣退助でした。これに対して西郷隆盛は、「初めから開戦の態勢を取って交渉するのは、非礼であり非難される」と指摘。彼自身をただ一人、全権大使として派遣することを主張し、閣議を説得しました。そして岩倉使節団が帰国したら、正式に決定することにしたのです。

この決議がされたのは一八七三年の八月、岩倉使節団の全員が帰国したのは九月でした。この段

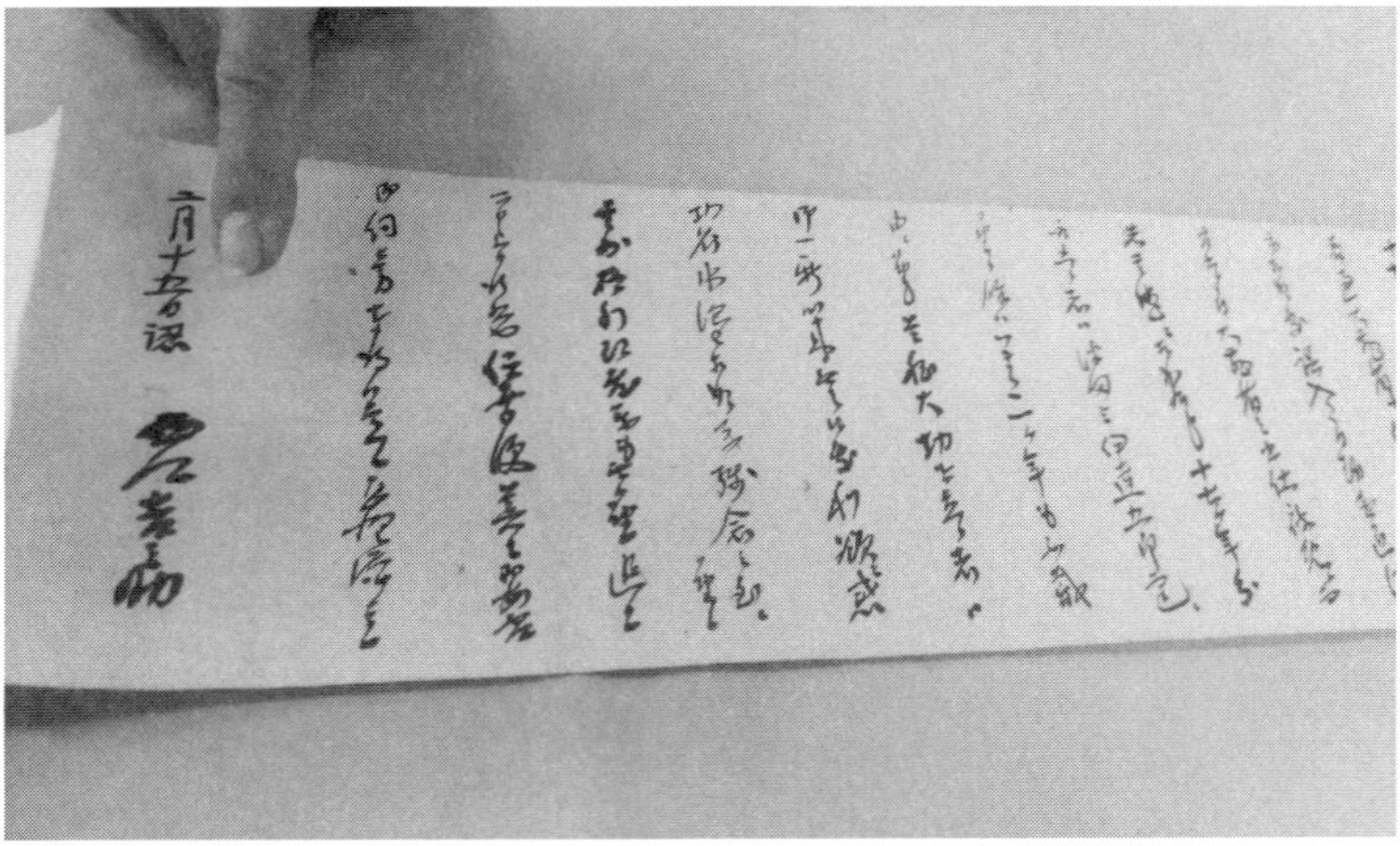

欧米訪問中の大久保宛てに留守中の国内情勢などを綴った西郷の書簡。巻末の署名は「西郷吉之助」と記されている。滋賀県庁提供。写真：時事

階で大久保利通は、すでに帰国していましたが、彼は参議ではなかったので、この閣議決定には参加していません。

しかし帰国した岩倉具視右大臣を始めとして、太政大臣の三条実美も大久保も西郷の構想に反対でした。隣国に出兵するよりも国内になすべきことが山積みしているし、出兵するための軍事費用や、もしも朝鮮を制圧しても、処理に必要な費用をどうするのか。岩倉たちは西郷に朝鮮出兵の延期を提案しました。

これに対し西郷は頑強に即時出兵を主張したのです。というのも西郷たち征韓論派は、新政府によって武士の身分を奪われた士族の不満を、朝鮮へ侵略的に進出し、その地を彼らの復活の場にすることで解決したいと考えていたからでした。すぐにでも朝鮮出兵を望んだのです。

こうして征韓論をめぐる西郷たちと岩倉や大久保たちの論争は、一八七三年十月に至るまで続き、そ

の対立は先鋭化していきます。

この新政府を二分する論争は、またしても大久保の秘策によって決着します。

大久保は征韓論をめぐる、朝鮮に西郷を即時に派遣する遣使即行論と延期論の両方を、二〇歳前後だった明治天皇に上奏し、即行論か延期論かの決断を求めたのでした。もちろん即行論を天皇が選択すれば、岩倉や大久保は失脚するでしょう。ただし大久保は宮内省長官から天皇へ、延期論を太政大臣や右大臣が支持していることを、ひそかに伝えるよう依頼していたのです。

天皇への上奏は太政大臣が急病で倒れたため、右大臣の岩倉によって一八七三年の十月二十三日に行われました。翌二十四日、天皇は「朝鮮への遣使は延期する」と裁断します。

西郷、板垣、江藤、後藤、副島の五人は参議を辞職しました。新政府の勢力は弱体化しましたが、朝鮮半島への武力進出は回避されました。なお、「政府の弱体化」については、若手の台頭を促す結果となりました。

第十二節　西南戦争が終結するまでの大久保利通の主張と行動

征韓論を否定されて下野した板垣、後藤、江藤たちは、国会開設を要求する民撰《みんせん》議院設立建白書《ぎいんせつりつけんぱくしょ》を太政宮に提出しています（一八七四年）。この文中で彼らは大久保たちの政治を「有司専制」と呼び、批判しました。有司とは官僚を指します。彼らは「維新政府は公議や世論である」と主張しながら、実際は薩長土肥の出身者による藩閥政治をやっていると、非難しているのです。

「有司専制」の批判は、武士の身分を奪われ窮乏化を余儀なくされている士族の共感を呼び、各地で政府に対する不穏な空気を醸成していきます。これに対して明治政府は、すでに一八七三年の十一月に内務省を設置していました。

内務省は政府の国内に対する中心的な行政機関です。地方行政と警察行政を中心に、国民生活の土木・衛生・宗教・出版などの保護・育成・規制に関して行政権を持つ、太政官制度下で、総理大臣に匹敵する大役です。初代内務卿に大久保が就任。一八七四年の一月から省務を開始しています。

大久保は岩倉使節団による海外視察以前から、欧米諸国における内務省のような行政機関の存在は知っていました。彼は訪問先の各国で内務省について、調査を進めています。

徹底的に鎮圧した士族の反乱

最初の士族の反乱は佐賀県で起きました。一八七四年の二月、征韓論の政争で敗北し帰郷した江藤新平を、地元の士族たちが首領に押し立てて起こした反乱です。新政府の司法制度の確立に貢献した実力者である江藤の蜂起に対し、大久保はみずから鎮圧に出陣しています。

江藤は敗北し鹿児島へ逃亡、西郷に援助を求めましたが拒絶され、四国へ渡ります。しかし四国で逮捕され、四月に佐賀裁判所で死刑となり、即日に執行されました。

江藤新平の反乱に対して、大久保の断固たる対応があったあと、一八七四年の政局には台湾出兵という大問題が起こり、士族の反乱に目立った動きはありませんでした。続いて一八七五年は台湾出兵も解決したこともあって、征韓論の騒動で分裂している政府の首脳陣を立て直すため、参議を離脱している板垣退助と木戸孝允と、大久保利通の三者会談が大阪で開催されています。会議を企画したのは若い伊藤博文や井上馨でした。

この会談後、板垣と木戸は参議に復帰し、政府も体制強化に取り組み、元老院の設立や地方官会議の開催を決定したり、国会開設の準備を進めることも確認しています。しかし七五年の十月には板垣は参議を再び辞任。伊藤や井上が期待したような、大久保と板垣の協調体制はつくれませんでした。

年が明けて一八七六年三月、廃刀令が出されました。「刀を腰に差して外出すること」を禁止したのです。同年八月、士族の家禄が廃止され公債の支給に切り替えられました。士族は帯刀を禁止され、収入源も大幅に減らされて、再び士族の反乱が続発しました。

神風連《じんぷうれん》の乱（七六年十月、熊本）、秋月《あきづき》の乱（七六年十月、福岡）、元参議の前原一誠《まえばらいっせい》が起こした萩の乱（七六年十月～十一月、山口）に代表されます。いずれの乱も政府軍は、徹底的に鎮圧しました。

「台湾出兵問題」で発揮された大久保の外交手腕

七一年の十一月に、五十余名の琉球人（沖縄人）が海難事故で台湾に漂着し、原住民に殺害される事件がありました。日本政府は中国（清）に謝罪と賠償を求めましたが、清側は島の原住民は「化外の者」（統治外の民）であると主張し、原住民保護の責任を取らず、両国の交渉は難航していました。

ところが七四年四月、佐賀の乱を鎮圧するため、大久保が出陣中の閣議で、参議の大隈重信と海軍の西郷従道が、台湾出兵の提議をしたのです。出兵の目的は征韓論と同様です。台湾を領土化し、生きる場所を求めている鹿児島を中心とする士族の、再起する土地とするためでした。しかし閣議は清との戦争になりかねない台湾出兵を否定しました(四月十九日)。それでも西郷従道は五月二日、先発隊の軍船を台湾に向けて、長崎から出航させていたのです。

西郷の出兵を制止するため、大久保が長崎に到着したのは、先発隊が出航した翌日でした。ここに至り大久保は西郷を台湾に向けて出航させ、到着したら先発部隊の軍事行動の厳禁を命ずるように、指示しました。

七四年の六月、清から、日本の台湾出兵は清の主権を侵す行為であると主張する抗議書が、外務省長官に届きました。政府内ではこの抗議書に対し、大隈重信が清に対する開戦を強引に主張して支持を集め、開戦を議決させました。

しかし大久保は開戦の準備はしても、まずは交渉による解決を目指すべきだと主張し、その使者として自分が名乗り出ました。誕生したばかりの明治政府が清と交戦状態になれば西欧列強やロシアの介入を招くだけです。

太政大臣の三条実美も決断し、大久保を全権弁理大臣として清への派遣を命じます。そして両国の交渉は七四年の九月十日から、北京で開かれました。

大久保の主張。殺害された琉球人は日本領の住民である。彼らが殺害された台湾原住民居住地は、清の支配領域ではない。日本の出兵は清への攻撃ではなく、あくまでも自国民を殺害されたことへの抗議行動であり、国家の国民に対する義務である。清の主張。原住民居住地も含めて、台湾全島が清の領土であり、したがって貴官の主張はまったく的はずれである。

大久保は清の主張に対し、その当時すでにアメリカで漢訳本が出版されていた万国法を論拠に、原住民の居住地は清の主権が及んでいない「無住の地」であると主張。自国であると主張する清に、その論理的な根拠の明示を迫り、一歩も譲りません。すると清側は「そのようなヨーロッパの国際法を我が国に適用するのは、内政干渉である」と強く拒絶。交渉は暗礁に乗り上げました。状況を知って国内では急戦派が、開戦を強く主張し始めます。

このとき大英帝国の駐清公使が、仲裁に乗り出してきたのです。日清両国が戦争状態になることは、大英帝国と清との通商関係に悪影響を及ぼすと判断しての仲裁でした。

駐清公使は大久保に、清から日本に賠償金を支払うことで撤兵できないかと、提案してきました。大久保は大英帝国の駐清公使に、今回の出兵はあくまでも、自国民を殺害されたことを抗議する行動なのであって、台湾を占領する意志はなく、「義挙」であることを強く主張した上で、提案を受け入れます。

こうして台湾出兵問題は、清が日本に五〇万両《テール》（約一五〇億円）の賠償金を支払うことで解決しました。ねばり強い交渉と整然たる理論で開戦を避け、賠償金まで獲得したことで、大久保に対する政府や朝廷の信頼は、ますます高まりました。

西南戦争の勃発から終戦まで

一八七六年の十二月、土地にかかる税金である地租が高額すぎることに耐えかねて三重県の農民が一揆を起こし、愛知県から岐阜県へと波及、大規模な騒乱になりました。年末も押し迫った十二月二十七日、大久保は地租の減額を建議します。明けて一八七七年一月、政府は地価の3%だった地租を、2・5%に減額しています。

次いで同年の一月二十九日、鹿児島で次のような事件がありました。

版籍奉還の以前、薩摩藩が所有していた小銃や弾薬は、国の陸軍に所有権が移りました。士族の反乱が続出する状況下で、陸軍は鹿児島にある大量の火器の、大阪への移送を開始していました。ところが移送中の小銃や弾薬が強奪されたのです。下手人は帰郷した西郷隆盛が創立した、私学校《しがっこう》(兵学校)の生徒たちでした。この事件から西南戦争が始まります。

西南戦争は強力な士族が存在する鹿児島県が、政府の士族対策に不満を表明して立ち上がった反乱でした。その中心には士族の星であるような存在、西郷隆盛が存在しました。

しかし大久保利通は私学校の生徒たちの強奪事件があったときも、事件の中心にいたのは西郷ではなく、急進的な鹿児島士族の代表的な存在である桐野利秋《きりのとしあき》を中心とする人たちだと、信じていたようです。西郷が反乱軍を率いて熊本城に向かったという情報を得た段階でも、その信頼は変わらず、自分が現地で直接に西郷と談合すると主張しています。しかし大久保の命を案じる伊藤博文たちに止められました。

西郷軍が向かった熊本城には、九州における政府の軍事組織の中枢となっている熊本鎮台が存在したのです。熊本城を制圧すれば、九州は支配圏となります。

西郷が反乱を支持したのは、没落していく士族たちから決起を求められ、断りきれなかったと考えられています。しかし本人が、そのように生きることを選択したのだと、捉える説もあります。

大久保は無二の親友だった西郷の真意を察すると、反乱に対し真正面から徹底的な弾圧を加えました。太政大臣の三条実美と協議し、征討総督に有栖川宮熾仁親王を立てて、西郷の官位を剝奪し、「逆賊」としました。戦況の詳細は省略しますが、新政府軍の陸軍歩兵部隊の、最新式の連発小銃に圧倒されて、旧式の単発銃や火縄銃と剣士たちの斬り込み隊に頼っていた西郷軍は、劣勢を余儀なくされます。

結局、西郷軍は敗戦を重ね、一八七七年の九月に鹿児島市の城山に敗走し、その地で、西郷は九月二十四日に自死しました。西南戦争の終わりです。

第十三節　大久保利通が時代に残していったこと

西南戦争が続いていた一八七七年八月、大久保は東京上野公園で第一回の内国勧業博覧会を開催しました。博覧会は十一月まで続き、大盛況でした。彼は大規模な内乱の渦中にあっても、国を豊かにする殖産興業につながる行事を、予定どおり実行したのです。

西郷の死を知ったときの、大久保の言動について多くの風説が残されています。大久保は自分の知っている西郷について、みずから語り、彼の伝記を残そうとしたという逸話もありました。しかし実現できませんでした。

西郷が自死してから八カ月後の、一八七八年五月十日、早朝のことです。千代田区麴町の大久保の私邸に、福島県の権令(現代の副知事)である山吉盛典《やまよしもりのり》が訪問しました。東京で開催された地方官会議に出席し、帰県前に表敬訪問をしたのです。そのときに大久保が話した内容が残されていま す。勝田政治さんの前掲書『大政事家　大久保利通　近代日本の設計者』に紹介されています。

「明治維新で成し遂げるべき盛意を実現させるには、三十年を要する。最初の十年は「創業の第一期」であり、次の十年がもっとも大事な時期となる。内政を安定させ産業を発展させる時期、すなわち現在である。私は内務省の長官として、全力で尽くす決心である。特に士族を援助するための未開地開墾と、水運を中心とする交通網の整備は、必ず成し遂げる。その後の十年は、後進たちが維新の盛意を成し遂げると信じている」と。(山吉盛典『済世遺言《さいせいいげん》』)

このように話すと大久保はフロックコートと山高帽子に身を整え、午前八時過ぎに、馬車に乗り赤坂の仮御所に向かって出発しました。馬車が紀尾井町の清水谷まで走ってきたとき、六人の不平士族に襲撃され斬殺されました。彼の死を報じたロンドンの新聞『タイムズ』は、彼の役職を「日本の首相」と紹介していました。欧米諸国では日本における大久保の存在を、最高実力者と判断していたと思われます。

明治初期の十年間、日本に大久保利通が存在していたことの幸運

岩倉使節団から帰国すると、たくみに閣議と朝廷工作をして侵略政策である征韓論を潰したこと、

そして士族の乱もすべて撲滅したこと、さらに台湾出兵問題では、日本の正当性を主張し、琉球を日本領として認めさせ、清から賠償金まで獲得するという、外交能力も発揮しました。

大久保には仕事の失敗ということが、ほとんどありません。政治家として稀な人でした。これだけ有能な人は藤原不比等《ふじわらのふひと》以来じゃないかと、ひそかに考えています。

彼が亡くなったとき莫大な借金が残りました。このままでは家族が生きていけないほどでした。伊藤博文を始めとする大久保が育てた人たちが、政府に掛け合って恩賞金を出させるなどして、大久保家を救済しています。

大久保は清廉潔白な人でした。その借金は政界工作に使われたのではなく、鹿児島に学校をつくるとか社会福祉事業に、天皇から下賜された恩賞金や自分の俸給を注ぎ込んだ結果だったのです。

出世した政治家というと昔も今も、立派な屋敷をつくるなど、お金持ちになる人物が多いのですが、このような借金を残した人は、ほんとうに稀でした。

当時の大物政治家たちは伊藤博文を始めとして、女性との浮いた噂話がたくさんありました。しかし大久保には無縁でした。週末には家族と食事をする時間をつくるなど、近代的でピューリタンを連想させました。

合理的な性格で政治家の自慢話を始めとする無駄な話は相手にせず、部下を激怒することもありませんでした。彼が内務省の役所に現れると役人たちは背筋を伸ばした、といったエピソードも数多く残されています。

大久保の唯一の趣味は囲碁でした。「喧嘩碁」と呼ばれる、相手に対して戦闘的な碁だったようです。しかし対局して敗れても紳士的で、帰宅してから家人に当たり散らしたという、微笑ましい一面もあったようです。それはそれだけ家族を信頼していたことの、表れでもあったでしょう。大久保は家でも洋服姿で過ごし、朝は洋食を好んだといわれています。このあたりは、伊藤博文がよく似ています。

日本の義務教育は阿部正弘が故郷の福山藩（広島県）で、いち早く実現させましたが、阿部が「開国・富国・強兵」のグランドデザインで描いた計画のほとんどを、大久保利通は日本に合う形で具体化しました。

ときおり天国で阿部と大久保が碁盤に向かい合いながら、会話している場面が浮かんでくるのです。

「阿部さんの考えたこと。全部やりました」

「大久保君、ご苦労さん」

明治維新の幸運は、この大きな時代の分かれ道に、阿部と大久保という二人の傑出した人物が登場したことだと考えます。それでも大久保に人気がないのは、西郷の反対だからなのでしょうね。かっこよく城山で死んだこと、上野公園に銅像があって、江戸の町を救った主役とされていることなど。源義経の判官贔屓と同質の人気なのでしょう。これほど傑出した偉人を、不人気のままにしておいてよいのか。忘恩ではないのか、と思うこともあります。もっと多くの人に、彼を知って欲しいと考えています。

余話として――明治時代以後につくられた皇室の伝統行事

世界史的な視点から考えれば、明治政府も欧米列強を出現させた産業革命とネーションステート（国民国家）の確立に、必死でした。一定の地域に居住する民族を「国家」という幻想の存在で統一させ、連帯させるために、多くの国々が統一のシンボルになる英雄を、でっちあげたのです。明治政府も天皇の神格化を考えました。そのために江戸幕府の精神的なバックボーンとなっていた儒教を借りて、天皇家の存在を神格化する儀式を、フレームアップしたのでした。

たとえば即位礼で天皇が着座なさる高御座《たかみくら》も、具体的に製作したのは維新以後だったのですね。それから僕たちは、いつもその季節になると天皇が稲刈りをなさり、皇后陛下が蚕の繭から生糸をおつくりになることを知っています。いかにも瑞穂《みずほ》の国にふさわしい伝統に思われます。しかし江戸時代までの天皇と皇后は、このような行事とは無縁でした。すべて天皇と皇后を、強力なネーションステートを実現するため、明治政府が利用して演出した儀式だったのです。

このような皇室の儀式を、国民は伝統的なものと信じていましたが、世界の国々でもネーションステートの発展段階では、必ず起きたことでした。大久保利通や伊藤博文は、ネーションステートの確立を急ぎました。しかし、日本から他国への侵略に関しては一貫して否定的であり、天皇の存在を利用することにも、一貫して否定的でした。このことを指摘して、本章を終わります。

第十章

吉田茂

日本という島国が経験してきた大きな歴史の曲がり角、そこに立って進むべき方向を指し示してきた、九人の行動を取り上げてきました。そしてとうとう僕たちの時代に、直接結びつく人物に到達しました。吉田茂《よしだしげる》です。

彼を語るとき、序章としての阿部正弘《あべまさひろ》、彼を受け継いだ大久保利通《おおくぼとしみち》、そして二人のグランドデザインを継承し、独自に発展させた人物が吉田茂ではなかったか、そのような位置づけで、考えてみました。

一八五四年の三月に江戸幕府の老中、阿部正弘は前年に引き続き来日した、アメリカの東インド艦隊司令官ペリーと、日米和親条約を締結しました。このとき江戸幕府は一六三九年から国策としてきた鎖国を、二百数十年ぶりに解除したのです。阿部正弘は、日本の将来を鎖国ではなく、「開国・富国・強兵」に切り替えました。

国を開いて国民の海外渡航も認め、世界との交易によって国を豊かにし(富国)、その日本を守るために強兵を育成する、そのような国づくりです。

明治維新によって江戸幕府を打倒した明治政府の創成期、その中心に存在し続けた大久保利通も、立憲君主国家の発展を目標としつつ、「開国・富国・強兵」の三枚のカードを国策の中心としていました。

時代は明治、大正、昭和と移り、日本は軍事的な侵略を優先させ、大東亜共栄圏の設立を主張し、民主的な交易関係を否定する、強兵による富国づくりに走ります。「開国」は捨てました。こうして中国侵略から第二次世界大戦へと進み、一九四五年八月十四日、日本は連合国軍側に無条件降伏をしました。そして同年八月三十日、連合国軍最高司令官としてアメリカ陸軍参謀総長ダグラス・マッカーサー（一八八〇―一九六四）が、厚木飛行場に降り立ちました（降伏文書調印は九月二日）。なおマッカーサーが最高司令官となった連合国軍最高司令官総司令部はGHQと呼ばれ、連合国軍の対日占領機構の中枢となります。日本の首相は幣原喜重郎《しではらきじゅうろう》に代わります。敗戦処理と新しい日本の第一歩を指導しようとするGHQの命令を、実践する立場の内閣です。この内閣の外務大臣になっていたのが、吉田茂でした。彼とマッカーサーの関係は、この時点から始まりました。

アメリカを中心とする連合国による日本占領が終了したのは、各国を説得して開催された、一九五一年九月四日からのサンフランシスコ講和会議と、九月八日に締結されたサンフランシスコ講和条約に、日本が調印したときです。

この講和会議には共産圏のソ連・ポーランド・チェコスロヴァキアの三国は出席していましたが、署名はしませんでした。また、中国大陸で対立関係にあった、毛沢東が支配していた中華人民共和国と、台湾を支配していた蔣介石の中華民国は招待されていませんでした。そしてそれらの国々や数カ国を除く世界四八カ国と、サンフランシスコ講和条約に調印した日本側の代表が、第三次吉田内閣の総理大臣であり外務大臣でもあった吉田茂でした。

このとき講和条約に署名したのは、代表である吉田だけでなく、大蔵大臣の池田勇人《いけだはやと》など六名全員でした。日本を代表して吉田だけ署名した条約もありました。日米安全保障条約です。日米同盟を主軸とする、軍事的な安全保障体制の基礎となる条約です。

この条約はアメリカ基地が日本に存在することが前提となっています。日本は一九四六年に日本

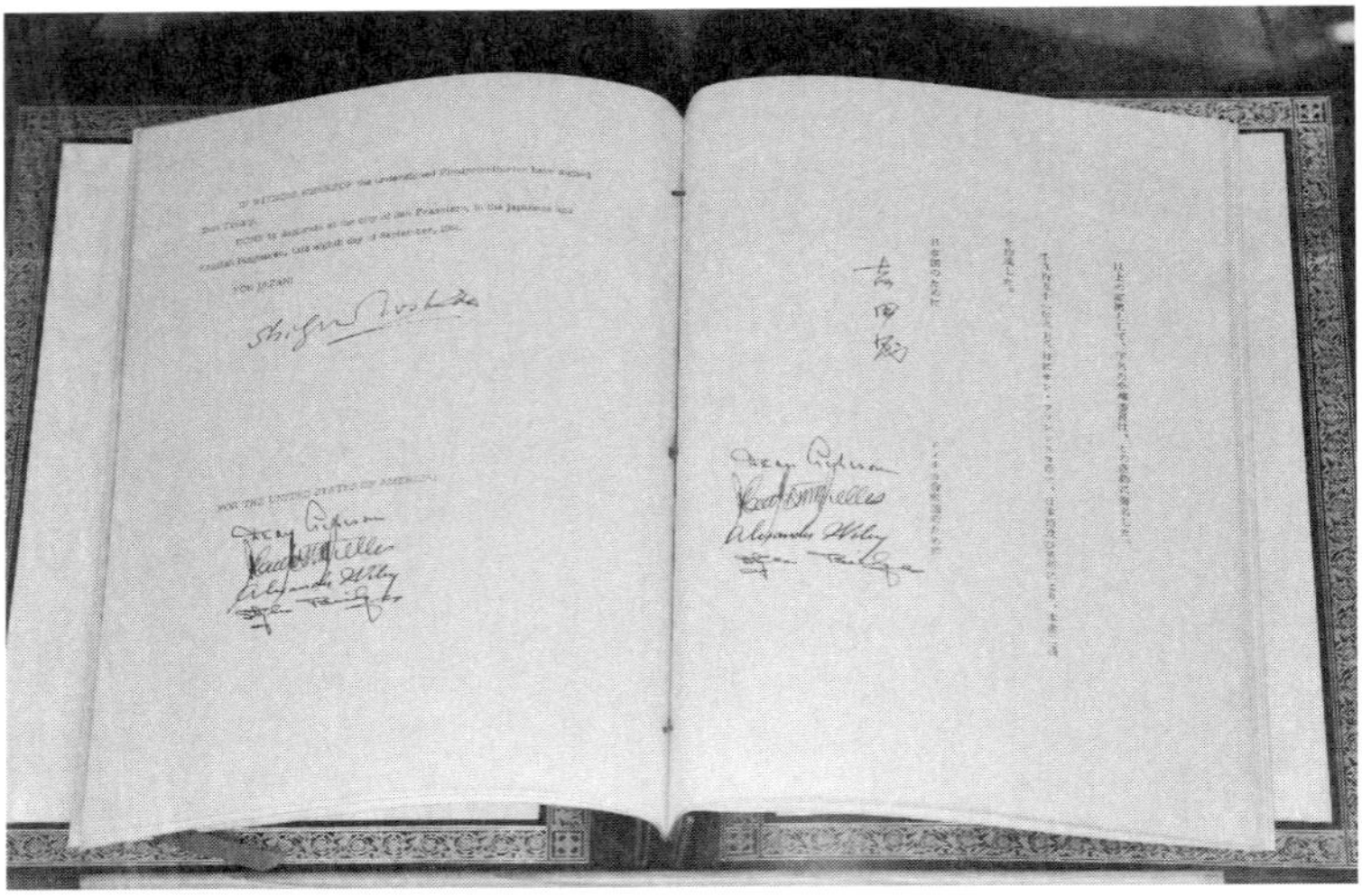

1951年9月8日に署名された「旧日米安全保障条約」の署名本書。2020年1月、東京都港区の飯倉公館で撮影(代表撮影)。写真：時事

国憲法を公布してから、五年しか経過していません。新憲法の第九条は、戦争放棄と非武装を宣言しています。日米安全保障条約に署名することは、第九条の条文を現実化することを要求し、日本が全世界と全面講和し永世中立を追求すべきだと主張する勢力と、正面から対立します。

「強兵」のカードを捨てた吉田茂

吉田は日米安全保障条約に署名することは、国内において激しい批判を浴びるに違いないと考えました。そこで「私も」と言った池田勇人を叱って許さず、自分一人で署名したのでした。池田以下の人々に責任を転嫁しない決意をしたのですね。

極東アジアにおける政治情勢は、日本国憲法が公布されてから(一九四六年)、サンフランシスコ講和会議が開催されるまで(一九五一年)

の短期間に、大きく変動していきます。

アメリカの大統領ルーズベルトは、アジアの自由主義陣営のパートナーとして、中華民国の蔣介石を信頼していました。ところが蔣介石は台湾に追われて、中国大陸は毛沢東が支配する中華人民共和国となったのです。さらに朝鮮半島では一九五〇年、朝鮮民主主義人民共和国（北朝鮮）と大韓民国に分裂し、朝鮮戦争に突入します。

このようなアジア情勢の変化に対応するために、アメリカを中心とする自由主義陣営が、敗戦国ながらアジアで唯一、高度な工業生産力を持っていた日本を、共産主義陣営に反対する勢力として復活させることも、サンフランシスコ講和会議の目的であったことは、外務省一筋で生きてきた吉田茂は、充分に承知していたでしょう。

僕はサンフランシスコ講和条約の署名が迫っている頃の吉田茂が、深夜ひそかに机上に、「開国・富国・強兵」のカード三枚を置いている図を思い描いたことがありました。彼の眼前に浮かぶのは焼野原になった島国だけです。貿易を盛んにし国が生きていくこと、いま可能なことは、それだけです。強兵など論外です。ではどうやって国を守るのか。吉田は強兵のカードを抜き捨てました。その代替に日米安全保障条約を利用することを、決意します。他国の軍隊が国内に存在するのは、愉快ではありません。しかしデモクラシーを表看板とする世界のエース、アメリカの軍隊であることを吉田は信頼したのでしょう。無条件降伏の貧しい国家で、国税を軍事費に持っていかれるよりも交易に回すことを、吉田は覚悟したのです。

そして今日に至るまで、吉田が描いた開国・富国・日米安全保障条約というグランドデザインは続いています。二〇二五年度予算では、防衛費が過去最大の八兆七千億円に達したと伝えられましたが、その八割は人件費や過去の契約の支払いなどに当てられます。一方、最新鋭空母の建造費は約二兆円、日本の広い領海は空母一隻では守れませんし、そもそも海だけを守るわけにもいきません。

本著の最終章は、強兵のカードを捨てた総理大臣、吉田茂を取り上げました。

なおＧＨＱは以下のフレーズを略したものです。

General Headquarters of the Supreme Commander for the Allied Powers

第一節　不思議な縁でつながっていた大久保利通と吉田茂

高坂正堯先生の『宰相　吉田茂』（中公クラシックス）という、定評ある書籍があります。またジョン・ダワー著、大窪愿二《おおくぼげんじ》訳の『吉田茂とその時代』（上・下）が一九八一年にＴＢＳブリタニカから発売され、貴重な資料となっています。現在は中公文庫（改版）で出版されています。

吉田茂に関する著物は数多く存在しますが、この二冊をお薦めします。

吉田茂は一八七八年に東京の神田駿河台で生まれました。父は竹内綱《たけうちつな》といい、高知県の出身で、自由民権運動で活躍した板垣退助《いたがきたいすけ》の腹心の一人として、東京で活躍したともいわれています。ただし竹内家の五男として誕生した茂は、すでに母親の胎内にいたときから、子どもに恵まれなかった竹内綱の友人、吉田健三《けんぞう》の養子になることが決まっていました。そして誕生と同時に吉田健三夫妻に引き取られ、吉田家の後継者になっています。

吉田健三は横浜にあった大英帝国の有名な船会社、ジャアディン・マセソンの支社に勤務後、独立し、船問屋を開業して成功、莫大な財産を築いた人物でした。幼少時の吉田茂は英国らしいビジネスの雰囲気を呼吸しながら、成長しました。茂が十一歳のとき健三は死去、茂は莫大な財産を相続します。

少年時代の茂は神奈川県大磯町で、養母である吉田士子《ことこ》に厳しく育てられました。士子は江戸後期の儒学者で教育者でもあった佐藤一斎《さとういっさい》の娘です。茂は一八九四年に、現在の横浜市太田小学校を卒業しました。それから当時の学制の下で、現在の学制でいえば中学校から大学の教養課程に相当する期間に、数多くの中学校や専門学校に在籍の記録があります。

現在の一橋大学（高等商業学校）、慶應義塾、東京理科大学（東京物理学校）などに入学、中退しています。彼は就職を急ぐ必要もありませんし、将来の選択はまったく自由だったのです。一九〇一年八月に学習院高等学科を卒業すると、学習院の外交官養成学校を経て東京大学法学部（東京帝国大学法科大学）に進み、一九〇六年に外務省に入省しました。最初の赴任国は中国、一九〇七年に奉天《ほうてん》（現在の瀋陽《しんよう》）総領事館に、領事官補として勤務しました。

当時の外務省のエリートコースは、欧米諸国の首都で働くことで、中国は裏コースと見なされていました。奉天時代のことは再度、お話し致しますが、吉田茂は一九〇九年に結婚し、イタリアの日本大使館の三等書記官に就任しています。

この結婚した女性が牧野伸顕《まきののぶあき》の長女、雪子《ゆきこ》だったのです。牧野伸顕（一八六一―一九四九）は大久保利通の次男です。アメリカ留学後に開成学校（東大の前身）を中退し、外務省に入省、ロンドンの日本大使館に勤務。ロンドンを訪れた伊藤博文《いとうひろぶみ》の知遇を得て、文部大臣や第一次世界大戦のパリ講和会議の全権となるなど、親英米派の重鎮となっていきます。そのために二・二六事件では、反乱兵に襲撃されましたが、一命は取り留めました。

牧野伸顕は長女の夫となった吉田茂を、気に入ったようでした。十代で何十億という財産を相続した吉田茂は、わがまま放題の坊ちゃんになりました。けれどお金に困らない人というのは、割と信念を貫きます。生活に困らないから、自説を曲げて媚を売る必要がないのです。

僕なんかは、納得できないで喧嘩になりそうなとき、ふと考えてしまう。よほど自分の主義主張に関係することでない限り、ここは言うことを聞いておこうか、などとソロバンを弾きそうになる自分に、気づきます。

牧野伸顕は媚びない、自説を曲げない長女の亭主を重用しました。

こうして吉田茂の奥様は大久保利通のお孫さん、雪子さんがなりました。ところで大久保利通と吉田茂、二人ともとんでもないヘビースモーカーでした。こんな点が似ているのも、政治の第一線で心身を擦り減らし、大きな決断をする人には、やはりタバコのような嗜好品が、必要になるのでしょうか。

第二節　陰謀との戦いが役人時代の出発点

外務省の役人として、吉田茂は中国の奉天総領事館の領事官補となりました（一九〇七年）。当時の出世コースは欧米だったので、中国勤務はチャイナ・サービスと呼ばれ、外務省では軽く考えられていました。しかし当時の奉天総領事館の、政治的な役割は大きなものでした。

日露戦争に勝利したことで、日本はロシアから東清鉄道（長春・旅順間）とその支線、さらにその地域に付属する権益や特権と財産および炭鉱の経営権などを獲得しました。この権利を活用するために、日本政府は半官半民の南満州鉄道株式会社（満鉄）を設立しました。

ところで満洲とは中国の東北部を指した古くからの呼び方です。満洲族の居住地域を指しています。中華民国時代に、南から北東へ連なる三つの省、奉天（現在の瀋陽）、吉林《きつりん》、黒竜江《こくりゅうこう》の、東三省《とうさんしょう》と呼ばれた地域を指しています。なお旅順とは、日清戦争に勝利したときに日本が清に割譲させた、遼東半島の先端にある港湾都市です。三国干渉でロシアが権利を得ましたが、日露戦争の勝利で再び日本の租借地となったのでした。

また長春は吉林省の省都で、日露戦争後はこの地が日本とロシア両勢力の境界点となっていました。

なお満鉄沿線のさまざまな権益を守るために、陸軍が派遣されていました。約一万五千人（一個師団）です。関東軍と呼ばれました。

吉田は領事官補となったあと、一九二五年に奉天総領事となりました。当時の満洲は南満洲鉄道株式会社が求める人材に応えるため、さらに広大な満洲に未来を託す人も含めて、国内からの移住者が激増しつつありました。

一方で清を一九一二年に倒した孫文《そんぶん》が建国した中華民国も、独裁国家を目指す袁世凱《えんせいがい》によって倒されました。そして孫文の遺志を継承する、蔣介石の国民党勢力は、満洲に及んでいました。国民党勢力は満洲の日本人を侵略者として排斥、日本陸軍と激しく対立します。さらにロシアが吉林省の長春を起点に、満洲の国民党軍へ武器の密輸も実行していたのです。

なお一九二〇年代になると、奉天を拠点とする軍閥の首領である張作霖《ちょうさくりん》（一八七五―一九二八）が、東三省の実権を掌握しました。さらに彼はその実力を背景に、混迷を深めていた中国全土の内戦で一旗揚げようと考えたのです。当時の中国は中国国民党と中国共産党、さらに各地の軍閥の反乱も続出し、騒然としていました。

内戦に戦力を投入するために、張作霖は東三省（満洲全域）の経済を弱体化させ、混乱を招きます。これに対して、日本の外務省はいかに対処すべきか結論に至りませんでした。一方で陸軍はもともと、満洲全域を独自に支配することを画策していたので、張作霖の野望を逆利用して、彼に傀儡政権をつくらせるか、それがうまくいかなかったら、陰謀で彼を倒すことを考えていたのです。

このような状況下で迎えた一九二七年、吉田茂は外務省に、次のような提案をしました。

「日本国政府は張作霖に対し、中国支配の野望を断念させ、満洲の経営に専念せよと要求せよ。そうすれば日本は借款《しゃっかん》を与え、財政顧問も送り満洲を発展させる。その代償として日本は権益を拡張する」と。

概略すれば以上のような主張でした。続いて二七年の四月に成立した田中義一《たなかぎいち》内閣では、田中が首相と外相を兼務したのですが、彼は注目を集めていた吉田茂の主張を、積極的に取り上げたのです。

田中首相と吉田茂は張作霖を説得するために、効果的な強迫手段を発案しました。張作霖の兵器庫に直結する京奉線の引込線が、日本に所有権がある満鉄の線路を横切っていることに着目したのです。日本側は張作霖に京奉線の切断を通告しようと考えたのです。兵器庫を孤立させてしまう手段ですから、有効な戦術でしたが、この作戦に陸軍が反対しました。張作霖を手なずける作戦の陸軍は、満洲の経営を外務省と田中内閣に主導されることを防いだのです。

しかし陸軍もついに張作霖を彼らの傀儡にすることはできず、一九二八年（昭和三年）六月、奉天へ向かう張作霖が乗っている列車を関東軍が爆破し、張作霖は殺されました。

ヒトラーを評価しなかった吉田茂

張作霖が爆殺された事件は満洲某重大事件と呼ばれましたが、吉田茂はこの事件前後に奉天総領事は退任し、田中義一内閣の外務次官となり、さらに一九三〇年には駐伊大使として、イタリアに赴任しています。当時のイタリアはムッソリーニ（一八八三―一九四五）が、ファシズム政権を樹立した時代でした。

ちょっと時は戻りますが、一九一九年に第一次世界大戦後の講和会議が開催されました。パリ講和会議です。日本は戦勝国側として参加しています。西園寺公望（首席）および牧野伸顕など五名の全権が出席しましたが、岳父（妻の父）である牧野の推挙もあったのか、吉田茂も全権大使の一人として参加、貴重な体験をしています。

吉田茂が外務次官であったとき、大英帝国の主唱によりロンドン海軍軍縮会議が開催されました。

一九三〇年のことです。会議の大きな議題のひとつは、米・英・日の補助戦艦の保有比率を10：10：7とすることでした。この比率を不満とする日本海軍は、会議において日本政府の代表に、拒否することを求めました。しかし日本の代表、若槻礼次郎《わかつきれいじろう》は受け入れました（六・九七五割で妥協）。このとき西欧の事情にくわしい外務次官の吉田茂が、この比率の重要性を若槻たちに説得したと伝えられています。

吉田茂は満洲において、日本が日露戦争の既得権として獲得した権益を守るため、強引な方法も主張しました。しかし外交の形式を採用せず、陰謀や暗殺の手段で満洲の支配を意図する軍部とは対立しました。

そして一九三一年、満洲事変が始まります。九月十八日の夜半、奉天郊外の柳条湖で満鉄の線路爆破事件が起きたのです。関東軍はこの事件を中国側の暴挙とし、軍隊を出動させました。ところが事件のすべてが陸軍（関東軍）の仕組んだ陰謀だったのです。当時の若槻礼次郎内閣は、関東軍に対し「不拡大方針」を指示しました。しかし関東軍は軍事活動を拡大し、翌年には日中戦争へと拡大していき、満洲事変と呼ばれました。

一方で中国は、第一次世界大戦後に設立された世界最初の国際平和機構、国際連盟に日本の侵略行動を提訴したのです。これを受けて国際連盟では、満洲にリットン調査団を派遣し、満州事変の現地報告を作成する計画を立てていました。この時期にイタリア大使だった吉田茂は、国際連盟の理事会が一方的に日本の侵略を批判するのではなく、満洲問題そのものを、日本との関係を含めて検証する姿勢であるとの情報を得ていました。

しかし関東軍は一九三二年に満州全域を占領すると、清朝の最後の皇帝だった溥儀《ふぎ》を執政として、「満洲国」を設立しました。すると国内では当時の有力新聞が、日本軍の行動を熱狂的に支持、さらに現地で日本軍が進撃するニュース映画が、映画館で上映されたのです。マスメディアの報道に影響されて、国民の満洲国設立を支持する声は高まります。そして英米を中心とする国際連盟の日本に対する批判的な論調に、日本国民は強く反発しました。

このような国内情勢を知りつつ、イタリア大使だった吉田茂は、日本が国際連盟と決別することに反対していました。

一九三三年、ジュネーヴで開催された連盟臨時総会は、満州における自治政府の樹立と日本軍の一時撤退を勧告する決議案を、採択する総会でした。この総会に日本から全権となって出席したのは、外務省出身の松岡洋右《まつおかようすけ》です。吉田茂はジュネーヴに向かう前に松岡と話し合い、決議案に反対しても国際連盟を脱退することはやめるよう、忠告しています。

総会の決議案は42対1で採決されました（棄権1）。反対の一票は日本です。松岡はその場から退場し、日本は国際連盟を脱退しました。

この時代の吉田茂は、国際連盟を無視して満洲国の建国に暴走する軍部に反対し、連盟と妥協することを主張し続けました。松岡洋右を説得したのも、そのような理由からでした。結局、日本は連盟を脱退したのですが、一九三四年、吉田茂はイタリア大使を解かれ、外務省の査察使として、世界各国に散在する日本の在外公館を巡回しました。

ところが吉田茂はこの巡回中にも在外公館において、いずれは国際連盟に復帰すべきだと説いて回っていたのです。このように、親英米派としての立場を鮮明にしていく吉田茂は、軍部から厳しく監視され始めます。ついに一九三六年、広田弘毅《ひろたこうき》内閣が成立するときには、組閣名簿では外務大臣となっていたのに、陸軍から拒否され、就任できませんでした。

このあたりの吉田茂について高坂正堯先生は、『宰相　吉田茂』（中公クラシックス）の中で、次のように叙述しています。引用します。

「もちろん、彼の親英的な気質は、彼が多くの召使にかしずかれ、『若さま』として、いわば豪奢な孤独のなかで育てられたことからくる、個人主義や貴族主義によって感情的に強められている。また、外務省の伝統が親英米であったことや、彼の舅《しゅうと》牧野伸顕《まきのしんけん》が西園寺公望《さいおんじきんもち》とともに英米協調論者の巨頭であったことにもよるものである。しかし、それがどのようにして作られたものであるにせよ、彼が持っている商人的な国際政治観は、彼の政治行動の指針のひとつとして注目されなくてはならない。なぜなら、この国際政治観から彼は軍事力が国際関係において第二次的な重要性を持つに過ぎないという信念を得ているからである」と。

ここで商人的な国際政治観とは、国家間における交易関係において損害を生ずるような政治は、百害あって一利なしであるという考え方です。それは満洲において日本軍が犯した、「陰謀・暗殺・軍事力」に頼った政治も指摘しています。

さて広田内閣の外務大臣を棒に振った吉田茂は、一九三六年から三九年、ロンドンで駐英大使となっています。日本は一九三六年に日独防共協定を結びます。ソヴィエト社会主義共和国連邦（ソ連）から国を守るために、西側のヒトラーが支配するナチス（国家社会主義ドイツ労働者党）と手を結んだのです。

吉田茂は日独防共協定の締結に強く反対しました。この当時、ヨーロッパ各国の日本大使はすべて防共協定の締結に賛成でした。ヨーロッパにおいて急進的に勢力を拡大しつつあったナチス・ドイツを、ヨーロッパでも日本でも、時代の先頭に立った知識階級が熱く支持していたのです。

しかし吉田の反論は単純にして明快でした。その論理は吉田自身の大著『回想十年』（第一巻）や、『回想十年』（新書版、毎日ワンズ）もお読みいただくと、時代の風潮に左右されない吉田茂の姿勢に共感を覚えます。

「第一次世界大戦であれほど惨敗し、海外の領土を失ってから、ドイツは二十年弱しか経っていない。彼らがいかに有能な民族であっても、大英帝国やフランス、さらには米国を敵として勝利するほど、回復しているとは考えられない。英米は世界に無数の領土と豊かな資源を有している。その政治力と経済力に、ドイツが勝利することはない」吉田茂はそのように状況を、明快に判断していました。

「つまり、負ける方につく愚行をするなということである。こうして戦争は馬鹿げたことだという彼の価値観と、ドイツは勝てないという職人的判断とが結びついて、彼を英米強調を説かしめたのであった」

『宰相　吉田茂』ではそのように描写しています。

しかし軍部のナチス・ドイツ支持は強固となり、吉田茂はますますマークされ、一九三七年には外務省を退官し、帰朝のためロンドンを去りました。

第三節　外務省を退官し敗戦を迎えるまで

一九三九年の三月に吉田茂は駐英大使を最後に外務省を退きましたが、同年九月、第二次世界大戦が勃発しました。さらに翌年の四月に大英帝国の首相がチャーチルになると、彼は戦争が拡大する状況に対し、アメリカを対ドイツ戦に引き入れることを急ぎます。アメリカ大統領ルーズベルトも、対英援助を強めつつ、ドイツに対する宣戦布告の意志を、固めつつありました。

日本では陸軍の強硬分子が主導権を握り、ヒトラーのドイツとムッソリーニのイタリアとの関係を深めつつあり、満洲事変の規模も拡大する一方でした。さらに海軍の一部は南方進出を意図、対米英関係は険悪化が進んでいました。日本政府は一九四一年四月から近衛文麿《このえふみまろ》を首相とする第二次近衛内閣によって、対米交渉を開始します。

ところが日本軍は一九四一年九月、フランス領インドシナに進駐したのです。現代のベトナム・カンボジア・ラオスが存在する地域で、当時はフランスの支配権が及んでいました。これに対して英米両国は、日本の海外資産を凍結しました。さらに決定的だったのは、アメリカが対日石油輸出禁止を決行したことでした。石油資源に恵まれない日本にとって、大きな痛手でした。

対米交渉はまったく進展せず、近衛内閣は第三次となりましたが、ついに四一年の十月半ばから、東條英機《とうじょうひでき》が首相となりました。東条は陸軍大将で、軍事目的優先の統制経済を主張していました。

東条内閣の外務大臣に東郷茂徳《とうごうしげのり》が就任し、日米交渉を命ぜられました。吉田茂は外務省の先輩であり、国際協調と経済中心を重視する幣原喜重郎とともに、東郷外務大臣の応援に動こうとします。吉田茂は以前から親しい関係にあったグルー米国大使そしてクレーギー大英帝国大使と、しばしば面談を重ねました。しかしアメリカのルーズベルト大統領も大英帝国のチャーチル首相も、日本が中国大陸やフランス領インドシナへの侵略を中止しない限り、交渉する意志はありません。両国と日本の外交官による和平への努力は、成果を得られませんでした。

戦争回避に外務省の役人として努力する吉田茂は、軍部からますます要注意人物とされていきます。しかし吉田茂の岳父は、大久保利通の次男として生まれた牧野伸顕でしたね。陸軍の悪名高い軍事警察である憲兵も、この由緒ある名門と関係がある吉田茂に、なかなか手が出せませんでした。

しかし太平洋戦争も日本の敗戦が確定的になりつつあった一九四五年のことです。先に首相の地位を東條英機に追われた近衛文麿が、二月十三日夜に、吉田家を訪ねてきました。訪問の理由は天皇陛下が、重臣をお召しになり戦況の展望について意見を聞く、その一人に選ばれたので、作成した内奏する文案を検証して欲しいという依頼でした。

両者で文案を点検し、結論として近衛が内奏した主旨は、次のような内容でした。

「敗戦は逃れられない。しかし英米の世論は日本の国体（天皇制国家）の変革は考えていない。むしろ恐るべきは、敗戦を好機として起きるかもしれない共産主義革命である。降伏を嫌う軍部が、共産主義のソ連と手を結ぶ危険もある」

近衛は以上のような内奏文を言上し、併せて、「日本はアメリカと講和すること。無条件降伏しても、アメリカには日本の国体変革の意志はない。皇室も安泰である。陛下の御英断で過激化する陸軍を阻止していただくこと」をお願いする、そのような心積もりでした。

吉田茂は近衛の内奏文と心意気にも共鳴したので、その文案をすべて筆写しました。近衛から吉田茂の岳父である牧野伸顕に、この内奏文を読んで欲しいとの依頼があったのです。というのも牧野伸顕も、天皇陛下からのお召しを受けていたからでした。

翌二月十四日の夕刻、近衛が宮中からの帰途に、吉田茂を訪ねてきました。そして陛下には思うことを申し上げ、納得いただいたと嬉しそうに話していきました。

しかし四月中旬、吉田茂は大磯の私邸から憲兵隊に東京へ、自動車で連行されたのです。

「黙秘権」を行使し続けた四十日の監禁

憲兵隊の取り調べは、二月に近衛文麿が天皇に内奏した内容は貴殿も知っている、それを白状せよ、という要求でした。さらに近衛が天皇に内奏後、どのような内容の意見を天皇に奏上したかも、知っている限り、吉田茂から訊き出す計画でした。吉田茂はそれらの訊問には、すべて黙秘しました。

四十日間の監獄生活は一九四五年、日本が八月に無条件降伏する年の二月から三月にかけての時期ですから、吉田茂が勾留されている建物も空襲を受けました。憲兵に連れられて避難することも重なりました。しかし陸軍側も陸軍大将の阿南惟幾《あなみこれちか》と知己の関係もある外務省の実力者である吉田茂に対して、決して粗略な応接はしませんでした。代々木の陸軍監獄は清潔であり、差し入れも自由で、気ままに過ごせたようです。なにかと差し入れの食料品も多いので、残余はほかの監獄や看守などに与えられ、「大いに喜ばれた」と吉田茂自身が『回想十年（新書版）』で語っています。

吉田茂は結局、四五年の五月、四十日の監禁から仮釈放され、その一週間後に不起訴となっています。

第二次世界大戦は一九四三年にムッソリーニが失脚、イタリアは連合国側と休戦しました。ドイツは一九四五年の四月にヒトラーが自殺、五月に無条件降伏しました。連合国側は一九四五年七月から八月初頭にかけて、ベルリンの東南に隣接するポツダムで米・英・ソの三国首脳が、降伏したドイツの処分についての会談を持ちました。

この会談のあいまにアメリカは大英帝国に対して、日本の無条件降伏を含む戦後処理について、日本政府に通達を出そうと提案します。大英帝国はこれに同意し、さらに中華民国の蔣介石を加え三国連名によるポツダム宣言を、日本政府に通告しました（一九四五年七月二十六日）。しかし日本の最高戦争指導会議では、陸軍首脳部の猛反対もあり、ポツダム宣言を黙殺しました。なお最高戦争指導会議とは、政府首脳部と軍部（大本営）の最高首脳で構成される、戦争終結を討議する会議体でした。

これに対し連合国側は八月六日に広島へ原爆を投下（死者十四万人）、続いて九日に長崎にも投下（死者七万人）。ついに鈴木貫太郎《すずきかんたろう》首相は昭和天皇に要請し、天皇が裁断を下してポツダム宣言の受諾を決定したのでした。そして一九四五年八月十五日、天皇は「敗戦」の詔書をラジオで全国放送し、国民は日本の敗戦を知りました。

この前後の吉田茂は、軽い皮膚病になり、大磯の自宅で静養中でした。

第四節　外務大臣に就任、さらに総理大臣となるまで

鈴木貫太郎内閣が無条件降伏したあと、東久邇稔彦《ひがしくになるひこ》内閣から幣原喜重郎内閣と続きますが、いずれの内閣も外務大臣は吉田茂でした。戦争末期に親米派として四十日の監獄生活を送ったことが、新しい時代に彼の存在価値を高めたとの指摘もあります。

吉田茂が東久邇内閣の外務大臣に就任したのは、一九四五年九月十七日、同じ日にマッカーサーが、連合軍総司令部とされた日比谷の第一生命ビルに入りました。その数日後、吉田茂は終戦時の内閣総理大臣だった鈴木貫太郎海軍大将を訪問しています。

敗戦直後の外務大臣になるに当たって、助言を得る目的だったのです。

「戦争は、勝ちっぷりもよくなくてはいけないが、負けっぷりもよくないといけない。鯉はまな板の上に載せられてからは、包丁をあてられてもぴくりともしない。あの調子で負けっぷりをよくやってもらいたい」と。

吉田茂の前掲書『回想十年（新書版）』に載せられている、鈴木貫太郎の言葉です。吉田茂はこの言葉に強く共感し、連合軍総司令部に対する、ひいてはマッカーサーに対する、吉田茂の一貫した考え方となっていきました。

負けっぷりをよくするとは、占領政策に対して何でも「イエス」ということではありません。まして上辺だけでは服従しておいて、内心では従わないといった態度は、吉田茂のもっとも嫌うこと

でした。

彼の意図は「できるだけ占領政策に協力する」、そのことにありました。

「しかし時に先方の思い違いがあったり、またわが国情に副わないようなことがあったりした場合には、できるだけわがほうの事情を解明して、先方の説得に努めたものである。そしてそれでもなお先方の言い分通りに事が決定してしまった以上は、これに順応し、時来て、その誤りや行き過ぎを是正し得るのを待つという態度だったのである。換言すれば、いうべきことはいうが、あとは潔くこれに従うという態度だったのである」と。

吉田茂は前掲書『回想十年（新書版）』の中で、そのように当時の自分を語っています。

ところで敗戦処理内閣として登場した東久邇稔彦を首相とする内閣は、初めての皇族出身者が首班となる内閣でした。敗戦と占領という事態を迎えて、五九〇万近い軍隊を平和的に解体し、国家支配の秩序を守るために、天皇につながる皇族の権威で乗り切る目的があったからです。そのために東久邇内閣は治安維持の強化も目指し、国民に向かっては「一億総懺悔」の戦争責任を求め、体制批判を禁じようとしました。

そのために、軍隊の解体には成功したものの、人間の自由や平等といった日本に欠けていた基本的な民主主義の実現を目指す、連合国軍最高司令官総司令部（ＧＨＱ）の占領政策には対応できず、一九四五年十月に総辞職を余儀なくされます。同年の八月に就任し、二カ月も持たない短命な内閣でした。

続いて敗戦処理内閣を引き継いだのは、幣原喜重郎でした（在職一九四五年十月九日―四六年五

自由党総裁・鳩山一郎が組閣直前に公職追放令に該当すると通告され、誕生した吉田茂内閣（外相、第１、第２復員相を兼任）。
写真：朝日新聞社：時事通信フォト

月二十三日）。外務省出身で吉田茂の親しい先輩であり、親英米派でした。

なお、連合軍最高司令官となったマッカーサーは、すでに第一生命ビルで統治を開始していましたが、九月二十七日にアメリカ大使館に天皇をお迎えし、会談しています。天皇は個人の立場からマッカーサーの手際よい占領遂行に感謝の辞を述べ、マッカーサーは円滑な占領に導いてくれたのは、天皇のリーダーシップのおかげだ、と発言しています。

鳩山一郎が総理大臣を吉田茂に委譲した理由

連合国軍最高司令官総司令部（ＧＨＱ）は、一九四五年の十二月、戦前に選出された議員によって構成されていた衆議院を解散させました。さらにＧＨＱは日本を世界戦争に突入させることに協力した議員や政治家が、そのまま登場することを阻止するために、一九四六年の一月、彼らを主たる対象として、公職追放令を発動しています。

すでにＧＨＱの主導により、一九四五年の十二月、新しい衆議院選挙法も発表されていました。新選挙法では女性の参政権も認め、満二十歳以上の男女に選挙権が認められ、有権者数はこれまでの三倍以上になっていました。

この新しい選挙法によって一九四六年四月十日、戦後初の総選挙が行われました。結果は新人議員が八割、女性議員が三九名という画期的な数字でした。

政党別当選者数は下記の通りです。自由党一四一名、進歩党九四名、社会党九二名、協同党十四名、共産党五名、諸派三八名、無所属八一名。

第一党となった自由党の党首、鳩山一郎《はとやまいちろう》はすぐに組閣を始めようとします。ところがＧＨＱは鳩山一郎の公職追放を要求してきたのです。理由は一九三三年、斎藤実《さいとうまこと》内閣の時代に、文部大臣だった鳩山一郎が、京都大学の法学部教授、滝川幸辰《たきがわゆきとき》の著書を共産主義に加担する論理だとして、強制罷免を認めたことにありました。

ＧＨＱが鳩山を拒否した背景には、連合国の最高司令官（マッカーサー）の諮問機関である対日理事会（米・ソ・中・英の代表諸国で構成）において、鳩山に対する不信任があったため、とする説が有力です。

鳩山は自由党総裁の座を追われ、総理大臣を断念します。しかし早急に新しい総裁を定め、その人物を総理大臣にしなければなりません。人材難で苦労したあげく、鳩山は吉田茂に後任を依頼しました。しかし吉田茂は固辞します。ところが吉田茂が辞退を続けるうちに、戦前から戦中にかけて、英米支持であった吉田茂を推す声が高まってきたのです。

ついに吉田茂は鳩山に受諾の三条件を出しました。

①金はない。金づくりもしない。
②閣僚の選定は私ひとりでやる。
③いやになったら、いつでも投げ出す。
被占領下の国家の、総理大臣の代役です。決死の覚悟が必要だと、吉田茂は考えたと思います。その心境が乱暴な表現になったのでしょう。

鳩山は吉田茂の回答に激怒した、との説もあります。しかし吉田茂は鳩山に次のように言った、という説もあります。

「君の追放処分が解けて、国会に戻ってきたら、すぐに総裁の座はお返しするよ」と。

第五節　最初の課題は食糧問題の解決だった第一次吉田内閣

一九四六年五月十四日、吉田茂は自由党の総裁に就任、五月二十二日から第一次吉田内閣が始動しました。

当時の日本は食糧問題が深刻な局面を迎えていました。東京や大阪を中心に大都市は米軍のB29爆撃機による空からの攻撃で、焼野原と化していました。また政府は戦時下の米や麦を、自由な販売体制から一定量ずつ販売する、配給制度に切り替えていきました。ところが、空襲と不作も影響し、都市部での配給制度が円滑にいかなくなったのです。都市部、特に東京や大阪の食糧事情は深刻でした。焼野原となった市街地では、闇市場で高い価格の商品しか入手できません。

都市の家庭では家庭内の着物や貴重品を持って、近郊の農家に持参し食料品と交換する「買い出し」と呼ばれた行為が、激増していました。「買い出し」の人々で都市と近郊の農村を結ぶ列車は、満員になる状況でした。

基本的な人権を得られた都市の労働者が中心となって、一九四六年の五月十九日に、宮城前広場で「飯米獲得人民大会《はんまいかくとくじんみんたいかい》」（食糧メーデー）を開催、子どもや主婦までも含む二十五万人を超す人々が集まったのです。

五月十九日といえば、吉田茂が自由党総裁に就任した十四日から五日後、彼は組閣を進めているときでした。このとき吉田茂は冷静に情勢を分析しており、最高司令官であるマッカーサーから、アメリカからの食糧援助を取りつければ、事態は収拾できると考えていたようです。そしてマッカーサーに招かれ、彼自身から、「自分が日本占領の最高司令官である限り、一人の日本人も餓死させない」との約束を得たのでした。

第一次吉田内閣の時代に、農地改革と教育制度の改革が行われています。いずれもＧＨＱの主導によって行われましたが、日本側の学会が積み上げてきた研究成果も、特に農地改革には生かされていました。広大な農地を土地のない小作人に貸しつけ、封建的な農村支配を続けてきた寄生地主の存在は、日本の資本主義国家の健全な発展を妨げる存在だったからです。

吉田茂も優秀な学識経験者を閣内に加え、寄生地主の減少と自作農の増加を実現する努力を惜しみませんでした。

六・三制の義務教育と高校三年・大学四年の制度、そして教育の機会均等と男女平等を、ＧＨＱ

の教育顧問団と日本政府が定め、一九四七年から実施されました。この民主的な改革を、教育を受ける機会に恵まれず、軍国主義に振り回された大多数の国民は強く支持しました。「せめて我が子には、正しい教育を受けさせたい」という熱い想いが国民にあったことに、ＧＨＱも感動したといわれています。教育制度の改革における苦労は、校舎とすべき建造物や教師の確保のほうが中心だったかもしれません。

マッカーサーとの親密な関係

食糧問題が重大だった段階で、吉田茂はマッカーサーに緊急の書簡を出しています。「四五〇万トンの食糧を緊急輸入しないと日本国民は餓死する」と。

このように、援助を求めました。しかしアメリカの援助は七〇万トンだったのです。それでも餓死者は出ませんでした。それに対してマッカーサーは吉田茂に、半ばからかうように言いました。七〇万トンでも誰も死ななかった。日本の統計はいいかげんだね。

これに対し吉田茂は応じたそうです。「当然ではないですか。日本の統計が正確だったら、貴国と戦争なぞしません。しかしもしも統計どおりだったら、日本は勝利していましたよ」と。

ダグラス・マッカーサーの父、アーサー・マッカーサーはアメリカ陸軍の中将でした。日露戦争当時、アメリカのフィリピン駐在米軍司令官だったのです。そして日露戦争の戦場だった旅順や大連を視察し、東郷大将や乃木《のぎ》大将と対面しています。この視察旅行に参加していたダグラス・マッカーサーは東郷や乃木の立派な人格に接し、感銘した記憶がありました。

権威に媚びない、筋を通す、しかしわがままで強引であり、立憲君主国を信頼している。そのような吉田茂の生き方は、日露戦争時代の名将たちの心情に、どこかでつながるものを、マッカーサーは感じ取ったのかもしれません。

吉田茂の「不逞の輩」発言とマッカーサーのゼネスト中止命令

一九四七年の一月一日、吉田茂は首相として国民に年頭の辞をラジオ放送しました。その中で労働運動の一部活動家を、「不逞《ふてい》の輩《やから》」と呼びました。「けしからん連中」という意味です。この発言に労働運動家や社会党や共産党は激怒しました。一方で一般市民の中には、共感の拍手を送る人たちもいました。国民が生活に困っているのに、当時の公務員の労働組合が、ともすれば自分たちの低賃金の苦情ばかり、主張するように見えたからです。

「不逞の輩」は、一国の総理大臣の言葉としては乱暴すぎます。しかし吉田茂らしい国を想う発言でした。

すると同年一月九日、全官公庁労組拡大共闘委員会が、二月一日から吉田内閣打倒と民主人民政府の樹立を目指し、無期限のゼネスト（ゼネラル・ストライキ、全国規模の罷業《ひぎょう》）を行うと宣言したのです。

しかし一月三十一日午後二時過ぎ、それまでゼネストの中止を勧告してきたマッカーサーは、ゼネストの中止命令を発令したのです。ゼネストを打って出た共闘委員会は、これまで労働者の組合活動や政治運動に理解を示してきたＧＨＱが、このゼネストの実行を黙認すると計算していたようです。

しかしGHQは占領政策をアメリカの青写真の方向に、進めることを優先します。革命に導くことなど、主題ではありません。なおゼネストは挫折しましたが、官公庁に働く人の労働条件は、この機会に大きく改善されました。

衆議院選挙で敗北したが、あざやかな引き際を見せた吉田茂

一九四七年の四月二十五日、第二十三回衆議院議員選挙がありました。選挙結果の大勢は社会党一四三、自由党一三一、民主党一二一でした。社会党の書記長、西尾末広《にしおすえひろ》は吉田の自由党と連立内閣を構想していましたが、吉田茂はこれを断り、社会党に政権を譲りました。

吉田茂自身が議員数が第一党の政党が政権を担当するという民主主義のルールを大切にしたと、この決断を語っています。吉田茂が社会党との連立を拒否した理由は、民主主義の原則尊重もありますが、社会党の左派グループは共産党との共闘も認めていることが、大きな原因でした。反共である吉田茂は容共との連立など想定外でした。また同じ保守陣営ではありますが、民主党の設立者の芦田均《あしだひとし》は東大から外務省に進んだ吉田茂の後輩ですが、自由党を離脱しており、両者の連立は難しい状態でした。

しかし連立すれば維持が可能な政権の座を譲り渡すことは、強い決意が必要なことです。自由党の国会議員の中にも、連立を希望する声が、数多くあったからです。平たく言ってしまえば、せっかく獲得した政権を譲るなんて、「もったいない」と考えてしまうのです。それは多分、吉田茂と

は無縁な発想です。

こうして一九四七年の五月二十日、吉田茂は野に下りました。

第六節　日本を安定と復興の方向に導くと確信し行動した第三次吉田内閣

第一次吉田内閣が退陣したあと、社会党と民主党の連立政権、片山哲《かたやまてつ》内閣が成立しました。片山哲は東大卒のキリスト教徒でした。社会党委員長でしたが、社会党内の左右両派の衝突によって、約九カ月で倒閣しています（一九四七年五月二十四日―四八年三月十日）。

次いで民主党の芦田均を首相とする芦田内閣が成立しました。しかし芦田内閣は昭和電工事件という大規模な贈収賄事件に巻き込まれ、副総理大臣だった西尾末広も逮捕され、七カ月で倒れました（一九四八年三月十日―十月十五日）。

両内閣が倒れたあと、翌年一月の衆議院総選挙まで、内閣不在状態を防ぐ目的もあって、吉田茂の第二次内閣が成立しました。そして一九四九年の一月に行われた衆議院議員選挙で、新たに民主自由党となった吉田茂の自由党の勢力は、議席二六四を獲得し、絶対過半数となりました。対して民主党は一二一議席、社会党は四一議席、共産党は三五議席でした。

無条件降伏した敗戦国の日本国民は、平和への期待を込めて、新たな変革を求めました。社会党や労働組合に、多くの期待が集まった理由です。しかし変革は混乱に終わって、国民は復興と安定への秩序ある変革を求めました。

戦前も戦中も軍部の権威に屈せず、天皇を敬愛していた吉田茂は、戦後も同様の姿勢をとり続けて、ＧＨＱとマッカーサーを相手に被占領下の政治に対応してきました。人々は頑固で口の悪いワンマンな首相を、平穏な日常を守る存在として支持した。それが二六四議席の意味するところだったと考えます。

こうして第三次吉田内閣は出発しました（一九四九年二月十六日—五二年十月三十日）。

吉田学校の生徒たち

ところで一九四八年の夏、芦田内閣だった頃、吉田は優れた高級官僚を集めて、「吉田学校」を開きました。吉田茂はこれからの政党を考えるとき、政策を企画する能力と提案された政策の有用性を判断できる人材が、世界を生き抜くために、不可欠と考えたからです。

そして吉田茂が率いる民主自由党（民自党）が圧勝した一九四九年一月の衆議院議員の選挙では、多数の優秀な中堅官僚が、民自党の議員に選出されました。池田勇人、佐藤栄作《さとうえいさく》、前尾繁三郎《まえおしげさぶろう》に代表されます。吉田亡きあとの保守政権を支えた人材でした。

世界が冷戦（Cold War）に突入していく時代の極東アジアの政治情勢

一九四五年五月、連合軍に無条件降伏したドイツは東西に分割され、東ドイツ（ドイツ民主共和国）と西ドイツ（ドイツ連邦共和国）となりました。東ドイツはソ連が統治し、西ドイツは米英仏が統治しました。これまでの首都ベルリンも東西に分割され、東側は東ドイツの首都となり、西ベルリンは米英仏が支配し、その状態は東ドイツに存在する、西ドイツの離れ小島のようになります。なお西ドイツの首都はボンに暫定的に置かれました。ボンはライン河の左岸にあり、ベートーベンが誕生した都市です。

ソ連が不穏な行動を取り始めたのは、一九四六年から四七年にかけてです。東ベルリンを拠点として、東ヨーロッパと北欧の国々に対し、社会主義陣営に加える目的で侵略政策を取り始めたのです。アメリカはソ連を妨害する「封じ込め作戦」を開始、ヨーロッパは社会主義陣営と自由主義陣営の対立が、一触即発の緊張状態を迎えました。

この状況をアメリカの著名なジャーナリスト、ウォルター・リップマンが「冷戦（Cold War）」と呼び、世界的な通称となりました。「武力衝突のない冷たい戦争」といった意味合いでしょうか。

冷戦の波はアジアにも寄せてきます。中国では一九四九年に、毛沢東が中華人民共和国の建国を宣言します。四五年に病没したアメリカ大統領のルーズベルトが信頼していた中華民国の蔣介石は、毛沢東に中国本土を追われ、台湾で建国している状態でした。

朝鮮では一九四五年八月十五日に、それまで支配国だった日本が第二次世界大戦に敗北して撤退しました。するとアメリカ軍とソ連軍が朝鮮半島に進駐し、半島を南北に二分する北緯三十八度線の北側をソ連、南側の韓国をアメリカが支配しました。

一九四八年九月、三十八度線の北側にソ連の援助を得て、朝鮮民主主義人民共和国（北朝鮮）が建国されました。首相は金日成《キムイルソン》です。なお南側の韓国では、独立運動の英雄だった李承晩《イスンマン》が、アメリカ軍の援助を受けて、四八年の八月に大統領となっていました。

ところが一九五〇年の五月、李承晩の与党が韓国の総選挙で大敗したのです。このことから北朝鮮を中心として、南北統一の気運が高まりました。この機に乗じるように、北朝鮮はソ連と中華人民共和国の支持を得て、韓国への全面的な武力侵攻を開始します。

突然の侵略に退却を続ける韓国軍を援助するため、日本駐在のアメリカ軍も出動を開始します。中国軍も北朝鮮を援助して参戦し、朝鮮戦争は国際情勢も左右する、アジアの内戦となっていきます。

なお朝鮮戦争は一九五二年に休戦協定が成立し、三十八度線を挟む南北に四キロの非武装地帯が設置されました。そして両国の国境は、二十一世紀の現在もそのままです。

朝鮮戦争の勃発は、社会主義陣営と自由主義陣営の対立状態（冷戦）の緊張感を、そのまま日本にも伝えてきました。しかしアメリカは深刻化する冷戦体制へのアジアにおける対応を、朝鮮戦争以前から開始していたのです。

アメリカの占領政策の転換に吉田茂はどのように対応したか

アメリカは世界が冷戦体制に突入したとき、アジアにおける米ソ対立でアメリカが有利になる条件は、日本が早急に経済的に復興し、アメリカ側の有力な国家となることだと結論づけました。

そして一九四八年、アメリカの国家安全保障委員会は、「対日政策に関する勧告」を採択しました。その主旨は占領政策の中心を、「日本の非軍事化」から「経済復興」に転換することでした。この勧告を具体化した政策が、「経済安定九原則」となり、一九四八年の十二月、ＧＨＱの最高司令官マッカーサーに伝達され、マッカーサーは同月中に、第二次吉田内閣の首相である吉田茂に指示を出しています。

第二次吉田内閣は、昭電疑獄事件で総辞職した芦田内閣に代わって成立した内閣でした。

アメリカ政府は一九四九年三月、「経済安定九原則」を日本で具体化するために、デトロイト銀行頭取のドッジをＧＨＱの財政顧問として派遣しました。日本側は同年の一月の総選挙で民主自由党が絶対多数政党となり、吉田茂が第三次政権を掌握した直後でした。

吉田茂はドッジが諸政策を円滑に推進するパートナーとして、池田勇人を蔵相に指名しています。ドッジは戦後の日本経済が悪性のインフレになりつつあるのを沈静化すること、単一為替ルート(一ドル→三六〇円)を設定し、日本経済を国際通貨体制と連動させることなどを中心に、多くの経済政策を実行しました。

アメリカ政府はドッジラインの財務政策が円滑に進行しているか否かを検証するため、財政学者のシャウプが率いる税制調査団を、日本に派遣してきます。一九四九年八月と五十年九月の二回です。調査結果の要点を、シャウプは勧告の形で、日本政府に進言します。その要点は、三項目でした。直接税制（特に所得税）中心の税制確立、申告納税制の採用、地方財政の強化です。これらの諸点は日本の税制体系の基本となりました。

アメリカの指導による経済政策の実施によって、激しい物価高が財政破綻を招く過度なインフレーションは、避けられました。しかし反動として、金詰まりや失業の増大が発生しています。

一九四九年の日本はドッジラインの影響による不況もあり、国鉄（日本国有鉄道／ＪＲの前身）の大規模な人員整理をめぐる、労使間の紛争が深刻な事件を招きました。四九年七月六日の下山事件（国鉄総裁の下山定則《しもやまさだのり》の変死体が常磐線の線路上で発見された）、七月十五日の三鷹事件（中央線の三鷹駅で無人列車が暴走し六人が即死）、八月十七日の松川事件（東北本線の松川駅付近で旅客列車が脱線し転覆、三名即死）の三件です。

これらの事件に対し、公安当局は国鉄労働組合と日本共産党の過激な分子による反抗と公表しました。しかし結局は犯人不明のまま今日に至っています。

なおアメリカ国務省（外務省の役割）は一九四八年に、国務省政策確定本部長のケナンを日本に派遣しています。彼は占領軍の総司令官、マッカーサーの意見も尊重した上で、対日政策についての報告書を、アメリカ政府に提出しました。報告書は占領政策の重点を経済復興に移すことや、日本を独立国として世界に復活させる講和条約のこと、沖縄を米軍の長期駐留基地とすること、日本独自の防衛力確保などを要点としています。

このようなアメリカ国務省の姿勢から、一九四九年から五〇年へ、日本でも独立国としての世界復帰が、話題になり始めました。

吉田茂が国際社会へ復帰する早期講和を実現するため、アメリカ政府に求めたこと

一九五〇年五月、池田蔵相は渡米し、ＧＨＱの財政顧問、ドッジを訪問すると、吉田首相が構想する日本の早期講和を実現する条件を伝えました。それは日本国内にアメリカ軍を駐留させる、と

いう内容でした。この条件をアメリカ側から言い出すのが難しいのであれば、日本側から提起する方策を検討する、というのです。

五〇年の六月、アメリカは国防長官と統合参謀本部議長を日本に派遣し、吉田茂の提案を討議しています。

この討議において吉田茂が主張した理論と交渉術については、高坂正堯先生の前掲書『宰相　吉田茂』に詳細に著述されています。

アメリカ軍部の要請は、ストレートなものでした。「再軍備せよ」ということです。これを吉田茂は、断固として拒否しました。

「敗戦後の日本は、経済的に立ち直っていない。貿易収支は赤字である。このような状態で再軍備をするなど、愚かなことだ」と。

吉田茂が再軍備に対して反対した最大の理由は、そのことでした。しかも日本国憲法は国権の発動を目的とする軍隊は持たない、戦闘行為も捨てる、そのように明記しています。いま再軍備などすれば、アジア諸国は日本軍国主義の復活を指摘し、大騒動になりかねない。再軍備など問題外と吉田茂は主張しました。

吉田茂の理論に対しアメリカ側は、ＧＨＱの最高司令官であるマッカーサーも参加させ、吉田茂を説得しようとします。しかし吉田茂もしたたかでした。彼はアメリカ軍の駐留についてマッカーサーと談合していたのです。

こうして一九五〇年六月、アメリカ軍の駐留が決定され、再軍備は断念されました。ところが六月下旬の二十五日、朝鮮戦争が起きたのです。日本に駐留するアメリカ軍の朝鮮出兵が現実問題となり始めた、五〇年の七月八日、マッカーサーは吉田首相宛の書簡を出しています。

書簡の内容は在日アメリカ軍の朝鮮出兵による、日本国内のアメリカ軍の空白を埋めるため、国家警察予備隊の創設（七万五千人）と海上保安庁の拡充（八千人の増員）を命ずる、ＧＨＱの最高司令官としての要求でした。吉田内閣は八月十日、警察予備隊令を公布、海上保安庁の拡充も実行しました。

この一九五〇年の一月、知識人により結成された平和問題談話会は、吉田首相が進めようとしている世界との講和復興計画が、自由主義陣営のみを中心に考えていると、指摘しました。そうではなく社会主義陣営も含めた全面講和を考えよと、声明を出したのです。主要な知識人は哲学者の安《あ》倍《べ》能成《よししげ》、経済学者の大内兵衛《おおうちひょうえ》、政治学者で東大総長だった南原繁《なんばらしげる》でした。この声明から全面講和を支持する世論も高まりました。

吉田茂は講和会議が全面講和になるか部分講和になるかは、戦勝国側が決定することだとの見解を、主張し続けました。そして同年の五月三日、全面講和を主張する東大総長の南原繁を、「曲学《きょくがく》阿世《あせい》の徒」であると非難しました。世の中の人気を取ろうとして説を曲げる人物、という意味です。

学問の世界ならば「全面講和」も、占領下における国家論として成立します。しかし被占領国家の権威である国立大学の総長である知識人が、公的な立場で「全面講和」を支持することは軽率だと、吉田茂は批判したのでしょう。南原が東大総長を辞任して主張するならば、話は変わるでしょうが。

冷戦体制下になってからのアメリカは、本国においても共産主義対策が厳しくなり、党員以外の犠牲者も数多く出ました。「アカ狩り（レッドパージ Red Purge）」と呼ばれた政策は、ＧＨＱにも波及し、日本の政治団体や企業にも該当者の解雇を命じています。

一方で政府は、戦前に政府や軍部に有利になる行動や発言をしたと指摘され、解雇されていた公務員や会社員の復活を認めています。もちろん国際軍事裁判所が戦犯（戦争犯罪人）と指摘した人物は含まれていません。占領政策が「日本の非軍事化」から「経済復興」へ転換したことで、企業活動の中枢となる人材が不足してきたからです。

さらに交戦状態が続く朝鮮戦争では、日本から出動したアメリカ軍を主体とする連合軍は、戦場で必要な食料品や諸物資を日本で調達しました。また戦地で破損した米軍機の修理も、日本の航空機工場を利用したのです。これらの費用は、ドルで支払われました。この特別需要は巨額な収入となり、外貨不足の経済界を助けます。「特需景気」と呼ばれ、好景気を招き寄せたのです。

このように騒然たる状況の一九五一年一月に、アメリカの講和特使ダレスが来日しました。

第七節　サンフランシスコ講和条約と日米安全保障条約に調印した吉田茂

講和特使ダレスとの話し合いで、吉田茂は条約を締結しても次の点が確保できることを重視していました。再軍備を要求させない、経済活動に制限をつくらせない、この二点です。吉田茂は多数の経済関係の官僚を招集すると、彼らの要望と状況分析を重視しました。またアメリカ軍を駐留させる点については、アメリカ側の要望を綿密に聴取し対応策を練ったようです。

ダレスとの事前交渉が終わったとき、吉田茂の丸顔がやせ細っていたと、身近な人が語っています。

日米安全保障条約に単独で署名した吉田茂の覚悟

一九五一年の四月十一日、朝鮮戦争の連合国軍最高司令官だったマッカーサーが解任されました。朝鮮戦争の決着をつけるために、中国との国境線への侵攻を決行しようとするマッカーサーを、トルーマン大統領が世界戦争になることを恐れて、解雇を決意したのです。四月十六日に帰国の途についたマッカーサーを、二十万人に近い日本人が見送りました。

さて九月からサンフランシスコのオペラハウスで開催されていた対日講和会議で、九月八日の午前中、日本は対日講和条約に署名しました。首席全権委員の吉田茂以下の六名全員の署名です。しかし同日午後に吉田茂は、ただ一人で日米安全保障条約に署名しています。アメリカ軍の日本駐留を認める条約でした。このあたりの状況は、本章の最初にお話ししたとおりです。

一九四六年五月、公職追放された鳩山一郎に代わり、第一次吉田内閣の首相になったとき、吉田茂は近親者に次のように語っていたそうです。「戦争で負けて外交で勝った歴史はある」と。

吉田茂は外交官として長く滞在していた中国で、正面からの議論ではなく策謀と軍事的圧力によって、作戦の決着をつけたがる軍部の人間とは常に対立しました。ヨーロッパ駐在になってからは、ナチス勢力の限界をいち早く見抜いていました。

敗戦国の首相として彼がもっとも恐れたことは、天皇を戦犯とすることでした。そしてもっとも回避したかったことは、敗戦前につながる日本軍を復活させることだったと、推察されます。彼は必ずしも軍備を否定しません。しかしあくまでも、文官である総理大臣が行政権を握る、内閣に従属する軍部であることが必要です。戦前の天皇に直属していた軍部と、彼らを黙認してきた多数の政治家が存在していた当時の日本で、軍部を復活させるなぞ、吉田茂には想定外だったでしょう。そして国民感情も、それを許さなかったでしょう。

独立を達成したあと、日本は再軍備せずアメリカ軍を日本に駐留させる。このことを実現させたとき、日本は戦に敗れたけれど、外交によって勝利する道筋は確保したと、吉田茂は確信したと思います。

アメリカは冷戦による東西対決が激化する状況下で、朝鮮戦争が始まったとき日本に要求して実現させた警察予備隊の増強を、しきりに要求してきました。日本は国家の意思を軍事力で実現させる戦争と武力を放棄し、駐留軍によって軍事力を維持する独立国となっていました。しかし侵略国家の攻撃や国内の武装蜂起、さらには大規模な自然災害などに対応する自衛力は、自国内に不可欠な存在です。そこまで他国の軍事力や国際連合軍に依存するのは、独立国家として、世界に通用する論理ではありません。

吉田内閣はアメリカが日本に求める軍事力の強化を、自衛力の強化と解釈することで、これに応じていきました。

吉田茂は第一条で象徴としての天皇の存在を認め、第九条で戦争放棄を明記する日本国憲法を、日本が専制軍事国家から民主国家に生まれ変わることを、世界に訴える宣言として大切にしていました。彼は自分が政権に関係する限り、憲法改正はしないと断言しています。

第三次吉田内閣は一九五〇年に警察予備隊を発足させ、五二年に第四次吉田内閣で警察予備隊と海上警備隊を合体させ保安隊を創設、そして五四年に第五次吉田内閣は保安隊に航空部隊を加えて自衛隊を創設、その管轄庁として防衛庁を新設しました。

自衛隊は自衛隊法によって、任務が明確化されています。「直接侵略及び間接侵略に対し、わが国を防衛することを主たる任務とすること」、そしてまた自衛隊には防衛出動と、都道府県知事の要請を受け、災害時に出動する治安出動も設けられています。

しかし一国の総理大臣として吉田茂は国民に対して、自分の主張を説明する親切心に欠けていました。彼の自衛力強化策は、報道機関や冷戦下の社会主義陣営を支持する政党や運動団体に、厳しく批判されました。占領下でGHQが取り仕切ってきた治安関係の取り締まりを、独立の回復後は、吉田内閣が引き継いでいきました。

吉田茂は一九五四年、自衛隊を発足させた年の十二月、内閣総辞職しました。内閣総理大臣在任期間は二六一六日、なお、日本で五回にわたり、総理大臣となったのは吉田茂ただ一人です。この総辞職は空前の大疑獄、造船疑獄に足元をさらわれた側面もありました。

冷戦による東西対立の世界で、日本が自由主義陣営の有力な一国となっていく歴史の流れは、吉田茂が米軍駐留を認めることで旧日本軍の復活を阻止した決断を、源泉と考えます。その視点から考えますと、本章の主要部分は語り終わったともいえます。しかしそこに至る彼の言動は世間を騒がせ、拍手や非難の対象となりました。閑話休題の意味を含めて、いくつかのエピソードをお話し致します。

いかにも吉田茂らしい言行のいくつか

日米修好通商条約が締結されてから百年を迎えた一九五八年、アメリカで開催された百年祭に、吉田茂は日本を代表して参加しました。時に吉田茂は八十歳前後だったでしょう。アメリカの記者団に、元気そうな様子を称賛されると、彼は語りました。

「外見だけですよ。頭も心も生まれつき曲がっていますし、年を取ってから、口はうまいものしか受けつけません。耳は都合の悪いことは聞こえなくなりました」

「不老長寿の健康法、おありですか？」

「強いて挙げれば、人を食っていることですかな」

一九六四年の十一月に吉田茂は昭和天皇の園遊会に招かれました。天皇が彼に呼びかけます。

「大磯は暖かいだろうね」

「大磯は暖こうございますが、私の懐は寒うございます」

一九五三年の第四次吉田内閣のとき、二月の衆議院予算委員会で、質疑に立った社会党議員の発言に対し、「バカヤロー」と言ったことが問題となりました。これに対して野党と与党の反吉田グループは、懲罰動議や内閣不信任案を可決させ、吉田内閣は衆議院の解散をせざるを得ませんでした。

「バカヤロー解散」は、名誉なことではありませんが、とんでもないときに世間が大騒ぎするような言動を取ることが、彼の人気の一因だったかもしれません。

これは一九五二年の話ですが、京都に招かれて講演会に出席しました。ところが彼の講演中に、吉田茂に接近しながらシャッターを押し続けるカメラマンがいたのです。立腹した吉田茂は講演する壇上にあったコップの水を、カメラマンに浴びせかけました。カメラマンはびしょびしょ。聴衆は吉田茂に拍手して共感を示しました。

そもそも吉田茂は報道カメラマンが嫌いだったという説もありました。吉田の最初の奥様の雪子さんは、大久保利通の次男、牧野伸顕の娘でしたが、一九四一年に亡くなっています。その後、吉田は日本舞踊の名取だった小りん（坂本喜代）を愛し、大磯に招いていていました。しかしこのことは私事にとどめていました。

ところがある新聞記者に大磯邸の生垣越しに写真を撮られ、世間に知れ渡ってしまったのです。このこと以来、吉田茂は報道関係のカメラマンが嫌いになった、ともいわれています。ただ、いまでいえば『フォーカス』のような盗み撮りのおかげで、小りんさんと吉田茂の結婚は、晴れて正式になりました。

第八節　阿部正弘とクリミア戦争、吉田茂と冷戦

十九世紀に入った頃から欧米列強はインドと東南アジアへの、帝国主義的な侵略を進めました。彼らにとって最大で最後のターゲットが中国でした。そして同時に彼らは、改めて日本列島にも注目しました。

この列島では、すでに金も銀も掘り尽くし、鯨が近海に多く回遊してくる程度の魅力しかありませんでした。しかし気候温暖、豊かな良水があり、良港に恵まれています。欧米列強が中国との接触を考えるとき、大陸の防波堤のように連なる列島を、中国への前線基地として想定するのは、当然だったでしょう。

ところが日本という国があり、江戸幕府という政府が二百数十年にわたり鎖国政治を続け、ほとんど国を閉じていたのです。ですからアメリカが一八五四年三月三日に、日米和親条約を結び、日本と国交関係を樹立したことに西欧諸国は「やられた」と思ったでしょう。

ロシアも含め西欧の強国は、すぐにでも日本へ使者を派遣し、軍事的な侵略も辞さない国交関係を結びたかった。ところがそれを許さない戦争が、一八五三年の十月、黒海に突き出したクリミア半島で起きていたのですね。地中海へ進出を狙うロシアと、年老いたオスマン帝国の戦争でした。陸の強国、ロシアの地中海進出を止めるため、大英帝国やフランス、サルデーニャも参戦しました。

クリミア戦争は世界中に注目される近代戦争となり、日本の開国に世界は注目しませんでした。

このことは幸運でした。

阿部正弘はアメリカとの和親条約の内容を、両国間だけで詰めることが可能になりました。もしもクリミア戦争もなく、列強の外交団がアメリカの後を追って、一度に開国を日本に迫っていたら、どうなっていたか。交渉の決裂や軍事的衝突も、あり得たでしょう。

鎖国を解くという決断をした人物が政権の中枢にいたとき、彼に力量を発揮しやすい状況をもたらしたクリミア戦争という事件が起きました。同様に歴史的な個人の決断と歴史的な事件の関係が再現されました。

吉田茂が日本の軍事力を自国の再軍備に求めず、アメリカ軍の駐留によって補うという方法を選択したときです。この選択が冷戦の勃発により、効力を発揮し始めたのです。

吉田茂のアメリカ軍駐留という政策は、なかなか理解されませんでした。しかし冷戦時代となったとき、日本は社会主義陣営に対する、アジアにおける強力な資本主義陣営の存在として、機能し始めたのです。

朝鮮戦争が始まると、日本の資本主義陣営の後方部隊としての働きは顕著でした。いわゆる朝鮮特需は三十兆円とか四十兆円と指摘されています。当時の日本のGDPは五十兆円あったかどうか。吉田茂がアメリカ軍を引き続き駐留させたことが、これだけの有効需要を、日本に獲得させたのです。

阿部正弘も吉田茂も、国の運命を左右しかねない歴史の曲がり角に立ったとき、ひとつの決断をしました。そして歴史は彼らの決断を、結果的には支持するように、進みました。二人の卓抜した政治家を語るとき、クリミア戦争や冷戦という歴史的な事件の存在は、除外できません。

第九節　「富士山が見たい」

一九五四年に総理大臣を辞任したあと、吉田茂は一九六三年まで衆議院議員を続けます。選挙区は高知県全県一区でした。高知県は、彼の実父である竹内綱の出身地です。その実父や実兄が高知で政治活動をしていた関係で、高知を選んだのですが、大きな理由が別にありました。幼少から育った大磯がある神奈川県から国会議員になると、地元へのお愛想も言わねばならず、利益誘導も求められます。それを吉田茂は避けたかったのです。遠い高知なら地元の有力者も、なかなか上京してこないだろう、と考えたのでした。

実際に高知県は長期にわたって総理大臣を送り出したのに、そのことの恩恵はなかったようです。それがほんとうは、あるべき国家議員と選挙区の関係なのでしょうが。

吉田茂は一九六三年に総選挙への不出馬を表明しました。政界を引退後も、大磯の自宅には政財界からの訪問者が相次ぎ、池田首相の要請で特使として台湾の蔣介石を訪問しています（一九六四年）。

一九六四年の十月十日、オリンピック東京大会が開催されます。吉田茂はマッカーサーにオリンピックへの招待状を出しました。しかし病気を理由にマッカーサーは辞退、そして同年の四月に死去しています。その葬儀に出席するため、彼は渡米しています。

吉田茂が『ブリタニカ国際大百科事典』の一九六七年版の巻頭論文（英文）を完成させたのは、一九六六年だったでしょうか。その論文〝Japan's Decisive Century〟（日本を決定した百年）は、一九六七年の六月には、国内で日本語訳が書籍として販売されています。同年の八月、心筋梗塞で倒れてからは、病床に伏すことが多くなりました。病室からは富士山が見えました。

十月十九日、秋晴れの日、吉田茂は「富士山が見たい」とつぶやき、富士山の見える場所に椅子を用意してもらうと、ずいぶん長い間、じっと眺めていたそうです。そして翌日、十月二十日、八十九年の生涯を閉じます。

吉田茂の葬儀は戦後初の国葬として十月三十一日に武道館で行われました。

第十節　いまも日本は吉田茂が描いたグランドデザインを受け継いでいる

政治問題をほかの閣僚に相談せず、独断で決定しがちな吉田茂はワンマンと呼ばれました。そして羽織・袴に白足袋という和装を好み、最上級の葉巻を手離さない、庶民とかけ離れた生活感覚で生きた吉田茂、しかも彼は食糧危機とストライキが激化する時代の中で、過激な反体制活動やその支持者に対し、批判的な暴言を連発しました。

しかし彼が理想とする国家像は、戦前から何ひとつ変化していません。連合王国に代表される立憲君主国家であり、君主は世界的に名誉ある、たとえば赤十字のような、公職に就いている国です。吉田茂は著書『回想十年（新書版）』の中で、北欧三国（スウェーデン、ノルウェー、デンマーク）、さらにネーデルラント、ベルギー、ルクセンブルクなども君主国家であることを指摘しています。

したがって日本が健全な立憲君主国体制で進めば、戦前のように軍部が天皇の権威と権力を悪用しない限り、国民は不幸な道は歩かないと確認していたのでしょう。そのためには、日本を貧しさに追われる国にしないこと、軍事より民事を優先させることです。その視点から彼は日米安全保障条約に、軍事費を大幅に削減させるために単独署名したのでした。

ところで幾星霜を経て現代を迎えましたが、日本にはいまだ米軍基地が存在します。もっともEU諸国の中にも、ドイツやフランスを始め、米軍の基地は存在します。現代の核兵器と殺人兵器の発達は、多くの国がアメリカの軍事的な傘を、必要としているからです。

そのような現代に、もしも日本がアメリカから自立しようと思ったら、経済成長を強化し軍資金を強化させることです。しかし限界があります。先に検証した原子力空母のコストを想起すれば、国民の生活を貧しくさせない限り不可能です。自国だけでは不可能だったら援助国を探すことですが、助けてくれる国はふたつしかありません。アメリカと中国です。日本よりも小さな国が日本を助けることはできませんから。

いまから中国にパートナーを鞍替えするという選択肢は、理論的には存在します。しかしそれを実行することは、アメリカと大喧嘩することになります。沖縄問題、文化交流の断絶など、深刻な事態になるでしょう。それだったらいままでに、深い人間関係を築いてきたアメリカについていったほうが、はるかにコストは安くてすみます。

以上のように冷静に考えてみると、サンフランシスコ講和条約と日米安全保障条約を締結した、吉田茂の選択以外に日本が選べるカードはなかった、と考えます。

アメリカはトランプのようにアメリカファーストで、自分のことしか考えない、日本も日本ファーストでの日本のことだけ考えろ、という主張もあります。総論とすれば理屈は通る。けれど日本ファーストでやるお金はどうするのか、と考えれば不可能なことは明快です。いまの日本は戦略兵器を開発するお金も能力も不足しています。

そうすると天皇を大切に考え、立憲君主国であることを一貫して考え続けてきた吉田茂の政治観が、実はいちばん遠くを見つめていたことになります。

高坂正堯先生は前掲書『宰相　吉田茂』で、語っています。まず次のことを指摘します。「彼が力を構成するものとして経済的なものを考え、軍事力には第二次的な役割しか認めない哲学の持主だったことは、日本にとって幸せだった」と。

このことを認めた上で、左記のように著述しています。

「吉田の努力は、多くの国民と共通するのも持っていた。国民の多くは、日々の生活を維持する努力から、彼らの戦後を作っていった。そして大きく変化した国際政治は、戦前の夢をいかにもこっけいに見せたから、彼らは日本の未来を経済復興に、そして貿易に求めたのである。それは、日本の必要を一応満たした。小さな島国に九千万の人口をかかえた日本が生きる道は、海外との貿易を通じて、すなわち商人的な国際政治観によってなのである。われわれは戦前、同じ問題を生産者的な仕方で解こうとして失敗したのではなかっただろうか。生産者は必然的に土地を求め、満洲へ、支那へと生産の場を拡大することを望んだのであった。この意味においては、吉田は日本にとって必要な国際的地位を与えたということができる。つまり、彼は『戦争で負けて外交で勝ったのだ』と。

『宰相　吉田茂』が書き上げられたのは、ケネディ暗殺のニュースを聞くのと、ほぼ同時刻、一九六三年十一月二十三日だったと筆者自身が語っています。すでに六十年も前のことです。社会主義国家は破たんし、冷戦体制も消滅しました。しかし二十一世紀も二十年以上が経過し、世界で深刻な武力闘争が多発しています。

現在も日本の政治体制は米軍基地があり、自衛隊が国土防衛を固めるという、吉田が描いたグランドデザインを継承しています。

しかし現代の文化と文明は、まったく新しい曲がり角に、世界も日本も、地球自体も立たされているのではないか。「ロボット」も「コンピューター」も「生命」さえも、すでに物語の世界のものではなくなりました。歴史の中で日本の曲がり角に立っていた十人の日本人、特にいつも同じ哲学で押し通した二十世紀の吉田茂について、いま見直すべきではないかと考えます。そうすることで、まだ誰も気づいていない、この二十一世紀の曲がり角に立っている誰かが、見えてくるかもしれません。

〈著者略歴〉
出口治明（でぐち・はるあき）
立命館アジア太平洋大学（APU）名誉教授・学長特命補佐。ライフネット生命創業者。1948 年三重県生まれ。京都大学法学部卒業後日本生命に入社。ロンドン現地法人社長、国際業務部長などを経て 2006 年に退職。同年、ネットライフ企画（株）を設立し、代表取締役社長に就任。2008 年 4 月ライフネット生命株式会社に変更。2012 年上場。2018 年～ 2023 年 APU 学長。2024 年 1 月より現職。
『世界史・10 の「都市」の物語』（PHP 研究所）、『0 から学ぶ「日本史」講義』古代篇、中世篇、戦国・江戸篇、近・現代篇（文藝春秋）、『哲学と宗教全史』（ダイヤモンド社）、『一気読み世界史』（日経 BP）、『人類 5000 年史』Ⅰ～Ⅵ（ちくま新書）など著書多数。

10人の英傑が「この国」を変えた　大転換の日本史

2025 年 4 月 25 日　第 1 版第 1 刷発行

著者　出口治明
発行者　大谷泰志
発行所　株式会社ＰＨＰエディターズ・グループ
〒135-0061　江東区豊洲5-6-52
☎03-6204-2931
https://www.peg.co.jp/
発売元　株式会社ＰＨＰ研究所
東京本部　〒135-8137　江東区豊洲5-6-52
普及部　☎03-3520-9630
京都本部　〒601-8411　京都市南区西九条北ノ内町11
PHP INTERFACE　https://www.php.co.jp/
印刷所　株式会社精興社
製本所　東京美術紙工協業組合

ISBN978-4-569-85873-9